흑해

흑해

찰스 킹 지음

고영일 옮김

THE BLACK SEA: A HISTORY

CHARLES KING

사계절

세상의 중심이 된 바다의 역사

로리에게

감사의 말

아르메니아의 역사가 아가탄겔로스^{Agathangelos}는 글쓰기를 바다 여행에 비유했다. 작가와 선원은 모두 기꺼이 위험에 뛰어들고, 자신이 겪은 일을 들려주기 위해 고향으로 돌아간다고. 이제 그게 무슨 뜻인지 알 것 같다.

이 프로젝트에서 나는 여러 번 가지 말았어야 할 곳에 발을 디뎠다. 나고르노카라바흐^{Nagorno-Karabakh}의 폐허가 된 모스크 안으로 성큼성큼 들어갔다가, 나중에서야 로켓 추진 유탄의 탄피를 발견하고는 폭발하지 않은 다른 것들이 아직 주변에 있을지도 모른다는 생각에 소스라쳤다. 나는 흑해의 역사 속으로도 똑같이 무모하게 뛰어들었다. 일부에 대해서는 많이 알고 있었고, 더 많은 부분에 대해서는 조금 알고 있었으며, 상당 부분에 대해서는 전혀 모르는 상태였다. 이 모든 여정은 교훈을 주었는데, 어차피 그것이 글을 쓰는 이유이기도 하다. 그리고 나는 이 길을 걸어가는 동안 도움을 준 모든 이에게 깊이 감사한다.

옥스퍼드대학교 출판부의 편집자 도미닉 바이어트는 이 프로젝트가 아이디어에 불과했을 때부터 흥미를 느꼈고 클레어 크로 프트와 함께 프로젝트를 끝까지 지켜보았다. 뉴욕 지사의 수전 퍼 버는 결정적 순간에 현명한 조언을 제공했다. 하칸과 아이셰 쿨 알 트나이 부부는 보스포루스해협에 있는 아파트 뒷방이라는 멋진 휴식처를 제공했고, 나는 그곳에서 책의 대략적인 윤곽을 처음 생 각했다.

이 책의 대부분을 미국 의회도서관 중앙열람실에 있는 헤로 도토스 조각상 아래에서 연구하고 집필했다. 그곳만큼 훌륭한 곳 은 없으며, 도서관의 전문적인 직원분들께 매우 감사드린다. 특히 인쇄물·사진부, 희귀 도서·특별 컬렉션 열람실, 지리·지도 열람 실, 아프리카·중동 열람실, 유럽 열람실의 직원들, 그중에서도 그 랜트 해리스에게 감사의 말을 전한다. 후버연구소 문서보관소 직 원들, 특히 소장인 엘레나 S. 대니얼슨의 도움이 두드러졌다. 조지 타운대학교, 영국도서관, 공문서보관소(런던), 루마니아학술원도 서관(부쿠레슈티), 중앙역사문서보관소(부쿠레슈티), 미국 피우수 츠키연구소(뉴욕)의 사서와 기록 보관 담당자들이 아낌없이 시간 을 내어 도움을 주었다. 지도는 크리스 로빈슨이 그렸다.

이 책의 일부를 발표한 여러 세미나와 학회에서 도움을 받았 지만, 특히 2001년 9월 오하이오주립대학교에서 열린 러시아사 학자들의 모임에 나를 끼워준 니콜라스 브레이포글, 애비 슈레이 더, 그리고 윌러드 선덜랜드에게 감사한다. 풀브라이트 장학 프로 그램과 조지타운대학교 덕분에 1998년과 2000년에 발칸반도, 우 크라이나, 튀르키예, 그리고 남카프카스 지역을 광범위하게 여행할 수 있었다. 그 전후의 여행들도 라티우 가문 자선 재단에서 조성한 조지타운대학교 기부금 덕분이었다. 토니 그린우드 그리고 로런스와 에이미 탈 부부는 바다로 오고 가는 여행 내내 쾌적한 숙소와 대화를 제공해주었다.

나의 어설픈 질문들을 받아주거나 원고의 일부를 읽어준 많은 전문가 동료와 친구들의 지식으로부터 큰 도움을 받았지만, 내가 조언을 듣지 않은 것에 대해서는 그들 중 어느 누구도 책임질 필요가 없다. 알렉산드루 볼로가, 앤서니 브라이어, 이언 콜빈, 오언 두넌, 마크 모르제 하워드, 크리스토퍼 조이너, 에드워드 키넌, 로리 하차두리안, 존 맥, 윌러드 선덜랜드, 그리고 옥스퍼드대학교 출판부의 익명의 심사위원 네 명이 여기에 포함된다. 나는 이 책이 다루는 대부분의 전문 분야에서 진정한 전문가가 아니므로, 그런 분들에게 매우 감사하고 있다. 그들의 세심한 작업은 주석과 참고문헌에서 밝혔다.

무서울 정도로 재능 있는 연구 조교인 펠리시아 로슈와 애덤 톨네이에게 특별히 감사의 말을 전한다. 이들이 박사 학위를 마치고 응분의 일자리를 찾길 바란다. 또 다른 조지타운 대학원생인 미르자나 모로시니도미니크가 중요한 번역을 도와주었다.

이름에 관하여

흑해 주변에서는 철자조차 정치적 사안이 될 수 있으므로, 내가 사용하는 언어에 대해 한마디 설명이 필요하다.

이 책의 장 제목들은 이 바다가 불린 수많은 이름 중 일부다. 가장 이른 고대 그리스의 명칭인 '폰토스 악세이노스Pontos Axeinos'(어둡고 침울한 바다)는 더 오래된 페르시아어에서 차용했을 가능성이 있다. 또한 이 이름은 거친 바다를 항해하는 선원들의 불안감과 더불어, 수심이 워낙 깊어서 물이 얕은 지중해보다 어둡게 보인다는 단순한 사실을 반영했을 수도 있다. 이 이름이 후대 그리스어와 라틴어 작가들의 '폰투스 에욱시누스Pontus Euxinus'(환대하는 바다)로 어떻게 바뀌었는지는 확실하지 않다. 아마도 의도를 담은 반어법이었거나, 아니면 그저 희망 섞인 생각이었을 것이다.

비잔티움 사료에서는 '폰토스Pontos'(바다)라는 간단한 이름이 가장 흔했다. 이 용법은 아랍어 문헌에도 '바흐르 분투스bahr Buntus'로 전해졌다. 이는 흥미롭게도 '바다 바다'라는 중복 표현이 된다. 하지만 중세에는 다른 많은 이름도 사용됐는데, 특히 아랍어와 오스만어 문헌에서 그러했다. 이들은 주로 특별히 두드러진 도시들과 연관되어 '트라브존 바다', '콘스탄티노폴리스 바다' 같은 식으로 불렸다. '큰 바다'라는 명칭도 중세에 이탈리아어 '마레 마이우스Mare Maius'나 '마레 마조레Mare Maggiore' 등 다양한 형태로 나타난다. 또 다른 이름들은 특정 시기에 해안을 지배했던 집단이나, 적어도 작가가 독자들에게 바다를 장악하고 있다고 보이게끔 하고 싶었던 집단에서 따온 것이다. 그래서 '스키타이 바다', '사르마티아 바다', '하자르 바다', '로스 바다', '불가르 바다', '조지아 바다' 등의 명칭이 생겨났다. 아랍 사료에서는 대조적으로 지중해를 '로마 바다'(즉 비잔티움 바다)라고 불렀다.

이 모든 이름과 비교하면 '흑해Black Sea'는 꽤 젊은 편이다. 적어도 널리 받아들여진 이름으로서는 그렇다. 이 이름은 초기 오스만 사료에 다양한 형태로 나타나며, 오스만 역사 초기부터 구어로 사용했을 것이다. 서유럽 언어에는 14세기 말에 처음 등장하지만, 널리 통용되기까지는 3세기가 더 걸렸다. 그 이전에 유럽인들이 사용한 명칭은 주로 고전 시대의 명칭을 각색한 것으로, 영어로는 '폰투스Pontus'나 '육신Euxine' 같은 용어였다. 이런 이름들은 평범한 '흑해'에는 없는 운치를 지금도 간직하고 있다. 셰익스피어의 비극에서 격노한 오셀로가 말하듯이 말이다. "저 폰투스해의 얼음같이 차갑고 거센 물살이 결코 썰물을 모르듯이 (……) 나의 피비린내나는 생각들도 격렬한 속도로 결코 뒤돌아보지 않으리라……."

그런데 왜 '검은' 바다일까? 확실히 아는 사람은 없지만 적어도 세 가지의 주요한 추측이 있다. 첫째는 단순히 가장 초기의 페르시아/그리스 명칭으로 되돌아간 것이라는 견해다. 그리스 본토와 로마의 작가들이 더 친근한 '에욱시누스^{Euxinus}'를 쓰게 된 훨씬 뒤에도 흑해 연안 주민 사이에서는 그 오래된 이름이 보존돼 있었을 것이다. 그 옛 이름이 튀르크인의 아나톨리아 이주 과정에서 서쪽으로 전해져 결국 오스만어 '카라 데니즈^{Kara Deniz}'(검은 또는 어두운 바다)가 됐을 수 있다는 것이다. 둘째 견해는 '위대한' 또는 '무서운'이라는 뜻도 있는 '카라^{Kara}'가 중세 유럽, 특히 이탈리아 선원들과 지도 제작자들이 흔히 사용한 '큰 바다'라는 명칭에서 유래했고 나중에 오스만 용법으로 들어왔다는 것이다. 셋째로는 유라시아 스텝* 집단들이 색깔로 지리를 구분하던 체계와 관련이 있다는 설명이다. 중국에서 기원한 이 체계에서는 방위가 특정 색깔과 연결된다. 북쪽은 검정, 서쪽은 하양, 남쪽은 빨강, 때로 동쪽은 파랑으로 나타낸다. 물론 이 체계가 어떻게 작동하는지는 관찰자의 위치에 따라 달라지지만, 오스만인이 자신의 북쪽에 위치한 바다를 '검은' 바다로 부른 것은 이 유라시아 전통에 뿌리를 두고 있을 수 있다. 이는 유라시아 유목민이었던 오스만인 자신의 먼 과거의 메아리이거나, 후대 오스만 지리학자들이 몽골인으로부터 받아들인 관례일 수도 있다. 오스만어와 현대 튀르키예어에서 지중해는 흑

---

*　　Eurasian steppe. 헝가리평원에서 만주에 이르는 약 8,000킬로미터에 걸친 초원 지대로, 흑해 북안, 카자흐스탄, 몽골 고원 등을 포함한다. 이 지역은 연 강수량 250~500밀리미터의 반건조 기후로 인해 수목이 거의 없고 풀이 우거진 평원이 펼쳐지며, 계절에 따라 목초지의 질과 위치가 변화한다. 스키타이, 흉노, 돌궐, 몽골 등 이 지역의 여러 집단은 말과 양을 중심으로 한 유목 생활을 영위하며 계절적 이동을 통해 목축 자원을 활용했고, 정주 농경 사회와의 교역 및 군사적 충돌을 통해 역사적으로 중요한 역할을 수행했다.

해와 대비되는 '아크 데니즈^{Ak Deniz}', 즉 '흰 바다'로 알려져 있다.

17~18세기에 러시아인과 서유럽인이 이 바다에 더 익숙해지면서, 당시 이 지역의 주요 강국이 사용하던 용어를 자신들의 언어로 번역했을 것이다. 이런 차용은 거의 같은 시기에 근대화와 표준화 과정을 겪고 있던 이 지역의 다른 언어들에서도 반복됐을 것이다. 이런 복잡한 역사의 결과로 오늘날 이 바다의 여러 이름은 번역하면 사실상 모두 같다. 튀르키예어 '카라 데니즈', 현대 그리스어 '마우레 탈라사^{Maure Thalassa}', 불가리아어 '체르노 모레^{Cherno More}', 루마니아어 '마레아 네아그러^{Marea Neagră}', 우크라이나어 '초르네 모레^{Chorne More}', 러시아어 '초르노예 모레^{Chernoe More}', 조지아어 '샤비즈그바^{shavi zghva}'는 모두 문자 그대로 '검은 바다'를 뜻한다.

지명의 경우 나는 일반적으로 특정 역사 시대에 적합한 형태를 사용한다. 따라서 고대의 '트라페주스^{Trapezus}'는 중세에는 '트라페준타^{Trapezounta}'가 되고 오늘날에는 '트라브존^{Trabzon}'이 된다. 한 시대에 둘 이상의 이름이 사용될 때는 더 널리 알려진 것을 쓴다. 예를 들어 그리스 이름은 보통 라틴어화된 형태로 나타낸다.* 오스만 시대에도 옛 이름이 다양한 형태로 통용됐지만, 나는 1453년 이전에는 콘스탄티노폴리스를, 그 이후에는 이스탄불을 사용한다. '세바스토폴^{Sebastopol}'이나 '바툼^{Batoum}' 같은 옛 영어 철자법은 직접 인용문을 제외하고는 현대 형태로 바꾸었으며,** 문화 집단 이름

---

* 한국어판에서는 널리 통용되는 몇몇 이름을 제외하면 가급적 그리스어 표기를 구분해 사용했다.

** 현대에는 세바스토폴Sevastopol, 바투미Batumi라는 철자를 사용한다.

('타르타르인^{Tartars}'* 등)도 마찬가지다. 그리스인이라 할 때 나는 보통 그리스어 계통의 언어를 말했을 가능성이 높은 사람들을 가리켰는데, 설령 그들이 근대 민족의식을 지닌 그리스인이라는 자각이 거의 없었을지라도 그렇다. 나는 오스만제국과 연관된 것을 뜻할 때 오스만이라는 말을 조심스럽게 사용한다. 이는 튀르키예인과 같은 것이 아니며, 20세기 이전까지는 이들을 우리가 지금 튀르키예어 사용자를 가리킬 때 쓰는 이름으로 부르기에는 문제가 있다. 나는 아나톨리아 역사에서 튀르크계 유목민과 그들의 지배자를 가리킬 때 별로 인기가 없는 '투르코만^{Turkoman}'이라는 말을(튀르크멘^{Türkmen}이 아닌) 그대로 사용했는데, 이는 중앙아시아 현대 투르크메니스탄의 민족·문화와 구별하기 위해서다.

　라틴 문자가 아닌 다른 문자를 사용하는 언어들은 미국 의회도서관 체계의 간략화된 형태로 음역했다. 예를 들어 러시아어 단어 대부분에서는 어말 연자음 기호를 생략했다. 라틴 문자로 쓰는 언어의 경우 발음 구별 부호를 그대로 유지했다. 발음이 어려운 문자들의 대략적인 발음은 다음과 같다.

â, î	cousin의 "i"	루마니아어
ă	about의 "a"	루마니아어
ı	cousin의 "i"	튀르키예어
ö	프랑스어 oeuvre의 "oeu"	튀르키예어

<hr>

*　현대에는 타타르인^{Tatars}이라는 철자를 사용한다.

ü	프랑스어 tu의 "u"	튀르키예어
c	e나 i 앞에서는 church의 "ch", 그밖에는 kit의 "k"	루마니아어
c	jam의 "j"	튀르키예어
ç	church의 "ch"	튀르키예어
ch	e나 i 앞에서는 kit의 "k"	루마니아어
g	e나 i 앞에서는 jam의 "j", 그밖에는 goat의 "g"	루마니아어
ğ	무음이지만 앞 모음을 길게 발음한다	튀르키예어
gh	e나 i 앞에서는 goat의 "g"	루마니아어
ş*	ship의 "sh"	루마니아어, 튀르키예어
ţ**	cats의 "ts"	루마니아어

달리 명시하지 않는 한 주석의 고대 사료는 하버드대학교 출판부에서 간행한 로에브^{Loeb} 고전 총서의 번역본을 참조했다. 고대와 비잔티움 시대 문헌에 대한 참조는 보통 쪽수가 아닌 장과 절로 표시한다.

---

* 튀르키예어와 달리 루마니아어에서는 갈고리 모양의 세디유^{cédille}가 달린 ş가 아니라 콤마가 달린 ș를 사용한다. 이 부분을 제외한 이 책의 모든 부분의 루마니아어 철자 ș를 ş로 교정했다.

** 루마니아어에서는 갈고리 모양의 세디유가 달린 ţ가 아니라 콤마가 달린 ț를 사용한다. 이 부분을 제외한 이 책의 모든 부분의 루마니아어 철자 ț를 ţ로 교정했다.

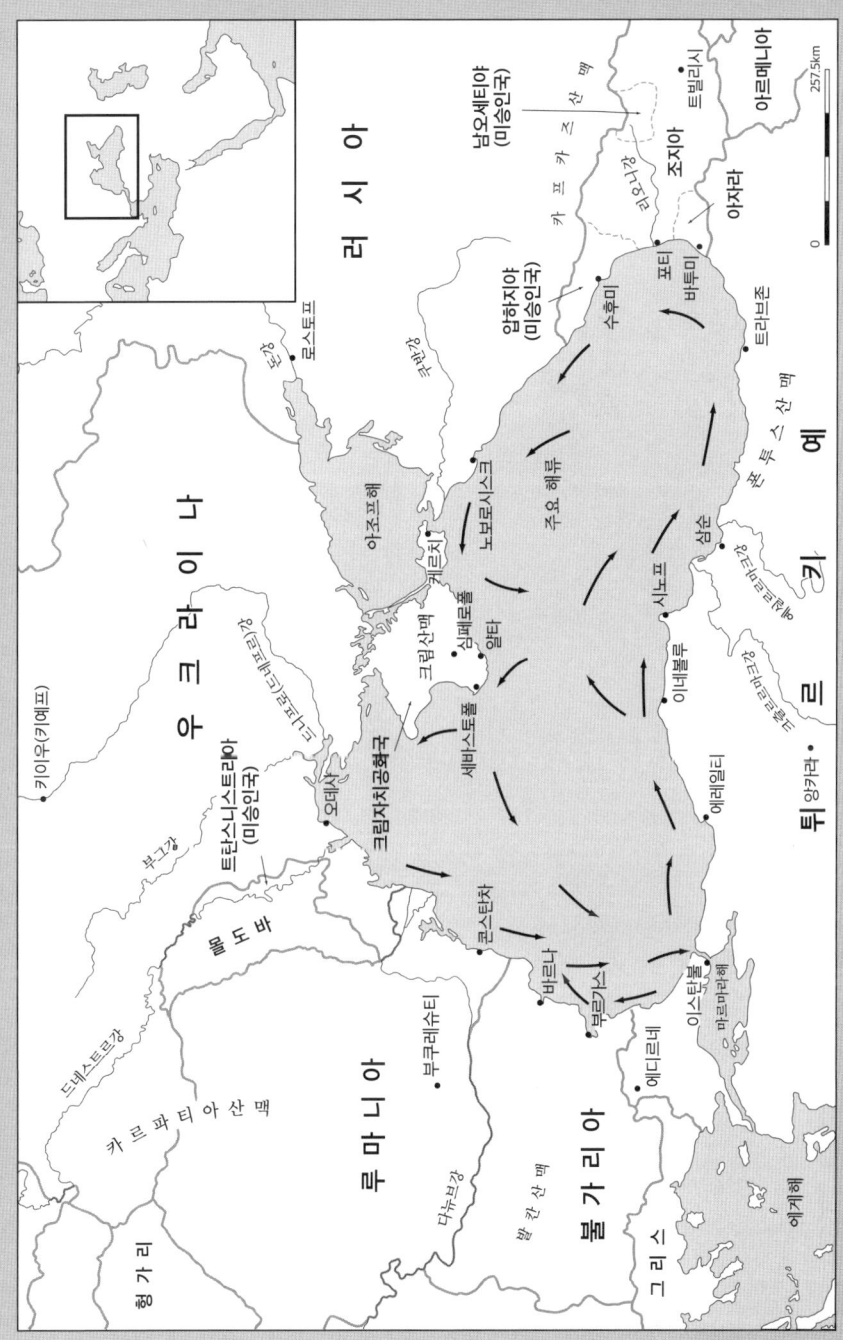

지도 1 ＊ 오늘날의 흑해

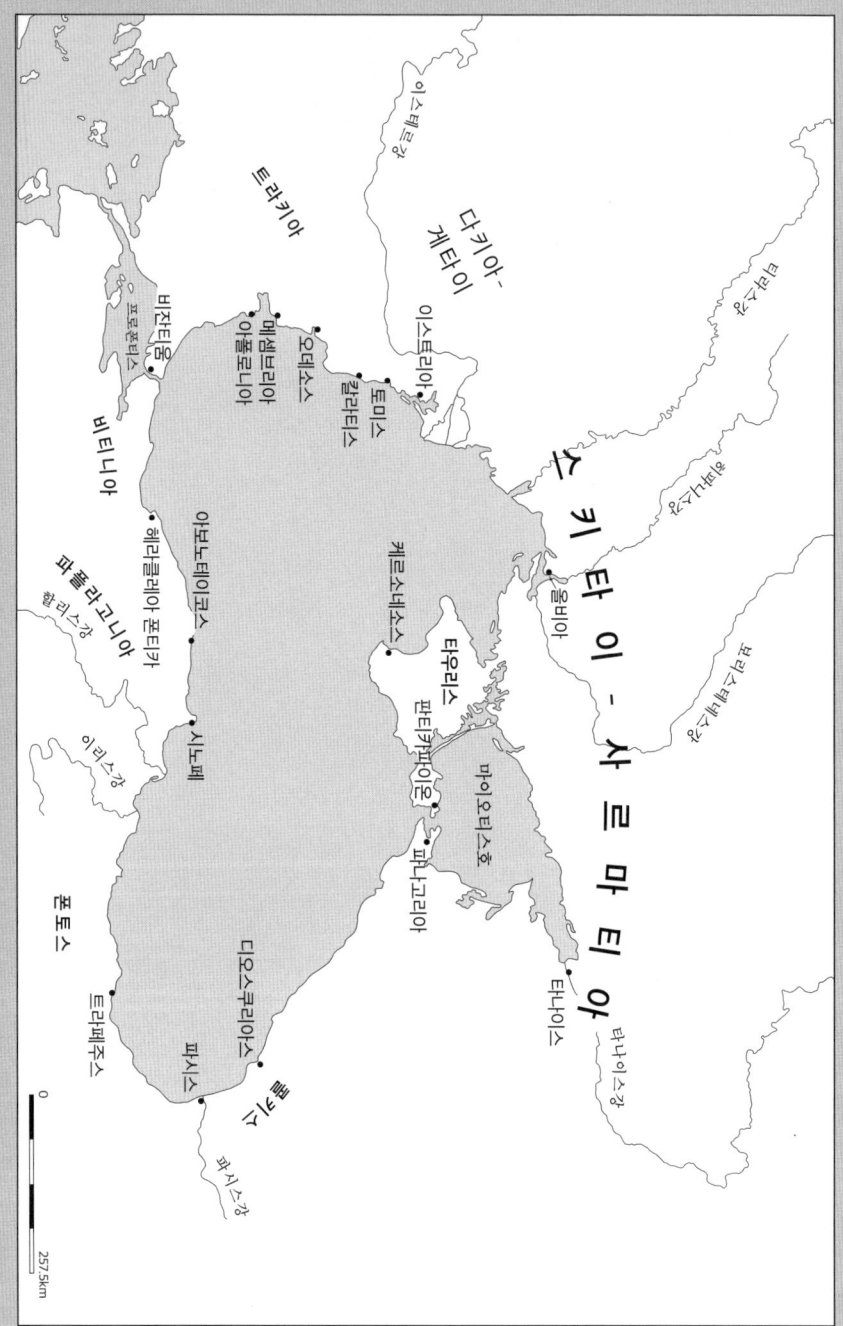

지도 2 ✳ 고대 후기의 흑해

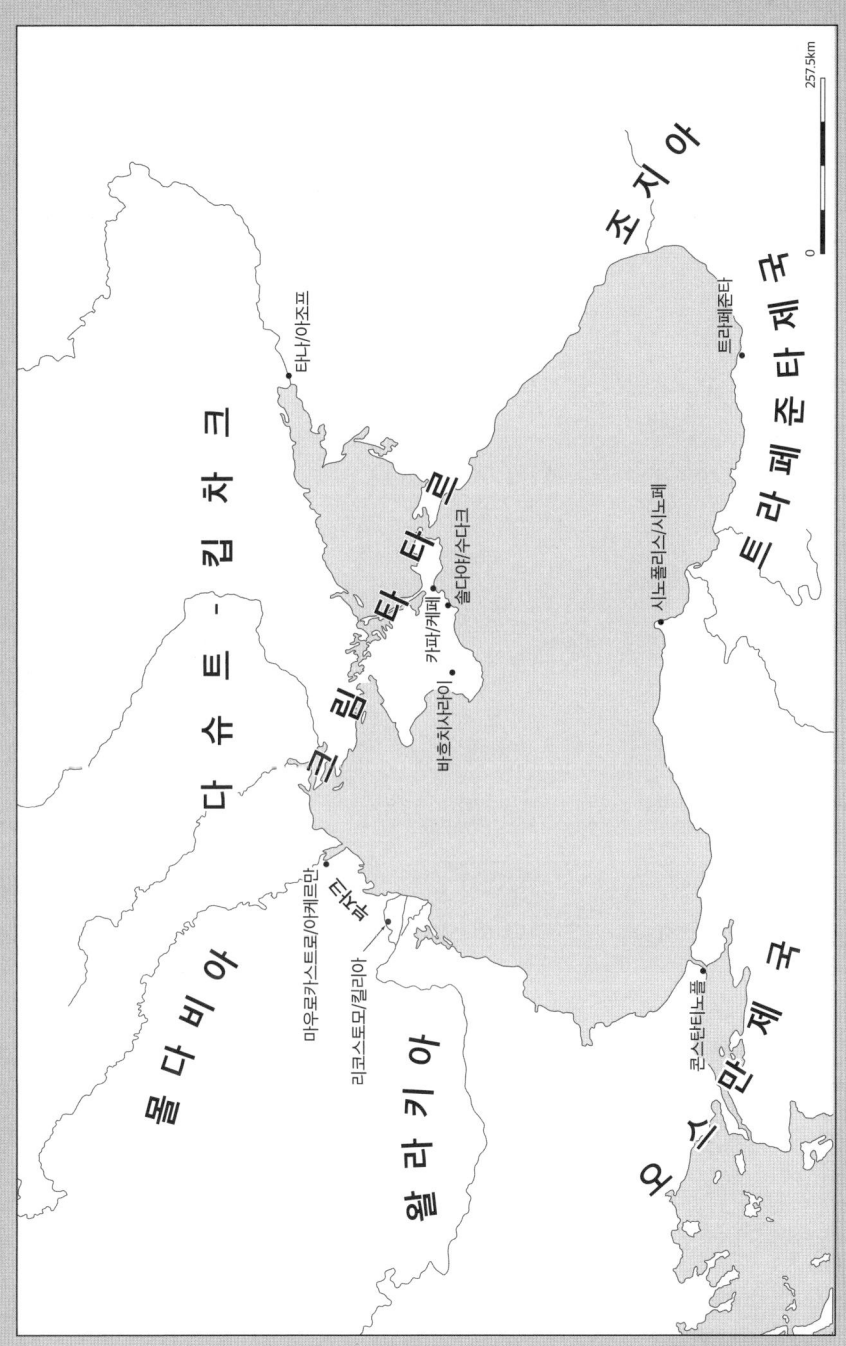

조지아

트라페준타 제국

다슈트 - 킵차크

트라페준타

킵타타르국

타나/아조프

솔다이아/수다크

카파/케페

시노폴리스/시노페

바흐치사라이

불가리아

므낭굽

마우로카스트로/아케르만

리쿠스토모/킬리아

오스만 제국

콘스탄티노플

257.5km

0

지도 3 ✳ 중세의 흑해

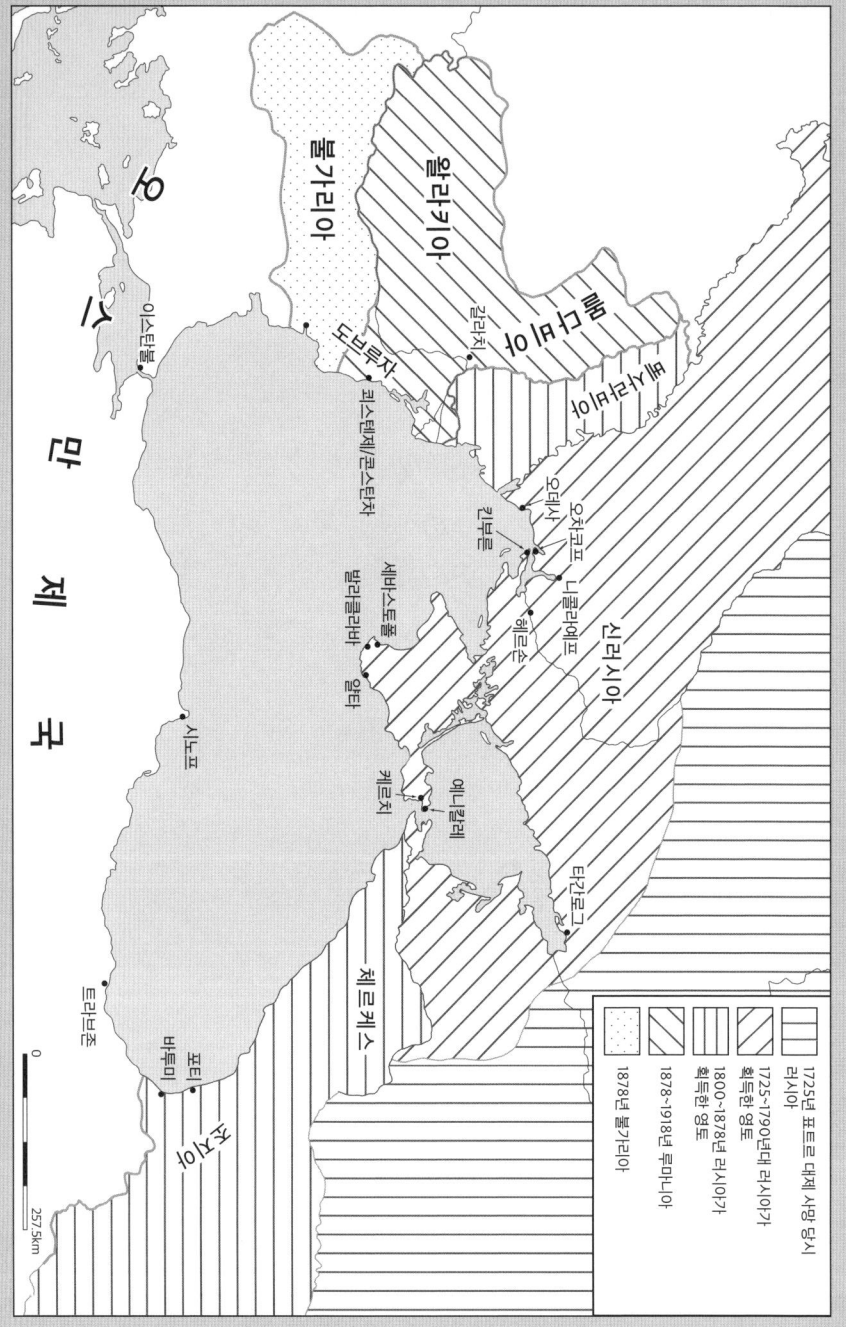

오스만 제국

러시아

불가리아

왈라키아

몰다비아

베사라비아

도브루자

갈라치

이스탄불

퀴스텐제(콘스탄차

킬리아

이즈마일

오데사

오차코프

니콜라예프

헤르손

신러시아

크림 반도

세바스토폴

발라클라바

얄타

케르치

얄타

타간로크

예니칼레

시노프

체르케스

트라브존

바투미

포티

조지아

0   257.5km

지도 4 ✳ 18~19세기의 흑해

1725년 표트르 대제 사망 당시 러시아아
1725~1790년대 러시아가 획득한 영토
1800~1878년 러시아가 획득한 영토
1878~1918년 루마니아
1878년 불가리아

1장   장소의 고고학

고대인들이 무어라 말했든, 흑해에는 이름 외에 검은 것이라고는

아무것도 없다고 해도 좋을 것입니다.

—1718년, 왕실 식물학자 조제프 피통 드 투르네포르가 루이 14세에게

승객이 토하게 되는 그 어떤 바다도,

흑해만큼 위험한 파도를 일으키진 않네.

—바이런

고고학자의 삽이

오래전 비워진

거처들을 파헤치며

지금은 아무도

꿈꾸지 않을 삶의 방식에 대한

증거들을 발굴해낸다…….

—W. H. 오든

사람들과 물

역사와 사회 연구에는 육지 중심의 편견이 깊이 뿌리박혀 있다. 우리는 역사와 사회생활이 땅 위에서만 일어난다고 생각하는 경향이 있다. 물 위에서 일어나는 일들, 예컨대 바다를 항해하거나 강을 타고 내려가는 여정은 단지 배우들이 목적지에 도착해서 펼칠 진짜 연기를 위한 무대 장치에 불과하다고 여기는 것이다. 그러나 대양과 바다, 강들은 단순히 통로나 경계가 아니라 인간의 상호작용과 교류라는 독특한 이야기들의 핵심 주역으로서 자기만의 역사가 있다. 마크 트웨인이 미시시피강에 대해 쓴 것처럼, 물길은 퇴적물과 해류, 홍수라는 물리적 역사가 있지만, 또한 '역사적 역사'도 있다. 잠들어 있던 시대와 깨어 있던 시대, 그리고 강변을 채우는 인물들의 오고 감의 역사 말이다.[1] 우리의 지리적 시선을 토지에서 수역으로 옮기면 통찰력을 얻을 수 있다. 이를 통해 우리는 '지역'이나 '민족' 같은 명칭과, 우리가 세상을 분할하는 방식에서 이런 안이한 범주가 지닌 특권적 역할에 대해 비판적으로 생각하게 된다. 또한 장소의 의미 자체에 관해, 그 의미가 시간이 흐르면서 어떻게 달라지는지, 그리고 우리가 여러 민족과 문명 사이에 그어놓은 지적 경계선들이 생각보다 얼마나 훨씬 더 자의적인지 다시 생각해보게 된다.

　이 책은 바다와 그 주변 여러 민족 및 국가의 역사, 문화, 정치에서 바다의 역할에 관한 이야기이다. 세계 일부 지역에서 물길이 인류 역사를 정의하는 요소라는 생각은 논란의 여지가 없고 심지어 진부하기까지 하다. 우리는 '지중해'를 의미 있는 장소로 말하는 데 익숙하다. 지중해 요리, 지중해 휴양지 같은 수식어가 붙은 단어는 카르스트* 고원과 푸른 항만, 올리브와 포도주, 염소의 생생한 이미지를 떠올리게 한다. 연구 대상으로서 지중해는 수많은 학술 연구의 초점이었으며, 그중에서도 가장 유명한 것은 근대 여명기 지중해 세계를 그려낸 페르낭 브로델Fernand Braudel의 작품이다.[2] 크고 작은 다른 수역에도 연상되는 고유한 이미지가 있다. 남태평양이나 체서피크**만, 아마존, 미시시피강을 언급하면 수많은 이미지가 떠오르는데, 그중 일부는 관광 안내 책자에나 나오는 허구이고, 일부는 물가에 사는 사람들의 실제 경험을 바탕으로 그려졌다. 이들을 비롯한 여러 물길들에 대해, 학자들은 때로는 먼 거리에 걸쳐 한 해안과 다른 해안을 연결해온 공통된 경제 활동, 생활 양식, 그리고 정치적 곤경들을 기록해왔다.[3]

흑해의 경우 어떤 이미지나 연상이 쉽게 떠오르지 않는다. 이 바다는 그 지역 밖의 사람들에게는 거의 알려지지 않은 수역이다. 약 7,000년에서 8,000년 전 흑해가 형성됐을 가능성이 있는 시기부터 20세기 후반의 정치적 혁명과 환경 위기에 이르기까지, 흑해 역사의 전 구간에 걸쳐 그 이야기를 들려주는 것은 소수의 전문 연구서가 전부다. 비잔티움부터 오스만제국, 러시아에 이르기까지

---

* Karst. 석회암이 빗물과 지하수에 용해되면서 형성된 독특한 지형으로, 동굴, 싱크홀, 지하 배수 체계가 발달한 지역이다. 슬로베니아-이탈리아 국경의 카르스트 지역에서 이름이 유래했다.

** Chesapeake. 미국 동부 해안 버지니아주와 메릴랜드주에 걸쳐 있는 대서양 연안의 큰 만으로, 식민지 시대부터 담배 재배를 중심으로 한 플랜테이션 경제가 발달했던 지역이다.

주요 강국들이 다양한 시기에 흑해를 전략적 목표의 중심에 두었지만, 이들 제국사에서 흑해에 관한 연구는 거의 이루어지지 않았다. 또한 흑해는 다른 여러 학술 전문 분야가 교차하는 지점에 자리 잡은 수역이라서 어느 분야의 중심에도 서지 못하고 있다. 특히 미국에서는 냉전으로 인해 생긴 특정한 지리적 편견이 매우 오래 지속되고 있다. 대체로 국내 정치와 국제 관계, 심지어 역사와 문화에 관한 연구도 냉전 시기와 동일한 지역적 한계 안에서 수행된다. 한 영역의 전문가들이 다른 영역으로 넘어가는 경우는 매우 드물다.

흑해 주변 지역을 다룰 때는 해안선을 여러 영역으로 구분하는 역사 서술과 사회 분석의 전통이 이어져왔다. 발칸^{Balkan}반도의 근현대사는 대개 중부 유럽 역사의 부속물 혹은 단절된 민족적 역사의 집합체로 보인다. 우크라이나와 남부 러시아 지역은 발칸반도와 별개로 다뤄지는데, 러시아제국사의 일부나 우크라이나 전통에서는 늦어진 민족 해방의 비극으로 취급된다. 남북 카프카즈^{Kavkaz} 지역도 역시 마찬가지다. 오스만제국은 무대 뒤에서 맴돌다가 가끔 등장하지만, 현대 튀르키예공화국이 수립된 후 튀르키예인은 유럽에서 거의 완전히 사라져버리고 대신 중동 연구의 일부가 되어버렸다. 연구비 지원 기관이나 정부 후원 연구 프로그램의 정책들은 인문학뿐만 아니라 사회과학에서도 이런 노선을 강화한다. 미국에서는 '동유럽' 연구가 한 예산 항목을 통해 지원되고, '구舊소련'이나 '신생 독립국'이라고 부르는 나라에 관한 연구는 다른 항목을 통해, 튀르키예를 포함한 중동 연구는 또 다른 항목을 통해 지원된다.

하지만 이런 정신적 지도는 확실히 근대에 만들어진 것이다. 그리 오래되지 않은 과거에는 흑해를 일종의 지정학적 단위로 보는 관점이 현지 주민들과 정치 지도자뿐만 아니라 바다와 그 불안 요소들을 다루며 경력을 쌓은 서구 외교관, 전략가, 작가에게도 매우 합리적으로 여겨졌을 것이다. 19세기에 흑해는 동방문제의 핵심, 즉 오스만제국의 약화와 제국이 결국 어떻게 분할될 것인가에 대한 유럽 강대국들의 이해관계와 관련된 복잡한 경쟁 구도 속에 자리했다. 두 차례 세계대전 사이에 이 지역은 격동하는 발칸반도, 볼셰비키, 그리고 레반트^{Levant} 지역의 유럽 보호령들이 교차하는 지점에 서 있었다. 이후에 이 지역의 국가들은 자본주의와 공산주의 간의 전 지구적 투쟁에서 최전선에 있었는데, 알바니아, 유고슬라비아, 루마니아처럼 공산주의 세계 내에서 독자적인 길을 가거나, 그리스와 튀르키예의 경우처럼 소비에트연맹*에 맞서는 서방의 전위대 역할을 했다. 공산주의가 종식된 이래 동남유럽은 불안정한 정치적 전환을 겪는 지역이자 상대적으로 가난한 국가들의 지역이 됐고, 통합되고 번영하는 대륙을 만들려는 유럽의 기획에서 우려스러운 공백 지대가 됐다. 약한 국가들과 붕괴하는 지역 질서가 초래한 혼란, 국내 분쟁이 국제 갈등으로 번지는 현상, 그리

---

* 소비에트사회주의공화국연맹Union of Soviet Socialist Republics, USSR을 한국에서는 소비에트'연방'이라고 번역해왔지만, 역사가 E. H. 카가 말했듯이, 러시아어 소유즈soyuz는 '동맹alliance'과 '연합union'의 의미를 같이 지니며, '연방federation'이라는 의미는 전혀 없다. 한국에서 연방이라는 번역을 채택한 것은 일본의 영향으로 보이며, 북한이나 중국에서는 연맹으로 정확히 번역한다.

고 무역과 에너지망의 정치학은 제2차 세계대전 이전 흑해 주변의 주요 현안들이었다. 이런 문제들은 또 다시 국제적 의제로 떠오르고 있다.

이 책은 흑해 주변 민족들의 역사와 문화, 정치를 하나로 엮어내고, 유럽 동남쪽 변경 지역에 대한 오래된 지적 지도를 되살리려는 시도이다. 단기 20세기라는 비교적 짧은 기간을 제외하면, 동유럽 ─ 적어도 대문자 E 두 개를 쓰는 그런 종류의 동유럽^{Eastern} Europe ─ 은 대부분의 사람이 유럽 대륙의 동쪽 끝을 생각하는 방식이 아니었다. 발트해에서 흑해에 이르는 그 영토는 한때 공통된 이념과 비슷한 국내 정치 구조, 대체로 일치하는 대외 정책을 가지고 있었다. 하지만 1989년에서 멀어질수록 공산주의라고 불리는 것(애초에 그것이 하나로 뭉뚱그릴 수 있는 것이었다면 말이지만)은 압도적으로 중요해 보이지 않을 가능성이 높다. 특히 공산주의 세계에 단한 세대만 속했던 나라들과, 그리스나 튀르키예처럼 권위주의의 취향이 마르크스주의 계열이 아니었던 이웃 나라에는 더욱 그렇다. 다시 말해 유럽 동쪽의 역사는 동유럽이라고 불리는 어떤 장소의 이야기가 아니다.[4]*

1990년대에 들어서면서 동질적인 동유럽이라는 개념은 동등하게 이질적인 동남유럽이라는 관념으로 대체됐다. 이곳은 서로

---

*   20세기 중반 냉전이 시작되면서 '동유럽'은 소련의 영향권에 속한 공산주의 국가들(폴란드, 체코슬로바키아, 헝가리, 루마니아, 불가리아 등)을 지칭하는 정치적 용어로 굳어졌다. 하지만 저자가 지적하듯, 이러한 '동유럽' 개념은 역사적으로 비교적 최근의 산물이며, 그전에는 발칸, 흑해 연안, 중부 유럽 등이 훨씬 복잡하고 유동적인 문화적·지리적 범주로 받아들여졌다. 이 책에서는 냉전의 이분법이 가리고 있던, 흑해를 중심으로 한 더 오래되고 풍부한 지역 정체성을 복원하려는 시도를 한다.

적대적인 종교와 문화가 시간을 초월해서 접촉하는 지대이자 진짜 유럽과 또 다른 무언가 사이의 이행 구역으로 여겨졌다. 신문 머리기사들에서 이런 인식의 충분한 증거를 찾을 수 있었다. 유고슬라비아의 피비린내 나는 종말, 소비에트 체제 붕괴 후 이어진 전쟁들, 예컨대 몰도바, 조지아, 아제르바이잔과 기타 지역에서 벌어진 일련의 소규모이지만 잔혹한 분쟁들, 그리고 수십 년간 지속된 튀르키예와 쿠르드Kurds 게릴라 간의 전쟁까지, 공동체적 믿음의 힘이나 혈연과 지연에 대한 충성심처럼 이 지역을 끊임없이 내부 분열에 빠뜨리는 무언가가 분명히 있는 듯했다. 미국의 저명한 학자이자 외교관인 조지 케넌*이 발칸반도에 대해 썼듯이 1990년대의 폭력은 "먼 부족 시대의 과거로부터 (……) 물려받은 더 깊은 성격의 특징"으로 가장 잘 설명할 수 있으며, 이 지역 주민들은 자신도 모르는 사이에 그 희생양이 됐다.[5]

하지만 역사의 긴 흐름을 놓고 보면, 흑해 주변 지역―즉 광의의 동남유럽이라고 부를 수 있으며 구식 용어를 쓰자면 근동 지역―이 유럽이나 유라시아의 다른 어느 지역보다 더 불안정했다거나, 종족 정체성을 더 깊이 느꼈다거나, 토지와 관습, 종교 문제로 더 분열됐다고 주장하기는 어렵다. 실제로 많은 시대에 이 지역은 훨씬 덜 그랬다. 이 바다의 역사를 관통하는 이야기가 있다면 그것은 갈등과 폭력에 관한 이야기가 아니며, 특히 양립할 수 없는

---

* George F. Kennan(1904~2005). 미국의 외교관이자 역사학자로, 소련 주재 대사관에서 근무하며 1946년 「긴 전보Long Telegram」를 통해 소련 팽창주의에 대한 분석을 제시했다. 냉전 시기 소련에 대한 미국의 봉쇄 정책의 이론적 토대를 마련한 인물로 평가받는다.

'문명들' 사이의 단층대를 규정한다고 여기는 그런 종류의 이야기와는 거리가 멀다. 오히려 이는 19세기와 20세기 유럽을 조직하는 중심 사상들의 뒤늦은 도래에 관한 이야기다. 이곳은 근대 국가가 다소 늦게 등장했고, 문화적으로 규정된 민족nation 개념은 더욱 늦게, 그리고 국민국가nation-state는 훨씬 더 늦게, 어떤 경우에는 20세기 초가 되어서야, 또 다른 여러 경우에는 세기말이 되어서야 나타난 곳이다.

이 책의 후반부 상당 부분은 민족이라는 사상이 이전까지는 낯선 개념이었던 세계로 어떻게 급격히 밀려들어 왔는지에 관한 내용이다. 그 세계에서는 통상 직업, 종교, 또는 단순한 지리적 조건 ─ 예컨대 연안 출신인지 내륙 출신인지, 이 마을 출신인지 저 마을 출신인지 ─ 같은 다른 결속의 축들이 지배적이었다(그리고 이런 범주들조차 거의 고정되어 있지 않던 곳이다). 이 책은 아이들이 조부모 세대에게는 이상하게 보였을 방식으로 어떻게 자신을 규정하게 됐는지, 그리고 사람들이 어떻게 혼재되고 중첩된 정체성을 동질적이고 민족적인 정체성으로 바꿔나갔는지를 다룬다. 또한 이 책은 한때 의미 있는 지리적 공간으로 존재했을지도 모를 장소가 수 세기에 걸쳐 어떻게 점진적으로 해체됐는지, 바다를 가로지르는 인간관계의 연결망이 유럽과 유라시아의 정치적, 경제적, 전략적 환경 변화와 보조를 맞춰 어떻게 형성되고 사라지고 다시 형성됐는지를 보여준다. 이것은 지리적 고고학이라고 부를 수 있는 것에 대한 실험이다. 그 목적은 20세기 후반 공산주의와 탈공산주의의 얇은 지층 아래 묻혀 있던 잊힌 관계망과 정교한 인간관계를 발굴하는 것이다. 이 작업의 중심에는 바다가 자리한다.

지역, 변경, 민족

지금까지 몇 가지 중요한 용어들을 다소 엄밀하지 않게 써왔기 때문에, 내가 그 용어들을 어떤 의미로 사용하는지, 이 책에서 어떻게 다루는지 설명할 필요가 있다. 그중 하나가 '지역region'이다. 지역이라는 개념은 문화나 인종과 마찬가지로 정의하기 까다롭고 어려우며, 분석적 용도로 쓰일 때는 보통 수많은 규범적 함의를 감추고 있는 말이다. 어떤 지역적 명칭도 너무 깊이 파고들면 형해되고 만다. 어떤 넓은 지리적 단위를 다른 것과 구별해주는 본질적 특성들을 찾아내려고 하는 순간, 그런 특성들은 실망스럽게도 덧없어 보이기 시작한다. 근본적으로 지역은, 개인이나 민족이나 국가와 같은 그 지역의 구성 요소가 공유할지도 모르는 언어나 문화, 종교, 기타 특성들의 공통점에 관한 것이 아니다. 오히려 지역은 연결에 관한 것이다. 즉, 한 공간을 다른 공간과 구분하는 것처럼 보이는, 사람들과 공동체들 사이의 깊고 지속적인 연결 고리에 관한 것이다.

    이 책이 다루는 지역의 경계는 사실 모호하다는 점을 인정한다. 민족과 제국, 국가가 각기 다른 시점에 등장했다 사라졌다 하며, 때로는 또 다른 등장인물인 유럽과 함께 무대에 오르기도 하고, 때로는 유럽에 외면당하기도 했다. 그러나 무대의 중심은 바다와 그 연안이다. 무대의 양 날개는 발칸반도에서 카프카즈산맥까지, 우크라이나와 러시아 남부의 스텝 지대에서 아나톨리아^Anatolia 중부까지 펼쳐진다. 다행히도 이 지역에 속한 거의 모든 국가가 오늘날 흑해경제협력기구^Black Sea Economic Cooperation, BSEC의 회원국이다. 이 기구는 1992년에 동남유럽의 상업적·정치적·문화적 유대를 강화하기 위해 설립된 국제 협의체이다.

하지만 이곳이 정말로 하나의 지역인가? 그 답은 우리가 어떤 관점으로 바라보느냐에 달려 있다. 가장 협의의 지리적 의미에서는 오직 여섯 개 국가, 즉 불가리아, 루마니아, 우크라이나, 러시아, 조지아, 튀르키예만이 성원권을 주장할 수 있다. 이들 국가는 주요 항만 시설을 관리하고 연안의 영해권을 주장한다. 그러나 더 넓은 의미에서 흑해 지역은 알프스산맥에서 우랄산맥까지, 즉 흑해 유역 전체를 구성하는 모든 영토를 포괄하며, 이는 약 22개 나라의 전체 또는 일부를 아우른다. 다뉴브^Danube강, 드네프르^Dnepr강, 돈^Don 강 상류에서 일어나는 일들은 바다의 건강과 주변 주민의 생계에 큰 영향을 미친다. 역사적 측면에서 보면 바다의 일부 지역은 때때로 주요 제국 세력의 지배를 받기도 했지만, 해안선은 대부분 여러 지역의 통치자와 근대 국가들 사이에 나뉘어 있었다. 최근의 정치적 측면에서 보면 1990년대 초 연안 국가들과 몇몇 이웃 국가들이 지역 협력 기구인 BSEC를 구축하기로 약속했지만, 그런 열망은 21세기 초의 진짜 상품인 유럽연합^European Union, EU 가입을 둘러싼 경쟁 때문에 상당 부분 뒤로 밀려났다. 이 상품을 얻는 데에서 일부 BSEC 회원국들은 다른 나라들보다 훨씬 유리한 위치에 있다.

흑해 지역을 구성하는 것은 질문하는 방법뿐만 아니라 질문하는 시점에 따라서도 달라진다. 고대 세계에서는 그리스 도시들과 교역 거점들이 줄지어 늘어서서 바다의 모든 구석을 하나의 상업망으로 연결했다. 이 상업망은 내륙에서 일어난 세력들과 페르시아 및 로마의 진출로 흔들렸다. 비잔티움제국과 북방의 유목민들, 그리고 발칸반도와 카프카즈 지역의 기독교 왕들과 대공들 간의 관계는 처음에는 이를 강화했다가 나중에는 약화했다. 흑해 세계는 중세에 제노바Genova와 베네치아Venezia 상인들의 진취적 정신에 의해 되살아났고, 한때는 단일 제국, 심지어 오스만 술탄이라는 한 사람의 지배 아래 놓이기도 했다. 이후 러시아의 부상으로 흑해는 남북 연안을 지배하는 세력들 간의 수 세기에 걸친 투쟁의 무대가 됐다. 이어서 19세기와 20세기의 민족 운동이 제국보다는 소규모 국가를 선호하면서, 바다와 그 연안의 일부분을 새로 형성된 국민국가들의 영역으로 편입시키는 역할을 했다.

오늘날 해안의 모든 주민이나 그들이 사는 국가들 사이에 공통된 흑해 '지역 정체성'에 근접한 무언가가 존재한다고 주장하기는 어렵다. 더 넓은 동남유럽 전반에 걸친 정치적 궤적과 정치적 현실은 다양하다. 민주적인 것과 권위주의적인 것, 개혁적인 것과 반동적인 것, 실질적 국가와 상상의 국가가 뒤섞여 있다. 정치 지도자들은 진정한 지역 협력에 나서기보다는 이웃과 자신을 차별화하려 한다. 자국이 더 유럽적이고, 유럽-대서양 기구 가입에 더 합당하거나, 아니면 단순히 더 문명화됐다고 내세우는 식이다. 그럼에도 흑해는 오랫동안 독특한 장소, 즉 사람과 재화, 사상의 이동을 수반하는 협력적이면서도 동시에 갈등을 빚는, 바다를 매개로 하는 관계들로 규정되는 지역이었다. 역사의 긴 흐름 속에서 해안과 내륙의 공동체들은 지속적인 방식으로 서로 접촉했다. 종교적 관행, 언어 형태, 음악과 문학 양식, 민속과 음식 문화를 비롯한 사회생활의 여러 영역이 상호 영향의 그물망으로 엮여 있으며, 이는 무심코 지나가는 방문객에게도 쉽게 드러난다. 적어도 지난 한 세기 정도 동안 팽배해진 민족의 고유성이라는 서사를 넘어서 바라볼 수 있는 사람에게는 말이다.

주의가 필요한 또 다른 용어는 '변경frontier'이다. 내륙 아시아 역사학자 오언 래티모어*는 변경이 경계boundary와 다르다고 말한 적이 있다.[6] 경계는 정치적 권력의 의도된 한계, 즉 국가나 제국이 특정 지리적 공간에 자신의 의지를 행사할 수 있는 가장 먼 범위를 나타낸다. 변경은 경계의 양쪽에 존재하는 구역이다. 변경은 독특한 경계 횡단자들의 공동체가 거주하는 곳으로, 이들의 삶과 생계는 정치체 간의 물리적 경계뿐만 아니라 민족, 종교, 언어 집단 간의 사회적 경계를 넘나드는 데 전문가가 되는 것에 달려 있다. 변경의 사람들, 예컨대 유라시아의 코사크Cossacks, 캐나다 숲의 쿠뢰르 데 부아,** 미국 서부의 산악인, 그리고 이들과 유사한 많은 다른 집

---

* Owen Lattimore(1900~1989). 미국의 중국·중앙아시아 전문가이자 존스홉킨스대학교 교수로, 몽골과 중국 변경 지역 연구의 선구자였다. 1950년대 매카시즘 시기에 조지프 매카시 상원의원으로부터 소련 스파이 혐의로 고발당해 정치적 박해를 받았으나 결국 무혐의로 밝혀졌다.

** Coureurs des bois. 17~18세기 북미 프랑스 식민지 시대의 독립적인 모피 거래상들로, '숲을 달리는 자들'이라는 뜻의 프랑스어다. 정부의 허가 없이 내륙 깊숙이 들어가 원주민들과 직접 모피를

단은 단순히 인류사의 주변적 행위자들이 아니라 그들만의 독특하고 적응력이 뛰어난 문화를 가진 존재이다.

　이러한 변경과 그곳 주민들에 대한 태도는 제국과 민족의 정체성을 형성하는 데 중심적인 역할을 할 수 있다. 미국 역사학자 프레더릭 잭슨 터너Frederick Jackson Turner는 서부를 차례로 정복해나가는 과정이 독특한 미국적 정체성을 형성했다고 주장했는데, 이는 변경이라는 혹독한 시련의 도가니 속에서 단련된 유럽적 특성과 토착적 특성이 혼합된 것이었다. 터너는 미국 역사에서 변경에 주목한 자신의 유명한 에세이에서 "연속적인 빙하 작용으로 연속적인 종단 빙퇴석이 만들어지듯이, 각각의 변경은 그 뒤에 흔적을 남기며, 정착 지역이 됐을 때도 그 지역은 여전히 변경의 특성을 간직한다"라고 썼다.[7] 터너는 자연의 도전이 사회 발전에 미치는 영향에 주로 관심을 기울였지만, 또 다른 중요한 관계를 놓쳤다. 사람들은 변경이 자신들을 형성하는 만큼, 어쩌면 그보다도 더 많이 변경의 이미지에 맞서 자신들을 형성해나간다. 래티모어의 연구가 밝혀낸 바와 같이, 유라시아에서 튀르크어를 사용하는 집단과 만난 것은 중국인들이 문명과 올바른 행실을 이해하는 데 핵심적이었다. 마찬가지로 19세기 러시아가 시베리아와 카프카스 지역으로 팽창하고 정착한 일은 러시아의 제국적 정체성을 형성하고, 스스로를 유럽 대륙과 유라시아의 강대국으로 인식하는 데 결정적인 요소였다. 육상 변경에서와 마찬가지로 해상 변경에서도 같

거래했으며, 원주민 사회와 긴밀한 관계를 맺으면서 프랑스 식민지 확장의 첨병 역할을 했다.

은 역학이 작용하는 것을 발견할 수 있다.

역사상 여러 시점에서 흑해 주변 땅들은 이러한 두 가지 의미 모두에서 변경이었다. 즉, 제국이나 국가 사이의 위치로 규정되는 독특한 공동체들의 거점이자, 외부인의 문화적·정치적 정체성이 만들어지는 대조점 역할을 했던 것이다. 그러나 이 바다를 서로 다른 문명권, 예컨대 그리스와 야만인, 기독교도와 무슬림이 만나는 장소로서 변하지 않는 변경으로 생각하거나, 혹은 유럽인들이 끊임없이 자신을 정의하는 기준과 구분되는 상상 속 주변부, 다시 말해 동양적, 발칸적, 유라시아적 공간의 일부로 생각하는 것은 현재의 편견을 먼 과거에 투영하는 것이다.

실제로 흑해의 상당 부분은 근대 초기에 전자의 의미에서 변경이었다. 초기 유럽 지도 제작자들이 '텅 비고 사람이 살지 않는 들판campi deserti et inhabitati'이라고 표현했듯이, 당시 북쪽 해안을 따라 펼쳐진 스텝 지대는 여전히 인구가 희박한 대평원이었고 오스만 제국과 폴란드, 러시아가 교차하는 지점이었다. 그리고 19세기 대부분 기간에는 후자의 의미에서 변경이었는데, 당시 흑해는 유럽의 떠오르는 열강인 러시아와 쇠퇴하는 열강인 오스만 사이에 있었기 때문이다. 그러나 흑해와 그 연안 지역의 더욱 긴 역사는 단순히 지리적 주변부가 점진적으로 제국에, 그리고 나중에는 근대 국가에 흡수되는 이야기가 아니다. 또한 이 지역을 후진적이고 문명화되지 않은 곳으로 은밀하게 만들어낸 이야기만도 아니다. 오히려 이는 흑해의 주변적 지위가 들썩였다 가라앉기를 되풀이하는 이야기이다. 마치 긴 사인파sine wave처럼 한쪽 끝에서는 후진성과 고립 상태에, 다른 쪽 끝에서는 더 넓은 지중해·유럽·유라시아 세계와의 본격적인 통합 상태에 있으면서 계속 진동하는 것이다. 해안선을 따라 또는 바다 한가운데를 관통해 생태, 군사, 종교, 경제, 심지어 유행병까지 다양한 경계들이 형성됐다. 하지만 영구적인 것은 없었고, 한 경계의 윤곽이 다른 경계의 윤곽과 정확히 겹치는 경우도 거의 없었다.

　고대 그리스인들이 흑해를 처음 접했을 때 그곳은 문자 그대로 알려진 세계의 끝자락에 있었고 신화 속 괴물들과 반인반수, 영웅들이 사는 곳이었다. 그러나 기원전 제1천년기 중반부터 그리스 무역 식민지가 성장하여 해안 지역들을 서로 연결했을 뿐만 아니라 지중해와의 더 광범위한 교역 체계로 편입시켰다. 이러한 통합 체계는 기원후 제1천년기까지 지속됐는데, 이때 다른 부의 원천이 생기면서, 특히 이집트에서 나오는 곡물과 인도양을 통해 개척된 동방 교역로로 인해 흑해 항구들의 중요성이 줄어들었다. 이러한 오래된 연결 고리는 초기 비잔티움 시대에 어느 정도 회복되었다. 이는 콘스탄티노폴리스^{Constantinopolis}와 북쪽 삼림스텝 지대 사람들 사이에서 모피와 다른 상품의 해상 무역이 이루어진 덕분이었다. 그러나 흑해가 다시 한번 세계적 경제·사회 체제의 중심이 된 것은 13~14세기에 이르러서였고, 이번에는 이탈리아 도시국가들의 거대한 상업 제국과 연결됐다. 이러한 연결 고리는 오스만이 콘스탄티노폴리스를 정복한 후에도 한참 동안 지속됐다. 제노바와 베네치아의 후계자로서 오스만은 한동안 직접 정복이나 지역 통치자들과의 공동 통치를 통해 대부분의 해안을 통제할 수 있었고, 이 지역의 자원을 이용해 자신의 제국을 건설했다. 지중해에서 오스만의 힘이 쇠퇴하면서 흑해는 술탄이 집착스럽게 지키는 전리품이 됐고, 연안 대부분은 외국의 상업적·정치적 영향으로부터 차단됐다. 이러한 상황은 18세기 후반 유럽 상인들에게 바다가 개방될 때까지 계속됐다. 그 시점부터 흑해는 다시는 단일 세력의 전유물이 되지 않았고, 이 지역의 부, 특히 러시아제국 남부 항구들에서 급성장하는 곡물 무역에 접근하려는 새로운 경쟁은 흑해와 지중해의 연결 고리를 복원했을 뿐만 아니라 대서양까지 확장시켰다.

19세기 후반부터 20세기에 걸쳐 해안선은 새로 형성된 여러 국민국가 사이에 분할됐고, 각국은 해안의 일부뿐만 아니라 연안 해역의 일부분에 대해서도 권리를 주장했다. 그러나 근대 국가의 도래가 자동적으로 연안 지역이 더 광범위한 경제·사회 구조로 원활하게 통합되는 것을 보장하지는 않았다. 권력 중심이 내륙에 위치한 신생국들에서 해안 지역들은 여전히 주변부 신세를 면치 못했다. 실제로 현재도 그렇다. 바다와 다뉴브강, 드네스트르Dnestr강으로 둘러싸인 도브루자Dobrudja와 베사라비아Bessarabia 지역은 20세기 전반기 루마니아에서 가장 여러 종족이 뒤섞인 지역이었고 도적질과 분리주의의 온상이었다. 이곳들은 여전히 루마니아와 몰도바공화국 내에서 여러 문화가 혼재된 지역으로, 침체된 경제와 부족한 사회 서비스가 주요 문제가 되고 있다. 우크라이나에서 크림반도는 중앙 정부에 지속적인 우려 대상이었다. 대규모 러시아어 사용 인구와 상당한 러시아 해군 주둔, 그리고 일자리를 잃고 불만을 품은 크림 타타르인 소수민족이 때때로 새로운 우크라이나 국가의 통합에 장애물이 됐다. 조지아는 해안 지역인 압하지야^Ab-khazia^의 지위를 둘러싼 유혈 내전으로 사실상 그 지역을 상실했고, 1990년대에 항구도시 수후미^Sukhumi^를 수도로 하는 사실상의 압하지야 국가가 새롭게 창설됐다. 쿠르드인이 거주하는 동남부를 제외하면 튀르키예는 일부 구소련 이웃 국가들과 같은 폭력을 경험하지는 않았지만, 튀르키예계, 투르코만^Turkoman^계, 라즈^Laz^계, 헴신^Hemşin^계 등 여러 집단이 거주하는 흑해 연안을 개발하는 일은 중대한 과제였다. 이곳은 오랫동안 튀르키예에서 가장 가난한 지역 중하나였고, 이곳에서 유출된 인구가 이스탄불^İstanbul^ 주변의 빈민가로 생계형 이주민이 유입되는 결과를 초래하기도 했다. 따라서 흑해의 근현대사는 또한 흑해를 둘러싼 각 국가 내부의 중심부와 주변부에 관한 이야기이기도 하다.

마지막으로 '민족^nation^'이라는 용어가 있다. 근대 유럽사의 상당 부분에서 받아들여진 민족이라는 이념에는 최소한 세 가지 명제가 담겨 있다. 첫 번째는 분석적 명제로, 공통 언어, 공통 문화, 공유된 역사적 기억, 그리고 흔히 고유한 영토로 정의되는 민족이야말로 인간 사회의 근본 단위이며, 이것이 계급이나 종교, 기타 결합 형태보다 훨씬 더 근본적이라는 것이다. 두 번째는 규범적 명제로, 민족은 모든 구성원의 배타적 충성을 받아야 하며, 구성원의 정체성과 운명은 민족에 결속돼야 한다는 것이다. 세 번째는 예언적 명제로, 민족의 인구학적 경계와 국가의 정치적 경계가 일치하지 않는 경우, 이러한 불일치를 바로잡으려는 사회 운동은 일어날 법하며 바람직하다는 것이다. 첫 번째 명제는 보통 민족 정체성, 두 번째는 민족 자결, 세 번째는 민족주의라고 불린다. 대학생이라면 누구나 알듯이 이러한 개념에는 고유한 역사가 있다. 이들은 18세기 후반에 등장하여 19세기에 꽃을 피웠으며, 인간 사회와 국제 정치에 대한 우리의 일반적 사고방식에 너무나 깊이 자리 잡아서 민족 관념이 중심을 차지하기 이전의 시대를 되돌아보는 것이 어려울 정도이다.

오늘날 동유럽의 많은 지역에서는 역사를 보통 민족적 관점으로 바라본다. 역사 서술의 주요한 결정적 순간은 이전까지 자각하지 못했던 민족들이 스스로를 독특한 존재로 인식하고, 그 후 외세의 억압을 떨쳐내기 위해 일어서는 순간들이다. 다시 말해 이는 사람들이 어떻게 민족이 되고, 그 민족이 차례로 어떻게 국민국가가 되는가에 대한 이야기이다. 물론 이런 관점이 놀랍지는 않다. 몇몇 동유럽 지식인들은 공산주의 시기에 공식적으로 금지됐던 민족주의를 포함한 다양한 주제들을 여전히 정리하고 있다. 다른 경우들, 특히 유고슬라비아와 소비에트연맹에서 나온 신생 국가들에서는 많은 지식인이 역사적 선례를 참조하여 새롭게 얻은 자국의 독립을 정당화하는 것을 자신들의 의무로 여긴다.

그러나 민족의 역사를 쓴다는 것은 언제나 목소리들을 침묵시키는 일이다. 이는 사람들 주위에 경계선을 긋고, 인간 공동체 사이의 연결 고리를 잘라내며, 복잡한 과거에 순수한 정체성과 불변의 경계라는 윤곽을 투영하는 작업을 수반한다. 사람들의 실제 생활과 문화는 대개 소음으로 가득하고, 때로는 합창 같기도 하며,

때로는 장엄하기까지 하다. 그러나 독창은 거의 없다. 이 책은 독자들에게 과거로부터 들려오는 그런 조용한 목소리 중 일부에 귀를 기울여보자고 요청한다. 이 책은 긴 역사의 과정에서 흑해가 어떻게 장벽보다는 다리 역할을 더 자주 해왔는지, 즉 종교 공동체, 언어 집단, 제국, 그리고 후에는 민족과 국가를 연결하여 이곳을 유럽이나 유라시아의 다른 어떤 지역만큼이나 실재하는 하나의 지역으로 만들어왔는지에 관한 이야기이다.

시작

수천 년 동안 사람들은 흑해에 대해 두 가지를 알고 있었다. 하나는 그 바다를 항해하려면 강철 같은 의지와 그보다도 더 강한 배짱이 필요하다는 것이었다. 『시카고 데일리 뉴스Chicago Daily News』의 특파원인 스탠리 워시번은 크림krym반도 해안의 증기선에서 제1차 러시아 혁명을 취재하면서, 한겨울 폭풍 속에서 몸부림치는 바다를 만드는 비결을 제시했다. 여기에서 워시번은 실제 크기를 다소 과장해서 표현했다.

> 길이 900마일[약 1,450킬로미터], 폭 700마일[약 1,130킬로미터]의 구멍 하나에다가 바닥에는 무작정 바위들을 뿌려놓고, 가장 예상치 못한 곳곳에 물에 잠긴 섬들을 흩어놓은 다음, 구할 수 있는 가장 차가운 물로 채운다. 해변을 메인주 같은 해안으로 둘러싸고, 혹시

나 피할 곳이 있어 보이는 곳마다 날카로운 암초와 바위 절벽을 줄지어 놓는다. (……) 이제 남태평양에서 태풍을 들여와서 노스다코타주의 눈보라와 적당히 섞어서 풀어놓는다. 눈과 진눈깨비로 장식하고 흰 파도로 고명을 얹은 다음 예인선에서 이 모든 것을 내놓으면, 흑해의 평범한 12월 날씨가 어떤지 적절하게 이해할 수 있을 것이다.[8]

고대의 방문자들도 워시번의 묘사에 동의했을 것이다. 그리스인은 아마도 이 바다에 대한 최초의 명칭인 '악세이노스Axeinos'를 '어둡다' 또는 '음울하다'라는 뜻의 페르시아어에서 차용했을 것이다. 민간어원에 따르면 이 이름이 '환영받지 못하는'이라는 뜻의 '악세노스Axenos'로 변화했을 수도 있는데, 이는 초기 항해자들이 그 바다에서 직접 겪은 경험에 부합하는 명칭이었을 것이다. 폭풍은 어디서든 갑자기 나타났다. 뚫을 수 없는 안개가 곶들을 가려 항해를 불가능하게 만들었다. 갑판 위에서 보면 물은 불투명했고 가시거리는 겨우 몇 미터에 불과했는데, 이는 지중해의 놀라운 투명함과 대조를 이루었다. 그 후 한참이 지나서야 그리스와 로마의 선원들이 결국 정착하게 될 이름을 붙였는데, 그것이 바로 '폰투스 에욱시누스Pontus Euxinus', 즉 '환대하는 바다'였다. 이 이름은 아마도 신들의 분노를 달래기 위한 의미였을 것이다. 수 세기 후의 항해자들도 아프리카의 위험한 남쪽 끝을 '희망봉'이라고 명명할 때 비슷한 논리를 따랐다.[9] 선원들은 하늘이 반어법을 좋아한다고 믿는 것 같다.

오랫동안 알려진 또 다른 사실은 흑해가 바다치고는 철없는 신출내기라는 것이다. 비교적 젊은 수역인 흑해의 예측 불가능한 생태는 아마도 격렬한 탄생의 결과였을 것이다. 기원전 1세기에 그리스의 여행가 디오도로스 시켈로스Diodoros Sikelos는 에게Aegean해의 사모트라케Samothrace섬 원주민들 사이에서 이상한 전설을 접했다. 노인들이 말하기를, 바다가 언젠가 그들의 섬을 삼켜버렸다는 것이었다. 또한 아득한 옛날에는 동쪽의 흑해가 거대한 호수였다고 주장했다. 어느 시점에 흑해가 갑자기 범람하여 주변 마을들을 파괴하고 에게해 쪽으로 좁은 통로를 파내었는데, 그 수로가 보스포루스Bosphorus해협과 다르다넬스Dardanelles해협이 됐다는 것이다. 흑해에서 밀려온 대홍수가 너무나 거대해서 지중해가 솟구쳐 올라 섬들 전체를 침수시켰다. 디오도로스가 전하기를, 사모트라케의 어부들은 때때로 그물에 걸린 조소로 장식된 대리석 기둥 조각들을 발견하곤 했는데, 이는 홍수에 휩쓸려간 어떤 잃어버린 문명의 잔해였다고 한다.[10]

디오도로스만이 이런 기이한 현상을 보고한 것은 아니었다. 그와 동시대를 살았던 지리학자 스트라본Strabon은 흑해가 한때는 호수였으며 비교적 최근에 그곳으로 흘러드는 많은 강이 물을 가득 채워 넘치게 했다고 주장했다. 그에 따르면 민물이 너무 많이 섞여서 혹독한 겨울에는 얼어붙기도 했는데, 그럴 때면 야만인들이 태연히 수레를 몰고 그 위를 지나다니며 진창에서 물고기를 잡아 올리곤 했다고 한다.[11] 소들이 얕은 물가로 걸어 들어가 자기 주위로 찰랑거리는 소금기가 옅은 물을 열심히 마시는 모습이 목격되기도 했다.[12] 흑해와 지중해를 연결하는 해협에서도 다른 기이한 현상들이 보고됐다. 어부들이 보스포루스해협에 그물을 던지면 그물이 S 자 모양을 이뤘는데, 윗부분은 지중해 쪽으로 떠내려가는 반면 아랫부분은 역류에 이끌려 흑해 쪽으로 끌려갔다.[13] 심지어 선원들은 배 밑으로 밧줄에 매단 추를 내리면 아래쪽의 숨겨진 흐름이 배를 끌어가 표층 해류에 맞설 수 있다고 주장하기도 했다.

흑해의 기원과 특성에 대한 이런 고대의 기록들은 겉보기만큼 허황하지 않다. 마지막 빙하기가 끝날 무렵인 약 1만 8,000년에서 2만 년 전, 흑해는 현재 크기의 3분의 2 정도에 불과한 작고 얕은 수역이었으며, 지질학자들이 네오에욱시네Neoeuxine 호수라고 부르는 지형이었다. 이 호수는 수백만 년에 걸친 일련의 확장과 수축 과정 중 마지막 단계였는데, 그 기간에 흑해 분지는 때로는 더 넓은 대양들과 연결되기도 하고, 때로는 훗날 카스피해가 될 곳과 이어지기도 했으며, 또 어떤 때는 작고 염분이 적은 호수로 고립되기도 했다. 이 새로운 호수는 유럽과 소아시아를 연결하는 좁은 지협에 의해 지중해와 분리된 함몰지에 자리 잡고 있었다. 빙하가 후퇴하면서 녹은 빙하수가 전 세계 바다의 수위를 높였다. 어느 시점에 이 호수는 지중해와 합쳐졌고, 물살이 보스포루스해협과 다르다넬스해협을 좁게 파내어 그 사이에 마르마라Marmara해를 만들어냈다.

그러나 이것이 정확히 어떻게, 언제 일어났는지는 여전히 논란의 대상으로 남아 있다. 계몽사상 시대의 자연철학자들은 고대인들의 견해를 받아들였는데, 즉 그 호수가 흘러드는 주요 강들로 가득 찬 후 제방을 터뜨리고 에게해로 범람했다는 것이었다. 성경의 족보를 거슬러 계산해본 프랑스의 박물학자 조제프 피통 드 투르네포르Joseph Pitton de Tournefort는 이 대홍수의 날짜를 기원전 1263년 이전 어느 시점으로 특정했다. 투르네포르는 다음과 같이 썼다. "이 길[보스포루스]은 분명히 자연의 창조주에 의해 그어진 것이다. 그분이 확립하신 운동 법칙에 따르면, 물은 항상 저항이 가장 적은 방향으로 흘러가기 때문이다."[14] 19세기와 20세기 대부분에 과학자들은 두 가지 이유로 이런 주장을 거부했다. 첫째, 이용할 수 있는 지질학적 증거들은 빙하가 녹으면서 지중해와 네오에욱시네호수 모두의 수위가 상승하기 시작한 약 9,000년 전부터 두 바다가 점진적으로 합쳐졌음을 가리키는 것으로 보인다. 둘째, 고대 지리학자들과 계몽사상의 계승자들은 그 과정을 거꾸로 이해한 듯하다. 마지막 빙하기 이후 해수면 상승률이 강물의 유입에만 의존했던 호수의 수면 상승 속도를 월등히 앞질렀을 것이다. 즉, 지중해가 호수를 침범한 것이지 그 반대가 아니었던 것이다.

1990년대에 해양학자와 지질학자들은 고대와 현대의 시각을 모두 결합한 흑해의 진화 모형을 제안하기 시작했다.[15] 흑해의 탄생은 이전에 믿었던 것보다 더 최근에, 그리고 더 빠르게 일어났을지도 모른다. 해저 퇴적층에 관한 연구들은 흥미로운 사실을 밝혀냈다. 하층부에는 고대 호수에서 기대할 수 있는 담수 생물들의 잔해가 들어 있다. 상층부는 호수가 바다가 된 후에 퇴적된 해양 생물의 흔적들이 나타난다. 그러나 이 층들 사이에는 사실상 전이 구역이 없다. 담수 생물들이 지배적이던 시기와 그들이 바다에 사는 외래종들에게 밀려난 시기 사이에 쌓인 고운 퇴적물은 극히 미미하다. 이는 지질학적 시간으로 볼 때 민물과 바닷물이 사실상 하룻밤 사이에 섞였음을 시사한다. 퇴적물 속 연체동물 껍데기에 대한 분석은 이 변화가 비교적 최근인 불과 약 7,500년 전, 즉 기원전 5500년경인 신석기 시대 중반에 일어났음을 가리킨다.

그때까지 흑해 연안, 특히 남쪽 해안을 따라 인간들은 정착 공동체를 세웠고, 아마도 고대 호수를 가로질러 항해할 배를 만들어 먼 해안에서 교역과 약탈을 했을 것이다. 그러나 이들 공동체의 삶은 갑작스럽게 변화했을지도 모른다. 당시 호수의 수면은 지중해보다 훨씬 낮았지만, 바다는 상승하기 시작하고 있었다. 시간이 지나면서 지중해가 호수로 넘쳐 들어왔다. 처음에는 가느다란 물줄기였던 것이 곧 급류가 됐다. 얼마 지나지 않아 유럽과 아시아 사이의 지협이 홍수로 뚫렸고, 높은 지중해에서 쏟아져 나온 물이 낮은 호수로 쏟아져 내렸다. 호수의 수위 변화는 놀라울 정도로 빨랐던 것 같다. 이미도 하루에 6인치[약 15센티미터]나 됐을 것이고, 이런 속도라면 북쪽의 평평한 스텝 지대에서는 매일 최대 1마일[약 1.6킬로미터]씩 해안선이 육지 쪽으로 전진했을 것이며, 이 같은 변화는 지중해와 새롭게 형성된 흑해가 균형에 도달할 때까지 계속됐을 것이다.[16] 현재 해수면보다 약 150미터 아래에 있는 이전 해안선은 수중 음향 탐사로 명확히 감지할 수 있다.[17] 최근 몇 년간 해양 연구자들은 흥미진진한 가능성을 보고했다. 바로 고대 해안에 자리한 수몰된 인간 정착지를 발견할 가능성이다. 만약 홍수 이론이 맞다면(물론 반대하는 사람들도 있지만) 그곳에 살았던 사람들은 바다의 탄생을 목격했을 것이다.

이러한 변화가 옛 호수를 둘러싸고 있던 신석기 공동체에 미친 영향을 상상하기란 어렵지 않다. 물이 밀려오면서 터전을 잃은 사람들은 호숫가를 떠나 유럽과 근동의 다른 지역으로 이주했을 것이다. 흑해의 형성은 대단히 파국적이고 기억에 남을 만한 사건이어서, 민간전승 형태로 근동 사람들의 구전 전통에 스며들었을지도 모른다. 바다가 형성된 지 약 5,000년이 지난 후 디오도로스 시켈로스가 발견했듯이, 그리스어로 말하는 세계의 사람들은 여전히 홍수가 가져온 재앙을 이야기하고 있었다. 수메르의 길가메시 서사시와 성경의 창세기에 담긴 더욱 오래된 홍수 이야기도 흑해의 수위 상승에서 기원했을 수 있다. 물론 대홍수 이야기는 많은 문화권에 존재하는데, 특히 저지대 농업 지역의 토양을 비옥하게 하는 계절적인 하천의 범람에 의존하는 문화권에서 그렇다. 게다가 이런 홍수 신화가 반드시 단일한 실제 대재앙에서 비롯됐다고 믿을 이유도 없다. 그러나 만약 분노한 신의 진노에서 비롯된 재앙의 원형을 찾고 있다면, 흑해의 기원이 아마 좋은 후보가 될 수 있을 것이다.

지리와 생태

오늘날 이 바다는 약 42만 3,000제곱킬로미터에 걸쳐 펼쳐져 있으며, 이는 북미 오대호의 거의 두 배 크기이다. 이웃한 카스피해보다 조금 더 크고 약 두 배 깊어서, 수심 2,000미터 아래까지 이른다. 서쪽 불가리아의 부르가스Burgas 항구에서 동쪽 조지아의 바투미Batumi 항구까지는 1,174킬로미터이고, 북쪽 크림반도 끝에서 남쪽 튀르키예의 이네볼루inebolu 항구까지는 단 260킬로미터이다. 2,000년 동안 선원들은 맑은 날 바다 한가운데서 북쪽과 남쪽 해안의 곶을 동시에 볼 수 있다고 주장해왔다.[18] 이는 분명히 뱃사람들의 옛이야기이지만, 사람들이 양쪽 해안을 자연스러운 동반자로, 그리고 바다 자체를 하나의 완결된 단위로 여겨왔음을 보여준다. 건너편으로 가는 여정은 비교적 금방 끝났고, 항해하는 동안 대부분의 구간에서 육지는 시야를 벗어나지 않았다.

고대의 작가들은 이 바다를 야만인의 활에 비유했는데, 이는 꽤 적절한 비유이다.[19] 서쪽 끝은 보스포루스해협(정확히는 '트라키아 보스포루스Thracian Bosphorus')에 위치하며, 여기서 바다가 세계의 대양들과 연결된다. 동쪽 끝은 카프카스산맥에서 내려온 물로 채워진 리오니Rioni강에 있다. 그 사이로 두 개의 호가 북쪽으로 구부러진다. 하나는 불가리아, 루마니아, 우크라이나의 해안을 지나고, 다른 하나는 조지아와 러시아를 지난다. 이 호들은 서로를 향해 급격히 굽어져 두 개의 얕은 만을 형성한다. 서쪽 만은 다뉴브강과 드네프르강의 하구 주변을 훑고 지나가고, 동쪽 만은 케르치Kerch해협('킴메르 보스포루스Cimmerian Bosphorus'라고도 알려진)으로 이어지며, 이 해협은 이 바다를 그보다 작은 자매인 얕은 아조프Azov해와 연결한다. 두 호는 궁수의 손에 해당하는 다이아몬드 모양의 크림반도에서 만난다. 활시위는 고대 지리학자들이 상상했던 것만큼 직선적이지는 않지만, 현재의 튀르키예 전체를 가로질러 뻗어 있다.

주요 해류는 해안을 따라 반시계 방향으로 흐르며, 두 개의 분류가 바다 중앙을 가로질러 북쪽과 남쪽으로 움직인다. 1823년 한 영국 해군 대령은 돛을 올리지 않고도 단순히 해류에 몸을 맡겨 오데사Odessa에서 이스탄불까지 항해할 수 있다고 주장했다.[20] 고대 선원들은 일반적으로 해안선을 따라 항해하며 곶들을 이정표로 삼고 연안에서 불어오는 바람을 이용하는 것을 선호했지만, 흑해의 해류는 좁은 중앙부를 가로지르는 것을 용이하게 해주었을 것이다. 그리스 사료에 따르면 이는 단 하루 밤낮의 여정이었다고 한다.[21]

상호 보완적인 해류는 해안선의 기본적인 대칭성과 일치한다. 동쪽과 서쪽 끝은 중요한 강들인 다뉴브강과 리오니강이 유입되며, 두 강 모두 하구에서 반시계 방향으로 흐르는 강한 해류를 만들어낸다. 동북쪽에서는 돈강이 아조프해로 흘러 들어가고, 케르치해협을 통해 흑해로 들어간다. 이러한 배치는 서남쪽의 또 다른 해협인 보스포루스해협에서도 반복되는데, 여기서는 상층 해류가 차가운 흑해의 물을 마르마라해로, 그리고 지중해로 운반한다. (그리스인들이 알고 있었듯이, 더 따뜻하고 밀도가 높은 저층 해류는 보스포루스해협을 거슬러 흑해로 올라간다.) 북쪽에서는 크림반도가 남쪽을 가리키는 화살처럼 튀어나와 있고, 남쪽 해안에서는 케렘페Kerempe와 인제Ince라는 쌍둥이 곶이 그것을 맞이하려는 듯 뻗어 있다. 이러한 대칭성이 너무나 두드러져서 일부 고대 지리학자들은 실제로 흑해를 서쪽과 동쪽의 두 바다로 생각했으며, 크림의 사리치Sarych곶과 아나톨리아의 케렘페곶 사이 약 225킬로미터 거리의 가장 좁은 횡단 지점으로 분리된다고 여겼다.[22] 선원들은 이 경계선을 건널 때 갑작스러운 변화를 조심하라는 경고를 받았는데, 여기서 해류와 바람이 바뀌어 배를 빙빙 돌릴 수 있었기 때문이다.[23]

하지만 이러한 지형 중 어느 것도 정확히 서로의 거울상은 아니다. 각각이 서로 다른 먼 땅으로 통하는 통로 역할을 하기 때문이다. 다뉴브강을 거슬러 올라가면 헝가리평원과 알프스산맥을 지나서, 유럽의 심장부에까지 도달하게 된다. 리오니강을 거슬러 올라가면 평지를 잠깐 지난 후, 카프카즈산맥의 거센 물줄기에서 강의 발원지를 발견하게 된다. 크림반도는 북쪽의 유라시아 스텝으로 이어지고, 남쪽의 곶들은 아나톨리아고원에서 바다로 뻗어 나온다.

지리적 대칭성은 이처럼 자원 분포의 비대칭성을 감춘다. 보스포루스해협의 아시아 쪽에서는 거센 바람과 파도가 해안선을 황폐하게 만들었다. 그 위로는 언덕들이 평원으로 이어지고, 남쪽으로 아나톨리아를 가로질러 토로스Toros 산맥까지 닿는다. 더 멀리 가면 해안이 가파른 언덕으로 솟아오르고 마침내 산맥이 되는데, 이는 폰투스산맥의 첫 번째 자락이다. 해안선은 폭이 좁아서 넓어야 1마일 정도이고, 가장 좁은 곳은 모래나 회색 자갈로 이루어진 해변에 불과하며, 오늘날에는 포장된 해안도로가 있을 따름이다. 울창한 참나무와 소나무 숲이 산자락을 뒤덮고 바다까지 밀려 내려온다. 그다음에는 카프카즈산맥이 나타나는데, 흑해와 카스피해를 분리하는 육지 회랑을 가로질러 서북쪽에서 동남쪽으로 비스듬히 뻗어 있다. 북쪽으로는 유라시아 스텝이 바다까지 바로 내려오며, 때로는 바위 절벽에서 갑자기 끊기기도 하고 때로는 넓은 강가를 따라 물속으로 완만하게 이어져 소금기 있는 강어귀나 리만^{liman}이라는 복잡한 지형으로 끝나기도 한다. 넓은 다뉴브강, 드네스트르강, 드네프르강, 돈강이 형성하는 북쪽과 서쪽의 습지대는 유속이 빠른 크즐르르마크^{Kızılırmak}강, 예실르르마크^{Yeşilırmak}강, 리오니강이 만드는 남쪽과 동쪽의 작은 삼각주들과 대조를 이룬다. 기후의 차이 또한 두드러진다. 서북쪽 스텝 지역에서는 추운 겨울이 지나면 덥고 건조한 여름이 온다. 동남쪽 고지대에서는 아열대 기후로 인해 온화한 겨울과 상당한 강수량을 동반한 습한 여름이 나타난다. 더 차갑고 건조한 대륙성 기후와 더 따뜻하고 습한 아열대 기후라는 두 기후대의 만남이 수천 년 동안 선원들이 두려워한 극적인 폭풍을 만들어내는 것이다.

흑해에는 독특한 생태계가 있으며, 이는 아마도 네오에욱시네호수의 갑작스러운 범람과 관련이 있을 것이다. 지중해가 밀고 들어왔을 때, 밀도가 높은 바닷물이 호수 바닥으로 가라앉으면서 훨씬 염도가 낮은 상층부를 남겼는데, 그 염도는 대양의 절반 정도였다. 현재 보스포루스해협과 다르다넬스해협에서는 상층과 하층의 역류를 통해 흑해와 지중해 사이에 해수가 지속적으로 교환되고 있다. 그러나 흑해에서는 염도에 따른 층화가 일정하게 유지되어 바닥에서 위로 올라오는 물의 순환이 거의 이루어지지 않는다. 이는 약 200미터 아래 깊이에서는 물에 산소가 없는 상태여서 (일부 강인한 박테리아를 제외하고는) 생명체가 살 수 없다는 것을 의미한다. 바닥은 황화수소가 들끓어 썩은 달걀 냄새가 풍기는 시커먼

진창이다. 상층부에서 죽은 동식물들이 끊임없이 해저로 떨어져 눈처럼 바닥을 덮는다. 무산소층은 다른 많은 수역에서도 발견되지만, 흑해의 무산소층이 단연 가장 크다. 바다 전체 수량의 거의 90퍼센트가 무산소 구역에 위치하여, 세계에서 가장 큰 황화수소 저장소를 이룬다.

이 지역의 자연적인 산소 부족은 산소가 있는 구역에서 분해된 유기물질이 유입되면서 더욱 심화된다. 이 바다의 유역은 약 200만 제곱킬로미터에 달하며, 유럽에서 두 번째, 세 번째, 네 번째로 큰 강인 다뉴브강, 드네프르강, 돈강의 집수 구역을 포함한다. 담수의 유입은 농업 지역에서 흘러나온 유출수와 인간 공동체에서 발생한 폐기물을 포함하여 막대한 양의 유기물질을 함께 가져온다. 유기물질이 분해되면서 더 많은 산소를 소모하고, 생명을 부양하는 얇은 표층수의 산소를 더욱 고갈시킨다.

해양 생물들은 독성이 있는 바다의 얇은 표층에서 위태롭게 생존한다. 네오에욱시네호수 시대부터 살아남은 청어와 철갑상어 같은 고대 생명체들이 있다. 가자미, 민대구, 대차청어, 흑해송어 같은 다른 종들은 더 추운 지역에서 강을 따라 내려와 해안가의 염도가 가장 낮은 지역에서 생활하는 데 적응했다. 수가 가장 많은 물고기는 수천 년 전 지중해에서 새로 형성된 바다로 헤엄쳐 들어온 외래종들이다. 이러한 온수성 생물은 현재 흑해 동물군의 약 80퍼센트를 차지하며, 수천 년간 해양 공동체의 큰 보물이었던 종들을 아우른다. 많은 종이 해안 주변의 서로 관련 없는 언어들에서 비슷한 이름을 가지고 있다. 줄삼치는 그리스어로 펠라미스pelamys, 루마니아어로 펄러미더pălămidă, 파란농어는 러시아어로 루파르lufar', 튀르키예어로 뤼페르lüfer, 고등어는 조지아어로 스쿰브리아skumbria, 불가리아어로 스쿰리야skumriia, 그리고 멸치는 지소형指小形인 함시hamsi라고 하는데, 튀르키예 연안에서는 멸치를 너무나 소중히 여겨서 찬미하는 노래를 부르고 심지어 그 살코기로 디저트까지 만든다.

물고기는 바다의 생태학적 특성에 적응하여 상층에서 번성하는 데 성공했다. 그러나 불모의 심해는 그들만의 보물을 간직하고 있을지도 모른다. 1970년대 초에 해양학의 개척자 윌러드 배스컴Willard Bascom은 심해, 특히 무산소 지대가 해양고고학 연구에 완벽한 환경을 제공할 수 있다고 주장했다. 산소가 없는 물에는 고대 선박의 선체와 구조물을 파괴할 수 있는 목재 천공 연체동물이나 기타 생물들이 존재하지 않을 것이라는 주장이었다.[24] 배스컴의 주장은 나중에 옳은 것으로 밝혀졌다.

1990년대 말에 타이타닉호의 발견자로 유명한 탐험가 로버트 발라드Robert Ballard가 튀르키예 해안의 고대 항구도시 시노페Sinope 주변 무산소층을 연구하는 획기적인 조사를 이끌었다. 연구팀은 소형 수중 로봇의 도움으로 심해를 탐사했는데, 이는 기술의 부족과 냉전의 긴장으로 인해 이전까지 불가능했던 일을 최초로 성취한 사례이다. 첫 번째 발견물 중 하나는 5세기경의 비잔티움 시대 선박으로, 일부 밧줄이 그대로 남아 있고 돛대의 옹이 진 나무가 마치 며칠 전에 만든 것처럼 보일 정도였다.[25] 추가 연구를 통해 불가리아 연안에서 훨씬 더 오래된 난파선을 발견했는데, 대략 기원전 4세기의 것으로 추정되며 암포라*와 말린 민물 생선을 운반하고 있었다. 발라드는 흥분하며 이렇게 말했다. "전체적인 모습은 놀랍도록 기이하다. 인류 최초의 항해부터 현재까지 흑해를 항해하다 침몰한 모든 선박, 대략 5만 척에 달하는 개별 난파선들이 해저에 보존되어 있을 가능성이 있다."[26] 하지만 이러한 발견들에는 비극적인 반전이 있었다. 윌러드 배스컴은 흑해 심해에 관한 그의 이론을 최초로 입증한 발라드 연구팀의 발표가 있기 불과 며칠 전 세상을 떠나고 말았다.

최초로 흑해 연안에 살았던 주민들의 문화와 관습, 그리고 그들이 상호작용한 정확한 방식을 이해하는 데 도움이 되는 명확한 증거는 거의 없다. 더 높아진 새 해안선의 거주민들은 영구 정착지를 건설하고 농사를 지으며 귀금속을 가공했다. 세계에서 가장 오래된 기원전 4500년경의 금공예품들이 불가리아 연안에서 발견됐다. 그들은 아마도 바다 너머 다른 집단들의 존재를 알고 있었을 것이고, 해안선을 따라 이동하며 만나고, 교역하고, 혼인하고, 싸우기도 했을 것이다. 여러 유적지에서 발굴된 도자기와 금속 유물들은 상호작용과 교류를 시사하는 디자인의 일치성을 보여준다.[27] 기원전 제2천년기 초 서북쪽 지역의 옥으로 된 도끼와 창날은 트로이에서 발견된 것들과 놀라울 만큼 유사하다.[28]

그러나 연안에 거주하고 어쩌면 바다를 가로질러 항해했을

---

* amphora. 고대 그리스와 로마에서 사용된 두 개의 손잡이가 달린 큰 항아리로, 주로 포도주, 올리브유, 곡물 등을 저장하고 운반하는 데 쓰였다. 바닥이 뾰족하게 생겨서 배의 선창이나 모래에 꽂아 세울 수 있었다. 고대 해상 무역과 경제를 연구하는 데 중요한 고고학적 유물로 여겨진다.

수도 있는 집단들에 대해 우리가 알고 있는 것의 대부분은, 기원전 제1천년기 중반경 다르다넬스해협과 보스포루스해협을 통과하여 이 지역에 영구적인 교역 거점을 세우기 시작한 지중해 문화의 대표자로부터 나온 것이다. 바로 고대 그리스인들이 이 바다를 역사 속으로 끌어들였고, 이를 독특한 장소로서 최초로 인식했다.

2장

폰투스 에욱시누스[*]

기원전 700 ~ 기원후 500년

흑해 주변에는 (……) 스키타이를 제외하고는 세상에서 가장 무식한
종족들이 살고 있다.
—기원전 5세기, 헤로도토스

바다다! 바다다!
—기원전 4세기, 흑해 해안에 도착한 크세노폰의 군대

생각해보라,
이 신이 버린 땅에 누워 있는 내 심정이 어떨지 (……)
이 기후는 견딜 수 없고, 물에도 적응 못 하고,
심지어 풍경조차 신경에 거슬린다.
여기엔 변변한 집도 없고,
병자에게 맞는 음식도 없고,
의사의 치료 기술도 없고,
나를 위로해줄 친구도,
대화로 지루한 시간을 달래줄 이도 없다.
변방 부족들 사이, 세상 끝에서 지쳐 누워 있는 나는
병든 몸으로 여기 없는 모든 것들에 시달리고 있다.
—서기 1세기, 오비디우스

고대 흑해에 대한 우리의 인식은 필연적으로 제한적인 문헌 자료들의 영향을 받을 수밖에 없는데, 이 자료들은 모두 피할 수 없는 문제점을 안고 있다. 먼저 기원전 5세기 역사가 헤로도토스처럼 실제로 그 지역을 방문했는지조차 확실하지 않은 외부 관찰자의 작품이 있다. 기원전 4세기에 남쪽 해안을 따라 행군했던 크세노폰같이 자신을 미화하려는 회고록 작가도 있고, 3세기 후의 지리학자 스트라본처럼 해안에서 멀지 않은 곳(현재의 튀르키예 아마시아Amasya)에서 태어난 더 신뢰할 만한 안내자도 있다. 그리고 수많은 정치적 망명자와 간접적인 정보 제공자가 있는데, 전자는 건강을 해치는 기후와 적대적인 원주민들을 과장할 이해관계가 있었고, 후자는 흥미진진한 이야기에 양념을 치거나 아예 지어내는 일을 마다하지 않았다.

외부에서 바라본 그리스 작가들은 일반적으로 흑해 지역 집단들에 대해 부정적인 시각이 있었으며, 이는 내륙의 야만인뿐만 아니라 해안선을 따라 도시와 정착지를 건설하며 결국 번영하게 된 그리스 이주민에게도 마찬가지였다. 크세노폰은 트라페주스Trapezus에서 보스포루스까지 남쪽 해안 전체를 따라 이동하면서 만난 도시 중에서 진정으로 '그리스다운' 도시는 비잔티움뿐이었다고 기록했다. 나머지 도시들은 내륙의 비非그리스인과의 접촉에 너무 많은 영향을 받아서 그리스 도시임을 알아보기 어려울 정도였다는 것이다.[1] 많은 고대 작가에게 가장 중요했던 것은 자신들이 알고 있던 세계와 바다 주변에서 만나거나 소문으로 들었던 집단들의 기이한 관습 및 신앙 사이의 차이였다. 하지만 여러 세대에 걸친 고고학자들과 다른 학자들의 연구가 보여주듯이, 흑해는 '문명' 세계와 '야만' 세계가 만나는 곳이라기보다는, 그리스인과 후에는 로마인을 비롯한 외부인들이 오랫동안 해안 주변에서 다양한 생활 양식과 관습이 소용돌이치듯 뒤섞이던 과정에 스며들고, 그 일부가 된 곳이었다. 초기 그리스 원정대로부터 로마제국 군단의 도래에 이르기까지 언어와 집단, 문화 간의 경계가 흐려지는 것이 물가에 사는 삶의 특징이었다.

세상의 끝

그리스인들은 기원전 제1천년기의 전반기나 어쩌면 그보다도 더 이른 시기에 흑해로 진출했다. 처음에는 아마도 남쪽 연안에서 금속을 찾아다녔겠지만, 결국 북쪽 강들을 따라 올라가 유라시아 스텝 지대까지 진출 범위를 확장했다. 그곳의 매력은 분명했다. 넓은 강들은 항해를 용이하게 해주었고, 풍부한 어류와 조선용 목재는 상거래에 유망한 전망을 제공했다. 에게해 주변의 급증하는 인구와 그에 따른 식량 자원에 대한 압박도 그리스인들이 북쪽으로 원정대를 파견하게 하는 추진력이었을 것이다.[2]

흑해로 항해하면서 고대의 방문자들은 말 그대로 인간 이해의 변경으로 나아가고 있었다. 플라톤에 따르면, 세계는 헤라클레스의 기둥Pillars of Herakles에서 파시스Phasis(리오니)강까지, 즉 지중해 서쪽 끝에서 흑해 동쪽 끝까지 펼쳐져 있었다.[3] 고대 우주론에서 대륙들과 섬들은 오케아노스^{Okeanos}로 둘러싸인 평면 위에 존재했는데, 오케아노스는 나일강, 다뉴브강, 돈강과 같은 세계의 큰 강들의 근원이 되는 무한한 수역이었다. 이론상으로는 세계의 바깥 가장자리를 따라 항해하면서 물길 중 하나를 통해 들어갈 수도 있고, 또는 육로로 짐을 운반해 가서 오케아노스의 순환 경로를 따라 출발점으로 되돌아올 수도 있었다.

고대 작가들은 그리스인들이 처음 흑해를 조우한 때가 신화적인 영웅시대까지 거슬러 올라간다고 기록했으며, 세계의 모든 외곽 경계를 규정하던 환상적인 특성들을 이 바다에 부여했다. 이 바다는 그리스 민간 종교의 날줄과 씨줄을 이루는 많은 신화의 무대였다. 다뉴브강(또는 드네프르강) 어귀의 바위섬에는 아킬레우스의 무덤이 있다고 전해졌다. 남쪽 해안에서는 헤라클레스가 파수견 케르베로스를 길들이기 위해 하데스로 내려갔다. 아마존 부족은 같은 지역인 튀르키예 북부의 네르모돈^{Thermodon}(테르메^{Terme})강 어귀나, 다른 판본에서는 러시아 남부의 타나이스^{Tanais}(돈)강에 살았다. 크림반도는 타우리인^{Tauri}의 고향이었는데, 그곳의 피에 굶주린 여사제 이피게네이아는 길을 잃은 여행자들을 아르테미스에게 제물로 바쳤다. 동쪽 카프카즈산맥에서는 불을 훔친 프로메테우스가 바위에 묶여 독수리에게 간을 쪼아 먹히다가, 결국 헤라클레스에게 구출됐다.

지중해 여행자들은 해안을 따라 살고 있는 실제 사람들과 마주쳤을 때 이러한 환상적인 이야기들과 크게 다르지 않은 용어로 그들을 묘사했다. 남쪽 해안에서 크세노폰은 호전적인 모시노에

키Mossynoeci 부족이 통나무배 300척에 달하는 약탈 함대를 동원할 수 있다고 기록했다.[4] 서쪽 해안을 따라서는 약탈을 일삼는 트라키아인Thracians들이 해안선 중 바위가 가장 많은 구간에 등불을 걸어놓고 바람을 피할 만灣을 찾는 선원들을 유인하려 했다고 전해진다. 나방처럼 파멸을 향해 곧장 나아간 선원들은 해안가에 보물 같은 잔해들을 남겼다.[5] 크림의 사나운 타우리인에 관한 이야기들도 크림 지역 주민들의 유사한 활동을 바탕으로 만들어졌을 것이다. 동북쪽에서는 길을 잃은 선박들을 공격하러 나서는 해안 해적들에 관한 이야기가 지역 주민들의 신화로 가득한 조상 이야기를 탄생시켰다. 카프카즈의 아카이인Achaei은 트로이 전쟁이 끝나고 집으로 돌아가다가 길을 잃은 아가멤논의 군대 일부에서 유래한다고 전해졌다. 그들의 이웃인 헤니오키인Heniochi('전차 마부들')은 황금 양털을 찾아 나선 이아손과 함께했던 반신 카스토르와 폴리데우케스의 마부들의 후손이라고 여겨졌다. 이 두 부족은 덮개가 있는 배를 타고 해안을 배회하며 외국 선박들을 덮쳐 화물을 털고 선원들을 인질로 잡아갔다고 전해진다. 그러고 나서 그들은 항구가 없는 해안선으로 스며들어 배를 어깨에 짊어지고 유령처럼 숲 속으로 사라졌다.[6]

그 밖에도 여전히 잘 알려지지 않은 다른 부족들이 있었는데, 헤로도토스, 스트라본, 플리니우스와 같은 그리스·로마 저술가들이 기록한 기이한 인간 집단들이었다. 현재 불가리아의 항구도시 바르나Varna 근처 서쪽 해안 지역에는 두루미 떼에게 쫓겨난 난쟁이족이 살았다고 전해진다.[7] 문자 그대로 북풍 너머의 사람들인 휘페르보레아인Hyperboreans은 극북 지역에 살면서 장수하며 기적을 행했다고 여겨진다. 그들 근처에는 더욱 기괴한 특징을 가진 종족들이 있었다. 외눈박이 아리마스프인Arimasps은 금광을 두고 그리핀들과 끊임없는 전쟁을 벌였다. 또 다른 부족은 한쪽 눈에 두 개의 동공이 있고 다른 쪽 눈에는 말의 모습이 새겨져 있었다. 이들 옆에는 엄청나게 긴 수염을 가진 사람들과 이lice를 먹고 사는 사람들, 그리고 늑대로 변하고 염소 같은 발굽을 가졌으며 1년 중 여섯 달을 잠든 채 보내는 사람들이 살았다.[8]

여러 고대 저술가가 해안 주변 부족들의 상세한 목록을 제시했지만, 이는 상상과 소문이 뒤섞인 것으로, 비잔티움 시대까지도 직접 견문한 정보에 바탕을 둔 경우는 드물었다. 그리스인들이 처음 도착했을 때 해안에는 이미 정착한 공동체들이나 유목민 연합체들이 살고 있었을 테지만, 오늘날 우리는 이들을 구분하는 대략적이고 대개는 지역적인 명칭들만 일고 있을 뿐이다. 서쪽에는 후대에 전투 기술과 단검 사용으로 유명해진 트라키아인들이 있었다. 더 북쪽에는 일부는 유목민이고 일부는 정착민인 스키타이인Scythians이 있었는데, 이들은 말을 기르고 곡물을 재배해 그리스 상인들과 정착민들을 끌어들였다. 동쪽에는 카프카즈산맥의 광활한 지역에 거주하는 여러 호전적인 집단이 있었고, 저지대에는 콜키스인Colchians이 있었다. 이들은 이미 청동기 시대에 강력한 왕국을 세웠을 가능성이 있으며, 리오니강 습지대의 높은 언덕 위에 통나무집 마을들을 이루어 살았다.[9] 남쪽 해안에는 아마도 원래 트라키아 출신이었을 비티니아인Bithynians과 파플라고니아인Paphlagonians이 있었고, 카프카즈에서 서쪽으로 이주해 온 산악 부족들도 함께 살았다. 그리스인들이 온전한 인간으로 인정한 이런 부족조차도 때로는 전설적인 과거를 가진 것으로 여겨졌다. 헤로도토스는 콜키스인이 이집트인의 후손이라고 믿었는데, 두 집단 모두 곱슬머리에 할례를 행하며 아마포를 짰기 때문이었다.[10]

상상이든 실제든 해안 지역의 고대 거주민들을 현대의 어떤 민족 집단과 연결하려는 시도는 무의미하다. 그리스인을 포함한 어떤 고대 주민도 현재 그들을 조상이라고 주장하는 현대인들과 단절되지 않은 계보로 연결되지 않는다. 심지어 고대 저술가들이 독립된 민족으로 명명한 일부 집단들조차 역사 기록에서는 종잡을 수 없을 만큼 모호하며, 문화와 관습에 대한 증거는 거의 남기지 않은 채 나타났다가 사라져버렸다. 흑해 유역에서 가장 이른 시기에 기록된 집단에 속하는 킴메르인Cimmerians이 바로 그런 경우다. 우리가 이들에 대해 알고 있는 것은 킴메르인이 바다 동쪽과 북쪽의 고향 땅에서 쫓겨나 이동하는 전사들이 됐기 때문이다. 킴메르인은 떠돌아다니면서 아나톨리아 중부와 메소포타미아의 오래된 문자 문화와 충돌했고, 이 문화들이 그들의 도래를 기록했다. 킴메르인들은 동쪽에서 온 침입자인 스키타이인들에 의해 자신들의 땅에서 쫓겨났다고 전해진다. 킴메르 이주민들 가운데 한 집단은 서남쪽 트라키아로 향했고, 다른 집단은 동남쪽 카프카즈로 향했다. 두 집단은 소아시아에서 합류하여 그곳의 지역 왕국들을 혼란에 빠뜨린 후 아시리아인Assyrian의 영향권 아래로 들어갔다. 이는 아마도 역사상 최초로 기록된 난민 위기였으며, 헤로도토스와 고

전 시대의 다른 저술가들에게는 이미 고대사였던 이야기다.[11]

킴메르인은 근동 지역의 고대 문헌에서 유령처럼 떠돈다. 성경 창세기는 킴메르인을 노아의 손자 중 하나인 고멜과 연결시키고 있으며(창세기 10:2~3), 예레미야서는 활과 창으로 무장하고 목소리가 "바다처럼 포효하는" 잔혹한 기병들이 "북방에서" 침입한다고 한탄했다(예레미야 6:22~23). 단발적인 습격이든 아나톨리아를 향한 연이은 이주든 이러한 북방 유목민의 침입이 실제로 일어났다면 문헌 증거는 그 시기를 기원전 8세기경으로 추정한다. 그후 킴메르인은 역사에서 빠르게 사라졌고, 간헐적인 문학적 언급 외에는 거의 남은 것이 없다. 하지만 킴메르인은 몇 가지 흔적을 남겼다. 흑해의 주요 반도인 크림에 자신들의 이름을 남겼고, 그들 중 가장 유명한 인물은 결국 미국으로 건너갔다. 가상의 왕국 '시메리아Cimmeria'의 왕자인 야만인 코난Conan the Babarian은 1930년대 펄프 픽션 작가 로버트 E. 하워드에 의해 창조되어, 마블 코믹스에 의해 부활하고, 아널드 슈워제네거 주연의 영화 작품을 통해 불멸의 존재가 됐다.

그리스 선원과 상인이 흑해에 진출하는 데에는 북쪽의 풍요에 관한 소식을 가지고 온 킴메르 난민들의 영향이 있었을 수도 있다.[12] 킴메르인의 침입으로 여겨지는 사건 직후 에게해의 그리스어를 사용하는 집단들이 이 지역에 큰 관심을 보이기 시작했기 때문이다. 소아시아 연안의 이오니아Ionia에 있던 그리스 도시국가들은 북쪽과 동쪽으로 소규모 탐험대를 파견했다. 진취적인 선장들은 보스포루스해협을 건너 노를 저어 가다가 바위투성이 입구 너머에서 돛을 올렸으며, 아마도 해류를 따라 동쪽으로 가서 비티니아Bithynia와 파플라고니아Paphlagonia 해안을 따라갔거나 순풍을 이용해 서쪽으로 방향을 틀어 트라키아 연안을 스쳐 지나갔을 것이다.

"연못가의 개구리들"

나중에 이런 원정들에 서사적 요소들이 덧붙여졌지만, 이들을 움직인 것은 정복이나 모험이 아니라 사업이었다. 범선의 깊은 선창이나 노 젓는 자리 아래 공간에는 천과 포도주, 올리브유로 가득 찬 암포라가 실려 있었다. 돌아오는 배에는 폰투스산맥과 카프카즈 숲에서 벤 조선용 목재, 카프카즈와 카르파티아산맥에서 캐낸 철과 귀금속, 리오니강 삼각주의 기장, 북쪽 강가의 평야에서 자란 밀이 가득 실려 있었다. 시간이 지나면서 이오니아 본토의 도시들은 해안을 따라 장기 정착지를 건설하는 데 자금을 대기 시작했다. 현지 주민들과 현장 중개인 역할을 할 수 있는 해외 거주 그리스인들을 수용하는 영구적인 속령들이 기원전 7세기 중반부터 나타나기 시작했다.

여러 도시국가들이 바다의 풍요로움을 얻고자 했지만, 밀레토스Miletos만큼 뛰어난 곳은 없었다. 이오니아 해안의 주요 도시 중 최남단에 위치한 밀레토스는 오랫동안 에게해의 주요 상업 중심지였지만, 기원전 600년대 중반에 북쪽으로 모든 관심을 돌렸다. 그 후 한 세기 반 동안, 기원전 500년 이전까지 밀레토스는 그리스 세계에서 가장 강력한 도시 중 하나로, 보스포루스해협의 교통을 사실상 장악하며 곡물, 금속, 염장 생선 무역으로부터 막대한 부를 거두어들였다. 밀레토스의 흑해 연안 식민지들은 보석 같은 존재였다. 남쪽의 시노페, 카프카즈산맥 기슭의 디오스쿠리아스Dioscurias, 아조프해 입구를 지키는 판티카파이온Pantikapaion, 그리고 히파니스Hypanis(부그Bug)강 하구에 위치해 북쪽 초원 지대로 향하는 통로를 제공하는 올비아Olbia가 대표적인 식민지였다.

기원전 5세기에 이르러 한때 척박했던 바다는 과거의 여러 세기보다 그리스인에게 훨씬 더 우호적인 곳이 됐다. 그리스 정착지들이 연안을 점점이 수놓았는데, 소크라테스는 이러한 항구들의 연결을 "연못가의 개미들이나 개구리들"에 비유했다.[13] 넓은 사각 돛을 단 원양선들이 마르마라해와 에게해의 항구들로부터 도착했다. 더 작은 연안 선박들은 식민지에서 식민지로 이동했고, 통나무 배들은 가장 넓은 강들을 오르내리며 물건을 실어 날랐다. 일부 도시들은 중계무역항(엠포리움emporium)으로 남아 무역의 원활한 진행이라는 주요 기능을 담당했고, 또 다른 도시들은 자치 정부와 공적 자금으로 운영되는 기관들을 갖춘 도시국가, 즉 폴리스polis의 지위를 얻었다. 시간이 흐르면서 가장 성공한 식민지들의 지도자는 항구 시설을 개선하여 악명 높은 폭풍으로부터 항구를 보호할 부두나 방파제를 추가하고, 침식에 맞서 해안선을 보강했다. 새로운 동반자와 후견인이 등장하면서 원래의 본토 도시들에 대한 의존은 먼 기억이 되어갔다.

이 도시들 중 몇몇은 그리스 세계와 후에는 로마 세계 전역에 걸쳐 명성을 떨쳤다. 시노페(현재의 튀르키예 시노프Sinop)는 기원전 1세기 스트라본의 말에 따르면 "그 지역에서 가장 주목할 만한 도시"였다.[14] 이 도시는 더 큰 반도의 바람이 불지 않는 쪽에 좁은 둑길을 따라 자리 잡고 있었으며, 그곳의 깊은 항구는 보스포루스에서 카프카즈까지 이어지는 남쪽 항로에서 가장 훌륭한 항구였다. 정박 시설에는 인상적인 정박지들이 갖춰져 있었고, 도시 안에는 체육관, 시장, 그리고 기둥이 늘어선 건물들이 있었다. 성벽이 위엄 있는 아크로폴리스를 둘러쌌고, 근처 할리스Halys(크즐르르마크)강의 비옥한 평야에서는 양과 가젤이 풀을 뜯었다. 흑해 지역에서는 흔치 않은 올리브도 재배됐다. 이런 농산물들을 비롯한 여러 생산물을 교역하며 도시는 점점 풍요로워졌다. 시노페는 크림반도로 건너가기 전 주요 경유지였으며, 바다를 가로지르는 연결망은 경제의 생명선이었다. 독수리가 발톱으로 돌고래를 움켜쥔 독특한 문양이 새겨진 주황색과 검은색 시노페 암포라들이 북쪽 해안의 고고학 유적지에서 대량으로 발견된다.

시노페는 너무나 번영하여 자체적으로 화폐를 발행하고 심지어 속령들까지 세웠다. 실제로 동남쪽 해안의 거의 모든 도시는 시노페가 건설한 식민지였다. 그중 가장 두드러진 곳은 동쪽의 트라페주스(현재의 튀르키예 트라브존Trabzon)였다. 천연 항구 시설은 빈약했지만, 트라페주스는 지리적 이점을 누렸다. 이 도시는 폰투스산맥을 넘어 지가나Zigana고개를 통과하고 아르메니아고원을 가로질러 티그리스Tigris강과 유프라테스Euphrates강 유역까지 이어지는 고대 육상 교역로의 종착지에 있었다. 깊은 협곡들로 구분된 일련의 절벽 위에 세워진 이 도시의 인상적인 성채는 주변을 둘러싼 산악 부족들이 적대적으로 돌아설 때 즉시 방어할 수 있는 역할을 했다.

카프카즈 해안의 도시들은 그런 설비를 자랑할 수는 없었지만, 세련됨이 부족한 대신 천혜의 자연환경과 독특한 지역색을 띠었다. 리오니강 하구에 위치한 밀레토스 식민지 파시스Phasis에서는 강을 따라 떠내려온 목재가 연안 항해선에 실렸고, 삭구索具用 대마, 방수재용 밀랍과 송진, 그리고 돛에 쓰이는 유명한 콜키스산 아마포 같은 조선업에 필수적인 다른 물품들도 함께 선적됐다. 이 물품들은 이틀이나 사흘이면 시노페에 도착해 더 큰 배로 옮겨져 에게해로 향할 것이었다.[15] 해안을 따라 더 멀리 가면 디오스쿠리아스(현재 조지아의 수후미 근처)에서는 수많은 비그리스계 부족들이 카프카즈산맥에서 내려와 외국 선박들을 맞이했다. 상인들이 그곳에서 거래를 하려면 통역사 130명이 필요했다고 전해지는데, 분명 과장이긴 하지만 그리 크게 과장된 것은 아니었을 것이다.[16] 시간이 흐르면서 내륙 지역도 상업의 혜택을 누리기 시작했다. 기원전 1세기에 이르러 파시스 너머 지역에는 기와지붕을 얹은 도시와 농장, 시장터, 그리고 기타 공공건물이 들어섰고, 한 세기 후 로마의 역사가 대大플리니우스는 강에 놓인 수많은 다리가 언제나 시장으로 향하는 사람들로 붐볐다고 기록했다.[17]

크림반도는 몇몇 훌륭한 천연 항구를 갖추고 있었고, 인근 아조프해의 풍부한 어족 자원은 충분히 매력적이었을 것이다. 그러나 토착민들에 대한 두려움 때문에 상당히 늦은 시기까지 그리스인들의 대규모 정착은 이루어지지 못했을 것이다. 그리스 본토 메가라^{Megara} 출신의 식민지 개척자들이 기원전 5세기에 케르소네소스^{Chersonesos}(현재 우크라이나의 세바스토폴^{Sevastopol} 근처)를 건설했는데, 이는 메가라인들의 식민 활동이었지만, 나중에 그들이 건설할 가장 중요한 도시인 비잔티움에 비하면 그 중요성이 작아 보였다. 그러나 흑해의 다른 지역들에서와 마찬가지로 이곳에서도 밀레토스인들이 가장 적극적이었다. 그들이 세운 식민지 판티카파이온(현재 우크라이나의 케르치^{Kerch})은 아조프해 입구를 통제했다. 도시의 아크로폴리스에는 여러 공공건물이 자리 잡고 있었고, 항구는 최대 30척의 배를 수용할 수 있었다고 전해진다. 해안을 따라 서쪽으로 더 내려가면, 테오도시아^{Theodosia}(현재 우크라이나의 페오도시야^{Feodosiia}) 주민들은 그보다 세 배 이상 많은 배를 수용할 수 있는 항구를 건설했고, 이 도시는 주민에게 식량을 공급하는 비옥한 배후지로 둘러싸여 있었다.[18]*

서북쪽 해안을 따라서는 깊은 항구가 드물었지만, 주요 강들의 하구와 연안 호수들은 어류의 공급원이자 내륙으로 향하는 편리한 통로 역할을 했다. 헤로도토스에 따르면 보리스테네스^{Borysthenes}(드네프르)강이 그중에서도 가장 컸다.

> 보리스테네스강은 (……) 내 생각에 이 지역뿐만 아니라 전 세계 어느 곳의 강과 비교해도, 나일강을 유일한 예외로 하고, 가장 가치 있고 풍요로운 강이다. (……) 이 강 유역에는 가장 훌륭하고 풍부한

---

*   2014년 러시아의 크림반도 병합으로 상술한 세 도시는 현재 러시아가 실효 지배 중이다.

목초지가 펼쳐져 있으며, 최고급 어류를 단연 가장 많이 공급하고, 마시기에 가장 좋은 맑고 투명한 물을 제공한다. (……) 이 강 유역보다 양질의 곡물이 자라는 곳은 없으며, 곡식을 심지 않은 곳에서도 풀이 세상에서 가장 무성하게 자란다.[19]

북쪽 해안 전체에서 가장 초기의 정착지였을 베레잔Berezan은 보리스테네스강 어귀의 반도(현재는 섬)에 있었다. 시간이 흐르면서 이 초기 식민지는 더 젊고 부유한 이웃들에게 그 지위를 내주었다. 올비아는 부그강 강가에 있었는데, 더 큰 드네프르강의 하구와 합류하는 지점 근처였다. 전성기에는 인구가 약 1만 명에 이르렀을 것으로 추정되며, 제우스와 아폴론에게 바쳐진 전용 구역들과 시민들이 대규모 시장에서 물건을 사고파는 모습을 볼 수 있었다.[20] 그곳에서 유명한 금세공사들은 그리스와 이민족의 디자인 요소를 결합한 정교한 예술 작품을 제작했는데, 이러한 금세공품들은 오늘날 우크라이나와 러시아 박물관들의 고고학적 유물 중에서도 가장 귀중한 것으로 손꼽힌다.

그리스인들과 현지인들 사이의 교류는 더 서쪽에 있는 식민지들에서 아마도 훨씬 더 활발했을 것이다. 다뉴브강 삼각주 근처의 밀레토스 도시들인 이스트리아Istria와 토미스Tomis(현재 루마니아의 콘스탄차Constanţa), 피항할 수 있는 만을 갖춘 밀레토스 식민지 오데소스Odessos(현재 불가리아의 바르나), 그리고 더 남쪽의 메셈브리아Mesembria(현재 불가리아의 네세버르Nesebur)와 아폴로니아Apollonia(현재 불가리아의 소조폴Sozopol) 등이 그런 곳이었다. 이들은 어획량이 풍부하고 비옥한 농지를 가진 메가라와 밀레토스 정착지들이었다. 이 도시들은 지리적으로 그리스 세계의 중심부에 더 가까워서 육로와 해상 무역을 모두 활용할 수 있었다. 또한 이들은 그리스계가 아닌 트라키아인들 사이에 자리를 잡았는데, 식민지화 초기부터 비교적 안정되고 강력한 정치적 집단을 형성하고 새로 온 사람들과의 교류에서 이익을 얻고자 했다.[21]

흑해 식민지들은 그들이 고대 세계 경제에서 차지한 위치를 동력으로 삼아 성장했다. 순풍을 받은 상선은 아조프해에서 에게해의 로도스Rhodos섬까지 9일 만에 갈 수 있었고,[22] 그 배가 불룩한 선체에는 당시 알려진 세계 대부분에서 가치를 인정받았을 생산물들이 실려 있었다. 내륙에서 재배된 밀과 보리는 이오니아와 그리스 본토의 식량 공급에 꼭 필요했다. (스파르타와의 전쟁에서 아테네는 이 지역에서 오는 곡물 수송에 의존하게 됐고, 아테네가 항복한 것도 부분적으로는 스파르타가 다르다넬스해협을 봉쇄했기 때문이었다.)[23] 오늘날에도 동남쪽 해안 전역에 풍부한 헤이즐넛은 멀리 알렉산드리아Alexandreia까지 실려 나갔다.[24] 시인 베르길리우스Vergilius는 로마 선박들이 이 지역에서 가져온 철, 진한 냄새가 나는 기름, 그리고 소나무 목재를 찬미하는 시를 썼다.[25]

이국적인 동식물들도 서쪽으로 전해졌다. 바다 동쪽 지역의 상인들은 육즙이 풍부한 다리 살을 지닌 꽁지깃이 길고 구리색인 신기한 새를 발견했다. 이 새는 파시스 식민지 근처의 저지대에서 잡혀 그리스와 이탈리아로 수출됐다. 마침내 그리스인과 로마인은 이 새를 직접 사육하는 법을 터득했지만, 그 이름만은 새의 기원을 드러내고 있다. 이 새는 바로 '파시스의 새', 즉 꿩pheasant이다. 남쪽 해안의 케라수스Cerasus 식민지 주변에서 재배된 빨갛고 신맛이 나는 과일은 로마 시대에 널리 인기를 얻었다. 전해지는 이야기로는 이 식민지의 이름은 많은 사람들이 이 과일을 가리켜 사용한 단어, 즉 라틴어 케라숨cerasum과 영어 체리cherry의 어원이 됐다고 한다. 그러나 이국적인 것에는 항상 위험의 속삭임이 있었다. 기원전 4세기 크세노폰과 그리스 용병들이 남쪽 해안을 따라 행군했을 때, 그들은 그 지역의 맛있는 꿀이 광기를 일으킬 수 있다는 것을 발견했다.[26]

물고기는 풍부했고, 여러 지역, 특히 크림반도와 북쪽 해안을 연결하는 지협 양쪽의 얕은 바다에서 쉽게 구할 수 있는 소금 덕분에 에게해로 가는 여행에서 어획물을 보존할 수 있었다. 가다랑어와 참치는 통째로 염장하거나 토막 내서 절인 것 모두 큰 인기를 끌었다. 기원전 1세기 로마에서는 폰투스산 염장 생선 한 항아리가 일꾼을 하루 고용하는 비용과 맞먹을 정도였다.[27] 비록 플리니우스가 불평했듯이 그런 진미들은 심한 방귀를 유발하는 것으로 알려져 있었지만 말이다.[28]

다양한 어종이 매년 대규모로 회유하는 시기가 되면 어부와 상인은 눈코 뜰 새 없이 바빠졌다. 겨울에는 멸치들이 바다의 가장 따뜻한 지역인 아나톨리아와 크림반도 연안 얕은 바다에 떼를 지어 모여들었다. 봄이 가까워지면 이들은 아조프해에서 산란하기 위해 북쪽으로 회유했다. 멸치의 주요 천적인 고등어는 더 남쪽인 마르마라해에서 월동하고, 봄에 무리를 이루어 흑해의 먹이터로 향하는 여행을 떠났다. 가다랑어는 독자적인 패턴을 따라 여름과 가을에 걸쳐 서북쪽 대륙붕에서 보스포루스까지 시계 방향으로 바다를 회유했다. 스트라본이 기록한 대로 이러한 회유 기간에 트라페주스 사람들은 가다랑어의 첫 어획을 즐겼고, 시노페 사람들은 두 번째를, 비잔티움 사람들은 마지막 어획을 차지했다. 가다랑어 떼가 남쪽의 따뜻한 바다로 나가는 출구를 찾아 해안을 따라 이동했기 때문이다. 심지어 어군이 보스포루스에 도달했을 때도 물고기는 여전히 손으로 잡을 수 있을 만큼 많았다고 어부들은 주장했다.[29] 18세기 후반에도 박물학자 페터 지몬 팔라스[*]는 러시아 남부의 농민들이 약 2,000년 전 조상들과 거의 같은 방식으로 생계를 유지하는 모습을 목격했다. 농민들은 아조프해에서 잡은 물고기의 배를 갈라서 소금에 절인 다음, 에게해 군도로 수출하고 있었다.[30]

"종족 집단"

흑해의 활발한 상업은 이오니아 본토 도시들과 그 식민지의 활력뿐만 아니라 그리스 정착민들과 비그리스계 원주민들 간의 공생관계에도 의존했다. 지중해 정착민들과 여행자들에게 흑해 원주

* Peter Simon Pallas(1741~1811). 독일 출신의 박물학자이자 탐험가로 러시아제국의 초청을 받아 시베리아와 러시아 남부를 광범위하게 탐사했다. 팔라스의 탐사 기록은 당시 잘 알려지지 않았던 지역의 동식물, 지리, 민족지를 기록한 중요한 자료이다.

민들이 '야만인들barbarians', 즉 그리스어로 말하지 않는 사람들이었던 것은 분명하지만, 적어도 오늘날 그 형용사가 함의하는 의미에서처럼 반드시 야만스럽다고 여겨지지는 않았다. 다른 변경 지역에서와 마찬가지로 폰토스 그리스인들은 그들이 마주친 종족들의 문화에 적응하고 심지어 그것을 받아들이는 자신들만의 방식을 찾아냈다. 이는 부분적으로는 '그리스다움'이라는 개념 자체의 유동성 때문이었고, 동시에 장기간의 지속적인 상호작용을 통한 문화 집단들 간의 자연스러운 관습의 교환 때문이었다. 시간이 지나면서 일종의 혼종 문명이 발달했는데, 러시아 학자 미하일 로스토프체프Mikhail Rostovtzeff가 "종족 집단community of race"이라고 부른 이것은 연안과 내륙의 예술 형식, 생활 양식, 심지어 언어까지 융합된 형태였다.[31] 시간이 흘러감에 따라 고전기 아테네의 시인과 극작가가 상상했던 '그리스인'과 '야만인' 사이의 명확한 문화적 경계선은 실로 매우 흐릿해졌다.[32]

이러한 공생 관계의 정확한 특성은 불분명하지만, 고고학 기록에서는 그 증거를 명확히 확인할 수 있다. 헤로도토스 같은 작가들조차 이미 자기 시대에 정착민과 원주민의 상호 영향으로 형성된 문화에 깊은 인상을 받았다. 베레잔의 초기 그리스 식민지 개척자들은 겨울 추위로부터 자신을 보호하기 위해 현지인의 관습을 따라 움집을 지었다.[33] 일부 도시에서는 야만인들의 이미지를 화폐에 새겨 넣었던 탓에, 서쪽 해안 지역의 수많은 그리스 장례 기념물에서 이른바 '트라키아 기병'이라 불리는 망토를 휘날리는 기마병의 모습이 발견된다. 문화적 영향은 양방향으로 작용했다. 부디니인Budini이라고 알려진 북방 부족의 땅에 있는 겔로노스Gelonos 라는 도시에서, 야만인들은 돌이 아닌 나무로 그리스 양식의 조각 상과 신전을 세우고 디오니소스 축제를 기념했다. 헤로도토스에 따르면 그들의 언어는 그리스어와 야만인 언어가 섞인 것이었으며, 그는 심지어 원주민들이 원래 그리스인이었다가 야만인의 풍습을 받아들인 것은 아닐까 하고 추측하기도 했다.[34] (헤로도토스가 언급한 것은 현재 드네프르강 지류에서 발굴된 거대한 유적지로, 길이가 30킬로미터가 넘는 목조 성벽으로 이루어져 있었다.)[35] 그리스인과 비그리스인 사이의 유대 관계는 때로 현실 세계에서 신화의 세계까지 이어지기도 했다. 서기 2세기에 활동한 파우사니아스Pausanias는 여전히 신화 속의 휘페르보레아인들이 흑해 북쪽에 거주하는 야만인 중개자들을 통해 첫 수확물을 바치며 아테네인들에게 조공했다고 주장했다.[36]

문화적 혼합은 특히 서북부와 북부 지역에서 두드러지게 나타났다. 여기에는 두 가지 주된 이유가 있었다. 첫째로 이 지역의 지형, 즉 넓은 강들이 가로지르는 평평한 해안 평야가 연안 도시들과 내륙 사이의 지리적 연결을 용이하게 했다. 반면 동남부와 남부 해안에서는 식민지들이 물가 끝자락에 자리 잡고 고지대를 등지고 있었다. 둘째, 서북부와 북부의 식민지 개척자들은 그리스인들이 도착했을 때 이미 문명과 정치 구조가 잘 발달한 야만인들과 교류했다. 바로 이 지역에서 그리스인들은 스키타이인을 만나게 됐는데, 이들은 아테네와 지중해의 다른 그리스 문명 중심지 작가들의 상상 속에서 폰토스 세계의 전형적인 야만인을 대표하게 될 다양한 종족들로 이루어진 광범위한 집단이었다.

고대 작가들에게 '스키타이인'이라는 명칭은 주로 지리적인 개념이었다. 스키타이인이라는 것은 추운 기후에 거주하며 필시 말 사육을 중심으로 유목 생활을 하는 사람들을 의미했다. 이러한 포괄적 명칭 아래 존재했던 다양한 언어와 문화에 대한 우리의 지식은 주로 헤로도토스로부터 나오는데, 그의 증거는 대부분 다른 여행자들의 증언이나 단순한 소문에서 비롯한 것으로 보인다. 헤로도토스에 따르면 스키타이인은 자신들을 가장 젊은 종족이라고 생각했다. 강의 정령과 신의 결합으로 탄생한 그들만의 기원 신화는 불과 1,000년 정도 전의 일로 여겨졌다.[37] 그들은 서로 의사소통이 불가능한 언어를 사용하는 여러 부족으로 나뉘어 있었다. 일부는 교역용 곡물을 재배했고, 일부는 숲에서 살았으며, 일부는 나무 없는 스텝 지대를 떠돌아다녔다. 그들은 적의 두개골로 술잔을 만들고 머리 가죽으로는 망토를 만들었다. 동물의 항문에 바람을 불어넣어 젖을 짰고, 대마초 증기욕을 하며 몸을 깨끗이 했는데, 그럴 때마다 "기쁨에 겨워 울부짖었다."[38] 그들은 전사의 신에 대한 특별한 애착을 가졌으며, 나뭇가지를 쌓은 더미 위에 검을 꽂은 제단을 놓고 의식을 치렀다. 그들 중 일부는 남자를 여자로 만드는 병에 걸렸다고 전해진다(아마도 사회적 양성성androgyny이나 장시간 말을 타는 일과 관련된 출혈성 치질을 가리키는 것일 수도 있다).[39] 헤로도토스에 따르면 스키타이인들의 가장 큰 기술은 자기 보존이었는데, 그들은 침입자와 마주했을 때 겁에 질린 사슴 떼처럼 도망쳐 스텝 지대로 순식간에 사라져버릴 수 있었기 때문이다.[40]

대부분의 고대 지리학자에게 스키타이인에 대한 헤로도토스의 묘사는 북방 야만인 전체의 참모습을 보여주는 것으로 받아들여졌다. 이는 결국 로마와 비잔티움 작가들에게도 통째로 받아들여지게 될 것이었다. 많은 그리스 본토인은 실제 살아 있는 스키타이인과 직접 접촉했을 것이고, 아무리 환상적인 것이라도 이러한 이미지들을 그들에게 덧씌울 수 있었다. 아테네에서는 이주해 온 스키타이 궁수들이 경비병으로 고용됐고 아리스토파네스^{Aristophanes}의 희극에도 등장했는데, 이는 마치 고대판 키스톤 캅스*와 같았다. 고고학적 증거는 헤로도토스가 한 말의 일부를 확인해준다. 강력한 유목 문화가 실제로 폰토스 스텝 전역에 존재했으며, 이러한 공동체들이 말과 대마초, 그리고 전쟁을 즐겼다는 사실은 현재의 루마니아에서 중국 서부 국경 지대까지 뻗어 있는 수많은 매장지 발굴을 통해 잘 입증된다.[41] 이오니아나 그리스 본토의 작가들에게는 스키타이인이 문명과 상반되는 존재로 보였을지 모르지만, 흑해 연안의 그리스인들에게는 식민지에 공급하고 수출하기 위한 식량의 공급원인 동시에 정치적 상황에 따라 위협이 될 수도 있고 안보의 원천이 될 수도 있는 군사 세력이기도 했다.

실제 스키타이인은 필시 페르시아계 출신일 광범위한 종족 집단으로, 원래 유목 목축민으로 살았다. 그들은 방대한 말과 양, 소 떼를 몰고 중앙아시아에서 서쪽으로 이주한 종족들의 기나긴

---

*   Keystone Kops. 1912년부터 1917년까지 키스톤 영화사에서 제작한 무성 코미디 단편 시리즈에 등장하는 무능하고 우스꽝스러운 경찰관들이다. 엉뚱한 추격전과 슬랩스틱 코미디로 유명했으며, 오늘날까지도 혼란스럽고 무질서한 상황을 비유하는 표현으로 사용된다.

행렬에서 가장 초기에 속했다. 기원전 700년대쯤에 스키타이인은 역시 동쪽에서 이주해 온 것으로 추정되는 초기 킴메르인을 밀어 낸 것으로 보인다.

스키타이인들의 흑해 지역 진출은 근동 왕국들을 긴장시켰다. 스키타이 무리와 충돌한 기록이 여러 고대 문헌에 나타나는데, 후대의 명칭을 예시하는 이름들로 기록됐다. 그들은 아마도 히브리 사료의 아스그나스Ashkenaz(창세기 10:3)일 것이며, 기원전 6세기에 페르시아인들이 정복한 사카Saka라 불리는 동방 민족일 것이다. 이란 서부 베히스툰Behistun의 유명한 암벽 부조에는 다리우스Darius와 그가 정복한 적들이 묘사되는데, 족쇄에 묶인 사카의 통치자 스쿤하Skunkha가 긴 수염과 뾰족한 모자를 쓴 모습으로 표현되어 있다. 이는 북방 야만인들을 그릴 때 흔히 쓰이는 전형적 표현이었다. (동방의 스키타이인들을 정복한 다리우스는 기원전 513년경 서방의 스기타이 분파를 상내로 또 다른 원정을 시작했지만 실패했다.)

그리스인들이 북쪽 연안에 도착했을 때, 스키타이 부족들은 이미 다뉴브강에서 돈강에 이르는 지역에서 주요한 세력이었다. 기원전 300년대에 이르면 스키타이인들은 크림반도의 고지대를 제외한 전 지역에서 어느 정도 패권을 행사했다. 일부는 유목 생활을 포기하고 정착 농민이 돼서 곡물을 재배했는데, 이는 지중해에서 온 상인들에게 특히 매력적이었다. 우크라이나와 남부 러시아에서 발견된 가장 눈부신 고고학적 유물들은 이러한 스키타이 '황금기'의 증거이다. 목재와 흙을 쌓아 올린 주거 단지들, 지금도 스텝 지평선에 점점이 솟은 정교한 매장 무덤인 쿠르간kurgan, 그리고 해안에 더 가까운 도시의 금세공 장인들이 만든 것으로 보이는 복잡한 황금 공예품들이 있다. 일부 금세공품은 원래 신성한 동물들과 사냥이라는 유목민다운 주제를 반영했지만, 시간이 지나면서 양젖 짜기, 새 활 만들기, 가죽 무두질하기 등 일상생활을 정교하게 묘사한 양식으로 바뀌었고, 심지어 그리스 신화에서 차용한 신과 영웅까지 등장한다. 귀중한 장신구와 실용성이 떨어지는 화려한 무기, 그중에서도 활집과 화살통을 결합한 전형적인 고리토스gory-tos는 대초원의 유동적인 문화가 점차 이웃인 그리스 정착민들의 성향을 받아들이게 됐음을 보여준다. 이 시기는 특정한 왕, 즉 후대 로마 사료에서 '스키타이의 왕'이라 불린 아테아스Ateas의 통치와도 연관됐을 수 있는데, 그는 기원전 339년 여름 마케도니아의 필리포스 2세Philippos II와 벌인 전투에서 전사했다고 기록되어 있다.[42]

스키타이인은 뛰어난 기병이었으며, 말은 외부인들에게 깊은 인상을 준 물질문화와 전사 정신의 토대를 형성했다. '말젖 짜는 사람들'과 같은 스키타이 부족들에 대한 다양한 명칭이 이미 『일리아스』에 등장하는데, 이는 스키타이인 식문화의 주요한 특징인 암말 젖 발효주에 대한 그리스인들의 관심을 반영한다. 이 발효주는 가벼운 취기를 주는 음료로 오늘날에도 중앙아시아 전역에서 즐겨 마신다. 말이 필수적인 동물이었다면, 사슴은 전설 속의 동물이었다. 스키타이 무덤에서 출토된 장엄한 금세공품들은 무수한 사슴 문양들로 장식되어 있는데, 사슴뿔이 동물의 등을 가로질러 나선형으로 뻗은 양식은 수 세기 후 아르누보Art Nouveau 애호가들도 만족할 만한 것이었다. 스키타이 전사들은 심지어 말 머리를 정교한 사슴뿔로 장식해서 그들의 가축에게 신성한 사슴의 신비로운 활력을 불어넣었다.

헤로도토스는 『역사』에서 이집트인들을 제외하고는 어떤 주제보다도 스키타이인에 대해 더 많은 지면을 할애했다. 사실 그리스인들이 이해하기에 이 두 집단은 고대 세계의 변방을 대표하는 정반대되는 존재였다. 헤로도토스에 따르면 이집트인은 지상에서 가장 교양 있는 사람들이었기에, 이집트인의 관습과 건축, 농업을 자세히 기술하는 데 많은 노력을 기울였다. 반면 흑해 주변의 집단들에 대해서는 그다지 열정적이지 않았다. 헤로도토스와 다른 작가들이 스키타이인에게서 주목한 것은 스키타이인들과 그리스인들의 사회 관습의 거리감, 정확히 말하면 그들의 관습이 이상하게도 비슷하면서 다르다는 점이었다. 스키타이인은 지붕 덮인 마차를 타고 스텝을 가로질러 다녔는데, 이는 그리스인들이 배를 타고 바다를 횡해하는 것과 흡사했다. 스키타이인은 존경받는 망자들을 성대한 축제로 기리고 영웅들을 위한 기념물을 세웠지만, 광란 속에서 인간을 제물로 바치기도 했다. 또한 포도주를 마셨지만 물에 타서 마시는 법은 몰랐다.

그러나 스키타이인은 무례한 외국인이라는 이런 편견에도, 중요한 예외가 하나 있었다. 그의 이름은 아나카르시스Anacharsis로, 헤로도토스가 자세히 묘사할 가치가 있다고 여긴 유일한 스키타이인이었다. 돌이켜 생각해보면, 아나카르시스가 서양 문명을 발명했다고 할 수도 있을 것이다.

스키타이인이 문명을 보존한 방법

그리스 작가들은 일반적으로 스키타이인을 외부인에게 적대적이고 자기 세계에만 머물면서 자신들과 다른 생활 방식을 의심스럽게 바라보는 편협한 사람들로 묘사했다. 이는 고고학적 기록에 나타나는 명백한 문화 교류의 증거와는 일치하지 않는 주장이다. 그러나 헤로도토스에 따르면 아나카르시스는 위대한 여행가이자 상당한 학식을 갖춘 인물로서 스키타이인 중에서도 특이한 존재였다. 세계 각지에서 살며 가르친 후, 아나카르시스는 마침내 고향으로 돌아가는 길에 나섰다. 아나카르시스는 보스포루스해협을 거쳐 흑해로 들어가기 전에 마르마라해의 그리스 식민지에서 여행을 잠시 멈추었다. 그곳에서 아나카르시스는 키벨레를 숭배하는 의식을 목격했는데, 키벨레는 소아시아에서 처음 숭배되기 시작해서 결국 그리스 전역으로 전파된 신이었다. 그 모습에 너무나 깊은 인상을 받은 아나카르시스는 만약 여신이 안전한 여정을 허락해준다면 그 의식을 스키티아^{Scythia}로 가져가겠다고 맹세했다.

여신은 아나카르시스의 소원을 들어주었고, 아나카르시스도 약속을 지켰다. 고향에 도착한 아나카르시스는 울창한 숲으로 들어가 손에 북을 들고 그리스 식민지에서 본 그대로 의식을 행했다. 하지만 곧 비극이 닥쳤다. 시인 디오게네스 라에르티오스^{Diogenes Laertios}는 후에 이렇게 묘사했다.

스키티아로 돌아온 방랑자 아나카르시스는

동포들을 그리스의 삶의 방식으로 이끌려 했네.

하지만 날개 달린 화살이 그를 불멸의 신들에게 데려갔으니

아직 끝내지 못한 이야기를 입에 머금은 채였네.[43]

스키타이 왕이 명상에 잠겨 있던 아나카르시스를 발견하고는, 활을 쏘아 이 방탕한 부족민을 죽였다. 헤로도토스가 전하는 바에 따르면, 이것이 바로 스키티아를 여행하는 누군가가 아나카르시스에 관해 묻더라도 현지인들이 그런 사람은 들어본 적 없다고 대답하는 이유라고 한다. 모두 아나카르시스가 해외로 나가 이 방인들의 해로운 관습을 받아들였기 때문이다.[44]

기원전 5세기 헤로도토스 시대에 이르러 아나카르시스는 이미 아테네의 교육받은 계층 사이에서 널리 인용되는 인물이었다. 아나카르시스는 도덕에 대한 간결한 통찰과 거만한 철학자들을 한 수 아래로 끌어내리는 능력으로 알려진 문학 속 인물이었으니, 아마도 그 시대의 오스카 와일드* 같은 존재였을 것이다. 아나카르시스는 한동안 야만인의 덕목을 보여주는 모범이었다. 플라톤은 아나카르시스를 독창적인 발명가이자 실용적 기술을 가진 사람이라고 칭찬했다. 아리스토텔레스는 아나카르시스가 훌륭한 수사학자(이지만 부족한 논리학자)라고 했다. 스트라본은 아나카르시

---

* Oscar Wilde(1854~1900). 아일랜드 출신의 작가이자 극작가로, 빅토리아 시대 영국 문단에서 활동했다. 재치 있고 역설적인 경구와 날카로운 풍자로 당대 상류 사회의 위선과 허식을 조롱하는 것으로 유명했다. 저자는 아나카르시스가 도덕에 대한 통찰과 거만한 철학자들을 비판하는 재치로 고대 그리스 지식인 사회에서 차지했던 위치가, 근대 유럽 문화계에서 오스카 와일드가 명성을 누렸던 방식과 유사하다고 보았다.

스가 검소함과 정의를 지닌 사람이라고 언급했고, 플리니우스는 그가 물레와 현대적인 닻을 발명했을지도 모른다고 말했다.[45]

　　그러나 아나카르시스가 실제로 존재했는지는 알기 어렵다. 아나카르시스에 대한 동시대의 증언은 없고, 헤로도토스의 이야기 외에는 의존할 만한 자료도 거의 없다. 심지어 그 이야기조차 의심스러운데, 외국 것에 대한 혐오와 활이나 원시림처럼 고전 그리스인들이 일반적으로 스키타이인과 연관시켰을 법한 상징적 이미지가 너무 많이 들어 있어서 완전히 믿을 만하지 않기 때문이다.[46] 그럼에도 전해져 내려오는 이야기에 따르면 아나카르시스는 스키타이 왕족의 후손이었으며, 심지어 현지 왕과 그리스 여성의 결합으로 태어난 자손이었을지도 모른다. 아나카르시스는 독립적인 여행자로 또는 스키타이 사절단의 일원으로 기원전 6세기 초 무렵 그리스에 도착했을 것으로 추정된다. 아나카르시스는 아테네 시민권과 엘레우시스Eleusis의 신성한 비밀 의식* 입회라는, 그리스 문화에 완전히 동화됐음을 보여주는 두 가지 희귀한 영예를 받았다고 전해지지만, 그럼에도 고대 작가들에게는 항상 아나카르시스 호 스키테스Anacharsis ho Skythes, 즉 스키타이인 아나카르시스로 알려졌다.

　　그리스 문학에서 아나카르시스는 야만인 출신임에도 불구하고 실용적 지혜의 화신으로 찬양받았다. 어떤 면에서는 아나카르

---

*　고대 그리스 아테네 근교의 엘레우시스에서 데메테르와 페르세포네 여신을 위해 매년 거행되던 비밀 종교 의식이다. 입문자가 의식 내용을 절대 누설하지 않았기에 정확한 내용은 오늘날까지 수수께끼로 남아 있으며, 고대 세계에서 중요한 종교 의식 중 하나였다.

시스가 이방인이라는 단순한 사실 자체가 유용한 문학적 소재가 됐다. 야만인의 입을 빌려 사회 비평가로서 말하게 하는 것은 인기 있는 수사법이었다. 여러 문헌에서 공통으로 나타나는 모티프는 아나카르시스와 솔론Solon의 대비였다. 현실적인 야만인 도덕주의자와 아테네의 입법가를 대조시킨 것이다. 플루타르코스Plutarchos는 심지어 아나카르시스를 칠현인 중 한 명으로 꼽으며, 아이소포스Aisopos 같은 인물들과 함께 진수성찬과 술을 나누며 상상 속의 대화를 나누게 하기도 했고, 젊은 여자가 아나카르시스의 머리를 빗어 야성적인 외모를 다듬어주는 모습을 그려내기도 했다.[47] 플루타르코스는 그리스인과 야만인 사이의 거리가 사람들이 생각하는 것만큼 멀지 않았다고 말하는 듯하다.

아나카르시스가 그리스 세계에서 로마와 그 너머로 전해진 것은 부분적으로 플루타르코스를 통해서였는데, 이때 아나카르시스는 날카로운 비판자이자 신랄한 재담꾼으로서 명성이 더욱 두드러졌다. 아나카르시스는 르네상스 이후 서양 문명의 위대한 작품들의 가장자리에 이따금 모습을 드러낸다. 에라스뮈스Erasmus는 말이 위험할 수 있다는 것을 보여주기 위해 손으로 입을 가리고 자는 아나카르시스의 습관을 언급했다. 몽테뉴Michel de Montaigne는 통치에서 덕의 역할에 대한 아나카르시스의 말을 인용했다. 아나카르시스는 라파엘로Raffaello의 그림 〈아테네 학당〉의 배경에도 숨어 있을 수 있는데, 아리스토텔레스의 어깨 너머로 내다보고 있는 헝클어진 머리와 거친 인상, 금발 머리의 남자가 바로 아나카르시스일지도 모른다.

그러나 이 현명한 스키타이인은 뜻밖의 시대와 장소에서 진가를 발휘했다. 바로 18세기 말 프랑스 베스트셀러의 주인공으로서 말이다. 1788년에 출간된 『소小아나카르시스의 그리스 여행기 Travels of Anacharsis the Younger in Greece』는 사실 아나카르시스, 적어도 그 옛날 아나카르시스에 관한 책이 전혀 아니다. 이 책은 고전 문명에 대한 방대하고 흥미진진한 개관서로, 예수회 수사이자 루이 16세 궁정의 메달 관리관이었던 장자크 바르텔미Jean-Jacques Barthélemy 신부가 저술했다. 바르텔미는 고전어와 화폐학의 권위자로, 일곱 권으로 된 『여행기』를 완성하는 데 30년이 넘는 세월을 바쳤다. 바르텔미는 더 저명했던 선조의 후손인 소아나카르시스가 스키티아에서 아테네까지 여행하는 이야기를 상상해냈다. 여행 도중 아나카르시스는 당대의 모든 현자를 만나 대화하고 토론하며, 그 과정에서 그리스 철학자들의 사상을 자세히 설명하고 고대 세계 주요 유적지들에 대한 기록을 알려준다.

당대는 물론이고 그 후 한 세기가 넘도록 『여행기』는 출판계의 대성공작이었다. 바르텔미는 나중에 "내 기대를 뛰어넘어서 성공했고, 대중이 가장 호의적으로 받아들였으며, 프랑스와 외국의 잡지들이 찬사를 보내며 언급했다"고 회상했다. 학생들은 이 책을 고전 입문서로 사용했다. 체면을 차리는 부르주아라면 누구나 프랑스어 원본이든 수많은 번역본 중 하나든 한 권씩은 소장하고 있었다. 영어판 번역자는 다음과 같이 언급했다.

이제 영어 독자들에게 선보이는 이 작품은 고대 그리스가 최고의 영광을 누리던 시기의 고고학 유물, 관습, 풍습, 종교 의식, 법률, 예술, 문학에 대한 완전한 개관을 보여준다. 지금까지 이러한 지식은 오락과 교육을 결합하는 데 별로 관심이 없었던 저술가들의 작품을 힘겹게 정독해야만 얻을 수 있었다. 반면에 아나카르시스의 『여행기』는 독자가 단순한 오락거리이자 창작물, 상상력의 산물인 작품을 읽고 있다고 생각하게끔 쓰였다. 그러다가 문득 시선이 쪽 하단으로 향하면……. [48]

이곳의 각주에서 바르텔미는 모든 인용문, 논증, 그리고 추측을 원전 사료를 참조해 뒷받침했다. 마침내 그리스어나 라틴어를 읽을 줄 몰라도 고전에 대한 확실한 지식을 습득하는 것이 가능해졌고, 덤으로 흥미진진한 모험 소설까지 즐길 수 있었다.

『여행기』는 문학과 예술에서 프랑스 신고전주의의 성장에 큰 영향을 미쳤고, 여러 언어로 번역되면서 유럽 전역에 그리스애호주의philhellenism를 확산시켰다. 여행자들은 흑해로 모험을 떠날 때 대大아나카르시스와 소아나카르시스 모두를 염두에 두고 있었다. 1780년대부터 수많은 작가가 흑해를 항해하고 해안을 탐험한 자신들의 기행문에서 아나카르시스를 언급했다. 일부는 대아나카르시스가 동족들에게 살해당한 바로 그 숲을 발견했다고 주장했고, 다른 이들은 소아나카르시스가 그리스로의 항해를 시작한 장소를 확인했다고 했다. 바르텔미의 판본이 의도적으로 꾸며낸 허구였다는 사실을 모른 채 그런 것 같았지만 말이다. [49]

바르텔미 작품의 큰 인기는 아나카르시스 이야기의 핵심적인 아이러니를 보여준다. 이는 고대 그리스를 질서정연하고 이성적이며 덕이 높고 문명화된 곳으로 보는, 결국 유럽인들이 자신들에 대해 갖게 될 그 대중적 시각이 스키타이인의 렌즈를 통해 굴절돼서 나타난 것이었다. 다소 어리둥절한 여행자가 익숙한 주제들을 신선한 시각으로 바라보는 바르텔미의 서사 형식은 18세기에 드문 것이 아니었지만, 이 장르의 그 어떤 작품도 『소아나카르시스의 그리스 여행기』만큼 고대 세계의 예술, 건축, 철학에 대한 교육받은 평범한 유럽인들의 이해에 큰 영향을 미치지는 못했다. 흑해 연안 출신의 야만인이 고대 그리스를 근대 유럽의 문법 학교와 중간 계급의 응접실에 소개하고, 어떤 면에서는 근대 유럽인이 자신들을 이해하도록 도왔던 것이다.

아르고호의 항해

기원전 제1천년기의 마지막 몇 세기 동안 대아나카르시스의 명성은 절정에 달했다. 현명한 스키타이인이 구현한 비판적 미덕은 그리스 철학자들이 자신들의 사회를 비추어 보는 데 유용한 등불이었다. 거의 같은 시기에 흑해에 관한 또 다른 이야기도 널리 인기를 끌었다. 이아손과 아르고호 선원들의 전설은 이미 호메로스와 헤시오도스에게도 알려졌지만, 이 이야기의 가장 초기의 완전한 판본은 아나카르시스의 격언과 이야기처럼 헬레니즘 시대, 즉 기원전 4세기 후반부터 3세기 후까지 로마가 부상하던 기간으로 거슬러 올라간다. 로도스의 아폴로니오스Apollonios는 이아손 전설의 가장 중요한 기록인 『아르고나우티카Argonautica』를 기원전 3세기에 저술했으며, 이 작품이 받은 찬사 덕분에 결국 알렉산드리아의 유명한 도서관 관장이라는 요직에 임명됐을 것이다.

아폴로니오스는 "그들을 파견한 것은 펠리아스 왕이었다"라는 문장으로 이 책을 시작한다. 이올코스Iolkos 왕좌의 찬탈자인 펠리아스는 한쪽 발이 맨발인 남자의 모습으로 죽음이 찾아올 것이라는 예언을 신탁으로부터 들었다. 그래서 그의 조카 이아손이 늦겨울 범람으로 불어난 강의 진창에서 한쪽 샌들을 잃고 비척거리며 궁정에 나타났을 때, 펠리아스는 이아손을 위험천만한 원정에 보내서 자신의 운명을 피하려는 계획을 세웠다. 그 임무는 콜키스의 아이에테스 왕으로부터 황금 양털을 되찾아오는 것이었는데, 황금 양털은 폭풍우가 몰아치는 바다 저 끝에서 용이 지키고 있었다. 아테나의 세심한 감독 아래 노를 젓는 배 중 가장 훌륭하고 특별한 배가 건조됐고, 그 선체에는 제우스의 성스러운 도도나 참나무 조각이 박혀 있어 배에게 말하는 능력을 주었다. 가장 훌륭하고 용감한 반신半神과 영웅이 선원으로 모였다. 위험천만한 항해는 그들의 능력을 시험했다. 해안을 따라 적대적인 부족들이 숨어 있었고, 마법의 괴물들이 나타나 길을 막았으며, 보물을 손에 넣자 복수심에 불타는 왕과 가족이 도둑맞은 물건을 되찾으려고 온갖 노력을 아끼지 않았다. 결국 아르고호의 선원들은 수가 줄어들긴 했지만, 황금 양털과 콜키스 왕의 딸 메데이아를 데리고 그리스로 돌아왔다.

이아손 전설의 뿌리를 사실에서 찾으려는 시도가 많이 있었다. 아나카르시스 이야기와 마찬가지로 고대부터 여행자들은 아폴로니오스의 서사시에 묘사된 장소와 관습의 증거를 찾았다. 심지어 1980년대에는 영국의 모험가 팀 세버린이 청동기 시대 기법을 사용해서 배를 건조하고 그리스에서 소비에트 조지아(현재의 콜키스)까지 항해해서 그러한 여행이 실제로 가능했음을 보여주기도 했다.[50] 이아손 이야기의 최초 판본들은 의심할 여지 없이 고대 선원들의 경험을 대중 신화라는 형태를 통해 반영한 것이었다. 지리학자 스트라본은 바다에서의 경험이 신화 창조에 얼마나 도움이 될 수 있는지 잘 알고 있었다.

> 일반적으로 호메로스 시대 사람들은 폰토스해를 일종의 제2의 오케아노스로 여겼으며, 그곳으로 항해하는 자들이 헤라클레스의 기둥 너머 멀리 항해하는 자들만큼이나 인간이 거주할 수 있는 세계의 경계를 벗어난다고 생각했다. 폰토스해는 우리가 사는 세계에서 가장 큰 바다로 여겨졌기 때문에, 그들은 호메로스를 '시인The Poet'이라고 부르듯이 이 특별한 바다를 '폰토스The Pontos'라고 불렀다.[51]

스트라본은 심지어 황금 양털조차도 강에서 금을 걸러내기 위해 양가죽을 임시 여과 장치로 사용하던 관습에서 유래했을 수 있다고 했는데, 이는 카프카즈 사람들 사이에 알려진 기법이었다.[52]

그러나 이아손 전설의 실제 원천을 찾는다면 그 전설의 가장 중요한 점을 놓치게 된다. 문학 작품으로서 아폴로니오스의 『아르고나우티카』는 그리스인들의 초기 흑해 탐험 시대로 회귀하는 작품이라기보다는 훨씬 더 작가 자신의 시대의 산물이었다. 아폴로니오스가 활동하던 때는 알렉산드로스 대왕의 정복이 끝나고 장군들을 비롯한 여러 후계 경쟁자들이 서로 그 유산을 두고 다투던 시대였다. 알렉산드로스의 정복은 알려진 세계 대부분에서 그리스인의 언어와 문화가 널리 퍼지게 했지만, 기원전 323년 알렉산드로스의 죽음은 후계자들 사이에 끊임없는 전쟁의 시대를 열었다. 헬레니즘 시대에 당대의 가혹한 현실과 대비되는 신화적 과거의 영광을 재구성하는 것은 아폴로니오스 같은 작가들의 몫이었다. 모험에 대한 갈망이 아니라 향수에 이끌리는 마음이야말로 아폴로니오스가 쓴 서사시의 진정한 주제인 것이다.

아폴로니오스의 아르고호 원정대가 택한 항로도 연대가 맞지 않는다는 점 역시 흥미로운 사실을 드러낸다. 세계 최초의 상업 여행 기록 중 일부는 페리플루스*라는 형태로 남아 있는데, 이는 지명 사전과 항해 안내서를 결합한 것으로 기원전 6세기까지 거슬러 올라간다. 그런데 시간이 지나면서 페리플루스에는 주목할 만한 변화가 나타난다. 가장 초기의 기록들은 선원들에게 흑해로 들어서면서 왼쪽, 즉 서쪽으로 돌아 북쪽 해안을 따라 항해하라고 지시한다. 선원들에게 오른쪽으로 돌아 카프카즈 쪽으로 향하라고 말하는 것은 훨씬 후대의 기록에서만 나타난다. 이처럼 초

---

* periplus. 고대 그리스어로 '해안을 따라 항해하기'를 뜻하는 말인 'periplous'의 라틴어식 표현이며, 연안의 항구, 거리, 랜드마크 등을 기록한 항해 안내서를 가리킨다. 원문에는 그리스어 복수형 'periploi'라고 표기되어 있다.

기 항해자들이 왼쪽으로 향하는 항로를 선택한 이유는 명확하지 않지만, 서쪽과 북쪽 지역에 더 매력적인 무역 기회가 있었기 때문일 수도 있다.[53] 남쪽 해안의 시노페 같은 도시들이 흑해 다른 지역의 도시들보다 먼저 세워지긴 했지만, 대부분의 방문객을 끌어들인 것은 트라키아와 스키티아 해안에 가장 풍부했던 어류와 곡물 무역이었다. 시노페가 더 동쪽에 식민지를 건설하고 파시스 같은 동쪽 도시들이 성장한 것은 그 이후의 일이었으며, 그때에서야 남쪽 해안을 따르는 장거리 항로가 자리 잡았다. 따라서 아르고호 원정대가 콜키스로 곧장 향한 것은 작품의 배경인 아득한 과거보다는 아폴로니오스 자신이 살던 시대에 훨씬 더 부합하는 항로를 택했던 셈이다.

기원전 3세기, 아니 어쩌면 그보다도 더 이전부터 흑해를 여행하는 사람이라면 누구나 해안 곳곳에서 이아손과 아르고호 원정대에 관한 흔적들을 발견할 수 있었을 것이다. 항해 중에 일어난 사건들의 이름을 딴 곶과 만, 그리고 원정대의 특정 인물과 연관된 지역 신화들 말이다. 그러나 이들은 영웅적인 모험가들의 고대 항해의 흔적이 아니라 비교적 최근에 만들어진 것이었다. 헬레니즘 시대의 문화적 기억에서는 중대한 사건이었던 것이 정작 동방의 토착민들에게는 전혀 주목받지 못한 듯하다. 흑해 주변 민족들의 신화와 민담에는 놀라울 정도로 아르고호 원정대와 항해에 대한 정보가 부족하다. 지중해 세계와의 교역이 확대되고 도시들이 번영하기 시작한 후에야 그리스 정착민들과 심지어 그리스화된 토착민들까지도 자기 도시의 역사를 가상의 과거와 연결하는 것이

유용하다고 여기기 시작했다. 시민들은 건국 설화를 지어내고 아르고호와 연관된 조상들을 내세웠으며, 유명한 지형지물들에 고대의 혈통을 부여했다. 동남쪽 해안에서 가장 중요한 곳은 『아르고나우티카』에서 전혀 언급되지 않았음에도 2,000년이 넘도록 이아손곶(지금의 튀르키예어로 야순 부르누Yasun Burnu)으로 불렸다.[54] 아마도 이와 같은 논리 때문에 오늘날 여행자들은 구소련 조지아의 해안가 곳곳에 있는 수많은 '메데이아' 레스토랑에서 식사하며 '아르고' 맥주를 즐길 수 있는 셈이다. 마케팅 기법이라는 것이 현대의 발명품만은 아닌 듯하다.

"우리 자신보다 더 야만스러운"

초기 그리스 원정 이후 처음 몇 세기 동안 식민지들은 명성과 부를 쌓아갔다. 곡물과 사치품을 지중해로 수출했고 심지어 나름의 철학자와 문인들까지 배출했다. 하지만 그들의 성공은 두 가지 조건에 달려 있었다. 이오니아와 그리스 본토로 향하는 확실한 수출 시장, 특히 곡물 수출 시장과 내륙의 비그리스인들과 맺는 우호 관계가 그것이다. 시간이 흐르면서 이 두 조건 모두 더 이상 확실하지 않게 됐다. 알렉산드로스 대왕의 정복은 흑해 도시들 자체에 즉각적인 영향을 거의 미치지 않았지만, 이집트가 지중해 나머지 지역의 곡물 공급원으로 개방되면서 필수적인 식량 공급원으로서 식민지가 누려온 특권적 지위를 빼앗기 시작했다. 교역의 흐름이 남쪽으로 이동하기 시작했다. 나일강을 따라 아프리카의 뿔* 지역으로, 홍해를 따라 인도양과 그보다 더 동쪽으로, 즉 안티오키아Antiokheia 와 다마스쿠스Damascus에서 육로로 페르시아와 중앙아시아로 향하게 된 것이다. 나중에 로마의 세력이 동지중해에서 확장되고 공고해지면서 이러한 항로들은 흑해로 향하는 기존 항로보다 훨씬 더 중요해졌다.

내륙 야만인들과의 관계도 악화하기 시작했다. 내륙 배후지와의 관계는 오랫동안 미묘한 상태였고, 도시들은 평화를 위해 야만인 지도자들에게 대가를 지불해야 하는 경우가 많았다. 투키디데스Thoukydides에 따르면 서해안 도시들은 현재 불가리아의 대부분을 지배했던 트라키아 부족인 오드뤼사이인Odrysians에게 엄청난 양의 금은과 모직물을 바쳐야 했다고 한다.[55] 그러나 기원전 2세기부터는 그런 기존의 공물 관계마저 흔들리기 시작했다. 특히 북부 도시들에서는 야만인 통치자들에게 바치는 공물의 양과 횟수가 늘어나면서 지방 금고에는 공공사업에 쓸 돈이 거의 남지 않았다. 많은 도시의 코라chora, 즉 교외의 농업 지역이 축소되기 시작했고, 공공건물들은 방치되어 퇴락하거나 공격으로 파괴됐다. 방어벽을 세웠지만 관리 소홀이나 공격으로 다시 무너져 내렸다.[56] 바다에서는 그리스 식민지화 시대에는 드물었던 해적질이 점차 나타나기 시작했는데, 아마도 약탈자들의 활동으로 이익을 얻으려는 지

---

*   Horn of Africa. 아프리카 대륙 동북부에서 인도양 쪽으로 돌출된 반도 지역으로, 오늘날 소말리아, 에티오피아, 에리트레아, 지부티 등을 포함하며, 아덴만과 홍해를 통해 아라비아반도와 인접해 있어 고대부터 중요한 해상 무역로의 거점이었다.

역 왕들과 야만인 통치자들이 부추겼을 것이다.[57]

방문객들은 옛 식민지에서 본 것에 별로 감동하지 않았다. 주
민 대부분이 그리스어로 말하는 법을 잊어버렸거나 너무 고풍스
러운 억양으로 발음해서 이오니아 조상들의 우스꽝스러운 그림자
같아 보였다. 기원후 1세기에 작가 디온 크리소스토모스Dion Chrysos-
tomos는 몇 세기 전 헤로도토스가 묘사했던 한때 번영했던 도시 올
비아를 방문했다고 주장했다. 그 도시는 디온 크리소스토모스가
기대했던 바와는 사뭇 달랐다.

> 그 도시[올비아]는 규모가 고대의 명성에 걸맞지 않은데, 이는 끊임
> 없이 반복된 점령과 전쟁 때문이다. 이 도시는 오랫동안 야만인들,
> 그것도 사실상 가장 호전적인 야만인들 한가운데 자리 잡고 있었기
> 에, 항상 전쟁 상태에 있었고 자주 점령당했으며, 가장 최근이자 가
> 장 참혹한 점령이 일어난 시기로부터는 채 150년도 되지 않았다.[58]

주변의 야만인인 게타이인Getae은 자주 전쟁을 벌였고, 서쪽
과 북쪽 해안의 도시를 공격했으며, 심지어 남쪽으로는 비잔티움
까지 침략했다. 한때 주변에 광대한 농경지를 유지했던 올비아인
들은 무너져가는 성벽 뒤로 물러났다. 성소와 묘비는 모두 훼손됐
다. 에게해에서 오는 배들은 드물었다. 배가 정박하더라도 대개는
해적이나 하찮은 사기꾼들만 타고 있었다. 어느 올비아인은 이렇
게 불평했다. "보통 여기 오는 자들은 명목상으로는 그리스인이지
만 실제로는 우리 자신보다 더 야만스러운 상인과 장사꾼으로, 싸

구려 누더기와 형편없는 포도주를 들여오고 그만큼 조잡한 물건들을 가져가는 놈들이다."⁵⁹ 식민지의 문화적 혼재는 때로 혼란스럽기도 했다. 디온은 칼리스트라토스Kallistratos라는 인물과의 만남을 기록했는데, 그는 야만인 기병들이 입는 것과 같은 바지와 검은 망토를 걸치고 허리에는 커다란 기병용 검을 차고 있었다. 하지만 이런 모든 차림새에도 불구하고 디온은 칼리스트라토스가 실상은 진짜 그리스인이라고 의심했다. 디온이 암시하는 바에 따르면 칼리스트라토스는 그에게 무언가를 넌지시 제안했던 모양이다.⁶⁰*

흑해는 이제 더 이상 풍요로움이나 이국적 매력의 원천이 아니라 유배지로 보였고, 다시 한번 초기 그리스 시인과 지리학자가 상상했던 세계의 척박한 끝자락이 됐다. 아우구스투스Augustus 황제에 의해 서기 8년 서해안의 토미스로 추방된 오비디우스는 식민지들이 쇠퇴하던 시기 흑해 연안의 삶에 관해 가장 절절한 기록을 남겼다. 그곳은 비참한 곳이었다. 오비디우스가 주장하기로는 고향인 아브루치Abruzzi보다 훨씬 더 추운 곳이었다. 어떤 겨울에는 바다가 얼어붙어서 돌고래들이 뛰어오르려 할 때 머리를 부딪히기도 했다. 눈은 두 해 연속으로 땅에 쌓여 있었고, 병에서 포도주를 따르면 반쯤 얼어 걸쭉하게 나왔다. 남자들이 걸어 다니면 수염에 맺힌 고드름에서 서걱거리는 소리가 났다. 사방에는 와자지껄한 야만인들이 있었고, 빠른 조랑말을 탄 약탈자들이 북쪽에서 내려와

---

* 원문의 'propositioned'는 성적 제안을 의미하는 표현이다. 고대 그리스 사회에서는 남성 간의 성적 관계가 특정한 사회적 규범 내에서 용인되었으며, 저자는 칼리스트라토스가 야만인 복장을 했음에도 불구하고 이러한 제안을 통해 그리스의 문화적 정체성을 드러냈다고 암시한다.

사람들이 간신히 세운 문명의 몇몇 기초적 요소마저 앗아 갔다. 오비디우스는 다음과 같이 썼다. "그들은 흑해를 '환대하다'라는 뜻의 에욱시네Euxine라고 부른다. 거짓말이다."⁶¹

물론 오비디우스는 시인이었고, 특히 자신의 묘사가 더 생생할수록 형량이 감형될 가능성이 높아진다는 헛된 희망을 품고 있었기에 과장된 표현도 결코 흉이 아닌 사람이었다. 그러나 오비디우스가 오래된 그리스 식민지들에 일어난 심대한 변화에 관해서 언급한 내용은 필시 옳았을 것이다. 새로운 곡물 공급원과 동방으로 향하는 교역로들이 이제 로마의 신장하는 국력으로 보호받는 반면, 흑해의 보물들은 빛이 바랬다. 절인 생선 항아리 한둘 정도는 여전히 지중해의 미식가들이 지구 먼 곳에서 온 이국적인 수입품으로 즐기기는 했지만 말이다. 해안과 내륙 지역에는 새로운 세력들이 끊임없이 나타나며 각축을 벌였다. 더 먼 동방에서 도착한 새로운 유목민들, 그리스어를 구사하는 엘리트들이 그리스인과 야만인이 뒤섞인 신민들을 다스리는 혼합 왕국들, 그리고 어느 그리스 본토 도시가 건설했다는 기억 외에는 지중해 세계와 거의 연결 고리가 없는 독립 도시국가들이 그들이다. 그리스 식민지화 시기에 존재했을지도 모르는 통일성은 더욱 다양한 경제적·문화적 공간, 즉 정치적 통제를 원하는 세력들이 무질서와 맞부딪치는 변경 지대가 됐다.

폰토스와 로마

기원전 62년, 로마에서는 장군이자 집정관인 폼페이우스Gnaeus Pom-
peius를 기리는 개선 행진이 벌어졌다. 이 행사는 이틀 넘게 이어졌
으며, 이전의 어떤 행사보다도 화려했다. 행진에서 들고 다닌 명판
들을 통해 파플라고니아와 폰토스, 아르메니아와 카파도키아Cappa-
docia, 메디아, 콜키스, 이베리아, 알바니아, 시리아, 킬리키아, 페니
키아, 팔레스타인과 유대, 메소포타미아와 아라비아 같은 새로운
정복지들을 과시했다. 총 요새 1,000곳과 함선 800척을 탈취했고,
도시 900곳을 함락시켰으며, 또 다른 도시 39곳을 새로 건설했다.
전리품은 엄청났다. 황금과 보석으로 가득한 보물을 도시로 운반
하기 위해서 마차와 가마 수백 대가 필요했다.

폼페이우스 자신은 보석으로 장식된 전차를 타고 입장했는
데, 어깨에는 알렉산드로스 대왕의 것이었다고 전해지는 망토를
걸치고 있었다. 폼페이우스의 뒤로는 그에게 굴복한 고위 인사
300명 이상이 제각기 다른 전통 의복을 입은 채 긴 행렬을 이루고
있었다. 아르메니아 왕의 아들과 며느리, 유대와 콜키스의 왕들,
카프카즈산맥의 지도자들, 여러 해적, 그리고 마지막에는 아마존
이라고 불리는 스키타이 여인 무리가 따랐다.[62]

하지만 중요한 인물 한 명이 자리에 없었다. 거의 12피트[약
3.7미터] 높이의 순금으로 만든 조각상이 그 인물을 대신해서 왔
다. 수많은 아들딸이 그 조각상과 동행했는데, 생명 없는 조각상
의 동반자로서 로마에 끌려온 것이었다. 자리를 비운 군주는 폰토

스의 왕 미트리다테스Mithridates였으며, 그의 몰락이 이번 축제의 핵심이었다. 수십 년 동안 여러 로마 장군들이 미트리다테스와 맞서 싸웠지만 성공하지 못했고, 마침내 폼페이우스가 지휘를 맡으면서 그제야 지친 군단들이 다시 기운을 차렸다. 하지만 결국 미트리다테스는 자신을 생포해 직접 로마로 데려오는 가장 큰 영광을 폼페이우스에게 주지 않았다. 2년 전 패배를 직감한 미트리다테스는 스스로 목숨을 끊었고, 이제는 폼페이우스가 직접 세운 장엄한 시노페의 무덤 안에 잠들어 있었다.

기원전 1세기의 정복은 문자 그대로나 비유적으로나 흑해를 로마 세계로 편입시켰다. 미트리다테스에 대한 승리는 로마의 국경을 동쪽으로는 유프라테스강까지, 북쪽으로는 스키타이인의 땅까지 확장했다. 새로운 영토를 획득하면서 공화국의 세금과 공물 수입이 연간 두 배 이상 증가했고, 두 세기 동안 지역 통치자들 간의 전쟁으로 시달렸던 지역들은 어느 정도 질서를 회복했다. 배들은 해적에 대한 두려움 없이 바다를 건널 수 있게 됐으며, 해안선을 통제했던 지역의 권력자들은 이제 로마공화국, 후에는 로마제국의 종주권 아래에 놓이게 됐다.

흑해에서 후기 그리스인들의 경험은 고립된 도시 섬들의 경험이었다. 한쪽으로는 우호적이지 않은 내륙 지대가, 다른 한쪽으로는 적대적인 바다가 있었다. 그러나 로마인들은 더 웅대한 야망을 품고 있었다. 로마인들은 흑해를 질서 있는 제국으로 편입시키고, 바다와 연안 지역에서 나오는 어류, 곡물, 귀금속, 그리고 제국의 권력에 특히 중요했던 병력을 확보하여 이익을 얻고자 했다. 그러나 신출귀몰하는 미트리다테스와의 경험이 보여주듯이, 바다를 정복하는 것은 결코 간단한 일이 아니었다. 제국의 변경은 명확하게 구획된 경계가 아니었다. 문자 그대로 한계(라틴어로 리메스limes)였으며, 로마가 합리적으로 군사력을 투입할 수 있는 범위를 가늠하는 척도였고, 그 척도는 심지어 달마다 달라지기도 했다. 물론 로마의 변경 정책은 시간이 지나면서 그 성격이 변했지만, 대체로 바다 주변으로 로마가 세력을 확장하는 과정에서 변방 지역을 현대적 의미로 직접 지배하고 통제하는 방식은 아니었다. 오히려 정복은 주로 제국과 토착 주민들 사이의 관계를 변화시키는 것,[63] 즉 조약을 맺고, 잠재적 적들을 돈을 주어 달래며, 기회가 되면 경쟁 세력을 종속시키는 것이었다.

로마제국이 절정기에 달했을 때에는 흑해 해안의 절반 이상을 차지했다. 서북쪽의 드네스트르강에서 트라키아와 아나톨리아를 거쳐 동쪽의 카프카즈까지 이르렀다. 긴 노를 여러 열로 늘어놓고 아마포 돛을 단 로마의 군함과 상선은 오늘날의 루마니아에서 조지아에 이르는 모든 항구를 방문했다. 하지만 흑해는 결코 로마의 주요 관심사가 아니었다. 기원전 200년대 공화국이 동지중해로 팽창을 시작했을 때, 흑해 지역 대부분은 알렉산드로스 대왕 이후에 등장한 독립 왕국들로 나뉘어 있었다. 바다 동쪽과 남쪽 땅의 일부는 그의 장군 중 한 명인 셀레우코스Seleukos(그 이름을 딴 셀레우코스제국의 시조)의 지배하에 들어갔고, 서쪽 지역들은 때때로 마케도니아 왕들이 영유권을 주장했다. 그러나 흑해 지역 대부분에서 그들의 권력은 명목상에 불과한 경우가 많았다. 헬레니즘 시대에 흑해는 위태로운 상태였던 것 같다. 과거 그리스 식민지 대부분은 혼란에 빠져 있었고, 내륙 부족들에게 점령당하고 탈환되기를 반복하며, 불과 몇 세기 전 활기차던 시장의 흔적만 남아 있을 뿐이었다. 해안선은 외부인들이 즉각적인 관심을 보이지 않는 사람들이 지배하고 있었다. 서쪽의 게타이인과 기타 트라키아 사람들, 북쪽의 다양한 스키타이인과 사르마티아인Sarmatians 지도자들, 동쪽의 호전적인 카프카즈 사람들, 그리고 크림반도와 남쪽 해안의 몇몇 작은 왕국이 있었다. 그리스어를 사용하는 지배자들이 왕이라는 칭호를 자처하며 통치하는 곳들이 있기는 했으나, 십중팔구 더 막강한 세력을 가진 이웃이 왕좌를 노리기 시작하면 끝이었다. 따라서 아폴로니오스의 『아르고나우티카』에 나타난 영웅시대에 대한 그리움에는 충분한 이유가 있었던 것이다.

만약 특정한 통치자 집단, 즉 폰토스 왕들의 특별한 야망이 없었다면 상황은 그대로 유지됐을 것이다. 헬레니즘 시대와 로마 시대에 '폰토스/폰투스'라는 이름은 과거와 마찬가지로 바다를 가리키는 동시에, 해안의 특정 지역, 즉 대략 시노페에서 트라페주스까지 이어지는 동남쪽 해안을 의미하기도 했다. 이웃들과 마찬가지로 폰토스의 왕들도 알렉산드로스 대왕 사후 약 1세기 동안 계속된 정치적 혼란 속에서 자신의 영토에 대한 지배권을 확립했다. 왕들이 통치한 곳은 비옥한 지역으로, 수 세기 전 그리스인들이 풍요로운 강 유역과 무성한 숲에 이끌려 정착했던 바로 그곳이었다. 수도 아마세이아Amaseia(현재 튀르키예의 아마시아) 위쪽 절벽에 조성된 장대한 능묘들은 왕들이 얼마나 강력했는지를 말해준다.

그러나 왕들의 진정한 강점은 바다 자체의 힘에 대한 예리한 통찰과 전략적 안목에 있었다. 소아시아의 다른 통치자들이 아나톨리아의 전리품에 만족하고 있는 동안, 폰토스 왕들은 해안선 전체로 눈을 돌렸다. 왕들은 북쪽으로 바다를 건널 수 있는 튼튼한 갤리선으로 해군을 건설했고, 그곳의 옛 그리스 식민지들과 유대를 강화했다. 폰토스왕국은 바다 건너편 케르소네소스에서 스키타이인의 침공으로부터 도시를 보호한다는 조건으로 협정을 체결했고, 서쪽 해안 도시들의 지지도 확보했다. 옛 식민지 판티카파이온을 중심으로 한 강력한 보스포루스왕국과도 우호적 관계를 맺으면서 아조프해에서 어업을 할 수 있었다. 왕들은 또한 로마의 부상이 자신의 지역에 미칠 영향을 제대로 읽어내고 있었다. 왕들은 카르타고와의 전쟁에서 로마를 도왔으며, 동방에서 로마의 정복지를 지역 경쟁자들로부터 방어하는 데 군단을 지원했다.

폰토스는 기원전 1세기에 거의 신화적인 인물로 여겨지는 통치자 미트리다테스 6세 에우파토르^{Mithridates VI Eupator} 치하에서 전성기를 맞았다. 미트리다테스는 아버지가 암살당한 후 어린 나이에 권력을 잡았다. 왕좌를 차지하는 것은 쉽지 않았다. 어머니는 미트리다테스를 죽이고 더 어린 형제를 왕위에 앉히려 했다. 미트리다테스는 산으로 도망쳤지만, 시간이 지나 그를 추종하는 군대와 함께 광야에서 돌아와 어머니를 감옥에 가두고 왕위를 찬탈한 형제를 처형했다.

고대 사료들은 미트리다테스를 거의 초인적인 능력을 지닌 인물로 묘사했다. 미트리다테스는 24개에 가까운 언어를 구사할 수 있었다고 전해진다. 그는 숙련된 사냥꾼이자 전사였으며 어떤 적수보다도 빨리 달리고 말을 탈 수 있었다. 문화적으로 미트리다테스는 대체로 그리스인이었으며, 여러 그리스 방언과 비그리스 민족들의 영향이 수 세기에 걸쳐 상호작용하면서 형성된 언어인 코이네koine를 구사했지만, 페르시아와 동방의 전통에서도 많은 것을 받아들였다. 후대의 극작가와 작곡가는 미트리다테스를 반은 헬레니즘 애국자, 반은 동양의 전제군주로 묘사했다. (라신Jean Racine이 미트리다테스의 생애를 다룬 작품을 루이 14세가 좋아했으며, 모차르트와 스카를라티Domenico Scarlatti 모두 이 왕을 주인공으로 한 오페라를 작곡했다.)

미트리다테스의 야망은 선대들보다도 훨씬 컸다. 미트리다테스는 케르소네소스와 맺은 옛 조약을 구실로 삼아 그 도시를 병합했다. 또한 보스포루스왕국을 장악하고 판티카파이온에 총독을 임명했다. 이어서 몇 년 만에 콜키스, 아나톨리아 중부, 비티니아를 정복하여 친척과 친구를 왕좌에 앉혔다. 미트리다테스의 영토는 튀르키예 북부, 우크라이나 남부, 카프카즈 서부 대부분에 걸쳐 있었다. 밀과 은으로 바치는 공물이 금고를 풍요롭게 했고, 북방의 땅들은 숙련된 기병과 궁수를 끊임없이 충원하는 터전이 됐다. 미트리다테스는 또한 자신과 같은 영토 확장 야망을 아나톨리아 동부에서 추구하고 있던 아르메니아 왕 티그라네스Tigranes와 동맹을 맺었다.

미트리다테스의 신속한 정복과 강력한 군대는 로마인들을 걱정스럽게 했다. 기원전 2세기에 로마는 소아시아에서 발판을 마련했으며, 옛 이오니아 연안 지역은 곧 아시아 속주로 변모했다. 아시아 속주와 강력한 폰토스왕국 사이에는 이제 로마에 순종하는 약소 동맹국들로 이루어진 빈약한 완충지대만 존재했다. 반면 미트리다테스는 보병 25만 명과 기병 4만 명, 그리고 수백 척의 함선으로 이루어진 해군을 지휘한다고 알려졌으며, 병사와 선원은 흑해 해안 전체에서 모집됐다. 아시아에 소수의 부대만을 두고 있던 폼페이우스 이전의 로마 지휘관들은 미트리다테스와 직접 맞설 수 없었기 때문에, 지역 동맹국들을 대리인으로 삼아 폰토스에 선제공격을 가하도록 부추겼다. 이 계획은 참혹한 실패로 끝났다. 미트리다테스는 침략군을 쉽게 압도하고 소아시아를 가로질러 에게해 연안까지 밀어붙였으며, 선대들이 맺은 로마와의 동맹을 파기하고 서쪽의 새로운 강국에 맞서 헬레니즘의 위대함을 되살리겠다고 약속했다. 기원전 88년 원정 시기에 미트리다테스는 군대에 앞으로 만나는 모든 로마인 남녀노소를 대량 학살하라고 명령했는데, 희생자는 총 8만 명 정도였을 것으로 추정된다.[64]

미트리다테스의 승리는 눈부셨다. 그의 군함은 해병과 보병을 에게해 건너 그리스로 실어 날랐고, 그곳에서 미트리다테스는 로마군을 궤멸하고 아테네를 점령했다. 하지만 더 이상 전진하기는 어려웠다. 미트리다테스의 군대는 이제 다른 지역에서 증원된 로마군의 저항을 끊임없이 받았고, 그리스 도시들은 한때의 해방자를 로마와 별반 다르지 않은 존재로 보기 시작했다. 미트리다테스는 재빨리 평화 협정을 체결했다. 그는 정복지들을 포기하고 평화를 어지럽힌 대가로 로마 당국에 배상금을 지불하기로 합의했다. 하지만 그것으로 끝이 아니었다. 그 뒤로 소규모이지만 참혹한 일련의 전쟁들이 이어졌고, 다시금 미트리다테스는 이웃 나라들, 결국에는 로마와 맞서게 됐다.

몇 년 뒤 로마는 마침내 인내심의 한계에 도달했다. 원로원은 폼페이우스에게 최고 군사 지휘권을 부여하고 동부 변경으로 출격하게 했다. 폼페이우스는 이전에 로마 영토의 다른 변경인 리비아와 스페인에서 역사적인 승리를 거두었고, 덕분에 마흔 살이 되기 전에 로마에서 두 차례의 개선식을 치를 수 있었다. 원로원은 폼페이우스가 세 번째 개선식도 이룰 수 있기를 바랐다.

미트리다테스에 대한 새로운 원정은 신속하게 진행됐다. 과거와 마찬가지로 왕은 전략적 후퇴를 감행하여 로마 군단을 험준한 지역으로 유인한 다음 지치게 만들려고 했다. 하지만 폼페이우스는 이 함정에 빠지지 않았다. 미트리다테스가 카프카즈로 도망치자, 폼페이우스는 아르메니아로 관심을 돌려 왕의 동맹인 티그라네스를 신속히 정복했다. 그 후 폼페이우스는 흑해 남쪽 해안을 따라 진군하여 이전에 미트리다테스에게 함락됐던 도시들을 정복하고 폰토스왕국 본토를 침공했다.

한편 왕은 카프카즈 부족들 사이로 북상하여 로마 함선들이 순찰하던 해안을 피해 탈출했다. 마침내 미트리다테스는 자기 아들 중 한 명을 크림반도의 통치자로 임명해둔 판티카파이온에 도착했다. 폰토스의 대부분을 손에 넣은 폼페이우스는 다른 지역의 반란을 진압하는 데 관심을 돌렸고, 추방된 왕은 북방의 야만인들 사이에서 분노에 잠겨 있었다.

미트리다테스는 크림반도 요새에 웅거하며 복귀하기 위한 계략을 꾸몄다. 미트리다테스는 스키타이인과 게타이인 가운데서 새로운 군대를 모집하고, 다뉴브강을 따라 북상한 다음, 갈리아인Gauls의 지원을 받아 이탈리아를 관통해 로마 본토를 공격한다는 정교한 계획을 세웠다. 하지만 이번에는 미트리다테스의 야망이 능력을 넘어섰다. 처음에는 소아시아와 흑해의 일부 헬레니즘 통치자들의 환영을 받았지만, 시간이 지나면서 미트리다테스는 결국 폭군에 지나지 않는 자로 여겨졌다. 그는 로마의 지배 아래에서 지방 유력자들이 지불해야 할 것이라고 경고했던 바로 그 공물을 자신을 위해 똑같이 거두어들이고 있었다. 병사들 사이에서 반란이 일어났고, 아들인 파르나케스Pharnakes가 장교들을 설득하여 아버지 대신 자신을 왕으로 추대하게 했다. 왕좌를 잃었음을 깨달은 미트리다테스는 독을 마셔 자살을 시도했다. 독이 효과를 보이지 않자, 수행원 중 자비로운 갈리아인이 검으로 미트리다테스의 숨을 거두었다.

파르나케스는 곧바로 자신의 선의와 우정의 징표로 아버지의 시신을 폼페이우스에게 보냈다. 방부 처리도 제대로 안 되고 뇌까지 남아 있던 그의 시신은 연조직이 썩으면서 얼굴이 심하게 일그러져 거의 알아볼 수 없을 정도였다.[65] 그러나 시신의 신원을 확인한 폼페이우스는 미트리다테스를 로마가 동방에서 마주한 가장 위대한 적이었다고 선언하며 시노페에 특별히 건설한 영묘에 그를 안장했다. 몇 차례의 소탕 작전을 마친 후, 폼페이우스는 새로 획득한 땅들을 로마의 폰투스 속주로 재편성하고 개선식을 하기 위해 본국으로 돌아갔다.

미트리다테스는 결국 자신의 최후를 예견했던 것으로 드러났다. 폼페이우스와의 초기 전투를 앞두고 그는 순풍을 받으며 흑해를 항해하는 꿈을 꾸었는데, 보스포루스해협 입구가 저 멀리 보였다. 미트리다테스는 선원들에게 지중해로 가는 통로까지 무사히 왔다며 행운을 축하했다. 그러나 갑자기 미트리다테스는 폭풍에 휘말렸고 동료들은 사라졌으며 배가 부서져서 위대한 군주는 작은 난파선 조각에 매달려 파도에 휩쓸렸다.[66] 흑해를 둘러싸는 왕국을 건설하려던 미트리다테스의 시도도 비슷한 운명을 맞았다. 이제 해안선 대부분을 차지한 세력은 옛 도시국가들이나 헬레니즘 군주들이 아니라 로마였다.

다키아 트라야나

미트리다테스가 패배한 후에도 흑해의 정세는 여전히 불안했다. 폼페이우스가 로마로 돌아가고 얼마 지나지 않아 왕을 배신한 아들 파르나케스가 로마와의 동맹을 저버리고 크림반도에서 흑해를 건너 아버지의 제국을 재건하기 위해 출항했다. 파르나케스는 카이사르Julius Caesar에 의해 신속히 제거됐는데, 카이사르는 이 원정을 "왔노라, 보았노라, 이겼노라Veni, vidi, vici"라는 유명한 말로 간단히 표현했다.

그러나 이 말은 로마와 해안 및 내륙 종족들과의 관계가 지닌 복잡한 성격을 감추고 있었다. 미트리다테스와 파르나케스 모두 로마의 권력에 도전할 야만인들의 강력한 연합을 거의 구성할 뻔했으며, 제국 변경의 어떤 집단이든 로마에 현실적인 군사적 위협을 가할 수 있었다. 이는 로마의 계속되는 걱정거리였다. 이러한 집단 중 가장 중요한 집단이 서쪽 해안에 살던 게타이인이었다.

로마가 흑해 세계에 진입하기 훨씬 이전부터 헤로도토스는 게타이인을 트라키아인 중에서 "가장 용맹하고 법을 잘 지키는" 사람들로 묘사했다. 또한 그는 게타이인의 기이한 종교적 믿음에 깊은 관심을 보였는데, 이 믿음에는 죽음을 통과하여 자신들의 신 잘목시스*와 교감하며 새로운 삶을 살 수 있다는 관념이 있었다. 게타이인은 죽음이란 단순히 거처를 바꾸는 것일 뿐이라고 말했으며, 따라서 그리스인은 일반적으로 게타이인을 아타나티존테스athanatizontes, 즉 불멸자들이라고 불렀다. 로마인에게 게타이인은 일반적으로 다키아인Daci으로 알려졌는데, 이들은 원래 게타이인과 언어적으로나 문화적으로 밀접한 관련이 있는 별개의 부족이었을 것으로 보인다. 헤로도토스 이후 수 세기에 걸쳐 다키아인은 특히 흑해 서북쪽 카르파티아산맥 너머 지역인 트란실바니아Transylvania의 광산에서 채굴한 금은 무역을 통해 강력해졌다. 오랫동안 두려운 전사들이었던 다키아인은, 율리우스 카이사르와 동시대인인 그들의 왕 부레비스타Burebista 치하에서 군사력을 확장하고 해안가의 옛 그리스 도시들을 지배했다. 다키아인이 로마에 극심한 위협이 되자 카

---

* Zalmoxis. 고대 트라키아와 게타이인이 숭배한 신 또는 전설적 인물로, 헤로도토스에 따르면 영혼 불멸을 가르친 인물로 전해진다. 일부 학자는 잘목시스를 다키아-게타이인의 최고신으로 보며, 피타고라스의 제자였다는 전승도 있다.

이사르는 원정을 계획했으나, 카이사르와 부레비스타가 거의 동시에 변심한 동료들의 손에 암살당하는 똑같은 운명을 맞으면서 이 작전은 무산됐다. 아우구스투스 치하에서 다키아인은 명목상 로마에 복속됐지만, 겨울이 되면 얼어붙은 다뉴브강을 건너 현재의 불가리아인 로마 속주 모이시아Moesia를 습격했다. 아우구스투스 시대 해안 지역에 머물던 오비디우스는 "여기에 있는 것은 스키타이인 오합지졸들, 바지 입은 게타이인 폭도들이다"라고 불평했다.[67]

동쪽의 미트리다테스와 마찬가지로 로마인들은 다키아인들과 일련의 소규모 전쟁을 벌였지만, 정치적 결과는 매번 이전과 거의 같았다. 즉 로마의 종주권에 대한 형식적 인정은 있었으나 질서는 거의 확립되지 않았다. 서기 2세기 초에 트라야누스Trajanus 황제는 다키아인들과 데케발루스Decebalus 왕의 세력을 완전히 파괴하기로 결심했다. 101년부터 106년까지 두 차례에 걸친 원정에서 트라야누스는 다키아를 초토화했다. 다뉴브강을 가로질러 거대한 다리를 건설했는데, 아치로 연결된 석조 교각 20개가 땅 위로 45미터 높이까지 솟아올랐다. 보급로는 이 다리를 건너 다키아 영토 깊숙이까지 뻗어 나갔다. 로마군은 마침내 남부 카르파티아산맥에 있는 수도 사르미제게투사Sarmizegethusa를 포위했지만, 미트리다테스처럼 데케발루스도 생포돼서 로마로 끌려가기 전에 자살했다. 대신 데케발루스의 머리가 다키아 요새에서 획득한 금은 보물과 함께 로마로 운송됐다. 이를 기념하여 트라야누스는 123일간 대규모 경기를 개최했으며, 여기에는 검투사 1만 명과 동물 1만 1,000마리의 희생이 수반됐다.[68] 승리를 기념하기 위해 황제는 웅장한 기념물을 건설했고, 그 위에 정복 과정을 서술하는 나선형 부조를 새겼다. 이 기념물은 113년 황제가 직접 봉헌했으며, 트라야누스 기둥이라는 이름으로 현재까지 로마에 서 있다.

기둥에 새겨진 다키아인의 모습은 헤로도토스에게도 익숙했을 것이다. 다키아인은 수염을 기르고 바지를 입었으며, 자신들을 정복한 자를 찬양하기 위해 지은 건축물에서도 전투에서 보였던 사나운 기질을 뚜렷하게 드러냈다. 필시 동쪽의 다른 종족들로부터 받아들인 것으로 보이는 독특한 다키아식 언월도 때문에 그들이 로마 군단병들과 벌인 전투는 특히 참혹했고, 스텝에 사는 스키타이인의 영향을 받은 그들의 기병 전술은 강력했다.

하지만 정복자 로마 군단병들을 가장 놀라게 한 것은 아마도 자신들이 야만인 적들과 너무나 많은 공통점을 가지고 있다는 점이었을 것이다. 수 세대에 걸쳐 다키아인은 해안 도시들과 접촉했으며, 다듬은 돌로 쌓은 다키아인의 성벽 요새는 옛 그리스 식민 도시들에서 발견되는 것만큼이나 정교했다. 더욱이 로마인들 자신도 일찍이 다키아인의 요새 건설을 돕기 위해 기술자들을 파견한 적이 있었다(현대의 강대국에게도 익숙한, 너무 많은 기술을 내어주는 데서 발생하는 전략적 문제이다). 바람에 날리는 천 깃발에 금속 늑대 머리를 단 다키아인의 상징은 결국 로마 군단이 자신의 군기로 채택할 것이었다.

다키아인들이 패배한 후, 그 지역은 다키아 속주, 또는 정복 영웅의 이름을 따서 다키아 트라야나Dacia Trajana가 됐으며, 이는 현재의 루마니아 대부분을 포괄하는 영역이었다. 군단병들이 그곳에 주둔했고, 제국의 다른 지역에서 온 식민자들이 산악 광산과 다뉴 브평원의 비옥한 땅에서 일했다. 지리학자 프톨레마이오스Ptolemaeos 는 다키아에 정착지 44곳이 있다고 기록했지만, 이조차 "가장 중요한 마을들"만을 언급한 것일 뿐이라고 말했다.[69]

그러나 다키아는 항상 변경 속주일 뿐이었다. 북쪽 스텝에서 온 유목민들의 침입이 부족한 방어력에 부담을 주었는데, 정착민의 안위에 대한 걱정만이 속주를 일찍부터 포기하지 않도록 했을 것이다. 서쪽 지역은 비교적 빠르게 확고한 로마의 통제하에 들어왔지만, 흑해에 더 가까운 동쪽 평원에서는 로마의 영향력도 복잡한 세력 판도의 일부일 뿐이었다. 새로운 속주에는 여전히 많은 다키아인이 있었고, 동쪽 스텝에서 온 유목민들은 헤로도토스가 수 세기 전에 묘사했던 것과 같은 나무 수레를 타고 평원을 여행했다. 정착민과 유목민을 포함한 많은 다른 종족들이 다뉴브강에서 물고기를 잡고, 범람원에서 농사를 지었으며, 카르파티아산맥 기슭에서 사냥을 했다. 다뉴브강 북쪽에서 로마의 세력은 그마저도 약 1세기 반밖에 지속되지 못했다. 275년에 이르면 아우렐리아누스 Aurelianus 황제는 다키아를 포기하고 군단과 함께 강 남쪽으로 철수하기로 결정했는데, 이는 더 쉽게 방어할 수 있는 자연 경계였다. 일부 로마 정착민은 자신의 농장과 가축을 버리고 떠나기를 꺼려 그대로 남았을 것이고, 또 다른 일부는 북쪽 스텝에서 밀려온 새로운 부족들을 피해 카르파티아의 험준한 산악 지대로 더 깊숙이 들어갔을 것이다.

플라비우스 아리아누스의 원정대

로마 시대 흑해 지역의 특성에 대한 문헌 증거는 다키아 포기 이전과 이후를 막론하고 단편적이다. 증거 대부분은 로마인들이 이 지역에 도달하기 수 세기 전에 헤로도토스가 남긴 것이다. 그러나 한 가지 중요한 사료가 있는데, 바로 플라비우스 아리아누스Flavius Arrianus의 기록이다. 아리아누스가 처음 흑해와 마주했던 경험은 옛 미트리다테스 왕이 꿈에서 본 예언만큼이나 현실에서도 끔찍했다.

> 갑자기 구름이 일어 우리로부터 거의 동쪽 방향으로 터져 나오며, 우리가 항해하던 방향과 완전히 반대되는 격렬한 폭풍을 몰고 왔고, 우리는 그 치명적인 영향으로부터 간신히 벗어날 수 있었다. 순식간에 바다가 움푹 파인 것처럼 보일 정도로 큰 파도가 일었고, 물이 홍수처럼 [우리를] 덮쳤다. 우리가 물을 퍼내는 속도만큼이나 빠르게 물이 쏟아져 들어왔기 때문에, 상황은 정말로 비극적이었다.[70]

배들이 심하게 요동쳤지만, 아리아누스는 무사히 살아남았다. 이는 로마에게 다행스러운 일이었는데, 아리아누스가 막 흑해 남해안 대부분 지역의 총독으로 임명됐기 때문이다. 이 지역에는 이제 로마제국의 한 속주로 편입된 미트리다테스의 옛 왕국도 포함됐다.

바다에서 아리아누스의 행운은 자신이 평생 누린 특별한 운명 그대로였다. 그리스 태생이자 비티니아 출신이었던 그는 로마

군에서 고위 군사령관으로 복무했는데, 당시 그 자리까지 올라간 유일한 그리스인이었다. 젊은 시절 아리아누스는 철학에 대한 애정을 키웠다. 에픽테토스Epiktetos의 강의를 기록한 아리아누스의 노트는 스토아철학 연구자들에게 중요한 문헌이 됐다. 후에 아리아누스는 문학 활동으로 전향하여 알렉산드로스 대왕에 관한 중요한 역사서를 편찬했고, 군사 전술, 사냥, 그리고 인도에 관한 권위 있는 저작들도 집필했다. 서기 131년 아리아누스는 35세의 나이에 카파도키아 총독으로 임명되어, 옛 폰토스왕국이 속하는 이 속주에서 흑해 동해안과 카프카즈를 따라 이어진 로마 국경을 감독하는 책임을 맡았다.

아리아누스 시대에는 바다 건너편 다키아에서 유목민들이 그랬던 것처럼 산악인들의 약탈대가 변경을 들쑤셨다. 동쪽의 주요 세력인 파르티아인Parthians도 로마의 약점을 틈타 적극적으로 제국을 건설히며 이익을 읻으려 했다. 지중해에서는 해적이 사실상 사라졌지만, 흑해에서는 여전히 심각한 문제였고, 때로는 로마에 충성해야 할 통치자들이 오히려 이를 부추기기도 했다. 안보는 지역 권력자들과의 거래에 달려 있었다. 총독으로서 아리아누스의 첫 번째 임무 중 하나는 이러한 거래들이 실제로 어떻게 작동하는지 조사하여 트라야누스의 후계자인 황제 하드리아누스Hadrianus에게 보고하는 것이었다. 그 보고서의 일부가 『흑해 항해기Periplus Ponti Euxini』로 전해진다.

아리아누스는 트라페주스에서 여행 기록을 시작했다. 이 도시는 흑해 동쪽 지역에서 진정한 로마의 힘이 미치는 마지막 전초기지였고, 그 너머에는 간헐적인 국경 수비대만 있을 뿐이었다. 하지만 트라페주스조차도 문명화된 대도시라고 할 수는 없었다. 도시의 제단들은 거친 돌로 만들어졌고 조각은 엉성했으며 비문에는 철자가 틀린 곳도 있었다. 아리아누스는 이를 "야만인들에게 흔한 일"이라고 했다. 그는 황제에게 즉시 새로운 제단을 보내주기를 요청했다. 이 오래된 그리스 도시의 주민들은 충성스럽고 선량해 보였다. 주민들은 최근에 세운 조각상을 자랑스러워했는데, 이는 영광스러운 하드리아누스가 바다를 가리키고 있는 모습을 묘사한 것이었다. 하지만 아리아누스는 유감스럽게도 조각상이 황제와 전혀 닮지 않아서 황제에게 어떤 명예도 되지 않는다고 보고했다.[71]

트라페주스를 떠난 아리아누스는 해안을 따라 동쪽으로 항해했다. 하루 만에 일행은 히수스Hyssus의 항구(현재 튀르키예의 쉬르메네Sürmene 근처)에 도착했다. 그곳에서 로마 보병 부대를 발견한 아리아누스는 이들의 훈련 상태를 점검했다. 다시 출발했을 때 강어귀에서 불어오는 이른 아침 바람이 한동안 돛을 부풀려주었지만, 나중에는 선원들이 노를 저어야 했다. 곧 바람이 다시 불기 시작했는데 이번에는 격렬했다. 거대한 파도가 뱃전을 넘어 갑판을 휩쓸었다. 선원들이 물을 퍼내기 시작했고, 선장의 숙련된 조함술 덕분에 배가 파도에 옆으로 밀려가는 것을 겨우 막을 수 있었다. 동행하던 다른 배 한 척은 통제 불능이 돼서 암초 해안에 부딪혀 박살이 났다. 배를 잃었지만 아리아누스는 선원들에게 돛과 장비를 건져내고 귀한 방수재인 밀랍을 선체에서 긁어모으라고 명령했다.

폭풍은 이틀간 계속됐다. 다시 바다로 나갈 수 있게 되자 선단은 압사루스Apsarus(현재 튀르키예의 사르프Sarp 근처)로 향했다. 압사루스는 콜키스 왕위 계승자 압시르토스Apsyrtos의 이름을 딴 것으로 알려졌는데, 누이 메데이아가 이아손과 아르고호 선원들과 함께 도망치면서 압시르토스를 그곳에서 살해하여 매장했다고 전해진다. 압시르토스의 무덤이라 알려진 이곳은 오랫동안 로마 서부에서 온 여행자들의 명소였고, 현지인들이 관리하는 순례지였다. 그러나 아리아누스는 그 마을에서 더욱 인상 깊은 것을 발견했다. 비교적 잘 정돈된 다섯 개 대대를 수용하고 있는 크고 요새화된 로마 진영이었다. 총독은 오랫동안 밀렸던 급여를 지급하고 무기와 성벽 방어 시설을 점검했다. 또한 병동을 둘러보며 아캄프시스Acampsis(초루흐Çoruh)강 강변의 나쁜 공기에 시달리는 군단병들을 돌보았다.

압사루스는 중요한 수비대였다. 근처의 아캄프시스강이 안정된 로마 세력의 동쪽 끝이었기 때문이다. 아리아누스는 강어귀를 지나 항해하면서 로마가 겨우 발판만 마련한 장소에 들어서고 있음을 알았다. 아리아누스는 옛 밀레토스 식민지였던 디오스쿠리아스에 정박했고, 그곳에서 작은 로마 전초기지를 발견했다. 내륙 지역의 통치자는 하드리아누스에게 충성했지만, 그곳에서 로마가 실질적인 권력을 행사한다고 볼 만한 근거는 거의 없었다. 동쪽 해안 전역에서 적대적인 부족들이 내륙 여행을 불가능하게 만들었다. 로마는 때때로 그 지도자들로부터 공물과 충성 맹세를 강요할 수 있었다. 말라사스Malassas 왕이 통치하는 라즈인은 명목상 로마의 속민이었고, 하드리아누스의 아버지로부터 왕관을 받은 율리아누스Julianus 왕 치하의 압실라이인Apsilae도 마찬가지였다. 하드리아누스가 왕관을 씌워준 왕을 둔 사니가이인Sanigae과 아바스키인Abasci의 호의 덕분에 로마군이 디오스쿠리아스에 주둔할 수 있었다. 하지만 산니인Sanni이라는 또 다른 집단은 최근 공물을 바치겠다는 약속을 어기고 해안 도시들을 약탈하며 살아가고 있었다. 아리아누스는 하드리아누스에게 다음과 같이 보고했다. "우리는 그들이 시간을 더 엄수하도록 강요하거나, 아니면 그들을 전멸시킬 것입니다."[72]

그러나 이 말은 허풍이었다. 아리아누스도 분명히 알고 있었듯이, 이 부족들을 로마에 묶어두려면 숙련된 외교술과 때때로 회유하는 것 외에는 별다른 방법이 없었다. 그래서 아리아누스는 제국의 실질적인 경계 너머 지역의 정치적 상황을 알아보는 데 특히 관심이 많았다. 아리아누스는 디오스쿠리아스에서 한때 미트리다테스가 지배했던 보스포루스왕국의 통치자가 최근 사망했으며, 통치자의 죽음으로 인한 정치적 혼란이 북쪽 해안에서 로마의 이익을 확장할 기회를 열어줄 수도 있다는 소식을 들었다. 하지만 그 외에는 정보가 부족했다. 북쪽 지역의 상황을 알고 있을 만한 사람들은 참견하기 좋아하는 로마 관리와 정보를 나누려 하지 않았다.

바다의 다른 지역들에 대한 아리아누스의 보고서는 조잡했는데, 아직 제대로 파악되지 않은 땅들에 대한 전설과 간접적인 소식들이 뒤섞여 있었다. 그리고 그 대부분은 약 500년 전 헤로도토스가 보고했던 것과 같은 환상들을 연상시키는 내용이었다. 아리아누스는 황제에게 디오스쿠리아스 북쪽에는 "이lice를 먹는 사람들"

이 살고 있으며, 타나이스(돈)강에 대해서는 유럽과 아시아의 경계라고 여겨진다는 것 외에는 알려진 바가 거의 없다고 보고했다. 아리아누스는 자신의 정보원들에 따르면 한때 번영했던 크림반도의 항구 테오도시아는 이제 버려졌으며, 다뉴브강 하구의 섬에서 잠을 자는 사람들의 꿈속에 아킬레우스가 나타난다고 전해진다고 보고했다.[73] 항해 거리에 대한 요약을 제공하는 것 외에는, 그것이 아리아누스가 보고할 수 있는 전부였다. 나머지는 헤로도토스 시대의 시인과 극작가가 그랬듯이 상상에 맡겼다.

아보노테이코스의 예언자

흑해에는 사람이 거주할 수 있는 연안 섬들이 없었지만, 로마인들에게는 해안선을 따라 늘어선 도시 대부분이 마치 그런 섬들과 다르지 않았다. 이들은 제국 권력의 오아시스였고, 일부는 요새화되고 수비대가 주둔했지만, 대개는 그 정도에 불과했다. 유프라테스강 강변에서 발견된 로마 시대 병사의 방패에 그려진 흑해의 가장 오래된 지도가 이를 잘 보여준다. 해안선은 개별 도시들의 연속으로만 표현되어 있을 뿐이다. 그러나 그런 도시들 안에서조차 현지 사회, 즉 로마 군인, 옛 식민지 개척자들의 후손인 그리스인, 내륙의 야만인들, 그리고 여러 세대에 걸친 통혼의 산물들이 뒤섞인 사회는 지중해에 더 가까운 도시 중심지들과 거의 닮은 점이 없었다. 서방인들에게 흑해 지역 주민들은 기껏해야 순진한 촌뜨기들이었고, 최악의 경우 반＃야만인들이었다. 아리아누스가 변경 지대 복무에서 은퇴한 지 수십 년 후 로마의 풍자문학가 루키아노스Loukianos는 흑해 지역 사람들이 제국의 다른 지역 관찰자들에게 얼마나 기이하게 보일 수 있는지를 보여주는 일련의 사건을 기록했다.

서기 150년경 남쪽 해안의 파플라고니아 지역에 있는 아보노테이코스Abonoteichos(현재 튀르키예의 이네볼루)라는 마을에서 장엄한 예언이 계시됐다. 신전의 일꾼들이 아폴론의 아들인 의술의 신 아스클레피오스의 강림을 알리는 신비로운 청동 서판들을 발견했다. 놀랍게도 지상의 모든 웅장한 도시 중에서 신은 변방의 아보노테이코스를 자신이 육신을 취할 장소로 선택했던 것이다. 신의 뜻은 언제나 그렇듯 헤아리기 어려웠다.

지역 유지들은 신속히 도시에서 하늘의 방문자를 맞을 준비를 갖추었다. 신이 도착했을 때 머물며 숭배자들을 맞이할 새 신전 건설이 시작됐다. 그런데 기초 공사를 거의 완료했을 때 또 다른 기적이 나타났다. 알렉산드로스라는 현지인이 굴착 현장에서 완벽한 형태의 알을 발견한 것이다. 알렉산드로스가 알을 깨뜨리자 갓 태어난 뱀 한 마리가 기어 나왔다. 알렉산드로스는 이 동물이 바로 아스클레피오스라고 선언했다. 신이 마침내 아보노테이코스에 왔다. 예상보다 이르고 뜻밖이지만 불가능하지 않은 형태로, 그것도 미완성인 자신의 신전 안으로 온 것이었다.

기적적으로 며칠 만에 그 뱀은 비단뱀 크기로 자라났고, 알렉산드로스는 그 뱀의 수석 사제로 추앙받았다. 신은 곧바로 일을 시작했다. 아스클레피오스는 자신의 예언자에게 신탁을 계시했고,

예언자는 다시 그 소식을 신도들에게 전했다. 특히 높은 지위의 시민들에게는 신이 그리스어로 직접 말하기도 했다.

그 후 20년 동안 아보노테이코스는 로마 세계의 어떤 종교와도 견줄 만한 대규모 아스클레피오스 숭배의 중심지가 됐다. 고위 관리들이 운세를 보기 위해 로마에서부터 멀리 여행을 왔다. 가족들은 자신들의 가장 아름다운 아들을 아스클레피오스 신전의 성가대로 보내려고 서로 경쟁했고, 혹시나 하며 기어다니는 신을 한 번 보려고 했다. 남편들은 아내를 내주며 신의 은총의 표시로 예언자 알렉산드로스와 잠자리를 하고 예언자의 아이를 낳게 해달라고 부탁했다.

모든 것이 아주 잘 돌아갔다. 물론 이 모든 일은 알렉산드로스 자신이 고안한 것이었다. 청동판을 묻은 것도, 속이 빈 거위알 속에 새끼 뱀을 넣으려고 애쓴 것도 알렉산드로스였다. 그 덕분에 알렉산드로스는 자신이 기대했던 것보다도 훨씬 더 좋은 결과를 얻을 수 있었다. 특히 신의 화신인 다 자란 뱀은 알렉산드로스의 걸작이었다. 알렉산드로스는 일종의 종이 반죽으로 머리를 만들고 어렴풋이 인간의 특징을 가진 얼굴을 그려 넣었다. 경첩과 말총을 이용한 장치로 뱀의 입을 벌리고 갈라진 혀를 날름거리게 할 수 있었다. 알렉산드로스는 이 머리를 긴 뱀의 몸통에 붙여 신전에 설치하고 탄원자들을 맞이하게 했다.

알렉산드로스는 또한 뱀에게 말하는 능력을 부여했다. 그는 두루미 여러 마리의 기관을 연결해서 신전 벽을 통해 다른 방으로 이어지는 전성관傳聲管을 만들었다. 신의 말을 듣기 위해 군중이 모이면, 알렉산드로스는 신 앞에서 자리를 뜨고 뒷방으로 물러가서, 마치 오즈의 마법사처럼 뱀의 입에서 자신의 말이 나오게 했다. 알렉산드로스가 한 예언이 틀린 것으로 판명될 때면, 신이 뒤늦게 신탁을 내려 실수를 바로잡곤 했다.

사업은 성공했다. 예언 한마디의 가격, 특히 뱀의 입에서 직접 나오는 말의 가격은 날품팔이가 버는 하루 품삯의 몇 배였고, 알렉산드로스는 하루에 100개가 넘는 예언을 쏟아낼 수 있었다. 알렉산드로스는 미소년 합창단원들을 거느리고, 아스클레피오스의 예언자인 자신을 섬기려 하는 여인들과 자유롭게 관계를 맺으며 즐겼다. 알렉산드로스는 거의 일흔 살까지 장수했지만, 결국 그에게 어울리는 시적인 최후를 맞았다. 그는 사타구니에 생긴 괴저성 상처로 구더기가 들끓는 채 죽었다.

아보노테이코스의 수완 좋은 예언자는 많은 교양 있는 로마인들이 흑해 사람들에 대해 품었을 법한 생각을 단지 확인시켜주었을 뿐이었다. 그러나 루키아노스는 독자들에게 희생자들의 순진함에 대해 눈감아달라고 부탁했다. "솔직히 말하자면 우리는 파플라고니아와 폰투스 사람들을 용서해야 한다. 그들은 둔하고 배우지 못한 자들이었으니까."[74] 주민들이 말하는 뱀을 가진 변변찮은 사기꾼에게 속았다 해도, 그것은 봐줄 만한 허물이었다. 제국의 이국적인 변방에 사는 사람들에게 무엇을 기대할 수 있겠는가?

흑해 지역에서 후기 로마가 했던 경험을 점점 커지는 야만인의 위협에 맞서 약한 국경을 지키려는 노력으로 보고 싶은 유혹이 있을 수도 있다. 문명의 충돌, 즉 면도하고 치마를 입은 자들과 수염을 기르고 바지를 입은 자들의 대립으로 말이다. 하지만 아보노테이코스 같은 곳의 현지 주민들이 분명히 알고 있었듯이, 그러한 경계선은 보기만큼 명확하지 않았다.

정복자와 피정복자를 구별하기 어려운 경우도 종종 있었다. 아리아누스가 시찰했던 병사들은 아마도 제국의 먼 변방과 현지 주민으로부터 모집된 잡다한 무리였을 것이다. 예컨대 알프스 고지대 사람들, 스페인과 갈리아 출신 신병들, 트라페주스와 콜키스 출신 토착 병사 일부, 다키아인까지도 섞여 있었을 것이다.[75] 예나 지금이나 그렇듯이 먼 곳에서 온 군인들은 그 땅을 가장 잘 아는 사람들, 즉 한때는 적이었지만 이제는 함께 군단병으로 싸울 동료들의 방식을 따라 하면서 낯선 환경에서 버티는 법을 익혔다. 아리아누스는 군사 전술에 관한 글에서 다음과 같이 말했다.

[황제 하드리아누스는] 자신의 병사들로 하여금 야만인들의 움직임을 연습하도록 했다. 파르티아의 기마 궁수들과 사르마티아인과 켈트인Celts의 민첩한 전개 모두를 말이다. 또한 병사들은 그러한 움직임에 어울리는 켈트인, 다키아인, 라이티인Rhaeti 원주민들의 전투 함성도 배워야 했다. 말을 타고 참호를 뛰어넘고 성벽을 넘나드는 훈련도 받았다. 한마디로 말해서 기존의 훈련에 더해서 새롭게 발견된 모든 것을 배웠다. (……) 우아함이나 속도를 위한 것들, 혹은 적에게 공포를 불러일으키기에 알맞은 것을…….[76]

이는 교전하는 양측에서 나오는 함성이 종종 똑같았다는 뜻이었다. 그러나 하드리아누스는 이 모든 것을 직접 겪은 경험으로 알고 있었을 것이다. 바로 선대 황제인 트라야누스 치하에서 하드리아누스는 다키아 원정에 참전했고, 야만인 전사들이 자신의 진형을 향해 돌진하며 지르는 함성을 들었으며, 자신의 대리인 아리아누스를 보내기 몇 년 전에 직접 흑해 남쪽 해안을 순시하기도 했다. 심지어 자신이 가장 아끼는 말의 이름을 스키티아의 강 이름을 따서 보리스테네스라고 지었다.

　시간이 지나면서 로마인들은 그런 상호 영향을 높이 평가하게 됐다. 폼페이우스가 흑해 세계를 로마 세계에 소개했고, 폰토스왕국의 정복으로 제국의 국경을 카프카즈까지 밀고 나갔다. 그 뒤 수 세기 동안 흑해에 대한 로마의 영향력은 더욱 커졌다. 서쪽과 남쪽 해안의 직할 속주들을 통해서든, 아니면 후견-피후견 관계를 통해 동쪽과 북쪽으로든 말이다. 그러나 머지않아 로마 세계와 흑해 세계의 구분 자체가 사라질 것이었다. 다키아에서 철수한 지 한 세기도 안 돼서 제국의 수도는 자리를 옮겨 이 바다의 관문인 비잔티움에 자리 잡았다.

3장

마레 마조레[*]

500~1500년

[*] Mare Maggiore

[이탈리아어] 큰 바다

비잔티움에서 호수[아조프해]까지 뻗은 흑해 주변 땅에
관해서는 모든 것을 정확히 말하기가 불가능할 것이다. 왜냐하면
다뉴브강이라고도 부르는 이스테르강 너머의 야만인들이
로마인들로 하여금 그 바다의 해안을 지나다니지 못하게 하기
때문이다.
—6세기, 프로코피우스

그들은 어디에도 정착해서 살 수 있는 도시가 없으며, 다음에 어디에
있게 될지도 알지 못한다. 그들은 다뉴브강에서 해가 뜨는 곳까지
뻗은 스키티아 전 지역을 자기들끼리 나누어 가졌다. 그리고 각
족장은 자신의 부족민 수가 많고 적음에 따라 자신의 목초지 경계를
알고 있으며, 겨울과 여름, 봄과 가을에 어디서 가축을 먹여야 하는지
알고 있다.
—1253년, 몽골제국에 파견된 프랑스 사절 기욤 드 뤼브루크 수사

흑해 주변 국가들에서 콜키스인과 아시아 스키타이인의 후예들,
그리고 훈인, 아바르인, 알란인, 헝가리 튀르크인, 불가르인,
페체네그인 등을 찾아볼 수 있다. 이들은 서로 다른 시기에 다뉴브강
강변을 따라 침입했는데, 이 지역은 이미 갈리아인, 반달인,
바스타르나이인, 고트인, 게피드인, 슬라브인, 크로아트인, 세르브인,
그리고 북쪽에서 남쪽으로 내려온 모든 종족들의 침입을 받았던
곳이다.
—1765년, 크림 타타르 주재 프랑스 영사 클로드 샤를 드 페이소넬

초기 비잔티움제국의 역사가인 프로코피우스Procopius에게 흑해는 피해야 할 곳이었다. 해안가는 적대적인 부족민들로 가득했고, 후견인인 유스티니아누스Justinianus 황제가 여러 해안 정착지를 요새화하려 최선을 다했음에도 불구하고, 내륙의 야만인은 여전히 끊임없는 걱정거리였다. 프로코피우스가 이 바다에 대해 기록한 가장 인상적인 사건은 흑해답게도 기괴한 사건이었다. 포르피리우스Porphyrius라고 불린 거대한 고래가 보스포루스해협에서 선박들을 위협하고 있었는데, 이 생물이 얕은 물에 좌초되자 마을 사람들이 해안으로 달려가 도끼로 찍어 죽였던 것이다.[1] 야만인 문제는 그렇게 단순하게 처리할 문제는 아니었지만 말이다.

프로코피우스가 글을 쓰던 도시인 콘스탄티노폴리스는 흑해 세계와 지중해 세계 모두로 통하는 관문이었다. 이 도시는 330년 콘스탄티누스Constantinus가 이곳으로 수도를 옮기고 제국을 서방과 동방으로 나누면서 로마의 수도가 됐다. 그곳을 제국의 중심으로 삼은 것은 뜻밖의 선택이었다. 여러 번 파괴된 적이 있었고, 주요 왕국이나 제국의 수도 역할을 한 적도 없었기 때문이다. 그러나 물과 관련된 물리적 위치가 이 도시의 가장 큰 장점이었다.

비잔티움은 기원전 7세기 중엽에 그리스 식민지로 건설됐다. 전해지는 이야기에 따르면 델포이Delphoe의 신탁이 메가라의 통치자 비자스Byzas에게 눈먼 자들의 땅 맞은편에 도시를 건설하라고 지시했다고 하며, 미래의 도시가 들어설 위치가 신탁의 말에 딱 들어맞는 것처럼 보였다. 그곳은 보스포루스해협 입구의 삼각형 모양 곶에 있었는데, 세 면 중 두 면이 쉽게 방어할 수 있는 지형이었고, 해협 건너편에는 더 오래된 메가라 식민지인 칼케돈Chalcedon이 있었다. 비자스가 보기에 칼케돈 사람들은 정말로 눈이 멀어 있었다. 칼케돈인은 바로 서쪽에 있는 훌륭한 곳 대신 동쪽의 언덕과 탁 트인 저지대에 도시를 건설하기로 선택했던 것이다.[2]

비잔티움은 로마의 후계자가 아니었다. 비잔티움인들의 생각에는 비잔티움이 바로 로마였다. 황제의 신민들은 스스로를 로메이Romaioi('로마인')라고 불렀고, 한때는 다른 사람들에게도 그렇게 불렸다. 그들의 제국은 줄여서 '로마니아Romania'라 불렸다. ('비잔티움제국'이라는 명칭은 후대 유럽 역사학자들의 발명품이다.) 물론 옛 로마와는 두 가지 근본적인 차이가 있었다. 하나는 새로운 제국이 문화적으로 그리스적이었다는 것으로, 이들은 에게해, 흑해, 동지중해 도시에서 발달한 헬레니즘 전통을 바탕으로 했다. (오늘날에도 튀르키예의 그리스어 사용자들은 여전히 '룸라르Rumlar'라고 불리는데, 이는 이러한 '로마스러운' 과거의 자취이다.) 다른 하나는 제국의 수도가 이제 제국의 한복판인 티베르Tiber강 유역이 아니라 제국의 변경 근처에 자리 잡았다는 점이다.

콘스탄티노폴리스는 흑해로의 출입을 통제할 수 있었지만, 새로운 로마는 옛 로마와 달리 지리적 운명을 개척하기보다는 오히려 그 희생양이 됐다. 비잔티움 시대의 큰 반전은 오랫동안 외부인들이 그 풍요로움을 탐냈던 바다의 입구에 수도를 둔 제국이 정작 그곳에서 이익을 얻으려는 노력을 거의 보이지 않았다는 점이다. 한때 비잔티움의 육군과 해군은 페르시아인과 아랍인을 포함한 어떤 경쟁자도 동쪽과 남쪽 해안에 거점을 확보하지 못하도록 성공적으로 막아냈다. 역대 비잔티움 왕조가 요새화하고 보수한 크림반도의 도시 케르소네소스는 북쪽에서 제국의 전략적 이익을 지켜왔다. 하지만 이런 성과들은 주로 방어에 치중한 것이었다. 곡물, 소금, 기타 물자를 확보하고 북방 스텝 민족들과의 교역에 세금을 부과하는 것 이외에, 비잔티움인들은 바다의 부를 통해 번영하기보다는 바다로부터 오는 해악을 막아내는 데 가장 큰 관심을 두었다. 중세에 이르러 바다의 경제적 가치가 재조명되었을 때, 비잔티움 황제들은 이미 상업적 이익 거의 전부를 대리인들, 즉 이탈리아 도시국가인 제노바와 베네치아에 넘겨준 상태였다. 비잔티움 해군은 제국의 수도를 보호하는 임무를 맡은 소규모 함대로 축소됐고, 그마저도 제 역할을 하지 못해서 시민들은 종종 빈약한 최후의 방어선에 의존해야 했다. 이 방어선은 바로 부교 위에 떠 있는 거대한 쇠사슬로 바다로부터 오는 공격에서 콘스탄티노폴리스를 방어하는 용도였다. 시민들은 1453년 도시가 오스만제국에 함락될 때에도 이것을 사용하고 있었다.

그러나 비잔티움의 문화적 영향력은 전혀 다른 문제였다. 내륙 세력과의 관계가 최악일 때조차 정교회 상인과 선원은 바다를 종횡무진 누볐다. 그리스어를 사용하는 공동체들은 해안, 특히 동남부 지역에서 계속 번영했다. 케르소네소스와 그 배후지, 아나톨리아 연안 대부분과 같은 일부 지역은 여전히 콘스탄티노폴리스의 관할권 아래 남았지만, 더 이상 세속적 제국에 속한다고 볼 수 없게 됐을 때조차 이곳을 비롯한 동유럽의 여러 지역은 여전히 신성한 제국, 즉 동방 기독교 세계의 영역에 속했다. 전자인 비잔티움은 흥망성쇠를 거듭했지만, 후자인 기독교는 영향력을 꾸준히 확장했다. 중세 초기에 이르면 서쪽의 불가리아인부터 동쪽의 조지아인까지 해안 주변의 여러 기독교 왕국은 비잔티움 황제가 주장하는 보편적 군주로서의 특별한 지위에 도전할 준비가 됐다고 느꼈다. 결국 비잔티움제국의 세속적인 영역에도 정교회의 종교적인 영역에도 속할 수 없었던 두 집단인 지중해의 가톨릭 세력과 무슬림 오스만제국이 등장하면서 이 바다를 둘러싼 삶의 성격이 바뀌었다.

"스키타이 부족은 하나다"

콘스탄티누스 시대에 이미 흑해 내륙 지역 대부분은 제국의 손이 닿지 않는 곳이었다. 북쪽 강줄기, 카프카즈산맥의 고갯길, 심지어 3세기에 로마가 포기한 다뉴브평원은 트라야누스와 하드리아누스 시대만큼이나 이방의 땅이었다. 비잔티움인의 상상 속에서 야만인, 특히 북방 스텝 부족은 전형적인 이방인이었다. 이방인은 '로마인'에게 없는 모든 특성을 보였다. 이들은 대부분 유목민으로 정착해서 사는 도시가 없었고, 그리스어를 사용하지 않았으며, 기독교도가 아니었고, 신이 세운 유일한 황제의 신민도 아니었다.[3] 이처럼 비잔티움인들에게는 고전 아테네의 문화적 편견과 후기 로마제국의 정치적 자기도취가 공존했다.

　하지만 제국의 지식층 엘리트가 이러한 문화적 격차를 아무리 크게 보았을지라도, 실제로 역대 왕조는 스텝에서 나와 제국의 변경을 압박하는 부족들과 타협하려는 의지에 제국과 수도의 안보가 달려 있다는 현실을 이해했다. 야만인 지배자들의 이해관계를 수용하지 않으면, 그들은 그 지역에 항상 존재했던 페르시아인들, 그리고 이후에 등장한 발칸반도의 강력한 중세 왕국들, 중부 및 동부 유럽의 공국들 같은 다른 열성적인 후견인들과 콘스탄티노폴리스 사이를 이간질할 수 있었기 때문이다. 아시아의 초원에서 새로운 부족들이 도착해서 처음에는 서쪽과 북쪽 해안에 정착했고, 이후 튀르크인이 와서는 비잔티움의 심장부인 아나톨리아에 자리를 잡았다. 세대마다 새로운 이주민들을 제국의 체제 안으로 끌어들여야 했는데, 협정을 새로이 맺고, 동맹을 재정비하며, 속민들을 만족시키거나, 최소한 속민들이 제국을 파괴하지 못하도록 막아야 했다.

스텝 지역은 오랫동안 중앙아시아와 유럽을 잇는 열린 통로였으며, 비잔티움 문명이 지속된 약 1,000년 동안 왕래가 빈번했다. 사르마티아인, 훈인Huns, 아바르인Avars, 마자르인Magyars, 페체네그인Pechenegs, 쿠만인Cumans과 같은 이주 집단 대부분은 몽골과 중국 서부에서 시작된 인구 이동의 연쇄 반응으로 서쪽 끝까지 밀려왔다. 그러나 이러한 이주는 채찍을 휘두르며 광활한 스텝을 전속력으로 질주하는 기병 무리 같은 모습은 아니었다. 야만인 침입자를 가리키는 '파도'와 '물결'이라는 은유는 서쪽으로의 민족 이동이 여러 세기에 걸쳐 확장된 점진적인 과정이었다는 사실을 가린다.[4] 일부 집단의 경우 볼가Volga강에서 드네프르강까지 수백 킬로미터를 이동하는 데 여러 세대가 걸렸고, 다뉴브강에 도달하는 데는 더 오랜 시간이 필요했다. 동쪽에서 온 사람들은 대체로 유목민이었으며, 5세기의 훈인과 13세기의 몽골-타타르 같은 드문 예외를 제외하고는 가축 떼를 먹일 적절한 목초지와 물을 확보해야 한다는 필요성을 항상 의식하며 천천히 이동했다.

이러한 집단 각각을 이해하기란 쉽지 않다. 멀리 떨어진 정착민이면서 문자를 가진 문화권에서 기록한 것 말고는 참고할 만한 사료가 거의 없기 때문이다. 그러나 한 가지는 분명해 보인다. 로마제국의 멸망부터 오스만제국의 등장까지 흑해 역사의 장대한 흐름에서, 북쪽 스텝 지역에서는 한 집단이 다른 집단을 완전히 대체하는 것보다는 문화의 연속성이 유지되는 것이 일반적이었다는 점이다. 유목과 반*유목 목축업 및 장거리 교역을 기반으로 한 지역 경제, 페르시아계와 튀르크계 언어 및 문화 형태의 혼합, 그리고 그리스, 슬라브, 게르만인들과의 오랜 접촉을 통한 영향까지, 이 정도가 당시 스텝 지역 문화의 모습을 묘사하는 최선의 방법일 것이다. 6세기 비잔티움의 어떤 저술가는 "스키타이 부족들은 말하자면 생활 양식과 조직에서 하나다"라고 적었는데, 이는 헤로도토스가 거의 1,000년 전에 사용했던 것과 같은 일반적인 명칭을 북방 사람들에게 붙인 것이었다.[5] 비잔티움인은 로마인이나 페르시아인 같은 과거의 제국민들보다 바다 너머의 유목 집단과 훨씬 더 지속적이고 밀접한 관계를 맺었다. 이는 불가피했다. 제국 초기부터 이 집단들이 크림의 비잔티움 영토뿐만 아니라 제국의 수도 자체에 가할 수 있는 위협이 명백했기 때문이다.

새로운 로마가 건설되기 훨씬 전부터 스키타이인은 새로 온 사르마티아인에게 자리를 내주었다. 사르마티아인은 스키타이인처럼 페르시아어를 사용한 것으로 보인다. 헤로도토스의 시대에 사르마티아인은 이미 돈강 동쪽에 살고 있었는데, 헤로도토스의 주장으로는 스키타이인과 아마존인의 결합으로 생겨난 후손들이었다.[6] 사르마티아인이 서쪽으로 더 이동하면서, 한때 '스키티아'로 불렸던 지역은 점차 '사르마티아'라고 불리게 됐다. 돈강 서쪽은 '유럽' 지역, 동쪽은 '아시아' 지역으로 나뉘었다. (돈강을 유럽과 아시아의 경계선으로 보는 지도 제작상의 관례는 19세기까지 이어졌다.) 사르마티아인 뒤에도 또 다른 집단들이 나타났다. 아바르인 같은 대부분의 집단은 동쪽에서 오는 길을 따라 유럽 중심부로 깊숙이 들어갔다. 켈트인과 고트인Goths 같은 다른 집단은 서쪽과 북쪽에서 밀려 들어왔다. 일부 집단은 바다를 건너 남쪽 해안에 도달하기도 했다. 4세기 비잔티움 연대기에는 고트인이 동쪽과 동남쪽 해안에 있는 피춘다Pitsunda와 트라페주스를 습격한 내용이 자세히 기록됐는데, 한때 고트인은 크림반도에 주요 거점을 만들기도 했다. 반도 서남쪽의 작은 지역은 중세까지 '고티아Gothia'로 불렸다. (1400년대 초 한 여행자는 자신의 게르만인 하인이 현지인들과 쉽게 대화할 수 있었다고 보고했다. 이는 현지인들이 사라져가는 게르만어를 어느 정도 기억하고 있었기 때문이다.)[7] 많은 집단이 기독교를 받아들였고, 일부는 자체적으로 주교를 두었으며 심지어 콘스탄티노폴리스에 관할 교회까지 배정받았다.

　　6세기 비잔티움제국이 오랜 영토 상실 끝에 다시 부흥하던 시기를 살았던 프로코피우스는 바다를 장악하고 해안에 흩어져 있던 몇 안 되는 그리스어를 사용하는 공동체들을 보호하는 일이 얼마나 어려운지 분명히 기록했다. 한때는 해안선 전체에 수비대가 주둔했지만, 프로코피우스가 살던 시절에는 대부분 버려진 상태였다. 프로코피우스는 바다의 실제 둘레가 얼마인지조차 짐작할 수 없었다. 특히 북쪽 지역에 야만인이 너무 많아서 정확한 정보를 얻는 것 자체가 불가능했기 때문이다. 가끔 사절단을 주고받는 것 외에는 이들과 교류가 거의 없었다고 프로코피우스는 말했다.[8] 하지만 일부 지역에서는 프로코피우스의 황제인 유스티니아누스가 권위를 되찾는 데 성공했다. 폐허가 된 옛 항구들을 복구했고, 트라페주스에서는 만성적인 식수 문제를 해결하기 위해 수로를 건설했다. 프로코피우스가 "로마제국의 끝"이라고 표현한 크림반도의 판티카파이온과 케르소네소스에서는 성벽이 무너진 것을 발견하고 복구 작업을 지시했다.[9]

물론 문제는 이 '끝'이라는 장소가 그리 멀지 않다는 점이었다. 비잔티움 시대 대부분 동안 주된 관심사는 흑해의 이점을 활용하는 것이 아니라 오히려 다른 세력이 그렇게 하지 못하도록 막는 것이었다. 이것이 바로 황제 콘스탄티노스 7세 포르피로예니토스Konstantinos VII Porphyrogennetos의 가장 큰 걱정거리였다. 10세기에 콘스탄티노스는 아들이자 후계자인 로마노스Romanos를 위해 통치술 교본인 『제국의 통치에 관하여De administrando imperio』를 편찬했다. 프로코피우스 시대 이후 수 세기에 걸쳐 흑해 주변의 등장인물은 크게 바뀌었지만, 제국과 이웃 국가들 간의 기본적인 관계는 거의 그대로였다. 슬라브인은 6세기에 나타났고 콘스탄티노스 7세 시대에 이르면 남부 발칸반도에 강력한 제국을 세웠다. 북쪽에서는 사르마티아인과 알란인Alans의 자리를 800년대에 중앙아시아에서 온 튀르크계 민족인 페체네그인이 차지했다. 더 북쪽으로는 슬라브인을 지배하는 노르만 귀족층인, 비잔티움인이 로스인*이라고 부르는 집단이 있었는데, 이들은 이미 해안과 활발한 무역을 하거나 필요에 따라서는 콘스탄티노폴리스를 공격하기도 했다. 동쪽과 남쪽에는 새로운 종교인 이슬람의 열정으로 무장한 아랍인의 군대가 있었다. 조지아와 아르메니아의 기독교 왕과 제후가 무슬림에 대한 완충 역할을 했지만, 기독교도라는 사실이 자기 이익을 위해서라면 기독교 세계의 본산과 대적하는 것까지 주저하게 만들지는 못했다.

페체네그인은 콘스탄티노스에게 특별한 관심사였다. 비잔티움 안보의 핵심 축 중 하나였기 때문이다. 페체네그인과 평화를 유지한다는 것은 케르소네소스가 안전할 것이라는 뜻이었고, 케르소네소스를 안전하게 지킨다는 것은 비잔티움이 북쪽 해안 지역에 경제적인, 나아가 군사적인 영향력을 어느 정도 계속 유지할 수 있다는 의미였다. 케르소네소스 사람들은 스텝 지역에서 나오는 가죽과 밀랍 무역의 중개자 역할을 했고, 그 대가로 남쪽 해안의

---

    *   로스인Rhos 또는 루스인Rus'은 9~10세기 동유럽과 비잔티움 문헌에 등장하는 집단으로, 주로 바랴그(바이킹) 출신 동슬라브인을 지칭한다. 이들은 동슬라브 지역에 정착하여 키예프 루스를 건설했으며, 이는 훗날 러시아-우크라이나-벨라루스로 이어진다. 러시아Russia라는 단어의 어원이기도 하다. Rhos는 비잔티움 그리스어 문헌에서 사용한 표기이며, Rus'는 고대 동슬라브어 표기이다.

비잔티움 도시들에서 수입된 자주색 천, 리본, 금실 비단, 후추, 주홍색 염료, 가죽 등을 받았다.[10] 페체네그인은 명목상 이 도시를 보호해주었지만, 그 관계는 대개 보호비를 뜯어내는 것에 더 가까웠다. 그들은 크림에 있는 비잔티움의 속령에 압박을 가해 비잔티움에 영향을 미칠 수 있다는 것을 잘 알고 있었다. 과거 수 세기 동안 크림 항구들은 남쪽으로 곡물을 수출했지만, 이제는 상황이 정반대였다. 케르소네소스는 곡물 공급을 남쪽 항구들에 의존하게 된 것 같았고, 그 대신 스텝 유목민에게서 얻은 동물 제품을 보내고 있었다.[11] 게다가 페체네그인은 로스인과 발칸 및 카프카즈의 기독교 통치자들의 힘을 견제하는 유용한 역할도 했기 때문에, 페체네그인과 좋은 관계를 유지하는 것이 중요했다.

콘스탄티노스는 페체네그인에게 매년 사절단을 보내라고 조언했다. 그는 사절단이 오랜 우호 조약의 갱신을 확보하려 노력해야 하고, 협상을 원활히 하기 위해 호화로운 선물을 많이 바쳐야 한다고 말했다. 이 계획의 유일한 문제는 콘스탄티노폴리스와 좋은 관계를 맺은 역사가 실제로는 부족민들의 탐욕을 더욱 부채질했다는 점이었다.

페체네그인은 자기들에게 희귀한 물건들을 보면 탐욕스럽게 군침을 흘리며 간절히 갈망하는 자들로, 후한 선물을 달라고 뻔뻔하게 요구한다. (……) 자기 몫으로는 이것을, 처자식 몫으로는 저것을 요구하며, 호위대에는 수고했다며 무언가를, 가축들이 지쳤다며 또 어떤 것을 달라고 한다. 그러고 나서 황제의 사절이 자기들 땅에 발을 들여놓으면 우선 황제의 선물부터 요구하고, 그것으로 남자들이 만족하고 나면 이제 아내와 부모를 위한 선물을 또 요구한다.[12]

　　북방의 모든 부족은 수 세기에 걸쳐 이런 관행에 익숙해졌다. 페체네그인은 평화의 대가로 요구하는 몫을 계속해서 늘려갔다. 따라서 훌륭한 황제라면 끝없는 요구를 외교적으로 거절하는 법을 알아야 했다. 콘스탄티노스는 페체네그인이 로브와 왕관을 요구하면, 이는 황제만의 것이며 다른 누가 걸치면 저주받는다 말하라고 조언했다. 페체네그인이 황제의 딸과 혼인하기를 요청하면 관습상 그럴 수 없다고 말하라고 했다.[13] 다른 요구 대부분은 들어줄 수 있었다.

　　그러나 콘스탄티노스가 강조한 것이 하나 있었다. 어떤 상황에서도 절대 페체네그인에게 주어서는 안 되는 게 있다는 것이었다. 페체네그인이 요구하면 하느님이 로마인들에게만 내려주신 것이어서 나눌 수 없다고 교묘하게 둘러대라고 조언했다. 그것은 비잔티움의 가장 엄중한 국가 기밀이었고, 제국과 함께 사라진 신비였다. 그것은 비잔티움인이 바다 덕분에 얻은 무기였다.

바다불

호메로스의 서사시에 나오거나 아르고호 원정대가 탔을 법한 흑해를 항해했던 가장 오래된 배는 날렵하고 갑판이 없었으며 해변으로 끌어올리거나 급류를 가로질러 운행할 수 있을 만큼 가벼웠다. 배 중앙에 세워진 하나의 사각 돛은 순풍일 때는 사용할 수 있었지만, 대부분의 추진력은 좁은 자리에 앉아 노를 하나씩 젓는 노꾼들이 제공했다. 개방되어 있던 선체는 점차 갑판으로 덮인 형태로 진화했고, 그 위로 층층이 갑판이 추가됐다. 세 줄의 노를 가진 선박인 그리스의 삼단노선(트리에레스trieres)은 기원전 5세기 내내 주력 전투 갤리선으로 페르시아와의 전쟁과 아테네-스파르타 간의 전쟁에서 활약했다.

그 후 수 세기 동안 더 좋은 배를 만든다는 것은 더 큰 배를 만드는 것을 의미했다. 노들이 더 여러 층으로 쌓이고 여러 명의 노꾼이 힘겹게 거대한 노를 젓는 배 말이다. 해군 설계에서 거함주의gigantism는 헬레니즘 왕들의 시대에 절정에 달했다. 일부는 서로 연결된 선체 두 척의 양쪽에 노를 여러 층으로 달아놓은 거대한 쌍동선cata-maran을 실험하기도 했다. 그러나 로마 시대에 들어서면서 과거의 대규모 해전은 해적 추격에서부터 반란을 일으킨 속국 진압에 이르기까지 새롭고 다양한 형태의 전투로 바뀌었다. 시대는 제국의 다양한 필요에 적응할 수 있는 배를 요구했다. 대규모 전쟁과 해안 치안 유지 모두에 대응할 수 있는 배 말이다. 트라야누스와 하드리아누스 시대에 흑해 해안을 항해했던 것은 바로 이런 소형 선박들, 즉 로마인들이 아드리아해의 해적선을 본떠 만든 빠른 이단노선이었다. 이런 배들은 다키아 원정 당시 다뉴브강 항구에 정박한 모습으로 트라야누스 기둥에 묘사되어 있다.

4세기 중엽에 이르면 삼단노선은 사실상 자취를 감추었다. 자금과 인력 부족에 직면한 후기 로마제국은 1,000년 전의 더 작은 갤리선으로 되돌아갔고, 그 기본 설계는 비잔티움 시대까지 이어졌다. 비잔티움 함대의 함선 대부분은 노꾼 한 사람당 하나씩 노를 젓는 단층 갤리선이었다. 아랍 선원들이 선호하는 기동성 있는 삼각돛을 단 쌍둥이 돛대는 순풍일 때는 사용할 수 있었지만, 전투 시에 함장은 오직 노꾼들의 근력에만 의존했으며, 이들 중 일부는 전투병 역할도 겸했다. 콘스탄티노폴리스에 주둔하는 제국 함대에서는 200명가량의 선원이 타는 이단노선 같은 대형 함선이 몇 척 운용되고 있었지만, 케르소네소스나 트라페주스 같은 지방 전초기지에서는 아마도 더 작은 선박들이 주력을 이루었을 것이다.[14]

그리스와 로마의 해군 지휘관들은 해전에서 두 가지 기본적인 전술적 선택지가 있었다. 하나는 자신들의 함선 자체를 무기로 사용하여 적함의 선체를 들이받아 침몰시키는 것이었다. 이것이 견고한 선체 구조와 함수의 파괴용 충각衝角을 갖춘 그리스 삼단노선의 위대한 혁신이었다. 다른 하나는 적함에 충분히 근접하여 승함하거나, 불가능할 경우 투사체를 던지는 것이었다. 로마인들은 이러한 근접전의 형태를 완성했다. 노꾼들이 적함 옆으로 배를 몰고 가는 동안, 전투병들은 승선용 널빤지를 던져 걸치고 뱃전을 넘어 돌격할 준비를 했다.

비잔티움인은 해전에서 사실상 혁명을 일으켰다. 그 중심에는 콘스탄티노스 7세가 페체네그인에게 누설하지 말라고 아들에게 당부한 위대한 비밀이 있었다. 수병들은 그것을 탈라시온 피르thalassion pyr, 즉 바다불sea-fire이라고 불렀다. 비잔티움 수병들은 군함의 함수에 청동으로 안을 댄 긴 나무 관을 설치했다. 한쪽 끝은 적함을 향하게 하고 다른 쪽은 공기 펌프에 연결했다. 가연성 물질을 관으로 부어 넣고 불을 붙인 다음, 반대편에서 사람들이 펌프를 작동시켜 타오르는 액체가 적을 향해 포물선을 그리며 날아가게 했다. 대형 함선들은 둘 이상의 관을 장비할 수 있었고, 비잔티움인은 전투병들이 사용할 수 있는 휴대용 장치까지 개발했다.[15] 이 물질은 너무나 파괴적이어서 바다 표면에서도 타오를 수 있었다. 아랍의 연대기 작가 이븐 알아시르*는 그 파괴적인 효과를 직접 목격했다. "화염 방사관 하나로 열두 명을 태워버릴 수 있었고, 불꽃은 너무나 맹렬하고 끈적해서 아무도 저항할 수 없었다. 이것이야말로 무슬림들이 가장 두려워한 무기였다."[16]

외부인들이 '그리스의 불'이라고 부른 바다불에 관한 가장 이른 시기의 언급은 6세기 또는 7세기로 거슬러 올라간다. 칼리니코스Kallinikos라는 인물에게 발명의 공로가 있는 것으로 보이지만, 정확한 성분은 여전히 수수께끼다. 그 원료는 아마도 동북쪽 해안의 옛 그리스 식민지인 판티카파이온 근처의 타만Taman반도와 같은 지상 매장지에서 채취한 원유나 나프타였을 것이다. 샘에서 끈적한 나프타가 지표면으로 솟아 나와서 항아리에 쉽게 모을 수 있었다. 이 지역은 지진 활동으로 유명했으며, 후에 이 지역을 여행한 사람들은 지하 화재로 인한 연기와 열기에 대해 기록했다.[17] 바다

---

* Ibn al-Athir(1160~1233). 이라크 모술 출신의 아랍 역사가로 본명은 알리 이븐 무함마드이다. 세계사를 다룬 방대한 저작 『완전한 역사서』를 저술하여 특히 십자군 전쟁과 살라딘 시대에 대한 아랍 측 기록을 남겼다.

불은 비잔티움 해상 방어의 핵심이 됐다. 그것은 7세기와 8세기의 아랍인부터 10세기의 로스인에 이르기까지 연이은 해상 침입자들을 물리치는 데 핵심적인 역할을 했으며, 수백 년 동안 사방에서 밀어닥치는 위협에 맞선 주요 보루 역할을 했다.

타만의 나프타 유정이 비잔티움 무기고의 극비 요소였던 이유는 바다불의 등장이 사실은 제국의 해군력 쇠퇴와 함께 나타났기 때문이다. 즉 이 시기는 함선들이 이 무기가 제공하는 방어 능력에 전적으로 의존하던 때였다. 6세기와 아마도 11세기에 다시 한번, 비잔티움 해군은 위대한 시기를 경험했다. 쳐들어온 야만인에게 빼앗겼던 지중해 주변 땅들을 되찾고, 흑해의 다른 세력들을 견제할 수 있었다. 바다는 비잔티움 보편 제국의 상징이자 콘스탄티누스가 입지를 잘 택한 이 도시의 최대 이점으로 칭송받았다. 콘스탄티노폴리스의 시인들은 물 위에서 놀아나는 빛과 해안에 부딪히는 파도 소리를 서정적으로 노래했으며, 제국의 법전은 심지어 지주들의 바다 조망권까지 보호했다.[18] 그러나 전반적으로 비잔티움의 바다 사랑은 제국이 해양 세력으로서 지닌 실제 모습과는 동떨어져 있었다. 부족한 국가 재원, 지중해 다른 해양 세력들의 부상, 만연한 해적 행위, 그리고 단순한 제국의 관리 부실이 모두 문제를 초래했다. 제국의 역대 왕조는 장거리 해상 무역에 참여하는 것보다 단순히 거기에 세금을 매기는 일을 더 흥미롭게 여겼다. 이는 아마도 제국의 수도가 주요 국제 상업 노선의 교차점에 위치했다는 바로 그 사실이 낳은 역설적인 결과였을 것이다.

하자르인, 로스인, 불가르인, 튀르크인

전성기 시절 북쪽 해안의 고대 그리스 식민지들이 번영했던 것은 두 가지 요인 때문이었다. 남쪽의 수출 시장이 확보됐고, 내륙 지역에서는 비교적 안정적이면서도 지나치게 강력하지는 않은 정치 세력들 덕분에 무역을 할 수 있었기 때문이다. 하지만 로마제국 후기에는 이 두 요인이 모두 사라졌다. 인도양을 통한 동방 무역로가 새롭게 부상하면서 흑해의 중요성이 줄어들었고, 유라시아 스텝에서 오랜 기간 이어진 인구 변동으로 내륙 세력과의 관계가 바뀌었다.

콘스탄티노폴리스가 건설된 지 몇 세기가 지나서야 북방 지역이 상대적인 안정기로 들어섰다. 바로 이런 상황이 콘스탄티노스 7세에게 흥미와 우려를 동시에 안겨주었다. 이제 강력해진 정치 세력들이 바다를 둘러싸고 있었으므로, 이들과 좋은 관계를 유지하는 것이 중요했다. 이 집단들은 여러 차례 그랬듯이 제국의 수도를 공격할 능력이 있었을 뿐만 아니라, 바다를 가로지르는 무역로를 통해 귀중한 물자들이 흘러들어왔기 때문이다. 서쪽과 서북쪽 연안에서 나는 곡물, 스텝의 가죽과 기타 생산품, 북방 삼림의 모피, 카프카즈의 노예들이 그것이었다. 제국의 수도와 여러 해안 지역을 연결하는 복잡한 체계는 비잔티움이 서로 다른 시대에 맺었던 네 정치·경제 세력과의 관계에서 확인할 수 있다. 바로 하자르인Khazars, 로스인, 불가르인Bulgars, 튀르크인이다.

대략 7세기부터 10세기까지 약 300년간 바다 북쪽과 동쪽에 있던 하자르국은 흑해 지역의 국제 정치와 경제에서 중요한 세력 중 하나였다. 하자르인의 기원은 불분명하지만, 영토는 카프카스산맥 북쪽 평원을 중심으로 하여 흑해와 카스피해에 모두 닿아 있었던 것으로 보인다. 페르시아와 아랍 작가들에게 하자르인은 전설적인 존재였다. 고대부터 내려오는 침략의 기록을 모두 하자르인 탓으로 돌렸고, 고대의 스키타이인이나 사르마티아인처럼 하자르라는 이름을 때로 카프카스 북쪽의 모든 종족을 가리키는 대명사로 쓰기도 했다. 하자르의 통치자, 즉 카간khagan은 언젠가 스페인의 서신 상대에게 자기 종족이 노아의 아들인 야벳의 후손이라고 말한 적이 있다. 카프카스와 다른 지역의 여러 종족도 이런 신화적 혈통을 주장했다. 하지만 하자르인은 아마도 튀르크계 혈통이었을 것이다. 그래서 비잔티움 작가들이 흔히 사용한 이름 중 하나가 '투르코이Tourkoi'였다. 하자르인은 후대의 페체네그인, 쿠만인, 타타르인Tatars 같은 스텝 부족과 비슷한 언어를 사용했을 것이다.

하자르인은 중앙아시아와 서방 간의 무역에서 중개상 역할을 하면서 강력해졌는데, 이는 중세에 같은 경로를 따라 일어날 상업의 폭발적 성장의 전조였다. 하자르인은 볼가강에서 크림반도에 이르는 전 지역을 지배했고, 카스피해와 흑해를 연결하는 무역로를 개척했다. 볼가강과 돈강 연안에 있던 도시들은 주요 상업 중심지였고, 여기서 유럽과 유라시아 전역의 상인들이 만나 소금, 밀랍, 모피, 가죽, 꿀, 노예를 거래했다. 10세기 초 하자르 영토를 방문한 아랍 여행가 이븐 파들란Ibn Fadlan은 발트해에서부터 강을 따라

노를 젓고 육로로 배를 끌고 와서 그곳에서 무역하는 문신을 한 노르드인 무리를 만났다.[19]

비잔티움과 하자르의 관계는 일정하지 않았다. 때로는 아랍, 페르시아, 페체네그에 맞서 협력하기도 했지만, 콘스탄티노스 7세는 후계자에게 하자르의 야심을 견제하기 위해 다른 세력들과 전략적 동맹을 맺으라고 조언했다. 콘스탄티노스가 경계심을 가질 만한 이유가 있었다. 과거에 하자르인이 종종 비잔티움의 내정에 개입하여 제국을 괴롭힌 수많은 제위 계승 다툼에서 이쪽 편을 들기도 하고 저쪽 편을 들기도 했기 때문이다. 황제 유스티니아노스 2세Justinianos II는 경쟁자에 의해 왕좌에서 쫓겨났는데, 그 경쟁자는 유스티니아노스에게 코를 자르는 모욕까지 가한 후 그를 당시 하자르의 영향 아래 있던 도시인 케르소네소스로 유배 보냈다. 하지만 유스티니아노스는 유배 생활을 최대한 활용했다. 콘스탄티노폴리스를 공격할 계획을 세우고 하자르 측의 지원을 요청했다. 유스티니아노스는 카간의 누이를 아내로 맞아들이고 지참금으로 파나고리아Phanagoria라는 도시를 받았다. 외국의 도움으로 유스티니아노스는 찬탈자로부터 비잔티움의 왕좌를 되찾았다. 세례를 받고 테오도라Theodora라는 이름을 받은 하자르 출신 아내는 비잔티움 최초의 외국 출신 황후가 됐다. 하지만 테오도라의 개종은 그리 큰 변화가 아니었다. 하자르인은 다른 종교에 대한 뛰어난 관용으로 유명했기 때문이다. 종교 문제에서의 이런 실용주의는 하자르인을 뜻밖의 방향으로 이끌었다. 바로 유대교를 국교로 채택하는 것이었다.

하자르인이 어떻게 유대인이 됐는지에 대해서는 단순명쾌한 이야기가 전해진다. 아주 옛날에 카간 불란Bulan이 정식 종교 교육을 받고자 하여 비잔티움인, 아랍인, 유대인 중에서 배운 사람들을 불러 모아 각자의 종교가 얼마나 뛰어난지 토론하게 했다. 당연하게도 토론은 고함이 오가는 말싸움으로 변했다. 진절머리가 난 불란은 기독교와 이슬람 현자들에게 다른 두 종교 중 어느 것이 더 나은지 물었다. 둘 다 어쩔 수 없이 선택해야 한다면 유대교를 선택하겠다고 답했다. 이것으로 카간에게는 모든 문제가 해결됐다. 불란은 이제 하자르인, 적어도 하자르인의 지도층은 유대인이 될 것이라고 선언하고, 이를 증명하기 위해 스스로 할례를 받았다. 이 이야기는 분명 꾸며낸 것이다. 중세 슬라브 연대기 작가들도 자신의 조상이 어떻게 기독교도가 됐는지에 관해 비슷한 이야기를 남겼다. 하지만 하자르인은 실제로 700년대 중반 어느 시점에 유대교를 받아들인 것으로 보인다. 개종 소식은 비잔티움과 아랍 지역 전체의 유대인들을 끌어들였고, 콘스탄티노폴리스와 바그다드로부터 학자들이 하자르 귀족들에게 신앙을 가르치기 위해 도착했다.

이 새로운 유라시아 유대 제국은 중세 초기에 널리 알려졌는데, 훗날 기독교 모험가들을 동방으로 끌어들일 전설의 사제왕 요한* 왕국의 현실 속 선례였다. 실제로 하자르인의 개종에 대해 우

---

* Presbyter Johannes. 12세기부터 17세기까지 유럽에서 널리 믿은 전설적인 기독교 왕으로, 아시아나 아프리카 어딘가에서 강력한 기독교 왕국을 다스린다고 여겨졌다. 십자군 시대 유럽인은 이슬람 세력을 협공할 동방의 동맹자로서 사제왕 요한의 존재를 믿었으며, 이는 대항해 시대 탐험의 동기 중 하나가 됐다.

리가 아는 것은 대부분 하자르 카간과 코르도바Cordoba의 한 랍비 간에 오간 서신에서 나온 것이다(이것 역시 필시 꾸며낸 이야기일 것이다). 하지만 종교적 번영과 함께 정치적 쇠퇴가 따라왔다. 몇 세기 안에 제국은 완전히 사라졌고, 존재했었다는 물리적 증거도 거의 남지 않았다. 그러나 기억은 남았다. 카스피해는 아랍인들에게는 바흐르 알하자르bahr al-Khazar, 튀르크인에게는 하제르 데니지Hazer Denizi라고 불리며 하자르라는 이름을 보존했다. 중세에 지중해의 선원들이 크림으로 항해를 떠날 때 향하는 곳은 여전히 '가자리아Gazaria'라고 불리는 반도였다.[20]

하자르제국은 바다 북쪽의 새로운 세력에게 무너졌다. 유목민인 페체네그인과 지속적으로 전투를 하면서 하자르인의 도시들은 약화됐다. 더 중요한 사실은 북쪽 숲 지대와 스텝 지역의 강줄기를 따라 확장하고 있던 로스인 공국들이 볼가강과 카스피해에 대한 하자르인의 지배권을 탐내고 있었다는 점이다. 900년대 후반에 이르러 로스인은 카프카즈 북쪽의 주요 하자르 요새들을 점령했고, 아조프해 일대에서 하자르의 세력을 밀어냈다.

페체네그인과 하자르인의 경우와 마찬가지로, 콘스탄티노스 7세 역시 아들에게 로스인에 대해 경고했다. 로스인은 페체네그인의 북쪽에 살면서, 때로는 페체네그인과 함께 약탈을 하고 때로는 약탈을 당하기도 했지만, 일반적으로는 유목민들과 평화를 유지하려고 노력했다. 소, 말, 양 거래가 로스인 경제의 주요 기반 중 하나였기 때문이다. 로스인은 또한 강을 따라 바다로 내려가 콘스탄티노폴리스까지 항해하는 일이 잦았다. 물건을 가득 실은 로스인의 배는 페체네그 약탈자들에게 항상 손쉬운 먹잇감이 되었으며, 특히 드네프르강의 급류를 넘어 배를 육지로 운반해야 하거나 강어귀에서 더 큰 배로 화물을 옮겨 실어야 할 때 더욱 그랬다.[21] 때로는 대규모의 로스인 무리가 바다를 건너 독자적으로 침략을 감행하기도 했다. 로스인은 860년에 콘스탄티노폴리스를 공격했는데, 이는 몇 세기 전 고트인의 침략을 연상시키는 원정이었다. 믿기 어려운 한 기록에 따르면, 로스인은 2,000척의 함대에 바퀴를 달고 도시 서쪽 평원을 가로질러 항해하여 성벽 위의 비잔티움 수비대를 놀라게 했다고 한다.[22] 로스인은 그 후 2세기 동안 바퀴는 달지 않고, 더 적은 수로 반복해서 돌아왔다.

바다를 건너온 로스인들은 아마도 이븐 파들란이 이전에 볼가강 하류에서 하자르인과 거래하는 것을 목격했던 바로 그 노르드 상인들의 한 갈래였을 것이다. 후대의 슬라브 연대기 작가들은 그들을 드네프르강 유역의 분열된 슬라브인들을 다스리도록 초청받은 외국 군주로 묘사했지만, 점진적인 변화가 일어났을 가능성이 더 높다. 노르드 상인들은 원래 발트해에서 북쪽 강줄기를 따라 남하했고, 시간이 지나면서 이들의 정기적인 방문을 위한 교역 거점들이 생겨났다. 이 거점들은 차례로 영구적인 도시로 발전했는데, 노르드인들이 직접 건설하거나 현지 슬라브인들로부터 빼앗은 곳들이었다. 결국 이 무장한 노르드 상인 집단은 슬라브 부하들의 언어와 관습을 받아들이게 됐다. 9세기에 노르드 군주들은 당시 하자르의 속국이었던 키예프Kiev시를 점령했다. 비잔티움 작가들은 북쪽에서 성장하는 새로운 세력을 바라보면서, 이 정착민들을 스키타이인, 사르마티아인, 바랑기아인Varangians, 심지어 휘페르보레아인에 이르기까지 다양한 이름으로 불렀다. 하지만 로소이 Rhosoi라는 이름으로 굳어졌다. 비잔티움인이 로시아Rhosia라고 부르게 된 북쪽 해안 너머 먼 땅에서 온 사람들이라는 뜻이었다.

9세기와 10세기에 로스인은 북쪽과 남쪽 해안 모두에서 대규모 침략을 감행했는데, 이들은 거의 같은 시기에 브리튼 연안에 나타난 것과 같은 바이킹 장선長船을 사용했을 가능성이 있다. 어떤 비잔티움 작가는 다음과 같이 한탄했다.

프로폰티스[마르마라해]에서부터 온갖 곳을 파괴하고 해안 지역 전체를 휩쓸며 성인의 고향[현재 튀르키예의 아마스라Amasra]에 이르렀다. 로스인은 남녀를 가리지 않고 무자비하게 살해했으며, 노인에게도 자비를 베풀지 않고 아이들도 살려주지 않았다. 모든 이에게 피 묻은 팔을 들어 올리며, 할 수 있는 한 멀리까지 폐허로 만들기 위해 서둘렀다.[23]

그러나 비잔티움과의 관계가 항상 그렇게 적대적이었던 것은 아니다. 제국은 일찍부터 북방의 군주들이 중요한 동반자이자 다른 적들에 맞서는 유용한 동맹이 될 수 있음을 인식했기 때문이다. 2세기 이상 모피, 호박, 밀랍, 노예가 발트해와 콘스탄티노폴리스 사이의 강줄기를 타고 오갔다. 슬라브인들이 루스Rus'라고 부르는 로시아의 공국 도시 중 가장 큰 키예프는 드네프르강 항로상의 중계무역항으로 번영했다. 노르드인과 비잔티움인 사이의 관계는 너무 가까워져서, 10세기에는 노르드 용병 부대가 비잔티움 군대에 합류했고, 결국 황제 근위대의 핵심을 이루었다. 그중 가장 유명한 인물인 하랄 시구르드손Harald Sigurdsson은 노르웨이의 하랄 3세Harald III 로 생을 마감했는데, 하랄 3세는 브리튼을 침입한 마지막 바이킹으로서 1066년 스탬퍼드브리지 전투에서 색슨인의 화살에 맞아 쓰러졌다.

로스인 군주들은 비잔티움과의 무역으로 강력해졌고, 드네프르강 하구와 보스포루스를 잇는 해상 경로에서 워낙 존재감이 컸기 때문에 당시 일부 아랍 지리학자는 흑해를 바흐르 알루스bahr al-Rus라고 불렀다. 마치 비잔티움인이 아니라 로스인이 바다의 진정한 주인인 것처럼 말이다. 로스인은 때로 무역 상대와의 관계에서 조건을 좌지우지할 수도 있었다. 10세기 후반 키예프의 대공 블라디미르Vladimir는 황제 바실리오스 2세Basileios II의 누이와 결혼을 요구했다. 처음에는 바실리오스의 누이 안나와 결혼이 약속됐지만, 황제가 약속을 어기려는 듯하자 블라디미르는 케르소네소스를 약탈했다. 황제는 마침내 블라디미르가 기독교로 개종한다는 조건으로 결혼에 동의했고, 988년 대공은 세례를 받고 그 대가로 안나를 얻었다. 키예프인은 단번에 비잔티움 황가와 연결됐고 또한 보편 교회에 편입됐다. 기독교는 블라디미르의 개종 이전에도 이미 북쪽 강들을 따라 전해져 왔지만, 세례는 비잔티움의 수많은 영향―문자, 음악, 예술, 건축 등―에 길을 열어주었고, 이것이 키예프 국가와 나아가 중세 러시아의 문화를 형성하게 됐다. 왕조 간 혼인으로 굳어졌지만, 비잔티움과 키예프 간의 직접적인 관계는 오래가

지 못했다. 11세기와 12세기에 또 다른 유목민인 쿠만인이 들어오면서 북방 도시들과 해안 간의 연결이 끊어졌고, 무역이 줄어들었다. 비잔티움인에게 이 수익성 좋은 동맹의 종식은 북방 해안이 영원히 손아귀에서 벗어났다는 뜻이었다.

그러나 당시 바실리오스 2세와 키예프 대공의 유대는 극히 다행스러운 일이었다. 키예프인이 제공한 용병들이 바실리오스의 통치 기간 동안 일련의 눈부신 군사적 승리에 결정적인 역할을 했기 때문이다. 이 원정들은 또한 황제에게 특이한 별명을 안겨주었다. 불가록토노스bulgaroktonos, 즉 불가르 학살자라는 별명 말이다.

불가르인은 한때 비잔티움인의 동맹이었는데, 제국 변경에서 맺어진 수많은 관계 중 하나였고, 여러 차례에 걸쳐 비잔티움 내정에도 중요한 역할을 했다. 실제로 유스티니아노스 2세가 하자르인 아내를 데리고 콘스탄티노폴리스로 돌아왔을 때 권력을 되찾을 수 있었던 것은 불가르인 덕분이었다. 장인인 하자르 카간은 당시 재위 중인 비잔티움 황제에게 매수되어 유스티니아노스가 콘스탄티노폴리스를 공격하기 전에 그를 암살하기로 했다. 테오도라가 유스티니아노스에게 이 음모를 경고했고, 둘은 파나고리아에서 다뉴브강까지 바다를 건너 도망쳤다. 그곳에서 유스티니아노스는 동쪽의 하자르 처가에서 받았던 것보다 훨씬 따뜻한 환대를 받았다. 새로운 보호자인 불가르인들은 유스티니아노스가 황궁에 의기양양하게 돌아갈 수 있도록 군대를 제공했다.

유스티니아노스 2세 시대인 8세기 초 불가르인은 비교적 최근에 비잔티움제국 변경에 나타난 존재였지만, 하자르인처럼 이미 제국의 외치와 내치에서 매우 중요한 역할을 했다. 유스티니아노스를 지지한 불가르인의 개입이 이를 보여준다. 불가르인의 원래 고향은 훨씬 동쪽, 볼가강 상류에 있었는데, 지도 제작자들은 18세기까지도 이 지역을 '대불가리아Great Bulgaria'로 표시하고 있었다. 하자르인과 불가르인은 아마 밀접한 관련이 있었을 것이다. 그들의 기원 신화에 따르면 둘 다 노아의 같은 아들의 후손이라고 전해지며, 볼가강의 불가르인 땅은 매우 일찍 하자르카간국에 흡수됐다.

서부 스텝 지대로의 대규모 이주의 일환으로 불가르인은 600년대 후반 다뉴브강에 대거 나타났다. 그들의 지도자, 즉 칸 아스파루흐Asparukh 휘하에서 불가르인은 강을 건너 남쪽의 슬라브 주민들을 정복했다. 불가르인의 도래는 비잔티움인을 매우 괴롭게 했다. 콘스탄티노폴리스는 아스파루흐와 후계자들에게 공물을 바치기로 합의하고 다뉴브강과 발칸산맥 사이 땅에 대한 불가르인의 지배를 인정했다. 비잔티움인들이 돈을 내놓지 않으면 대개 전쟁이 벌어졌고, 보통 불가르인이 승리했다. 대승을 한 번 거두고 크룸Krum 칸은 비잔티움 황제 니키포로스Nikephoros의 두개골을 성배로 만들었다. 비잔티움인은 무력으로 할 수 없었던 일을 복음으로 이루고자 했다. 불가르인은 9세기에 기독교로 개종했고 1054년 동서 기독교계를 분열시킨 대분열 때 비잔티움 편에 머물렀다. 이 시기에 불가르인은 과거의 유목민답고 튀르크다운 특성 대부분을 잃었다. 불가르인은 점차 현지 주민의 슬라브어에 동화됐다.

하지만 공통된 종교도 콘스탄티노폴리스와의 관계를 완화시키지는 못했다. 비잔티움제국이 멸망하기 직전까지 불가르 문제를 다루는 것은 콘스탄티노폴리스 외교 정책의 핵심이었다. '모든 불가르인과 그리스인의 차르'라는 칭호를 사용한 10세기 시메온 Simeon 치하의 불가르제국은 아마 동유럽에서 가장 강력한 국가였을 것이고, 수도 프레슬라프Preslav는 그 웅장함이 콘스탄티노폴리스에 견줄 만하다고 전해졌다. 첫 번째 제국은 불가르 학살자 바실리오스에게 멸망했는데, 노르드 용병들이 불가르군을 패주시키는 데 도움을 주었다. 연대기에 따르면 바실리오스는 포로 100명당 99명의 눈을 멀게 하고, 한 명만 앞을 볼 수 있게 남겨두어 나머지를 불가르 진영으로 이끌고 돌아가게 했다. 이후 불가르제국이 비잔티움에 병합됨으로써, 수 세기 만에 처음으로 콘스탄티노폴리스가 발칸반도 대부분을 지배하게 됐다. 하지만 이런 체제도 결국 무너졌다. 1세기 반 후 부활한 불가르제국이 등장했다. 투르노보 Turnovo에 새 수도를 둔 두 번째 제국은 13세기 전성기에 현재의 알바니아에서 흑해까지 뻗어 있었다. 하지만 중세 세르비아 같은 다른 발칸 왕국들이 확장하면서 이 제국도 곧 사라질 것이었다.

비잔티움 황제들에게 기독교는 로스인 및 불가르인과의 관계에서 강력한 통치 수단이었다. 물론 기독교로의 개종이 항상 갈등을 막아주지는 않았지만, 비잔티움 쪽 관점에서는 확실히 갈등의 성격이 달라졌다. 즉, 신자와 이교도 사이의 경계를 넘나드는 전투라기보다는 기독교 세계의 경계 안에서 벌어지는 내전에 가까운 것으로 변모한 것이다. 이웃한 종족이나 국가를 제국으로 끌어들이거나 확고한 동맹으로 만들 수 없다면, 차선책은 교회의 범위 안으로 끌어들이는 것이었다.

그러나 아나톨리아의 상황은 다소 달랐다. 아나톨리아는 제국 자신의 배후지였지만, 오랫동안 언어, 종족, 종교가 뒤섞인 곳이었다. 그리스어, 아르메니아어, 아랍어, 카프카즈어, 시리아어 사용자들, 기독교도와 무슬림, 이단과 정통파가 함께 살았다. 하지만 새로운 집단인 투르코만 유목민의 도래가 정치적·사회적 관계를 근본적으로 바꾸어놓았다.

투르코만인은 원래 중앙아시아 스텝에 목초지를 두었지만, 11세기에 비잔티움제국의 동쪽 국경을 압박하기 시작했다. 투르코만인은 명목상 바그다드를 중심으로 한 대셀주크Great Seljuk제국의 지배하에 있었지만, 모든 유목민과 마찬가지로 누구의 직접적인 정치적 통제도 거의 받지 않았다. 자기 제국의 안전을 우려한 셀주크 술탄은 아나톨리아 중부의 목초지와 비잔티움 도시에서 약탈할 가능성을 이야기하며 투르코만인으로 하여금 서쪽으로 밀고 나가도록 부추겼다. 1071년 셀주크군이 아나톨리아 동부의 만지케르트Manzikert 전투에서 비잔티움군을 물리친 군사적 승리로 에게해까지 이어지는 대규모 투르코만 이주의 문이 활짝 열렸다.

그 후 2세기 동안 아나톨리아는 이전에 북쪽 스텝 지대에서 일어났던 것과 같은 튀르크계 종족들의 느린 이주를 경험했다. 정치적 지배권은 점차 비잔티움인에게서 투르코만 무리 출신의 다양한 지방 에미르*에게 넘어갔다. 일부는 정착하거나 반유목 생활

---

* emir. 이슬람 세계에서 군사 지휘관이나 지역 통치자를 지칭하는 칭호로, 칼리프 다음의 정

을 하면서 비잔티움 농민 및 도시 중심지와 불안한 관계를 유지했다. 전쟁이 빈번했지만 대개 콘스탄티노폴리스의 기독교 황제와 무슬림 에미르 사이의 종교적 적대감 때문이 아니라 목초지에 대한 권한을 두고 경쟁하는 지역 공동체들 사이의 갈등, 그리고 변두리 농장과 대규모 정착지에 대한 유목민의 습격 때문에 일어났다. 게다가 이런 분쟁의 양쪽 당사자는 매해 같지 않았다. 지방 비잔티움 귀족들, 심지어 콘스탄티노폴리스에서 경쟁하는 왕조의 파벌들도 제국을 괴롭히는 수많은 내전에서 자신을 지원해줄 다양한 에미르들을 곧잘 불러들였다.

대셀주크의 종주권은 13세기 몽골의 도래로 끝이 났다. 몽골의 침략은 셀주크제국 체제를 파괴하고 더 많은 투르코만 유목민 집단의 새로운 서진 이주를 불러일으켰다. 그 결과 투르코만 에미르국과 연합들이 새롭게 배열되면서 흑해 해안 지역으로까지 세력이 확장됐다. 아크쿠윤루Akkoyunlu('백양白羊') 투르코만은 아나톨리아 동부와 페르시아 서부를 차지했다. 이웃한 두 세력인 바그다드의 대셀주크와 콘스탄티노폴리스의 '로마인'의 이름을 합친 에미르국인 룸셀주크는 아나톨리아 중부와 남부 대부분을 차지했다. 시노페와 트라페준타Trapezounta 같은 주요 항구를 포함한 해안 지역들은 이들 또는 다른 집단의 직접적인 통제하에 있거나 보호 조공을 바치는 등 다양한 위치에 놓였다.

치·군사적 권위를 가진 자를 의미한다. 11~13세기 아나톨리아에서는 투르코만 유목 부족 집단의 지도자들이 이 칭호를 사용했으며, 이들은 비잔티움제국의 영토에서 독자적인 세력권을 형성해나갔다. 이슬람 세계에서는 '아미르amir'라고 불렀다.

이런 정치적 변화는 지역 전체에 걸친 사회생활의 느린 변화를 동반했다. 일부 기독교도, 특히 도시 중심지의 교회 당국과 단절된 사람들은 이슬람으로 개종했다. 일부 그리스어나 아르메니아어 사용자들은 튀르크어를 사용하게 됐다. 일부 투르코만 유목민은 정착하여 기독교도가 됐다. 일부는 의심할 여지 없이 지금 우리가 그리스어나 아르메니아어, 쿠르드어, 조지아어라고 부르는 언어를 사용하게 됐다. 다른 유목민은 목축민으로 남아서 목초지에서 목초지로 가축을 몰고 다녔고, 형편이 어려워질 때면 정착 마을과 도시를 습격했는데, 이 마을과 도시에는 불과 몇 세대 전까지만 해도 자신들과 크게 다르지 않은 삶을 살았을 사람들이 지내고 있었다.

투르코만인은 그들 중 일부인 아나톨리아 서북부의 오스만인이 변경의 에미르국에서 이슬람 제국으로 탈바꿈한 후에도 그 자리에 남아 있었다. 투르코만 유목민 대부분은 오스만이 지배하는 수 세기 동안 정착했지만, 다양한 종류의 목축민이 살아남았다. 이라크 북부의 투르코만인부터 흑해 동남쪽 연안의 체프니인Çepni까지 근동 전역에서는 여전히 이들을 찾아볼 수 있다. 이들은 여름에 양과 염소 떼를 고지대 목초지로 이동시키는 목축민으로, 비잔티움의 세력이 쇠퇴하던 시절 해안 목축민이 했던 것과 거의 같은 일을 하고 있다.

황제들은 오랫동안 로스인 군주들, 발칸과 카프카즈의 기독교 왕들, 그리고 주기적으로 북쪽 초원이나 아나톨리아 동부에서 쏟아져 나오는 다양한 유목민들을 걱정했다. 하지만 결국 비잔티움인들을 흑해에서 분리한 것은 이들 중 어느 집단도 아니었다. 오히려 서방의 라틴 세력들이 제국의 진정한 몰락을 초래했는데, 이들은 종교적 소속과 정치적 충성 모두에서 콘스탄티노폴리스의 황제들과 갈라져 있었다.

11세기 이래 중부 유럽 세력의 부상은 서쪽에서 비잔티움의 이익을 위협했다. 이탈리아 대부분을 노르만인들에게 빼앗겼고, 이탈리아 해양 국가들이 지중해를 장악했으며, 프랑스, 독일, 교황 세력이 공모해서 제국의 남은 영토를 무너뜨렸다. 십자군은 반복적으로 이 세력 모두를 콘스탄티노폴리스의 성문 앞까지 데려왔고, 십자군이 성지로 향할 때마다 도시를 약탈하지 않도록 막은 것은 오직 교묘한 외교와 전략적인 혼인뿐이었다.

제4차 십자군 때가 되자 외교만으로는 충분하지 않았다. 1199년 이탈리아에 원정군이 집결하여 베네치아의 도제 엔리코 단돌로^{Enrico Dandolo}를 설득해 이집트 원정에 협력하도록 했다. 단돌로는 동의했지만, 그 대가는 원정 중 얻은 모든 정복지에서 충분한 지분을 차지하는 것이었다. 수년간 십자군을 준비하는 동안 목표가 바뀌었다. 더 이상 무슬림 이교도가 아니라 콘스탄티노폴리스의 분열주의자가 목표가 됐다. 베네치아인은 특히 동지중해에서 무역권을 놓고 비잔티움인과 주기적으로 전쟁을 벌여왔는데, 이 단적인 황제에 대한 십자군 원정은 동방 경제 문제에서 지배권을 확보할 기회였다. 미래의 전리품을 어떻게 나눌지에 관한 많은 논의 끝에, 1204년 봄 십자군은 마침내 도시에 대한 공격을 시작했다. 도시는 빠르게 함락됐다.

당시 연대기 작가들은 이를 '세상이 무너지는 재앙'이라고 불렀다. 파괴는 엄청났다. 하기아 소피아Haghia Sophia 대성당에서 신성 모독이 자행됐다. 성상들은 바다에 던져졌다. 수녀들이 강간당하고 젊은 수도승들은 노예로 팔려 갔다. 십자군 장군 중 한 명인 플랑드르의 보두앵Baldwin이 황제 자리에 올랐고, 베네치아인이 콘스탄티노폴리스 총대주교가 되면서 교회는 이제 공식적으로 로마의 관할하에 놓였다. 일부 비잔티움 귀족들은 마르마라해를 건너 니케아Nicaea로 피신하여 망명 제국을 세웠는데, 곧 그리스어를 쓰는 귀족층과 쫓겨난 교회 지도층의 많은 이들이 몰려들었다. 파르티티오 로마니에Partitio Romaniae라고 불린 제국의 대분할 과정에서 비잔티움은 라틴 정복자들 사이에 분할됐다. 비잔티움의 영향력은 니케아의 망명자들 사이, 트라페준타(트라페주스)의 경쟁 가문, 그리스의 작은 왕국에만 남았다. 수 세기에 걸쳐 축소된 제국 자체는 더 이상 존재하지 않았다.

흑해에서 비잔티움제국의 역사는 1204년에 막을 내렸다. 비잔티움인은 1261년에 콘스탄티노폴리스를 되찾는 데 성공하여 동방에서의 짧은 라틴인 지배 시대를 끝냈다. 하지만 복원된 비잔티움은 해협의 제국에 불과했고, 발칸과 카프카즈의 다른 기독교 왕국과 아나톨리아의 투르코만 에미르국에 둘러싸인 비교적 작은 세력이었다. 경제와 대외 무역은 대부분 이탈리아인들 손에 남았다. 보스포루스해협을 조금만 올라가면 닿는 흑해는 이제 사실상 제국 통제권의 지평선 너머에 있었다. 하지만 비잔티움 시대의 종언은 또한 해안선 일대에 전례 없는 경제 활동의 시대를 열었는데, 이때가 바로 이 바다가 유럽의 심장부에 가장 가까웠던 시기이다.

가자리아에서의 사업

1200년대 후반, 마르코 폴로Marco Polo는 몽골의 대칸 쿠빌라이Kublai 의 궁정에서 여러 해를 보낸 후 귀국길에 트라페준타에서 콘스탄 티노폴리스까지 항해했다. 마르코 폴로는 이 항해에 대해 거의 언 급하지 않았다.

> 우리는 흑해나 그 주변 지역들에 관해 이야기하지 않았다. 우리 자신 이 그곳을 철저히 탐험했음에도 불구하고 말이다. 내가 이것을 말하 지 않는 이유는, 필요하지도 유용하지도 않으면서 다른 사람들이 매 일 이야기하는 것을 다시 말하는 게 지루할 것 같기 때문이다. 이 바 다를 탐험하고 매일 항해하는 사람들―베네치아인, 제노바인, 피사 인과 끊임없이 이 항로를 오가는 많은 다른 사람들―이 너무나 많아 서, 모든 사람이 거기에 무엇이 있는지 알고 있다.[24]

그 항로를 따른 여행이 매우 흔했기에 마르코 폴로는 너무 지 루해서 이야기할 가치가 없다고 여겼다. 한 국제적인 무역의 중심 지에서 다른 곳으로 가는 일상의 통근과 같았던 것이다.

마르코 폴로가 도착했을 때 흑해는 이미 중국의 뽕나무 숲에서 마르세유Marseilles의 비단 상점까지, 노브고로드Novgorod와 키예프의 시장에서 타브리즈Tabriz의 바자르*까지 뻗어나가는 경제망의 중심이었다. 흑해는 주요 국제 교통로의 교차점에 자리하고 있었다. '비단길'은 중국에서 중앙아시아를 거쳐 카스피해를 건너 볼가강으로, 그다음 육로로 돈강을 거쳐 아조프해와 크림반도의 항구들로 이어졌다. 또는 남쪽 길로는 중앙아시아와 페르시아를 거쳐 아르메니아를 통해 트라페준타 항구로 연결됐다. 북쪽의 강들은 폴란드와 러시아를 거쳐 발트해까지 교통로를 제공했는데, 이는 한때 지중해로 호박을 가져다준 고대 무역로였지만 이제는 비단, 모피, 동물 가죽을 북유럽의 성장하는 도시들로 운반했다. 제조품, 특히 직물은 중부 유럽에 도착해 유라시아 스텝 전역으로 퍼져나갔다. 곡물과 향신료는 반대 방향으로 흘러 중부 유럽으로 들어가거나 보스포루스해협을 통해 에게해로 나갔다.

사람들이 이 바다를 부르는 이름은 이런 무역 관계를 반영했다. 일부 초기 아랍 지도는 페르시아에서 아나톨리아를 가로질러 온 상인들이 짐을 내리는 항구의 이름을 따서 이곳을 바흐르 알타라바준다bahr al-Tarabazunda, 즉 트라페준타해라고 표기했다. 폴란드인들은 이곳을 마레 레오니눔mare Leoninum, 즉 르부프Lwów해라고 불렀다. 그 내륙 상업 도시는 서북쪽으로 수백 킬로미터 떨어진 폴란드 갈리치아Galicia에 있었지만 말이다.[25] 중세 이탈리아 도시국가들에서

---

*   bazaar. 페르시아어에서 유래한 단어로, 중동과 중앙아시아의 전통적인 상설 시장을 의미하며, 단순한 상거래 공간을 넘어 사회적·문화적 교류의 중심지 역할을 했다. 우리에게도 친숙한 바자회의 '바자'도 여기서 유래했다.

새로 몰려온 선원과 상인은 이 바다를 간단히 일 마레 마조레$^{il\ mare}$ ^{maggiore}, 즉 큰 바다라고 불렀다. 상인은 제노바나 베네치아에서 여정을 시작해 지중해를 절반쯤 가로질러 해협을 통과하고 흑해를 건너면, 결국 다른 이탈리아인, 필시 아는 사람과 포도주를 한잔 나눌 수도 있었다. 유럽 수입상이 중국 비단이나 인도 향신료를 흑해까지 가져올 수 있다면 거의 집에 다 온 것이나 마찬가지였다. 수출상이 포도주나 면직물을 그곳까지 운반할 수 있다면 이미 팔린 것이나 다름없었다. 중세 상회들이 알아낸 바와 같이, 상품을 흑해까지 가져갈 수 있다면 세계 어디든 갈 수 있었다.

비잔티움이 지방 식민지에서 제국의 수도로 성장한 수 세기 동안 이탈리아 해안 도시들도 주요 해양 중심지로 발전하고 있었다. 베네치아는 난잡한 섬마을에서 동지중해 전역으로 세력을 확장한 상업 제국으로 부상했다. 이탈리아 본토와의 초기 염장 생선 무역은 중세 초기에 이르면 소아시아와 레반트에서 남유럽 항구들로 가는 해상 경로를 거의 완전히 통제하도록 점차 변모했다. 반도 건너편의 제노바와 피사는 베네치아가 누리던 지리적 이점을 갖지 못했다. 이 도시들은 더 부유한 동쪽이 아니라 더 가난한 서지중해를 바라보고 있었다. 그러나 아랍 침략자들과 벌인 일련의 전쟁의 결과로 구축된 이들의 강력한 해군은 베네치아공화국의 해군에 맞서는 적수로 떠올랐다.

베네치아는 한때 비잔티움제국의 일부였으며, 본토의 탐욕스러운 군주들로부터 보호받는 대가로 콘스탄티노폴리스에 충성을 맹세했지만, 시간이 지나면서 그 관계는 뒤바뀌었다. 베네치아 해군은 지중해 해적으로부터 해상 운송로를 보호할 필요성 때문에 강해졌고, 비잔티움의 해상력은 쇠퇴했다. 곧 비잔티움인은 베네치아를 대리 해군으로 의존하게 됐다. 이미 9세기에 베네치아인은 여러 포위자로부터 콘스탄티노폴리스를 방어하는 것을 포함한 해상 보호의 대가로 제국 내에서 상업적 특권을 부여받았다. 이런 초기 관계는 십자군 시대에 동방 무역에 대한 사실상의 독점으로 발전했다. 교황과 군주들에게는 열정이 많았지만, 베네치아 총독에게는 돈이 있었다. 베네치아인은 무기와 보급품에 대한 자금을 제공하고 기독교 군대를 성지로 수송했다. 그때까지 베네치아인은 비잔티움제국을 계속 보호하는 것보다 약탈하는 데 더 관심이 있었고, 1204년 십자군이 콘스탄티노폴리스를 파괴했을 때 가장 큰 이익을 본 것도 베네치아였다. 그 후 이어진 제국의 분할에서 에게해 군도, 북부 그리스, 흑해 해안을 포함한 비잔티움 영토의 8분의 3이 베네치아에 돌아갔다. 하룻밤 사이에 공화국은 제국을 얻었다.

제노바와 피사는 베네치아가 우세했던 시기에도 비잔티움인으로부터 어느 정도 양보를 얻어냈다. 1100년대에 이 도시들은 금각만Golden Horn을 따라 상업 구역을 허가받았다. 그러나 파르티티오 로마니에로 뜻밖의 기회가 열렸다. 베네치아가 새롭게 얻은 영토의 과실을 즐기는 동안, 제노바는 아나톨리아 서북부의 축소된 니케아'제국'을 통제하는 망명 비잔티움 왕조와 동맹을 맺었다. 그 관계에 대한 투자는 곧 배당금을 가져다주었다. 망명자들이 1261년 콘스탄티노폴리스를 되찾고 십자군을 축출했을 때, 제노바는 베네치아가 한때 누렸던 특권적 지위를 부여받았다. 제노바인들은 황제의 궁전 맞은편 금각만 건너편 언덕에 있는 콘스탄티노폴리스의 페라Pera 지구 주요 구역으로 이주했다. 흑해 연안을 포함한 제국의 모든 항구가 제노바 상인에게 완전히 개방됐다.

하지만 베네치아인과 피사인은 이런 새로운 질서를 받아들이기를 꺼렸다. 세 도시국가 사이에 한 세기가 넘는 전쟁이 이어졌는데, 여기에는 보스포루스해협에서 벌어진 장대한 해전들도 있었다. 그 결과 피사는 주요 해양 세력에서 몰락했고, 동지중해에서는 베네치아가 우위를 점하게 됐으며, 흑해에서는 베네치아와 제노바 상인들 사이의 불안정한 공동 지배가 이루어졌다. 돈강의 옛 그리스 식민지 타나이스Tanais는 이제 이탈리아인에 의해 타나Tana라고 불렸으며, 베네치아인들이 동방으로 진출하는 관문이자 중국과 중앙아시아에서 오는 육상 무역로의 종착지가 됐다. 하지만 흑해 무역로로부터 이익을 얻으려는 경쟁에서 고대 밀레도스의 진정한 후계자는 제노바였다. 1200년대 말까지 제노바인은 재건된 비잔티움제국 안에서 사실상 자신들만의 제국을 만들어냈다. 제노바 공동체의 총독인 포데스타podestà는 페라의 높은 곳에서 부와 지리적 범위에서 견줄 데 없는 상업적 영토를 내려다볼 수 있었다. 어떤 비잔티움 연대기 작가는 "바다는 그들만의 것이다"라고 썼다.[26]

이탈리아 상업의 흑해 진출은 해안 도시들을 되살렸다. 일부 도시들은 북쪽 스텝을 가로지르는 여러 집단의 대이동 시대 내내 방치됐고, 케르소네소스 같은 몇몇 도시는 불안한 변경에서 비잔티움의 영향력이 미치는 외딴 전초기지로 그 시기를 버텨냈다. 하지만 1200년대 후반이 되자 흑해 연안에는 활기찬 항구도시들이 줄지어 들어섰다. 그들 대부분은 옛 그리스 식민지 위에 건설됐고, 이제 동방의 부로 향하는 관문이라는 위치를 활용했다.

대부분의 선박은 무역이나 보급을 위해 도중에 정박하는 것을 포함해도 몇 주면 콘스탄티노폴리스에서 트라페준타까지 갈 수 있었다. 날씨가 매우 좋을 때는 필요하다면 일주일 안에도 여행할 수 있었다.[27] 그곳에서 배는 크림반도로 재빨리 건너가 (이탈리아인들이 카파Caffa라고 이름을 바꾼) 테오도시아의 옛 그리스 항구에 정박한 다음, 아조프해로 계속 들어가 타나Tana까지 갈 수 있었다. 타나는 육상 운반로를 통해 볼가강으로, 그리고 카스피해로 나아가는 출발점이었다. 흑해 해안 전체에 걸쳐 제노바인이 상업과 지역 행정을 모두 장악했다. 상주하는 제노바 영사들은 시노페와 트라페준타, 동쪽의 세바스토폴리스Sevastopolis(현재 조지아의 수후미), 다뉴브강과 드네스트르강 하구의 리코스토모Licostomo와 마우로카스트로Maurocastro, 그리고 카파에 주재했다. 특히 타나와 솔다야Soldaia(현재 우크라이나의 수다크Sudak*)에는 베네치아인들도 있었지만, 이미 동지중해를 장악하고 있었기에 베네치아인들에게 흑해는 항상 부차적인 관심사였다.

이러한 상업 중심지, 특히 크림 해안의 도시들을 방문하는 사람이라면 누구나 분주한 작업장과 세계 각지에서 온 상인들로 가

---

* 2014년 러시아의 크림반도 병합으로 현재 러시아가 실효 지배 중이다.

득한 시장을 마주했을 것이다. 포장된 거리에서는 열 가지가 넘는 언어가 들렸고, 노점상들은 그리스어와 이탈리아 방언이 뒤섞인 혼성어로 거래를 성사시켰다. 시간을 알리는 프란치스코회와 도미니코회 수도원의 종소리가 이슬람의 기도 호명이나 정교회와 아르메니아 사제들의 성가와 경쟁하듯 울려 퍼졌다. 시민과 상인은 영사관 궁전의 접견실에 몰려들어 구제책을 구하거나 공증인을 재촉하여 계약서에 인장을 받으려 했다. 낙타와 짐말 대상隊商들이 성문을 통과하여 항구로 향하는 길을 구불구불 따라갔다. 남유럽 출신 상인들인 이탈리아인, 카탈루냐인 등은 점점 늘어나는 무슬림과 유대인을 만났고, 펠로폰네소스와 에게해 군도에서 새로 밀려온 정교회 신자와도 마주쳤는데, 이들 중 일부는 도시에 영구히 정착했고 다른 이들은 지중해로 돌아가기 전까지만 그곳에서 겨울을 났다.

이 시대 제노바 공증인들의 여러 기록이 남아 있다. 이는 항구도시 간 무역의 다양성과 그에 종사한 사람들의 각양각색의 모습을 놀랍도록 생생하게 보여준다. 1289년 4월, 굴리엘모 베사노는 수송선 무게토호의 지분 3분의 1을 비발디노 라우제리오에게 팔았다. 5월에는 마누엘레 네그로네가 마초 디 캄포와 오베르티노 달벤가에게 카프카즈 해안에서 잡혀 온 베날리라는 이름의 30세 노예를 팔았다. 6월에는 가톨릭 신자인 자콤모 디 기술포가 굴리엘모 디 살루초의 대리인으로서 무슬림 케말 타크마지로부터 카파에 거주하던 시리아 출신 무슬림 하산과 거래한 소가죽 선적물에 대한 대금을 받았다. 1290년 4월에는 아르메니아인 페라, 바실리, 프리체와 정교회 신자인 테오도레, 코스타스가 유르주치라는 해적이 빼앗아 간 모든 재산을 타브리즈의 몽골 칸 아르군Argun이 장비한 갤리선의 선장인 비발도 라바조가 되찾아 돌려주었다고 인정했다.[28] 이처럼 상당한 거리를 둔 여러 공동체 간에 이루어진 놀라운 교류를 보면, 마르코 폴로가 흑해를 자세히 묘사할 필요를 거의 느끼지 않았던 것도 당연하다.

유럽인들의 해양 지식에 대한 증거는 주로 이탈리아인과 카탈루냐인이 제작한 화려한 항해도인 포르톨라노portolano에서 쉽게 볼 수 있다. 오늘날 박물관과 개인 수집가들에게 귀한 대접을 받는 이 해도는 양피지에 그려져 항해 시 휴대하기 좋게 두루마리로 만들었다. 이 해도는 탁월풍卓越風을 기준으로 방향을 보여주고, 해안선의 윤곽을 그려 넣어 모든 주요 항구와 소규모 항구를 나타냈다. 대부분 13세기에서 15세기에 제작된 이 해도의 지리적 세부 묘사는 놀랍다. 날카로운 곶이 바다로 돌출됐고, 그 사이사이에는 만입과 포구를 나타내는 반원형의 움푹한 부분들이 끼어 있다. 바다 전체의 모양, 곶의 위치, 크림과 아조프해의 윤곽 모두 대체로 정확한데, 이탈리아의 지배가 끝난 후 수 세기 동안 제작된 지도들에서는 상상으로 잘못 그려지곤 하던 특징들이었다.

해안선을 따라 위치한 항구도시와 제노바 공동체의 행정은 신비로운 하자르인의 이름이 남아 있는 곳 중 하나였던 가자리아 관청Officium Gazariae에서 공식적으로 관할했는데, 그러나 중심지는 크림의 카파였다. 카파에는 선출직 원로원과 문민 관료제가 있었다. 제노바에서 직접 임명하는 최고 영사는 페라의 포데스타보다도 더 많은 보수를 받았으며, 세금 징수, 공동체 예산 편성, 민병대 보급, 그리고 흑해의 다른 항구 대부분에 영사를 임명하는 일 등을 담당했다.[29] 영사 행정부는 벽돌과 돌로 쌓은 성벽 곳곳에 방어탑을 세우고 주위에는 해자를 두르는 등 견고한 방어 시설을 건설하는 일을 감독했다.[30] 도시의 광활한 초승달 모양 만에는 배 밑바닥이 넓은 원양선들과 지중해에서 수입한 펠루카felucca와 기타 소형 연안선이 떼를 이루었다. 위대한 아랍 여행가 이븐 바투타Ibn Battuta는 이곳에 "크고 작은 군함과 상선"이 200척가량 있다고 기록했다. 이븐 바투타는 평생 많은 항구를 보았지만, 이곳은 "세계에서 가장 주목할 만한 항구 중 하나"였다.[31]

또 다른 여행가인 코르도바의 페로 타푸르Pero Tafur는 1430년대 후반 맑은 날 카파 항구로 항해해 들어왔다. 트라페준타에서 건너온 타푸르는 그 도시가 아스라이 시야에서 사라지는 것을 보며 기뻐했다. 고대에 트라페주스라 불린 트라페준타는 비잔티움에 맞서는 독자적인 황제가 통치하고 있고, 제노바와 베네치아 상인들이 활동하고 있다고 타푸르는 말했다. 하지만 타푸르가 남쪽 항구에 실망한 이유는 황제가 자신의 딸을 현지 무슬림 지도자에게 시집보냈다는 사실을 알게 되었기 때문이다. 그는 코르도바 사람들이 무어인을 막으려고 목숨을 바쳐 지켜낸 것을 이제 트라페준타 사람들이 튀르크인에게 자유롭게 내주고 있다고 느꼈을 것이다. 그에 비해 카파는 적어도 일부 지역일지라도 문명에 더 가까워 보였다. 도시 총독은 타푸르를 따뜻하게 맞이했고 직접 타푸르의 필요를 돌봐주었다. 타푸르가 머문 여관은 만족스러웠고 방문한 프란치스코회 수도원의 수사들은 친절했다. "이 도시는 매우 크다. 세비야만큼, 아니 그보다도 크며, 주민은 두 배나 많다. 기독교도와 가톨릭교도는 물론 그리스인[정교회 신자들], 그리고 세상의 모든 종족이 살고 있다." 매일 먼 항구에서 배가 도착했고, 승객들의 왕래로 거리는 온갖 언어의 소음으로 가득했다고 타푸르는 말했다. 향신료, 금, 진주, 보석, 값비싼 러시아 모피, 노예들을 사고 팔았는데, 종종 믿기 어려울 정도로 가격이 저렴했다. 타푸르 자신도 노예를 몇 명 샀다. 그는 이것이 노예들이 불경한 무슬림의 손에 떨어지는 것을 막는 자선 행위라고 생각했다.[32]

카파를 비롯해 타푸르가 방문한 다른 도시들에는 활기가 넘쳤지만, 그의 최종 판단은 긍정적이지 않았다. 어쨌든 동양 도시치고는 살 만했지만, 스페인에 돌던 동방의 부유함에 대한 이야기들을 듣고 기대했던 수준에는 미치지 못했다. 겨울에는 너무 추워서 항구에서 배들이 꽁꽁 얼어붙었고, 내륙 지방은 인도만큼이나 접근하기 어려웠다고 타푸르는 말했다. 음식은 대개 먹을 수 없는 지경이었고, 시장 사람 대부분은 짐승 같았다. 프란치스코회 수사들과 몇몇 교양 있는 상인들이 최소한의 질서를 세우려고 애썼지만 쉽지 않았다. "확실히 그곳에 있는 제노바인들이 아니었다면 그 사람들이 우리와 같은 부류[즉, 가톨릭 유럽인]라고는 생각할 수 없었을 것이다. 그토록 많은 다른 종족들, 그토록 많은 복장과 식사 방식, 그리고 여성을 대하는 관습에 그러한 다양성이 있으니 말이다." 처녀 한 명을 포도주 한 잔 값으로 살 수 있다는 말이 있었는데, 타푸르는 직접 한 명을 사서 그 수치스러운 거래를 확인

했다.[33]

　타푸르는 크림 항구의 주민들이 이탈리아에서 처음 도착했을 때는 필시 충분히 문명화되어 있었을 것이라고 추론했다. 최고 명문가의 후손들도 그곳에 거주하고 있었다. 하지만 주민들은 내륙의 집단들, 특히 아시아계 타타르인과의 교류로 점차 타락해갔다. 북쪽 내륙 지역 대부분은 13세기 몽골의 침입과 함께 이 지역을 휩쓸고 들어온 타타르 지도자들이 지배하고 있었다. 이탈리아인은 처음에는 해안 도시에 거주지를 마련할 권리를 협상했다가 점차 교외 지역까지 지배권을 확장했다. 일부 타타르인은 성벽 안에서 이탈리아인과 함께 살았지만, 그렇다고 해서 다른 타타르인이 주기적으로 도시를 포위하는 것을 막지는 못했다. 어떤 칸이 자신의 공물에 불만을 표할 때마다 무장한 타타르인 무리가 성문 앞에 나타났다. 항구들은 도시 민병대의 우수한 무기인 석궁, 대포, 화승총 덕분에 타타르인의 약탈을 피할 수 있었디. 때로는 그것으로도 충분하지 않았다. 이탈리아인은 여러 번 집과 사업장을 거의 처음부터 다시 지어야 했다.

　타푸르는 흑해 항구를 방문한 많은 가톨릭 유럽인, 적어도 그곳에서 살면서 사업을 하는 것이 아니라 이국적 여행이 주된 관심사인 사람들에게 흔한 반反무슬림 편견을 공유하고 있었다. 타푸르는 트라페준타의 기독교 당국자와 아나톨리아 무슬림 에미르 간의 긴밀한 관계에 충격을 받았고, 크림 도시에서 타타르인이 기독교도와 어울리는 방식에도 마찬가지로 당황했다. 그러나 흑해 연안을 방문한 수많은 외부인처럼 타푸르도 그곳 사회관계의 중요한 측면을 놓쳤다. 이탈리아인들이 상업적 성공을 크게 빚지고 있는 것은 바로 이 타타르인, 더 정확히 말하면 타타르인이 원래 속해 있던 거대한 몽골제국 덕분이었다.

팍스 몽골리카

몽골인은 중앙아시아에서 서쪽을 향한 마지막 대이주를 벌였다. 몽골인의 흑해 지역 진출은 부분적으로는 정복 욕구에, 부분적으로는 수 세기 전 유라시아 목축민처럼 끝없는 말, 소, 양 떼를 뒤따라 이동하는 유목민의 자연스러운 이동에 의한 것이었다. 이들 유목민의 대부분이 실제로는 튀르크계 출신이었기 때문에 당대 관찰자들은 그들에게 흔히 타타르인, 또는 옛날 철자로는 '타르타르인Tartars'이라는 이름을 붙였는데, 이는 나중에 바다 북쪽의 모든 몽골 후계자들에게 적용되는 명칭이 됐다. 전사 계급은 아마도 몽골에 뿌리를 둔 사람들이 지배했을 것이다. 그러나 고대 스키타이인처럼 몽골인도 다양한 언어를 사용하는 사람들에게 공통된 하나의 광범위한 범유라시아 문화와 생활 양식을 공유했다.

　　몽골-타타르 영토는 칭기스 칸Chingiz Khan 치하에서 급속히 확장되어 1227년 대칸이 죽을 때에는 중국 해안에서 흑해까지 뻗어 있었다. 칸의 후계자들은 더욱 멀리 나아가 흑해 스텝에서 쿠만인의 지배를 끝내고 폴란드와 헝가리까지 진격했으며, 페르시아와 카프카즈를 정복했다. 바다 북쪽 평원에 몽골-타타르 기병들이 나타나면서 유럽의 통치자들은 걱정에 빠졌나. 몽골 기병대가 도착하기 전에 도시를 약탈하고 주민을 학살한다는 소문이 먼저 퍼져나갔다. 이 기병대는 중부 유럽 깊숙한 곳의 가장 견고하게 요새화된 도시마저 함락시킬 수 있을 것 같았다. 교황과 대공들은 키예프, 크라쿠프Kraków, 부다페스트Budapest를 약탈하고 이제 새로운 속국으로부터 막대한 공물을 받아내는 이교도에 맞서 새로운 십자군을 요청했다.

연대기 작가와 후대 역사가는 몽골-타타르 지배 시기를 동양 전제주의의 어두운 밤으로 되돌아볼 것이었다. 중세 주석가들은 '타타르'와 고전 신화의 지옥인 '타르타로스Tartaros' 사이의 유사성을 놓치지 않았다. 그러나 중세의 상당 기간에 소위 타타르의 멍에Tatar yoke는 사실상 예속만큼이나 부의 축적에 관한 것이기도 했다. 최초의 서진 이후 뒤따른 약 두 세기간의 상대적 안정은 흑해의 이탈리아인을 포함한 근동의 상업이 번영할 수 있는 정치적 배경을 제공했다. 이전에는 흑해 스텝과 북쪽 연안의 도시를 통치하는 지배자가 계속 바뀌었다. 슬라브 대공들은 서로 경쟁했고 다양한 튀르크 지도자와도 경쟁했다. 안정을 이루었을 때조차 그것은 대개 이해관계가 신중하게 균형 잡힌 결과였으며, 비잔티움 황제들이 오랫동안 이해했듯이 동쪽에서 새로운 유목민 집단이 나타나면 곧바로 그 균형은 깨질 수 있었다.

그러나 13세기와 14세기에는 바다가 몽골-타타르 정복으로 탄생한 안정된 두 세력의 접점에 있었다. 북쪽에는 킵차크칸국이 있었고 남쪽에는 일칸국이 있었는데, 이들은 타브리즈를 수도로

하여 페르시아를 지배한 몽골 통치자들이었다. 가톨릭, 정교회 또는 아르메니아 상인은 한 거대한 근동 교역 도시에서 다음 도시로, 즉 페르시아 서북부의 타브리즈에서 흑해의 트라페준타를 거쳐 돈강의 타나까지 여행하면서도 칭기스 칸의 후손 중 어느 하나의 영역을 벗어나지 않았다. 프랑스 루이 9세가 타타르인에게 외교 사절로 파견한 수사 기욤 드 뤼브루크Guillaume de Rubrouck는 솔다야에서 바다를 내려다보며 타타르 세력의 범위를 헤아렸다.

> 남쪽으로는 트라페준타 도시가 있는데, 이곳에는 자체 총독이 있다. (……) 총독은 콘스탄티노폴리스 황제 혈통 출신으로 타타르인의 지배를 받는다. 다음으로는 튀르키예 술탄의 도시인 시노폴리스[시노페]가 있는데, 이곳 역시 타타르인에게 종속되어 있다. 타나이스 강[돈강] 하구에서 서쪽으로 다뉴브강까지의 모든 땅이 타타르인의 지배 아래 있다.[34]

동방 여행 일정에 흑해를 넣는 것은 상인에게 경제적으로도 합리적이었다. 콘스탄티노폴리스에서 트라페준타까지 바닷길로 우회한 다음 대상隊商으로 페르시아까지 가는 여정은 아나톨리아를 곧바로 가로지르는 육로 여행보다 시간이 3분의 1밖에 걸리지 않았고,[35] 바다에서 폭풍을 만날 가능성은 통행이 불가능한 도로와 산적을 틀림없이 만나는 것보다는 늘 나은 선택지였다.

몽골-타타르 제국의 지도자들은 확실히 숙련된 전사였지만, 자신에게 유리할 수 있는 상업적 또는 정치적 관계를 환영했다. 수사 기욤과 마르코 폴로 같은 탐험가들은 몽골-다다르 행정의 정교함에 감탄했다. 유라시아 전역에 흩어진 하급 칸조차도 서방 왕들이 보낸 우호 서한을 번역할 수 있는 통역관을 두고 있었다. 중세에 타타르 영주의 이동식 천막 도시보다 더 국제적인 장소는 거의 없었다. 수사 기욤은 돈강을 건너 칭기스 칸의 증손자인 사르타크Sartaq 칸의 천막에 이르렀을 때, 네스토리우스파 기독교도가 의전장으로 일하고 있고 성전 기사단원이 키프로스에서의 최근 모험담으로 군중을 즐겁게 하는 것을 보고 놀랐다. 더 동쪽 사르타크의 할아버지인 대칸 뭉케Möngke*의 거처에서는 파리 출신 금세공인, 다마스쿠스 출신 기독교도, 궁정에서 일하는 러시아 목수와 결혼한 로렌Lorraine 출신의 프랑스 여인, 바그다드와 인도, 셀주크튀르크인 사절들, 뭉케를 기독교도로 개종시키려는 털옷을 입은 아르메니아 수도사를 발견했다.[36]

몽골-타타르 패권 시대 이전에는 북쪽 스텝에서 유럽인을 발견하는 일이 드물었다. 내륙 지방은 위험했고, 여행을 시도한 몇 안 되는 용감한 여행자도 안전을 보장하기 위해 기발한 방법에 의존해야 했다. 1235년 야심에 찬 도미니코회 수사 일행 네 사람이 부다페스트에서 출발해 헝가리인의 고대 고향인 볼가강 유역으로 여겨지는 곳을 찾아낸 후 헝가리인의 이교도 동족을 기독교로 개

---

* 원문은 뭉케를 사르타크의 할아버지grandfather라고 서술했으나 이는 오류다. 뭉케는 톨루이의 아들로 칭기스 칸의 손자이며, 사르타크는 바투의 아들, 바투는 주치의 아들로 칭기스 칸의 증손자다. 따라서 뭉케는 사르타크의 아버지 바투와 사촌 관계이지 사르타크의 할아버지가 아니다. 수사 기욤은 사르타크를 만난 후 바투를 거쳐 뭉케의 궁정으로 갔다.

종시키려 했다. 수사 일행은 다뉴브강을 따라 내려간 다음 흑해를 건너 돈강을 거슬러 올라갔다. 물 위에 있는 동안은 모든 것이 순조로웠지만 볼가강으로 가는 육로 여행은 위험투성이였다. 쿠만 지도자들이 서로 전쟁을 벌이고, 약탈자가 스텝을 돌아다녔다. 대상이나 동행하는 사람들도 거의 없었다.

식량이 떨어지고 주머니가 가벼워지자 수사들은 기발한 아이디어를 떠올렸다. 나머지 두 사람이 식량을 사고, 강도에게 줄 돈을 치르고, 선교 임무를 계속할 수 있도록 두 사람이 자진해서 노예로 팔려 간다는 것이었다. 계획은 실패했다. 몇 번 시도해본 후 수사들은 자신 중 누구도 구매자를 끌어들일 만한 충분한 기술이 없다는 사실을 깨달았다. 수사들이 가진 기술이라고는 나무 숟가락을 깎는 것뿐이었다. 결국 셋은 되돌아갔고, 용감한 율리아누스 수사만 동쪽으로 계속 나아갔다. 율리아누스는 헝가리인의 원형인 형제들을 찾지는 못했지만 문명을 발견했다. 그는 볼가강 어딘가에서 대칸의 정찰대인 기병 부대와 마주쳤고, 그 부대의 통역관이 독일어와 헝가리어를 포함한 여섯 가지 언어를 구사한다는 사실에 놀랐다.[37]

수십 년 안에 그 기병대가 대표하던 질서 의식이 흑해 전역으로 퍼져나갔다. 흑해와 중앙아시아 평원을 연결하는 교역로는 너무나 왕래가 잦아서 중세 이탈리아인도 안내서에서 그 길에 대한 내용을 읽을 수 있을 정도였다. 피렌체 은행가였던 프란체스코 페골로티Francesco Pegolotti는 1300년대 초에 쓴 저서 『상업의 실무The Practice of Commerce』에서 동쪽으로 향하는 상인들을 위한 조언을 기록했다.

물론 이 여행은 담이 작은 사람들을 위한 것이 아니었다. 타나에서 중국까지 가는 데는 9개월이 넘게 걸릴 수 있었다. 페골로티는 상인들에게 수염을 길게 기르라고 조언했는데, 이는 사기꾼에게 자신이 외국인임을 드러내지 않기 위해서였다. 하지만 율리아누스 수사와 동료들이 겪었던 시련은 이제 흔하지 않은 일이 됐다. 그는 "타나에서 중국Cathay으로 가는 길은 낮이나 밤이나 매우 안전하다"라고 썼는데, 길에서 만날 수 있는 무장 기병 부대는 몽골-타타르 영토 전역에 걸쳐 안전한 통행이 보장된다는 증거였다.[38]

세계 각지와 연결되어 있었음에도 몽골-타타르는 근본적으로 유목 사회였다. 주로 목동과 목축업자였던 몽골-타타르인은 겨울에는 가축과 함께 바다 쪽으로, 여름에는 북쪽으로 이동했다. 마부는 수레 위에 유르트yurt를 얹고 유르트 문간에 서서 힘겹게 수레를 끄는 소 떼를 몰며 스텝을 미끄러지듯 이동했다.[39] 페골로티보다 한참 후에 또 다른 상인인 요사파 바르바로Josafa Barbaro가 타나의 성벽에 올라가서 이동하는 유목민들의 모습을 보고 받은 인상을 기록했다.

처음에는 말 떼[수백 마리]가 왔다. 그 뒤를 낙타와 소 떼가 따랐고, 그 뒤로는 작은 짐승 무리가 이어졌는데, 이것이 엿새 동안 계속됐다. 우리 눈으로 볼 수 있는 한, 사방의 평원이 길을 따라가는 사람들과 짐승들로 가득했다. (……) 우리는 성벽 위에 서 있었고(문은 굳게 닫아두었다), 저녁이 되자 보는 것조차 지칠 정도였다.[40]

그 광경과 특히 목재 바퀴가 차축에서 돌아가며 내는 소리, 지평선 너머에서도 들릴 정도로 큰 끼익거리는 소음은 1,000년 전 여행자에게도 익숙했을 것이다.

팍스 몽골리카^{pax mongolica}는 중세 시대에 한동안 상업과 교류가 번성할 수 있게 했다. 이는 유럽의 상업적 도약을 위한 발판을 마련했고, 중국으로 가는 해상 항로를 찾으려는 유럽 탐험가들의 관심을 불러일으켰다. 그러나 칭기스 칸의 후계자들 간 경쟁으로 인해 그 평화는 완전히 평화롭지 못한 경우가 많았다. 이미 1300년대 중반까지 몽골-타타르 제국은 서로 적대적인 분할된 영토들로 이루어진 느슨한 체제에 불과했으며, 각각은 다른 영토의 재산을 약탈하여 이익을 얻으려 했다. 킵차크칸국은 내부 음모의 희생양이 됐다. 야심에 찬 티무르^{Timūr}를 포함하여, 상호 경쟁하는 동쪽의 칸들이 잠시 통제권을 행사했다가 이전보다도 더 큰 혼란을 남기고 떠났다. 중국의 명나라가 1368년 몽골의 지배를 벗어던지고 곧이어 몽골 본토를 침공했다. 중국으로 가는 길이 막혔다.

흑해 항구도시를 통한 장거리 상업의 전성기는 상당히 짧았으며, 14세기 전반에 절정에 달했을 것이다. 인근 타타르인 사이의 정치적 혼란과 동방으로 향하는 해상 항로의 발달로 국제 중계무역항으로서 타나와 카파의 중요성이 줄어들었다. 그러나 이런 제한적인 기간에도 그리스 식민지 시대와 로마제국 시대 이후 볼 수 없었던 규모의 자유로운 인구 이동이 일어났다. 사람들이 스텝을 가로질러 왔다 갔다 하고, 흑해 한쪽 끝에서 다른 쪽 끝까지 자유롭게 이동했던 것이다. 하지만 이런 이동에는 대가가 따랐다. 이는 달갑지 않은 새로운 존재가 들어올 문이 열린 것이었고, 흑해의 항구를 방문한 유럽인이라면 누구나 그 존재를 아주 잘 알고 있었을 것이다.

카파에서 온 배

제노바와 베네치아 식민지의 인구는 주로 이탈리아인이 아니었다. 예를 들어 카파는 전성기에도 이탈리아인이 5분의 1 정도에 불과했다.[41] 그리스인(서방인이 모든 정교회 기독교인에게 붙인 일반적인 명칭으로, 에게해와 아나톨리아 출신 그리스어 사용자뿐만 아니라 오늘날 루마니아인, 세르비아인, 우크라이나인 등으로 불리는 사람들을 포함했다)이 상당수를 차지했고, 아르메니아인 같은 다른 기독교도도 마찬가지였다. 또한 무슬림 공동체도 늘어나고 있었는데, 이 역시 북쪽 해안의 타타르인, 북카프카즈 지역의 여러 종족, 아나톨리아의 튀르크인, 레반트 지역의 아랍인을 포함하는 일반적인 사회 범주였다.

상거래와 운송에서 분명 협력이 존재했지만, 이들 집단 간의 관계가 항상 원만한 것은 아니었다. 어떤 항구도시든 험악하고 무질서한 면이 있기 마련이고, 흑해 항구도 예외가 아니었다. 모독, 거래, 여자를 두고 일어난 다툼이 달콤한 조지아산이나 크림산 포도주 때문에 더욱 격해져 때로는 폭력 사태로 번지곤 했다. 1343년 무더운 여름, 타나에서 그런 일이 일어났다.

베네치아 상인 안드레올로 치브라노가 오마르라는 현지 무슬림과 몸싸움을 벌였다고 한다. 다툼의 원인은 기록되지 않았지만,

결국 오마르가 죽었다.[42] 살인 소식이 퍼지면서 마을 안의 타타르인이 베네치아인, 피렌체인, 제노바인, 카탈루냐인, 즉 가톨릭 유럽인들을 통칭하는 '프랑크인'에게 분노를 터뜨렸다. 타타르인은 사업장과 여관을 불태우고 항구 근처의 상점들을 위협했다. 현지 타타르 칸은 상인의 사망 소식을 듣고 돈강 하구에서 하천 교통을 차단하고 멀리 크림까지 이탈리아 정착지들에 대한 보복을 명령했다.

위급한 소식이 결국 베네치아에 전해졌고, 공화국은 피해를 복구하고 돈강 항로를 다시 열기 위해 나섰다. 원로원은 치브라노를 추방하고 육로로 타나에 외교 사절단을 보내 관계 회복을 시도하기로 의결했다. 하지만 제노바인은 유화 정책에 덜 적극적이었다. 제노바인은 변덕스러운 타타르인을 이전에도 상대해본 경험이 있었다. 타타르인이 1300년대 초에 카파를 파괴한 적이 있었기 때문이다. 제노바인은 타협이 아닌 무력 과시가 문제를 해결할 것이라고 확신했다. 카파의 제노바 영사가 베네치아 영사를 격려했고, 드물게도 두 이탈리아 공동체는 힘을 합쳤다. 그들은 카파 성벽 안에 웅거하며 각오를 다지면서, 피할 수 없는 타타르의 공격에 맞서 끝까지 버틸 준비를 했다.

공격은 이듬해에 시작됐다. 늘 그렇듯이 제노바인은 칸의 군대에 맞서 인상적인 무기들을 배치할 수 있었고, 바다를 장악하고 있어서 도시에 물자를 쉽게 공급할 수 있었다. 타타르인들이 반도 중심부와 해안가로 이어지는 육로를 통제하고 있었음에도 1344년과 1345년 여름 내내 해상 운송은 꾸준히 계속됐다. 여러 해 지속되는 포위전보다 빠른 기습에 익숙한 타타르인들은 지쳐갔다. 제노바인들이 신의 섭리라고 여긴 이상한 질병이 칸의 군대 사이에 퍼져나갔다. 그러나 병사들이 쓰러지자 칸은 그들이 살아 있을 때보다 죽어서 더 쓸모가 있겠다고 판단했다.

칸은 지휘관에게 죽은 병사들의 시체를 투석기에 실어 성벽 너머 도시 안으로 던지라고 명령했다. 이 전술은 한동안 효과가 있었다. 카파 주민 몇 명이 병에 걸려 이전에 타타르 병사들에게 나타났던 것과 같은 고통스러운 종기가 돋아났고, 극심한 고통 속에서 죽어갔다. 하지만 제노바인은 시체가 하늘에서 떨어지자마자 바다에 던져버리는 부대를 만들었다. 그러자 질병의 확산이 멈춘 것 같았다. 시간이 지나자 칸은 제노바 영사가 예상했던 대로 포위전에 지쳤다. 평화 협정이 체결됐고, 베네치아인은 타나로 돌아갈 수 있었다.

그러나 이것이 끝이 아니었다. 포위전이 이어지는 동안 콘스탄티노폴리스에서 보급품을 실어 나르던 바로 그 항로는 이세 귀환하는 항해에 더 음산한 화물을 실어 나르고 있었다. 이탈리아 공증인 가브리엘레 데 무시Gabriele de' Mussi는 1347년 여름 카파에서 출항한 배 한 척에 자신이 타고 있었다고 주장했다. 그럴 가능성은 희박하지만 카파에서 지중해까지의 여행에 대한 데 무시의 이야기는 아마도 실제로 그곳에 있었던 사람들의 증언에 바탕을 둔 것으로 보인다. 데 무시는 여행 중에 선원들이 원인 모를 병에 걸렸고, 그들이 도중에 정박한 곳마다―즉 늦여름 콘스탄티노폴리스, 초가을 시칠리아, 1348년 1월 제노바의―항구에서 도시 중심부로 질병이 빠르게 번져나갔다고 보고했다. 타타르 군대를 괴롭혔던 바로 그 치명적인 질병이 이제 해상 항로를 따라 이탈리아 본토로 되돌아오고 있었던 것이다. 데 무시의 배가 제노바에 도착했을 때는 해골처럼 앙상한 선원 몇 명만이 간신히 상륙했다. "아, 제노바여, 그대가 무엇을 했는지 고백하라. 우리는 집에 도착했고, 일가친척과 이웃이 사방에서 우리를 보러 왔다. 우리에게 화가 있을진저, 우리가 그들에게 죽음의 화살을 던졌으니! 우리가 그들과 이야기하고, 그들이 우리를 껴안고 입 맞추는 동안, 우리는 입술에서 독을 퍼뜨렸도다."[43]*

세기말까지 흑사병으로 2,500만 명에 달하는 사람이 목숨을 잃었는데, 이는 유럽 인구의 4분의 1 또는 그 이상에 해당했다. 물론 페스트는 훨씬 이전부터 목격됐다. 비슷한 증상을 보이는 질병, 예컨대 고름이 생긴 환부, 부어오른 분비샘이나 가래톳(여기서 '가래톳페스트'라는 말이 나왔다), 그 후 며칠 만에 극심한 고통과 함께 필연적으로 죽음이 따르는 질병은 로마인에게도 알려져 있었다. 그러나 활발한 무역과 해상 교류 때문에 질병이 손쉽게 유라시아에서 서방으로, 흑해 주변의 도시 중심지에서 중세 유럽의 성장하는 마을과 도시로 퍼져나갔다. "그때 북쪽 스키티아에서 창궐한 전염병이 폰토스뿐만 아니라 거의 온 세상을 침범했다"라고 비잔

---

* 학계의 연구에 따르면 이 주장에 관해서 데 무시의 증언은 대부분 신뢰할 수 없으며, 유일하게 사실로 간주할 수 있는 부분은 흑사병 환자의 외형적 증상에 대한 묘사뿐이라고 한다. 데 무시는 직접 목격자가 아니었고, 시체 투척에 대한 다른 동시대 기록이 거의 없으며, 카파를 출발점으로 보는 주장도 시간적 차이와 선박 운항 주기를 고려할 때 설득력이 부족하기 때문이다. 그리고 이는 의도적인 거짓말이 아니라 당대의 종교적 심성, 타 종교와 민족에 대한 편견, 부족한 의학 지식, 부정확한 정보에 기반한 이해로 해석해야 한다는 것이다. 남종국, 「흑사병의 서유럽 전파에 관한 오해와 왜곡: 무시스의 기록을 중심으로」, 『의사학』, 제30권 제3호, 2021, 465~498쪽.

티움 황제 이오아니스 6세 킨다쿠지노스^{Ioannes VI Kantakouzenos}는 탄식했다.[44] 세계화는, 낙타 대상과 나무배로 이루어졌을지라도 희생자를 낳기 마련이었다.

콤니노스 제국

제4차 십자군 참전자들이 비잔티움제국을 산산조각 냈을 때, 새로운 로마의 계승자라는 칭호를 놓고 적어도 네 개의 주요 세력이 경쟁했다. 먼저 십자군 제국 자신이 있었는데, 이들은 콘스탄티노폴리스를 장악했지만 자신이 폐위시킨 그리스 황제의 제국 전통 및 관행과는 거의 공통점이 없었다. 그리스 북부에서는 새로운 제국이 선포됐지만 비교적 빨리 소멸했다. 니케아에서는 전 비잔티움 황제들의 여러 경쟁 가문이 기회를 기다리며 노시로 돌아가 왕좌를 되찾을 때를 노렸다. 그리고 훨씬 동쪽에서는 또 다른 폐위된 왕조인 콤니노스^{Komnenos} 왕조가 고대 항구도시 트라페준타를 중심으로 자신만의 제국을 선포했다. 1261년 니케아 황제들이 콘스탄티노폴리스로 돌아와 라틴인을 축출했다. 복위한 황제는 제노바와 손을 잡고 무역 특권을 보장해주는 대신 자신의 안전을 지켜냈다. 팔레올로고스^{Palaiologos} 왕조는 오스만제국이 올 때까지 그 도시를 지배할 것이었다. 하지만 팔레올로고스 왕조의 승리 후에도 트라페준타의 콤니노스 왕조는 흑해 동쪽에서 자신들만의 독립국을 유지했고, 이 국가는 콘스탄티노폴리스가 오스만제국에 함락된 후에도 비잔티움의 유산을 살려둘 것이었다. 사실 비잔티움제국이 존재한 마지막 2세기 반 동안은 콘스탄티노폴리스가 아니라 트라페준타야말로 흑해 지역 제국의 진정한 수도였다.

콤니노스 왕조는 원래 1057년부터 콘스탄티노폴리스에서 황제로 군림했으며, 재위 기간에 비잔티움 왕조 중에서도 가장 부유하고 명망 있는 왕조 중 하나였다. 하지만 제4차 십자군 전쟁 이전 20여 년 동안 어려운 시기를 겪었다. 1185년 궁정 쿠데타로 권력에서 밀려나 경쟁 가문이 집권했고, 콤니노스 왕조의 주요 인물 중 다수가 잔혹하게 살해당했다. 마지막 콤니노스 황제의 두 어린 아들 알렉시오스Alexios와 다비드David는 카프카즈로 피신했고, 그곳에서 조지아 여왕 타마르Tamar의 보호를 받았다. 비잔티움과 조지아 왕실 사이에는 혼인으로 맺어진 군사동맹에 바탕한 긴밀한 관계기 오랫동안 이어졌다. 콤니노스 왕조와 타마르가 속한 조지아 왕조인 바그라티오니Bagrationi 왕조는 특히 친밀한 유대 관계를 누렸다. 사실 여왕은 콤니노스 왕조 두 아이의 이모였을 것이다.[45]

조지아 왕실과의 관계는 콤니노스 왕조에게 다행스러운 일이었다. 가문이 완전히 멸족되는 것을 거의 확실히 막아주었을 뿐만 아니라 당시 조지아가 필시 이 지역에서 가장 강력한 국가였을 것이기 때문이다. 그보다 얼마 전 다비트 2세David II(복원자, 재위 1089~1125)*가 조지아 내륙 지역과 압하지야 해안 지역을 단일한

---

*   일반적으로 건설자 다비트 4세David IV로 알려져 있는데, 바그라티오니 왕조 전체에서 네 번째 다비트이기 때문이다. 그러나 일부 역사가들은 '조지아인의 왕'이라는 칭호를 선포한 이후의 두 번째 다비트라는 의미에서 다비트 2세라고도 부른다.

기독교 왕관 아래 통합했다. 다비트의 후손 중 한 명인 타마르(재위 1184~1213)는 그 성과를 바탕으로 중세 조지아왕국의 황금시대라고 기념하는 시기를 통치했다. 타마르는 국경을 더욱 확장하고 인근 영주들과 동맹을 맺었으며, 발칸반도에서 카스피해에 이르는 지역에서 틀림없이 가장 강력한 경제적·군사적 세력인 왕국을 건설했다. 사실 타마르의 왕국은 1204년 비잔티움 분할 이후 생긴 어떤 소규모 제국보다도 훨씬 중요한 존재였다. 망명한 콤니노스의 두 아들은 바로 이런 타마르의 보호 아래 성년이 됐고, 분명 그리스어뿐만 아니라 조지아어도 구사하며 타마르 궁전의 호화로운 환경에서 자랐을 것이다.

라틴인들이 콘스탄티노폴리스를 함락시킬 당시 20대였던 두 형제가 어떻게 트라페준타시를 소유하게 됐는지는 알려진 바가 거의 없다. 하지만 단순히 형제의 이모가 그 도시를 넘겨주었을 가능성이 크다. 당시 비잔티움 황제 알렉시오스 3세 앙겔로스Alexios III Angelos는 타마르가 아토스Athos산의 수도사들에게 기부한 거액을 압수하면서 타마르와 불화를 겪고 있었다. 라틴인이 침략해 온 혼란 속에서 타마르는 황제의 동쪽 끝 항구인 트라페준타를 보상으로 탈취할 적절한 시기라고 여겼을 것이다.[46] 어떤 경우든 1204년 봄에 알렉시오스와 다비드가 지휘하는 군대는 조지아에서 육로로 진군하면서 트라페준타가 자신들의 도시라고 선언했다. 아마도 큰 전투는 없었을 것이다. 이 도시는 오랫동안 콘스탄티노폴리스로부터 어느 정도의 자치권을 누려왔고, 이 시점에는 바다 건너편의 비잔티움 영토인 케르소네소스 항구와 크림반도의 다른 지역들조차 콘스탄티노폴리스의 약화된 제국 통치 기구보다는 트라페준타, 특히 교역 상대로서 트라페준타에 더 의존하고 있었을 것이다. 콤니노스 왕조 형제는 도시로 진군하면서 도시 자체뿐만 아니라 크림반도에 있는 바다 건너편의 속령까지도 장악했다.

　동생 다비드는 해안을 따라 계속 진군하여 서쪽으로는 헤라클레아 폰티카Heraclea Pontica까지의 항구들을 점령했고, 니케아제국의 영토를 위협했으며, 심지어 콘스탄티노폴리스의 십자군을 향해 진군하는 꿈을 꾸었을지도 모른다. 그러나 서쪽으로 진군한 다비드는 결국 전사하고 말았고, 이로써 왕조의 영토 확장도 끝이 났다. 따라서 1214년 무렵 알렉시오스가 홀로 통치하게 된 새로운 트라페준타제국의 국경은 시노페 서쪽에서 조지아까지 이어졌다. 이 해안선과 크림 속령은 대략 미트리다테스의 옛 폰토스왕국 영토에 걸쳐 있었고, 알렉시오스의 후계자는 '모든 동방과 이베리아인(즉 서남 카프카즈)과 해외 영토(크림)의 황제이자 전제군주'라는 칭호를 사용했다. 이 새로운 국가의 정체성에서 왕조 자체가 너무나 중요했기 때문에 종종 황제는 간단히 메가스 콤니노스Megas Komnenos, 즉 대콤니노스라고 불렸다.

　대부분의 제국 칭호가 그렇듯이 대콤니노스라는 칭호도 과장된 면이 있었다. 한때 트라페준타는 조지아인에게 공물을 바쳤을 수도 있고, 알렉시오스 치세가 끝날 무렵에는 이미 북쪽의 크림 땅이 트라페준타의 통제에서 벗어나기 시작했다. 타타르인과 이탈리아인이 곧 그곳을 지배하게 될 것이었다. 하지만 정치적으로나 지리적으로 제한된 범위 안에서나마 대콤니노스 왕조는 많은 외부인에게 웅장함의 극치로 여겨지는 국가를 만들어냈다. 동방의 퇴폐적인 화려함과 동방 기독교 성당의 초월적인 경건함이 거의 신화적으로 흥미롭게 뒤섞인 나라였다. 1220년대부터 1330년대까지의 전성기에 트라페준타제국은 근동의 모든 주요 강국과 유럽의 많은 나라와 외교 관계를 유지했으며, 황제는 잉글랜드 왕 에드워드 1세Edward I의 사절까지 접견했다.[47] 이 도시는 페르시아와의 육상 무역을 활용하기에 좋은 위치였고 천연 항구는 썩 완벽하지 않았지만 황제들은 이탈리아 상인들이 동쪽 교외에 항만 시설을 건설할 수 있도록 했다.

역사학자 앤서니 브라이어Anthony Bryer가 지적했듯이, 트라페준타를 찾은 여행자 대부분은 바다를 통해 도착하면서 장관인 광경을 맞이했을 것이다.[48] 배가 거의 도시에 다다를 때까지는 곶 때문에 도시가 가려져 보이지 않았을 것이다. 먼저 서쪽 외곽에서 도시의 주요 성당인 하기아 소피아의 종탑이 바다를 굽어보는 고원에 자리 잡은 모습을 볼 수 있었다. 더 가까이 가면 도시 전체가 눈에 들어왔는데, 바다 쪽으로 깊게 패인 골짜기가 여러 군데 나 있는 어두운 회색 절벽 위에 건물들이 옹기종기 모여 있었고, 그 뒤편으로는 폰투스산맥이 병풍처럼 둘러싸고 있었다. 정원과 포도밭, 과수원이 도시의 비탈을 덮고 있었다. 나무다리가 사람들을 골짜기 너머로 성벽 안쪽까지 이어주었는데, 그 안에는 목조 가옥이 성채와 콤니노스 왕조의 황금색 황궁에 바짝 붙어서 빼곡히 들어서 있었다. 황제들은 아래쪽 도시가 바다와 맞닿은 곳에 배가 정박할 수 있는 방파제를 건설했지만, 장사를 하러 온 여행자라면 농쪽 변두리로 계속 돌아갔을 것이다. 그곳에는 제노바인과 베네치아인이 작은 만 둘레에 부두와 창고를 지어놓았다. 이 북적거리는 상업 중심지에서 여행자는 작업장과 해운 회사들, 사람들로 붐비는 시장, 육로로 오는 상단을 위한 여관, 그리고 아르메니아인, 가톨릭 신자와 다른 이들이 관리하는 여러 성당과 성지를 발견할 수 있었다.

도시와 그 주변을 탐험하는 여행자는 더 경이로운 것들을 만날 수 있었다. 거룩한 지혜라 불리는 성당인 하기아 소피아가 있었는데, 콘스탄티노폴리스의 자매 성당보다는 작았지만 독립된 종탑과 찬란한 프레스코화는 여전히 인상적이었다.[49] 도시의 높은 곳에 있는 콤니노스 왕조의 궁전은 백색 대리석 바닥과 별이 그려진 높은 황금 돔으로 덮인 기둥식 홀을 갖추었으며, 벽면은 전임 황제들의 초상화와 그들의 업적을 묘사한 작품들로 장식되어 있었다.[50] 내륙으로 더 들어가면 콤니노스 왕조가 부여한 토지와 조세 특권으로 부유해진 일련의 이름난 수도원들이 있었다. 그중에서도 특히 수멜라Soumela 수도원은 순례 성지로 각광을 받았다. 산비탈을 깎아 만든 종교적 요새인 이곳은 아래쪽의 울창한 산림에서 올라오는 안개에 자주 휩싸였으며, 전승에 따르면 10세기에 창건됐다고 한다. 이곳에는 성 루가St. Luke가 그렸다고 전해지는 몇 안 되는 유명한 파나기아 아테니오티사Panaghia Atheniotissa의 성상이 모셔져 있었다.[51]

콤니노스 왕조는 비잔티움 시대 어떤 왕조보다도 가장 오랫동안 중단되지 않고 통치했다. 그들 궁정의 화려함은 황제와 통상 관계나 외교 관계를 맺거나, 혹은 단순히 기독교 세계 변방을 다스리는 이 신기한 군주를 만나보려고 온 수많은 유럽 사절들에게 깊은 인상을 남겼다. 스페인 국왕의 대사였던 루이 곤살레스 데 클라비호Ruy González de Clavijo가 1404년 봄 트라페준타를 방문하여 대콤니노스 마누일 3세Manouel III를 알현했을 때 황제는 아름다운 제복 차림에 담비 모피로 장식하고 커다란 두루미 깃털을 꼭대기에 올린 기다란 모자를 쓴 채 그를 접견했다.[52] 궁정의 화려함과 왕조의 장수는 모두 트라페준타 국가의 두 가지 독특한 특성에 기반하고 있었다. 이는 현대적인 관점에서 보면 이상하게도 서로 모순되는 것처럼 보인다.

첫째로 트라페준타는 콘스탄티노폴리스의 황제들이 다스렸던 다언어·다종교적인 주민과는 달리 훨씬 더 그리스적인 국가였다. 다시 말해 콤니노스 왕조는 자신의 문화를 '로마'라고 여겼지만, 실제로는 옛 비잔티움의 그리스어를 사용하는 제국의 전통 위에 세워진 국가였다. (콤니노스 황제나 신민은 스스로나 자신의 언어와 문화를 묘사할 때 '헬레니즘'이라는 용어를 사용하지는 않았다.) 제국의 심장부는 도시 자체가 아니라 내륙, 해안에서 저 너머 산맥을 향해 뻗어 오르는 비옥한 계곡에 있었다. 마추카Matzouka(오늘날 튀르키예어로 마치카Maçka)로 알려진 이 지역은 정확히 트라페준타와 타브리즈 사이의 무역로에 있었다. 이곳의 농촌 주민은 작은 촌락과 농업 공동체에 흩어져 살면서 가축을 기르고 해안으로 수출할 밀을 재배했다. 수멜라 같은 이 지역의 대지주였던 수도원은 안정적 행정 질서를 제공했을 뿐만 아니라, 농민 인구 사이에서 문화적 정체성을 보존하는 데도 도움이 됐다. 이러한 정체성은 옛 헬레니즘 동방의 전통에 뿌리를 두었지만 기독교가 들어오고 아나톨리아의 다른 부족 및 문화와 지속적으로 접촉하면서 변화했다. 마추카는 흑해 주변에서 그리스어를 사용하는 정착 공동체가 고대부터 20세기까지 거의 연속해서 이어진 것을 확인할 수 있는 유일한 주요 지역이었다. 중세 후기에 트라페준타 남쪽 내륙 계곡 주민의 거의 90퍼센트가 그리스어를 사용하는 기독교도였으며, 이 비율은 1920년까지도 4분의 3 정도에 이르렀다.[53] 1920년대 그리스-튀르키예 전쟁 이후 뒤따른 강제 이주 과정에서야 이 인구가 사실상 완전히 사라질 것이었다.

콤니노스 왕조의 정치적·경제적 성공을 무엇보다도 더 잘 설명해주는 다른 특징은 제국이 아나톨리아의 무슬림 에미르들과 긴밀한 관계를 맺고 있었다는 점이다. 폰투스산맥 너머에 있는 땅에는 11세기부터 다양한 튀르크계 부족들이 거주했는데, 일부는 유목민이었고 일부는 주요 도시에 정착했다. 적어도 근대적 관점에서 아이러니한 것은, 비잔티움 지역 세력 중 가장 '그리스다운' 곳이 동시에 내륙 주민들, 즉 오늘날 우리가 튀르키예인이라고 부르는 사람들과 가장 가까웠다는 사실이다. 콤니노스 왕조에게, 그리고 실제로 대부분의 다른 정치 지도자들에게 기독교도와 무슬림 사이의 간극은 쉽게 메울 수 있는 것이었다. 정치적, 군사적, 또는 경제적 이익을 얻을 수 있는 왕조 간 혼인이 있다면, 콤니노스 왕조는 기꺼이 응할 준비가 되어 있었다. 사실 이것이 바로 15세기 초 크림으로 가는 길에 이 도시를 방문했던 엄격한 가톨릭 신자 페로 타푸르가 그토록 당황스러워했던 이유이다.

아나톨리아와 투르코만인의 상호 관계, 나아가 일칸국과 킵차크칸국 같은 다른 무슬림과의 결속은 매우 광범위해서 많은 왕조 계보를 구별하기 어렵게 만들었다. 예를 들어, 가장 오래 통치한 콤니노스 황제인 알렉시오스 3세Alexios III(재위 1349~1390) 치하에서 트라페준타제국은 근동 전역에 걸친 정치적 혼인 체계에 얽혀 있었다. 황제의 어떤 누이는 아크코윤루 투르코만인의 지도자 쿠틀루베그Kutlubeg와 결혼했다. 다른 누이는 또 다른 투르코만 에미르인 하지오마르Haci-Omar와 결혼했고, 알렉시오스의 딸은 하지오마르의 아들 쉴레이만Süleyman에게 시집갔다. 두 딸은 각각 에르주룸Erzurum의 에미르와 림니아Limnia의 에미르에게 시집갔는데, 후자가 죽은 후 그 딸은 다시 비잔티움 황제 이오아니스 5세 팔레올로고스Ioannes V Palaiologos에게 시집갔다. 또 다른 딸들은 쿠틀루베그의 아들인 (이제 알렉시오스의 처남이 된) 카라 율루크Kara Yuluk와 조지아 왕 바그라트 4세Bagrat IV에게 각각 시집을 갔다. 이러한 혼인을 통해 알렉시오스 3세는 두 투르코만 에미르의 처남이 됐고, 네 명의 다른 에미르의 장인이 됐으며, 더 나아가 비잔티움 황제와 조지아 왕의 장인이 됐다. 트라페준타의 가장 귀중한 수출품은 의심할 여지 없이 그 나라의 여성들이었다.[54]

알렉시오스 3세의 치세에 트라페준타는 전성기를 구가했다. 왕조의 복잡한 혼인 체계는 제국에게 이웃과의 평화를 제공했고, 쿠데타 시도나 이탈리아 상인들의 봉기(둘 다 합리적인 우려 사항이었다) 같은 내란이 일어날 경우 황제에게 도움을 요청할 수 있는 강력한 처가 친척을 확보해주었다. 하지만 알렉시오스가 필시 예견하지 못했던 또 다른 위협이 있었는데, 예견했더라면 틀림없이 시집보낼 또 다른 딸을 찾았을 것이다. 그것은 서쪽에서 성장하고 있던 또 다른 무슬림 세력이었으며, 이는 알렉시오스 사후 반세기 정도 동안 트라페준타 황제들을 가장 걱정스럽게 만들 것이었다.

투르키아

중세에 선원들이 그들의 목적지를 어떻게 불렀는지는 시대에 따라 달랐다. 이탈리아인이 흑해에서 처음 거래를 시작했을 때는 '로마니아Romania'라고 불리는 땅으로의 항해에 관해 이야기했다. 즉, 콘스탄티노폴리스에 수도를 둔 새로운 '로마인'의 제국 말이다. 그러나 1300년대 중반에 '로마니아'는 제노바와 베네치아 공증인의 기록에서 사라진다. 물론 비산티움제국은 또 다른 한 세기 동안 계속 존재했지만, 선원들이 아드리아해에서 닻을 올릴 때 향하던 곳은 이제 '투르키아Turchia'라고 알려진 곳이었다.[55] 튀르크계 집단은 중기 비잔티움 시대의 페체네그인부터 아나톨리아의 투르코만 에미르와 후기 제국의 몽골-타타르인에 이르기까지 오랫동안 흑해 연안의 주요 세력이었다. 하지만 이탈리아 선원들이 '투르키Turchi'라고 부른 것은 특히 한 집단, 즉 오스만 왕조의 사람들, 오스만인을 의미했다.

오스만제국의 기원에 대한 전통적인 해석에서는 종교를 제국 권력의 놀라운 성장의 주요 동기로 강조한다. 오스만 전사들은 이슬람 신앙의 힘에 이끌려 전진했으며, 술탄의 영광뿐만 아니라 신앙인들의 영역을 확장하기 위해 땅을 정복했다는 것이다. 그러나 실상은 그보다 훨씬 복잡했다. 오스만인은 원래 별다를 것 없는 변경의 왕조였으며, 투르코만 유목민과 비잔티움 농민의 혼합체였다. 일부는 이슬람으로 개종했을 수도 있고, 다른 이들은 여전히 기독교도였으며, 여기에 다양한 부류의 행상인, 무슬림 학자, 그리고 그리스인, 아르메니아인 및 기타 도시민이 섞여 있었다. 사실상 아나톨리아 전역의 다른 투르코만 변경 토후국의 혼합 문화와 별반 다르지 않았다. 오스만인은 기독교도와 전쟁을 벌이는 것만큼이나 동료 무슬림과 싸우는 데 많은 시간을 보냈으며, 어떤 경우든 가장 독실한 이들이 실천했던 이슬람조차 다마스쿠스나 바그다드 같은 중세 이슬람 사상의 위대한 중심지에서 발견되는 정통파와는 거리가 멀었다. 가장 중요한 것은 비잔티움인 자신이 이러한 종교적 열정의 표적으로 보였음에도, 초기 비잔티움 기록 어디에도 오스만인이 신앙을 위해 영토 정복의 욕망을 드러냈다는 언급이 없다는 점이다. 알라를 위해 싸우는 전사들이 이교도와 전투를 벌인다는 개념은 사실상 후대 오스만 역사가들이 만들어낸 것이다. 오스만인은 1300년대 말과 1400년대에 발칸반도를 정복하고 마침내 콘스탄티노폴리스를 정복하여 진정한 제국을 획득하면서, 이단적인 유목민이었던 자신의 선조들을 독실한 무슬림으로 각색하는 역사관을 구축해야 했다.[56] 후대 유럽 역사가들은 단지 오스만인 자신의 선전을 그대로 받아들였을 뿐이다.

그러나 초기 오스만인은 한 가지 중요한 면에서 다른 투르코만 에미르국과 달랐다. 그것은 바로 지리적 위치였다. 오스만인의 영토는 1300년대까지 콘스탄티노폴리스와 해협 주변 지역 정도로 축소된 비잔티움제국의 경계에 접해 있었다. 오스만인의 영역은 바로 동쪽, 고대 비티니아 지역에 있었다. 이러한 위치 덕분에 오스만인은 비옥한 농경지와 상대적으로 부유한 도시들에 접근할 수 있었으며, 목축민이 제공하는 식량과 기타 자원이 부족해질 때 이곳을 약탈할 수 있었다. 그러나 이는 또한 오스만인이 여러 세대에 걸쳐 명목상 비잔티움인의 종주권 아래 있던 그리스어를 쓰는 기독교 공동체와 밀접한 접촉을 하게 됐음을 의미했다. 시간이 지나면서 그 관계는 협력 관계가 됐다. 오스만 술탄은 오랫동안 정치적 불안정으로 시달린 지역에 어느 정도 질서를 제공했으며, 콘스탄티노폴리스의 황제에게조차 오스만인은 로마의 잔재를 완전히 소멸시키겠다고 끊임없이 위협하던 서방 세력, 즉 십자군과 발칸 왕보다 선호할 만한 존재였다. 따라서 1300년대 초 비잔티움 동쪽 국경 지대에서는 두 가지 과정이 동시에 진행되고 있었다. 에미르국에 이름을 남긴 창시자 오스만의 후예가 유목 약탈자에서 약해진 비잔티움 국가의 변경 지역을 통치하는 정착 지주로 서서히 변모하는 과정과, 비잔티움 농민과 도시민이 새롭게 부상하는 오스만 문화 및 정치 체제로 흡수되는 과정이었다. 오스만 체제는 명목상 이슬람이지만 다른 신앙에 관용적이고, 정착 농업과 목축업이 혼재하며, 자신들의 권력에 대한 위협을 끊임없이 경계하는 특징을 보였다.

14세기 내내 오스만인은 영토를 급속히 확장했다. 오스만인은 룸셀주크의 옛 변경 지역을 점령하고 마르마라해 건너편 트라키아와 남부 발칸반도의 공국과 왕국에 대한 하계 원정을 시작했다. 그리고 이는 종종 세르비아와 불가리아의 골칫거리 통치자를 물리치고자 했던 콘스탄티노폴리스의 황제와 동맹을 맺고 이루어졌다. 오스만인이 성공할 수 있었던 것은 훗날 많은 유럽인의 마음속에서 '오스만의 멍에'를 상징하게 될 잔혹함이나 종교적 광신 때문이 아니었다. 오히려 오스만인의 뛰어난 정치적 기술 때문이었다. 실제로 1389년 6월 코소보평원에서의 유명한 전투를 포함하여 14세기의 어떤 대전투도 한쪽에는 무슬림만, 다른 쪽에는 기독교도만 참여하는 일은 없었다. 하물며 '튀르크인', '그리스인', '세르비아인' 같은 시대착오적인 종족적 민족주의 범주는 말할 것도 없는데, 이런 단어들은 중세에 오늘날과 같은 의미를 갖지 않았기 때문이다. 오히려 이러한 전투는 언어, 민족, 종교, 심지어 혈연까지도 가로지르며 경쟁하는 정치적 동맹 간의 경합이었다. 중부 유럽에서 중앙아시아에 이르는 사실상 모든 지역 강국의 왕실은 어느 정도 뒤섞여 있었다. 실제로 결국 콘스탄티노폴리스를 정복한 술탄 메흐메트 2세^{Mehmet II}는 비잔티움 왕위에 대한 합당한 권리가 있었다. 메흐메트는 한 세기 이상 거슬러 올라가는 비잔티움 공주와 오스만 술탄 간의 여러 혼인의 결과로 태어난 인물이었기 때문이다.[57]

15세기 초에 강력하지만 단명한 또 다른 징복사인 몽골 칸 티무르*가 등장하며 오스만이 아나톨리아에서 이룬 정복을 뒤집었고, 이 지역은 오스만 세력이 확장되기 이전에 존재했던 소규모 에미르국 체제로 되돌아갔다. 그러나 이러한 좌절은 술탄국의 중심을 서쪽으로 이동시키는 계기가 되기도 했다. 오스만인들은 수도를 부르사Bursa에서 트라키아의 아드리아노폴리스Adrianopolis(현재 튀르키예의 에디르네Edirne)로 옮겼다. 이 도시의 건축 양식에서 오스만인이 셀주크의 모방자에서 독자적인 근대 제국으로 급속히 변모하는 과정을 볼 수 있다. 도심에는 서로 다른 세 가지 건축 양식으로 지은 세 개의 장엄한 모스크가 있었는데, 각각은 오스만제국의 의식이 형성되는 과정의 각 단계를 나타낸다. 1414년에 건설된 에스키 자미Eski Cami의 정사각형 비례와 낮은 돔은 오스만인들이 룸셀주크로부터 물려받은 양식의 전형이다. 광장 바로 맞은편에 있는 위치셰레펠리 자미Üçşerefeli Cami(1447년 건립)는 한 미나레트minaret에 세 개의 발코니가 있는데 여기에서 모스크의 이름이 나왔다. 이는 오스만인이 비잔티움의 건축 기법과 건축적 취향을 받아들였음을 보여준다. 이제 여러 개의 돔이 버팀벽 위에 낮게 설치되지 않고, 콘스탄티노폴리스의 하기아 소피아처럼 높은 원통형 받침대가 받치는 하나의 거대한 돔이 하늘로 솟아올랐다. 그리고 중앙 광장의 동북쪽에는 장엄한 셀리미예 자미Selimiye Cami(1575년 건립) 단지가

---

* 실제로 티무르는 칭기스 칸의 후예(황금씨족)가 아닌 탓에 '칸'이라 칭하지 못하고 스스로를 몽골제국의 부마를 의미하는 쿠레겐Küregen이라 칭했으며 무슬림의 지도자를 뜻하는 '대大아미르'라고도 불렸다. 샤라프 앗딘 알리 야즈디, 이주연 옮기고 엮음, 『티무르 승전기』, 사계절출판사, 2025, 319~320쪽, 353쪽.

서 있는데, 이는 오스만의 대ᄎ건축가 시난Sinan의 최고 걸작으로 아드리아노폴리스가 제국의 수도 지위를 콘스탄티노폴리스에 넘겨준 지 거의 한 세기 후에 완공됐다. 하늘로 치솟은 미나레트, 대칭 설계, 넓은 내부 공간, 아름답게 배치된 부속 건물들은 제국의 건설자로서 오스만인의 황금기를 보여준다.

오스만인이 아드리아노폴리스로 진군한 때로부터 콘스탄티노폴리스에 대한 최후의 공격까지는 불과 수십 년밖에 걸리지 않았다. 비잔티움인과 오스만인 사이의 관계가 특별히 나빠진 것은 아니었다. 오히려 비잔티움인이 오스만의 동맹으로서 무의미한 존재가 되어버린 것뿐이었다. 오스만인은 발칸반도와 아나톨리아의 모든 집단으로부터 군대를 끌어모아 비잔티움보다 훨씬 큰 군대를 배치할 수 있었을 뿐만 아니라 상당한 해군력도 발전시키기 시작했다. 1405년 티무르가 죽은 후 오스만인은 에게해와 마르마라해 연안 지역을 포함해서 아나톨리아에 대한 지배를 재확립했다. 이 지역에서 오스만인은 이제 종주권하에 들어온 해안 공동체의 해양 전통을 받아들였는데, 이들은 오늘날 우리가 그리스인과 이탈리아인이라고 부를 사람들, 기독교도와 무슬림, 아마도 일부 바다로 나간 과거의 투르코만 유목민이나 이슬람을 받아들인 그리스어 사용자 등 다양한 사람들이 뒤섞인 집단이었다.

1400년대 초에 이르면 오스만인은 자체 해군을 바다에 출동시킬 수 있게 됐다. 오스만인은 갈리폴리Gallipoli에 조선소를 설치하고 에게해 연안 공동체의 경험을 활용해서 함선을 건조했다. 곧 오스만 해군은 에게해의 이탈리아 영토를 지배하게 됐고, 여기에는 추가적인 공격을 개시할 수 있는 전략적 섬들도 포함됐다. 해군력이 강화되면서 오스만 전략가들이 오랫동안 꿈꿔온 콘스탄티노폴리스 정복이 가능해졌다. 갈리폴리의 조선소에서 오스만인은 다르다넬스해협을 장악했고, 이미 1390년대에 콘스탄티노폴리스에서 보스포루스해협 위쪽에 요새를 건설하여 흑해로의 접근을 제한했다. 1452년에 해협 맞은편에 두 번째 요새를 건설하면서 완전한 통제가 가능해졌기에, 오스만 함선은 약해진 비잔티움인의 방해를 받지 않고 두 해협을 모두 통과할 수 있었다.

1453년 봄, 포위망이 조여들었다. 술탄 메흐메트 2세는 트라키아에서 출발하여 콘스탄티노폴리스로 진군하라고 군대에 명했다. 이제 보스포루스해협에서 함선들이 항구를 점령하려 시도했지만, 비잔티움인은 해상의 쇠사슬이라는 오래된 기술에 의존해서 이를 물리쳤다. 그러자 술탄은 함선을 수레에 실어 도시 북쪽 고지대를 넘어 끌고 가서 쇠사슬 안쪽 깊숙한 금각만으로 진격시키라고 명령했다. 항구가 오스만 함선들로 가득 차고 적군의 병사들이 도시 성벽 틈새로 쏟아져 들어오면서, 비잔티움인은 곧 제압됐다. 메흐메트 2세는 5월 29일 의기양양하게 도시로 입성했다. 술탄은 병사들에게 도시를 약탈하도록 허용했지만, 특별 칙령으로 조선공은 해치지 말라고 명령했다. 조선공은 이제 술탄의 해군을 위해 일하게 될 예정이었고, 이 해군은 머지않아 흑해를 향해 첫 대규모 원정에 나설 것이었다.[58]

동방에서 온 사절

콘스탄티노폴리스가 함락된 후에도 트라페준타의 황제들은 그 자리를 지키고 있었으나, 이제 그들은 왕좌를 차지하고 있는 마지막 비잔티움 왕조였다. 유럽의 정치 지도자들에게 이 사실은 상당한 관심사였다. 콤니노스 왕조는 존경받는 제국 왕조로서 정통성을 가지고 있었을 뿐만 아니라, 오스만 세력의 배후에 있다는 지리적 위치가 중요한 전략적 지위를 부여했다. 메흐메트 2세의 정복 직후 유럽 열강은 콤니노스 왕조의 도움을 받아 콘스탄티노폴리스를 탈환하기 위한 새로운 십자군 계획을 세웠다. 이 계획의 운명과 그 주요 지지자 중 한 명인 루도비코 다 볼로냐Ludovico da Bologna의 운명은 서구 세계가 바다 주변 사람들에 관해 얼마나 무지했는지, 또는 더 정확히 말하면 약 한 세기 전 지중해 통상의 전성기 이후 얼마나 많은 것을 잊어버렸는지를 여실히 보여준다. 1460년대에 루도비코는 무슬림 정복자로부터 콘스탄티노폴리스를 빼앗겠다는 원대한 계획으로 잠시 유럽 지도자들을 매혹했다.[59]

　루도비코의 초기 경력에 대해서는 알려진 바가 거의 없지만, 동방의 기독교 왕국에 관한 전문가로 명성을 얻었던 것으로 보인다. 루도비코는 피렌체의 사절로 인도와 에티오피아까지 여행했을 수도 있으며, 어쨌든 1450년대에 정교회, 아르메니아인, 마론파, 조지아인, 트라페준타의 콤니노스 왕조 등 모든 동방 기독교도에 대한 교황 사절로 임명될 만큼 충분한 지식이 있었던 것 같다. 루도비코가 실제로 이렇게 멀리 떨어진 지역을 여행했는지는 확실하지 않지만, 루도비코는 그렇다고 주장했다. 1460년에 유럽으로 돌아와 동방 기독교계의 대변인임을 자처했기 때문이다. 루도비코는 심지어 동방 사절 일행을 데리고 와서 교황과 유럽 왕들에게 오스만에 대한 십자군을 일으켜달라고 간청하게 했다.

루도비코의 일행은 먼저 신성로마제국 황제 프리드리히 3세Friedrich III를 만나 십자군을 일으키도록 설득했다. 그다음 베네치아, 피렌체, 로마, 파리로 이동했다. 각 도시에서 사절은 기독교도가 오스만에 대해 갖고 있는 적대감과 더불어 서방 왕들과 힘을 합쳐 콘스탄티노폴리스에서 무슬림을 축출하고자 하는 열망에 관한 이야기로 궁정을 즐겁게 했다.

사절단이 유럽을 가로질러 이동하면서 루도비코의 접견자들은 그가 앞세운 기이한 대표단을 점점 더 의심스러워했다. 루도비코는 과장하는 경향이 있었다. 초기 알현에서 루도비코는 조지아의 왕과 대공들의 대표를 포함해서 동방에서 온 여섯 명의 사절을 소개했다. 이 회담에 대한 당시 기록에는 사절 한 명이 쿠스토파, 코스토파, 쿠스토다, 카스토디네스, 코소단 등으로 다양하게 적혀 있는데, 이는 아마도 연대기 작가들이 제각각 다른 철자법을 사용했거나 루도비코가 임의로 실명을 변형한 결과일 것이다. 사절단이 이탈리아에 도착할 무렵 미켈레 델리 알리기에리라는 또 다른 인물이 일행에 합류했다. 미켈레는 자신이 단테Dante Alighieri의 후손일 뿐만 아니라 트라페준타의 다비드, 바로 그 대콤니노스의 사절이라고 주장했다. 일행이 로마에 도착했을 때는 두 명의 사절이 더 추가됐다. 하나는 킬리키아 아르메니아의 사절로, 거대한 망토와 뾰족한 모자를 착용하고 놀랍고 다양한 악기들을 들고 다녔다. 다른 하나는 아크코윤루 투르코만의 사절이었다. 그런데 이상하게도 두 사람 모두 이전에 조지아 사절로 소개한 사람들과 비슷하게 생겼다.

군중이 이 기이한 무리를 보려고 몰려들었고, 방문지마다 왕실에서 공금으로 음식과 숙소, 선물을 제공해야 했다. 루도비코 자신도 유럽 통치자들로부터 칭찬과 하사품을 받았다. 교황 비오 2세^{Pius II}는 루도비코를 안티오키아 총대주교로 임명했다. 이런 성공에 힘입어 루도비코는 일행에 더 많은 사절을 추가했고, 프랑스에 도착할 무렵 이 무리가 군중에게 감동을 주는 기술은 더욱 능숙해져 있었다. 사절단은 먼저 프란치스코회 수사들 특유의 삭발과 다소 비슷한 독특한 머리 모양을 드러내 보였다. 그동안 아르메니아 사절은 악기로 경쾌한 선율을 연주했다. 1461년 5월 파리에 왔을 때는 사제왕 요한의 사절까지 추가돼 있었다. 사제왕 요한은 상상 속의 기독교 군주로, 그의 왕국은 여러 판본에 따라 카스피해 너머나 중앙아시아, 인도, 중국에 있다고 전해졌다. 군대와 지원에 대한 약속을 받아낸 후 루도비코 일행은 교황과의 최종 회담을 위해 로마로 돌아갔다.

이 단계에서 비오 2세는 의심을 품었다. '사절단'은 공금으로 지나친 호사를 누리며 탐욕스럽게 식욕을 채우고 유럽 군주들에게 아첨하는 찬사를 보내면서, 앞서 지지했던 군사적 대의에 관해서는 진지한 관심을 거의 보이지 않는 것 같았다. 마침내 일행이 1461년 8월 이탈리아에 도착했을 때 비오 2세는 이 연극을 중단시키기로 했다. 비오 2세는 루도비코에게 안티오키아 총대주교 자격을 주기를 거부하고 루도비코와 동료들을 사기꾼으로 체포하도록 조치했다. 루도비코는 자신의 선의를 주장했으나, 비오 2세가 행동을 취하기 전에 재빨리 로마에서 탈출했다. 사절단은 해산됐다. 루도비코의 이름은 15세기 말까지 여러 문헌에 나타나다가 그 후로는 더 이상 소식이 들리지 않았다.

　루도비코와의 마지막 만남 후 비오 2세는 "먼 거리에서 수행되는 일에는 협잡을 벌일 기회가 많고 진실은 좀처럼 발견하기 어렵다"라고 적었다.[60] 루도비코 사절단의 진짜 목적은 무엇이었을까? 필시 사업이었을 것이다. 루도비코는 오스만을 제거하는 데 도움을 주면 자신과 연줄이 있던 피렌체인에게 무역 특권을 가져다줄 것이라고 계산했을 수도 있다. 마치 1261년 제노바가 비잔티움을 지원한 덕분에 베네치아를 밀어내고 무역 특권을 차지할 수 있었던 것처럼 말이다. 그렇다면 루도비코는 이 지역의 새로운 권력관계에서 이익을 얻을 수 있는 유리한 위치에 있었을 것이다. 이것이 아마도 루도비코가 미켈레 델리 알리기에리와 접촉한 이유이기도 했을 텐데, 미켈레는 아마 트라페준타의 콤니노스 왕조와 무역 관계를 맺으려 했던 피렌체 상인이었을 것이다.[61] '사절단' 무리는 실제로는 동방의 기독교 지역에 있던 프란치스코회 선교사였을 수도 있다. 이들은 가톨릭을 위해 콘스탄티노폴리스를 차지한다는 전망에 이끌려 루도비코의 계획에 가담했을 것이다. 여행을 시작할 때 루도비코는 이 계획이 성공할 것이라고 믿을 만한 충분한 이유가 있었다. 루도비코의 개인적 이익은 오스만의 위협에 맞서 트라페준타 및 투르코만 에미르와 동맹을 맺으려는 유럽 열강의 이익과 완벽하게 일치하는 것 같았기 때문이다. 그러나 유럽을 가로지르는 여행이 계속되면서 돈을 벌거나 새로운 십자군을 촉발할 가능성은 빠르게 줄어들고 있었다.

1461년 봄, 술탄 메흐메트 2세는 함대를 집결시키기 시작했다. 대략 선박 300척에 달하는 규모로, 일부는 새로 건조한 것이고 일부는 징발한 이탈리아 선박이었다. 그리고 새로운 원정을 위해 군대를 조직했다. 3월에 메흐메트는 아드리아노폴리스의 궁전을 떠나 동쪽으로 향했고, 아나톨리아로 건너가 주력 부대와 합류했다. 군대는 먼저 시노페로 진군하여 그곳을 지배하던 투르코만 영주에게서 도시를 쉽게 탈취했다. 그다음 함대는 해안을 따라 더 동쪽으로 항해했고, 군대는 아나톨리아를 가로질러 행군한 후 바다를 향해 북쪽으로 방향을 틀었다.

늦여름, 함대가 곳 앞바다에 정박해 있을 때 메흐메트는 보병들에게 산에서 내려와 트라페준타로 진격하라고 명령했다. 8월 15일 폭우가 쏟아지는 가운데 비잔티움인이 콘스탄티노폴리스에서 십자군을 축출한 지 정확히 200년 만에 트라페준타의 황제는 한 발의 총성도 없이 술탄에게 항복했다. 당시로서는 알 수 없었겠지만, 루도비코가 1461년 늦여름 로마로 들어가 대콤니노스와의 동맹에 대한 교황의 지지를 얻으려 애쓰고 있을 때, 비잔티움의 마지막 잔재는 이미 오스만의 손에 넘어간 상태였다.

4장

카라 데니즈[*]

1500~1700년

충실한 벗이여, 그대 이해한다면,

항해술이 어려운 기예임을 알라.

이 바다는 적의 침묵 같고,

폭풍은 원한을 닮았네.

—1525년, 오스만 제독이자 지도 제작자 피리 레이스

[이스탄불은] 흑해에서 절대적인 지배권을 행사한다. 오직 하나의
문, 즉 보스포루스해협을 통해서만 세계의 다른 어떤 지역과 소통할
수 있도록 그 통로를 차단하고 있다. 만약 이 항구가 통행에 이의를
제기하기로 결정한다면 어떤 배도 이 바다를 지날 수 없기 때문이다.
(……) 이런 이유로 모든 외국은 흑해의 모든 항구도시와 섬마을에서
막대한 부와 번영을 누리고자 한다면, 이 도시의 우정을 구할 수밖에
없는 처지이다.

—1561년, 오스만 술탄에게 파견된 프랑스 사절 피에르 질

폭풍이 우리를 극도로 무자비하게 몰아치기 시작했다. 천둥과 번개,
우박과 억수 같은 비가 사흘 밤낮 우리에게 쏟아져 내렸다. (……)
승객 중 어떤 이는 토하고, 어떤 이는 기도하고, 어떤 이는 제물과
희생양을 바치겠다고 서원하고, 어떤 이는 자선과 순례를 약속했다.
(……) 배는 이제 하늘 가장 높은 곳에 닿았다가, 이제는 지옥의 가장
깊은 곳으로 떨어졌다. (……) 나는 다시는 흑해 항해를 시도하지
않겠다고 맹세했다.

—1684년, 오스만 탐험가 에블리야 첼레비

콘스탄티노폴리스와 트라페준타 정복 후 오스만제국은 비교적 단기간에 흑해 주변의 주요 항구와 요새를 장악했다. 1475년에는 카파와 다른 크림 항구, 그리고 돈강의 타나를 차지했고, 1479년에는 카프카즈 해안의 아나파Anapa를, 1484년에는 드네스트르강의 마우로카스트로와 다뉴브강의 리코스토모를 차지했다. 남카프카즈의 기독교 통치자와 몰다비아Moldova공국, 크림의 무슬림 칸 등과 같은 내륙 세력을 복속시키는 데는 더 오랜 시간이 걸렸지만, 16세기 초까지 이들 모두가 오스만 술탄의 종주권을 인정하게 됐다. 콘스탄티노폴리스 함락 후 한 세기도 채 되지 않아 오스만제국은 흑해를 자기 것이라고 주장할 수 있었다.

이전에는 어떤 제국도 흑해 해안 전체와 그 너머 땅의 상당 부분을 지배할 수 없었다. 외국 세력 대부분의 해군과 상선은 해협 진입이 금지됐고, 이전에 이탈리아 도시국가가 장악했던 지역의 무역은 이제 술탄 손에 넘어갔다. 교역로가 재조정되면서 상품은 '콘스탄티누스의 도시(무슬림 통치 아래에서도 옛 비잔티움 수도는 여전히 이렇게 불렸다)'를 거치며 세금이 매겨지거나 급성장하는 도시 인구를 먹여 살리는 데 사용되었다. 바다와 거기에서 나오는 산물은 오스만 국가의 소유가 됐고, 역대 술탄이 극도로 조심스럽게 지키는 수입원이 됐다. 한 프랑스 사절이 보고한 바에 따르면, 외국 선박의 입항을 허용하는 것과 자신의 하렘 문을 활짝 여는 것 중 하나를 선택해야 한다면, 술탄은 필시 후자를 택했을 것이라고 할 정도였다.[1]

흑해에 대한 오스만제국의 패권은 15세기 후반의 연이은 정복에서 시작하여 18세기 후반 유럽의 상업 활동에 바다가 개방될 때까지, 300여 년간 지속됐다. 외국 선박의 진입 제한 때문에 이 시기의 유럽 외교관과 후대 역사가는 종종 흑해를 '튀르크의 호수'라고 불렀다. 그러나 실상은 그보다 훨씬 복잡했다. 오스만제국은 흑해 지역에서 나오는 수출품, 특히 전략적 식량 공급원인 곡물은 강력하게 통제했지만, 외국 선박에 대한 제한은 점진적으로만 시행하며 일관성 없이 집행했고, 그마저도 오스만제국이 주요 유럽 강대국의 증대하는 해군력에 위협을 느끼기 시작한 이후에야 본격화됐다.[2]

게다가 오스만제국은 비잔티움제국보다 흑해 주변으로 세력을 훨씬 더 넓게 확장할 수 있었지만, 그 권력은 대개 지역 실력자와의 거래에 의존했다. 완전한 정복이 아닌 속국화야말로 내륙 지역을 다룰 때 선호되는 방식이었다. 오스만제국은 북쪽 해안과의 안정적인 무역 관계에 의존했고, 사업을 활성화하려면 무력보다는 외교가 훨씬 효과적인 수단이었다. 물론 술탄은 필요할 때는 칼과 대포에 의존했다. 여름은 전쟁의 계절이었고, 거의 매년 오스만 군대는 반항하는 속국 하나쯤은 버릇을 고쳐놓거나 중부 유럽과 동유럽의 강대국인 폴란드, 헝가리, 그리고 나중에는 러시아의 위협에 맞서기 위해 긴 행군을 떠났다. 그러나 오스만이 통치하던 상당히 늦은 시기까지는 유혹하고 속이고 설득하고 달래는 외교술이 노골적인 전쟁보다 훨씬 더 생산적이었다.

이 지역이 정치경제적 측면에서 오스만 시대에 겪은 큰 변화는 무역의 양상이 주로 개별적으로 이윤을 추구하는 상인들의 사업에서 오스만 국가가 세금을 매기고 규제하는 활동으로 전환된 것이었다. 비잔티움제국도 분명히 해협을 통과하는 교통을 통제하려 했고, 비잔티움 세무 관리들의 탐욕에 외국 선주들이 불만을 표하는 일이 끊이지 않았다. 그러나 13세기 초부터 비잔티움인은 대외 거래와 상당한 내부 무역까지도 이탈리아인에게 양보해버렸다. 오스만의 혁신은 제국의 도시인 이스탄불을 흑해 지역 경제의 중심에 두면서 술탄의 뜻에 따라 열 수도 있고 잠글 수도 있는 효과적인 수도꼭지로 만든 것이었다. 오스만의 수도에 물자를 공급해야 하는 필요성과 나중에는 경쟁 세력이 바다가 제공하는 부를 차지하는 것을 막으려는 욕망을 고려할 때, 오스만제국은 지리, 상업, 국가 건설 간의 관계를 잘 이해했으며, 실제로 비잔티움제국보다 훨씬 잘 이해했다. 16세기 학자 케말 파샤자데*는 이렇게 썼다. "나의 술탄이여, 당신은 바다가 은인인 도시에 거주하고 계십니다. 바다가 안전하지 않으면 배가 오지 않을 것이고, 배가 오지 않으면 이스탄불은 멸망할 것입니다."[3]

다른 소중한 소유물과 마찬가지로 흑해 역시 강박적인 관심의 대상이었다. 오스만제국은 이 바다를 당연한 권리로 여겼다. 흑해는 제국의 심장부인 발칸반도와 아나톨리아 영토가 바다로 뻗어나간 연장선으로 간주됐다. 그러나 동시에 이는 쉽게 빼앗길 수 있는 소유물이기도 했다. 북쪽 해안과의 무역으로 이익을 얻으려

---

* Kemal Paşazade(1468~1536). 오스만제국의 역사가이자 이슬람 법학자로 제국의 공식 연대기인 『오스만 왕조사』를 저술해서 15~16세기 오스만제국의 역사를 기록했으며, 제국의 최고 법관 직위까지 올랐다.

면 먼저 비잔티움제국을 괴롭혔던 해적 활동을 확실히 진압하고 재발하지 않도록 해야 했다. 술탄에 대한 흑해 주변 속국들의 충성심이 약해질 때마다 바로잡아야 했다. 더 멀리 있는 신흥 세력인 서북쪽의 폴란드, 동북쪽의 러시아의 야심이 오스만의 이익을 침해하기 전에 억제해야 했다. 시간이 지나면서 바다를 지키는 것은 점점 더 국고에 부담이 됐고, 중부 유럽에서 아라비아까지 뻗어 있는 다른 제국 영토를 유지하는 데 필요한 비용으로 이미 줄어든 국고가 더욱 고갈됐다. 17세기 중반까지 한때 부와 안전의 원천이었고 제국의 가장 큰 지정학적 자산이었던 바다가 점점 더 전략적 부담처럼 여겨지기 시작했다. 고대 초기의 어둡고 무시무시한 흑해, 문자 그대로 오스만인에게는 '카라 데니즈^{kara deniz}'가 다시 나타나기 시작했다.

"모든 바다의 근원"

술탄은 종종 자신을 '두 바다의 지배자'라고 칭했는데, 이는 흑해와 에게해를 가리키는 것이었다. 오스만제국이 이 두 바다 사이의 통로를 장악하는 데 집착했던 이유를 이해하기는 어렵지 않다. 해협을 장악하는 것은 콘스탄티노폴리스를 점령하는 핵심 요소 중하나였다. 정복 후에도 이는 새로운 오스만 수도의 안보에서 가장 본질적인 요소로 남았다. 또한 오스만 국가의 두 주요 구성 요소, 즉 한편으로는 서부와 중부 아나톨리아, 다른 한편으로는 남부 발칸과 에게해 연안 지역 사이의 원활한 이동을 보장했다. 가장 중요한 것은 이 바다가 오스만 경제에 결정적이었다는 점이다. 북쪽에서 오는 생산품이 성장하는 대도시를 먹여 살렸다. 1453년 콘스탄티노폴리스에 입성했을 때 메흐메트 2세가 발견한 것은 사실상 황폐해진 도시였다. 16세기에 이르러 이스탄불은 인구가 대략 70만명까지 증가했고, 당시 유럽 전체에서 가장 큰 도시가 됐다.[4] 이런 놀라운 성장은 북쪽 연안에서 공급되는 식료품, 특히 밀과 소금의 공급에 크게 힘입은 것이었다.

이러한 모든 이유로 흑해는 오스만인의 상상 속에서 특별한 자리를 차지했다. 흑해는 술탄의 영토 중에서도 뚜렷이 구분되는 하나의 지역으로 여겨졌다. 남쪽으로는 아나톨리아 심장부와, 북쪽으로는 다쉬트이 킵차크Dasht-i Qipchaq, 즉 탁 트인 '킵차크 스텝'[5]과 경계를 이루었다. 킵차크 스텝은 바다와 그 북쪽의 폴란드인 및 모스크바인 사이의 완충지대 역할을 했다. 1538년 오스만제국은 해안의 마지막 조각인 부자크Bujak 지구를 정식으로 합병했다. 이곳은 프루트Prut강, 다뉴브강, 드네스트르강 사이에 있는 지역이었다. 그 시점부터 해안선 전체가 오스만 왕조의 견고한 영토로 통합됐다.

보스포루스해협에서 드네스트르강까지 이어지는 서쪽 해안, 크림반도의 항구와 이를 연결하는 해안 지역, 그리고 케르치해협은 산자크sancak, 즉 임명된 행정관이 통치하는 하위 행정 구역이 됐다. 남쪽 해안 역시 여러 지방 행정 구역으로 나뉘었다. 카프카스 해안은 직접 통치 구역은 아니었지만, 요새화된 항구 내 주둔군의 지휘를 받았다. 내륙 깊숙한 지역은 직접 통치를 받거나 술탄에게 공물을 바쳤다. 지중해에서 골칫거리로 남아 있던 해적 행위는 1400년대 후반에 이르러 소탕된 것으로 보이며, 이로써 해상 무역이 번성할 수 있었다.[6] 오스만제국 최고의 여행가인 에블리야 첼레비Evliya Çelebi는 오스만 세계의 거의 모든 곳을 구석구석 다녔지만, 제국의 힘의 진정한 구심점은 흑해의 지배에 있다고 확신했다. 첼레비는 자신의 『세야하트나메Seyahatname』, 즉 『여행기Record of Travels』에서 "그러나 사실을 제대로 들여다보면, 모든 바다의 근원은 흑해이다"라고 썼다.[7]

오스만 국가가 해안 지역에서 추출한 부는 흑해를 제국 제해권의 심장으로 보는 이러한 이미지를 강화했다. 이탈리아인이 장악했던 비잔티움의 무역로는 오스만 치하에서도 그대로 유지됐지만, 몇 가지 중요한 변화가 있었다. 비잔티움 시대부터 항구도시로 몰려들었던 현지 상인, 정교회 기독교인, 아르메니아인, 유대인은 오랫동안 이탈리아인의 무역 독점에 불만을 품었다. 비잔티움 쇠퇴의 교훈을 되새긴 오스만도 가톨릭 유럽인을 통칭하던 '프랑크인'의 지배력을 깨고 싶어 했다. 이 두 가지 이해관계는 15세기 후반에 합쳐졌다. 종교를 불문하고 현지 상인은 침입자였던 이탈리아인들이 오기 전 비잔티움 시대에 번성했던 체제를 회복시키는 세력으로서 오스만의 도래를 필시 환영했을 것이다. 많은 비잔티움 시민이 이탈리아의 상업적 지배로부터 혜택을 받았음은 의심할 여지가 없다. 어느 체제에서나 그렇듯이, 정치·경제 엘리트는 새로운 현실에 적응하고 돈을 벌 방법을 찾아냈다. 그러나 오스만이 등장하자, 눈치 빠른 상인들은 2세기 동안 자리 잡았던 체제를 뒤엎고 새로운 지배 세력과 자신에게 유리한 거래를 맺을 기회를 보았다.[8] 이러한 논리는 크림의 타타르칸국이나 몰다비아공국 같은 내륙 세력에게는 더욱 설득력이 있었다. 이들은 항구도시에 대한 통제권을 확보하려 했지만 번번이 실패했었다. 이들 역시 오스만을 이탈리아인의 지배에 대한 유용한 견제 세력으로 보았고, 나아가 폴란드, 헝가리, 모스크바공국 같은 북방 세력에 맞서는 든든한 동맹으로 여겼다.

정복 직후 항구도시 주변의 요새는 해체됐고 이탈리아 영사는 관직에서 쫓겨났다. 페라의 행정 중심지를 포함한 옛 제노바와 베네치아 공동체의 자치권은 폐지됐다. 오스만의 세무 감독관이 임명되고 무역은 방향이 바뀌었다. 개별 상인의 자유로운 상업 활동은 제국 도시에 물자를 대고 부를 안겨주어야 하는 필요에 의해 밀려났다. 개별 이탈리아인은 여전히 현장에 남았고, 일부는 시간이 지나면서 이슬람으로 개종하기까지 했다. 이러한 개종과 아나톨리아 및 발칸반도로부터의 이주는 인구 중 무슬림 비율의 증가로 이어졌다. 1542년 인구 조사에서 카파 인구의 거의 절반이 무슬림이었는데, 이는 수십 년 전 4분의 1도 채 안 되던 수치에서 크게 늘어난 것이다.[9]

이탈리아인들의 치하에서 번성했던 옛 무역망의 상당수는 이제 다른 계층의 상인이 장악하게 됐지만, 사업은 여전히 활발했다. 아나톨리아의 직조기에서 나온 면직물은 시노프에서 바다를 건너 카파로, 그곳에서 다시 러시아와 폴란드를 향해 북쪽으로 운송됐다. 상인들은 서유럽에서 온 모직물이나 러시아 북부에서 온 귀한 모피를 싣고 돌아왔다. 다뉴브강과 드네프르강 사이의 비옥한 목초지, 즉 서북쪽 해안을 따라 기르던 방대한 소 떼와 양 떼에서 나온 가축의 가죽은 남쪽 아나톨리아로 내려왔고, 후추와 다른 향신료는 이 경로를 따라 헝가리와 폴란드를 거쳐 유럽의 나머지 지역으로 향했다. 이스탄불에서 매우 귀하게 취급되던 카파의 유명한 버터는 바다를 건너 운송하기 위해 포장됐다.

오스만 세무 당국은 흑해 항구의 상업 거래 기록부를 작성했다. 현존하는 이 기록은 초기 오스만 시대 상업의 다양성을 생생하게 보여준다. 예를 들어 1480년대 카파의 경우에 새로운 정치 엘리트가 들어섰지만 무역의 활력이나 상인의 다양성은 여전했던 것으로 보인다. 타나 출신의 '프랑크인' 선장 로렌츠가 말린 생선과 잔을 실은 화물을 운반했다는 기록이 있다. 십중팔구 튀르크계 무슬림이었을 하라치오을루 선장은 정교회 상인을 태우고 트라브존에서 카파로 항해했다. 상인들의 상품에는 면제품, 포도주, 그리고 근동과 중동 전역에서 애호하는 아니스anise 향의 증류주인 아락arak이 있었다. 삼순Samsun 출신 투르코만인 알리 라이스는 모피를 운송했다. 다른 배들에도 면화, 아마, 대마, 밀, 기장, 쌀, 올리브, 헤이즐넛, 호두, 여우와 담비와 양과 소의 가죽과 모피, 아편과 밀랍, 그리고 물론 비단까지, 놀라울 만큼 다양한 상품이 실려 있었다.[10]

비잔티움 시대와 마찬가지로, 카파는 오스만의 북부 해안 행정에서나 흑해 전역의 통합된 무역에서나 중심적인 위치를 차지했다. 뛰어난 항만과 부두 시설 덕분에 카파는 북쪽에서 오는 물품의 원활한 수출 경로가 됐으며, 바다 건너편 시노프와 트라브존의 자연스러운 교역 상대가 됐다. 16세기 중반에 이르러 카파의 인구는 대략 1만 6,000명 정도였는데, 이는 알레포Aleppo, 다마스쿠스, 살로니카Salonika 같은 제국의 주요 중심지 바로 다음 수준이었다.[11] 이러한 중요성 덕분에 이 도시는 '작은 이스탄불küçük İstanbul'이라는 애칭을 얻었다.

그러나 부두를 따라 쌓인 면직물 묶음이나 소가죽 더미는 그곳에서 거래되는 가장 수익성 높은 상품에 비하면 보잘것없었다. 오스만 시대에 카파를 방문한 여행자라면 누구나 알았겠지만, 카파는 물론 흑해 항구 전체를 통틀어 진정한 부의 원천은 인신매매였다.

"콘스탄티노폴리스로 팔려 가겠어요!"

동부와 북부 해안은 고대부터 오랫동안 노예 노동력의 주요 공급지였다.[12] 많은 고대 작가가 그리스 도시와 무역항에서의 노예 거래를 언급했고, 아테네 희극에는 흑해 출신임을 드러내는 이름을 가진 노예 배역들이 등장했다. 트라키아인을 뜻하는 단어의 여성형인 '트라타Thratta', 명백히 게타이-다키아 출신인 '게타스Getas'와 '다보스Davos' 같은 이름들이 그것이다.[13] 비잔티움 시대에는 이탈리아 상인의 부 상당 부분이 동부와 북부 해안에서 비잔티움으로, 그리고 다시 서유럽으로 노예를 이동시키는 중개업에서 나왔다. 흑사병으로 유럽에 심각한 노동력 부족이 발생했고, 상인들은 가사를 전담할 하인과 농업 노동자에 대한 수요를 충족시키려 애썼다. 교황은 기독교인을 노예로 삼는 것을 못마땅하게 여겼지만, 가톨릭 상인은 동료 기독교인이 이교도 무슬림의 손에 넘어가는 것을 막는다는 명분으로 그들을 사들일 수 있는 허가를 받았다. 콘스탄티노폴리스 함락으로부터 수십 년 전인 1400년대 초에 방문한 스페인 여행자 페로 타푸르는 카파의 노예 무역이 이 도시의 최대 사업이자 세계적 규모를 자랑한다는 것을 발견했다. "이 도시에서는 남녀 노예를 세계 어느 곳보다 많이 판다. 이집트 술탄은 이곳에 대리인을 두고 있는데, 대리인은 노예를 사서 카이로로 보낸다." 타푸르는 심지어 번창하는 인신매매의 확실한 증거를 가지고 돌아갔다. 한 남자와 두 여자, 그리고 아이들을 코르도바로 데리고 돌아간 것이다.[14]

노예 무역은 오스만 치하에서 더욱 활발해졌고, 오스만은 이를 규제하기 위한 과세 체계를 마련했다. 노예는 흑해 연안에서 단일 수입원으로는 단연 가장 중요했다. 16세기에 노예 판매세는 크림 항구에서 오스만 국고로 들어오는 전체 세입의 29퍼센트를 차지했다.[15] 평균 판매 가격은 금화 20개에서 40개 사이로, 이는 성인 한 명의 2~3년 치 생활비에 해당하는 금액이었다. 1500년부터 1650년까지 폴란드, 러시아 영토, 카프카즈에서 흑해를 거쳐 거래된 노예 인구는 대략 연간 1만 명이 넘었을 것이다.[16] 서아프리카에서 아메리카로의 강제 이주에 비하면 낮은 수치지만, 여전히 세계에서 '백인' 노예 거래 규모로는 최대였다.

모든 형태의 상업이 그렇듯이, 노예 무역도 공급과 수요 모두에 의해 추동됐다. 전쟁과 흑해 스텝 북쪽 삼림 지대 및 카프카즈 산맥의 정착 인구를 습격하고 인간을 포획하면서 공급이 생겼고,

오스만제국과 유럽의 하인 및 노동자에 대한 필요로 수요가 생겼다. 이슬람법은 노예인 부모로부터 자식에게 노예 신분이 전해지는 것과 전투 중 포로로 잡히는 것만을 합법적인 노예화의 경로로 인정했다.[17] 세습 노예제는 사실 오스만 치하에서 드물었지만, 전쟁은 꾸준한 포로 공급원이 됐고, 포로는 노예 시장으로 보내지거나 제국의 정예 부대인 예니체리*에 편입됐다. 1484년 오스만군이 마우로카스트로 요새를 정복했을 때, 포로 약 2,000명이 크림 칸에게 선물로 보내졌고, 소년 3,000명이 예니체리가 됐으며, 또 다른 소녀 2,000명은 제국 수도의 노예 시장과 하렘으로 보내졌다.[18] 마찬가지로 중요한 노예 공급원은 유라시아 스텝 북쪽, 폴란드와 모스크바공국 변경, 그리고 카프카스 고지대 마을에 대한 습격에서 나왔다. 크림 칸과 유목민 노가이 타타르는 모두 술탄의 봉신으로서 기독교 농민을 납치하고 판매하는 데서 상당한 수입을 얻었다. 18세기까지 크림 전체, 북부 스텝 상당 부분, 카프카스 고지대 경제가 인신매매에 기반했다고 말해도 과언이 아니다.[19] 에블리야 첼레비는 동북부 해안을 방문하면서 미래의 여행자가 알아야 할 유용한 현지어 표현을 몇 가지 적어 두었다. 바로 "여자애를 데려와"와, "여자애는 못 찾았지만, 남자애는 찾았어"였다.[20]

이러한 공급지에서 나온 노예들은 활발한 수요를 충족시켰다. 노예를 소유하는 것은 사회적 위신의 표시였고, 가정에서는 얼

---

* Yeniçeri. 오스만제국의 정예 보병 부대로 14세기부터 19세기 초까지 존속했다. 주로 가톨릭교도 가정에서 징집된 소년들을 이슬람으로 개종시켜 엄격하게 훈련시킨 직업 군인 집단으로, 술탄에게 직접 충성했으며 오스만 군사력의 핵심이었으나 1826년 마흐무트 2세에 의해 해체됐다.

마나 많은 노예를 부양할 수 있는지로 부와 지위를 가늠했다. 노예 대부분은 집안일을 하는 하인으로 부려졌고, 여성 노예는 아내가 되거나 부유층 하렘의 일원이 되기도 했다. 일부는 농업 노동자, 장인, 심지어 상인의 조수 등 다양한 일에 종사했다. 오스만 국가의 대리인에게 잡히거나 구매된 노예는 종종 군 복무에 처해졌는데, 예니체리 부대의 보병이나 갤리선의 노꾼이 됐다. (후자의 경우, 전쟁에서 포로로 잡히면 지중해의 프랑스나 이탈리아 배에서도 같은 일을 하게 될 수 있었다.)

흑해 노예 무역에는 때때로 이중 수요 방정식도 작동했다. 잠재적 구매자가 노예 노동을 원하는 것뿐만 아니라, 일부 잠재적 노예들도 기꺼이 팔려 가려는 의지가 있었던 것으로 보인다. 18세기와 19세기까지도 수많은 서양 여행자는 노예 가족이 모순적이게도 부와 성공으로 가는 길로서 노예 상태를 받아들이는 것처럼 보이는 데서 깊은 인상을 받았다. 경제적으로 궁핍한 사람들은 카파나 트라브존의 시장으로 실어 날라달라고 타타르 노예 상인이나 오스만인 선장에게 자신을 스스로 내놓기도 했다. 비슷한 이유로 가족이 아들이나 딸을 팔기도 했다. 그렇게 해서 자녀가 적절한 부자 주인 밑에 자리를 잡으면 잠재적으로 도움이 될 후견인과 연결고리를 만들 수 있었기 때문이다. 1790년대에 카파를 방문한 마리 거스리*는 북카프카즈의 체르케스^{Circassia}에서 그곳으로 실려 온 여

---

* Marie Guthrie(?~1800?). 스코틀랜드 출신의 여행 작가로 남편 매튜 거스리Matthew Guthrie 와 함께 러시아제국에 거주하며 여행했다. 1795년 남편의 사후 『러시아 여행기』를 출판했으며, 이를 통해 특히 크림반도와 흑해 지역에 대한 상세한 관찰을 남겼다.

성들이 이런 계산을 하는 것을 발견했다.

> 나는 필요 이상으로 놀랐는지도 모르겠다. (……) 카파 주민들은 나를 그토록 충격에 빠뜨린 이 미인 거래를 완전히 무심하게 바라보았고, 이런 관행에 괴로워하는 나를 안심시키려 했다. 주민들은 어차피 하렘에 들어갈 수밖에 없는 아름다운 딸들을 위해 부모가 할 수 있는 최선은 바로 이것이라고 했다. (……) 요컨대 부유한 무슬림들에게 팔려 감으로써 딸들은 여생을 풍족하고 편안하게 살 것이 확실하며, 예언자가 하렘을 허용한 이슬람 국가에서는 결코 굴욕적인 신분이 아니라는 것이었다. 그러나 반대로 만약 딸들이 봉건 영주, 즉 고향 산악 지대의 야만스러운 거주민 손에 떨어진다면, (……) 그 무례한 족장들은 여성에 대한 존중이나 관대함이 거의 없기 때문에 딸들의 운명이 훨씬 비참해진다는 것이었다.[21]

오스만 사회의 다른 요소 대부분을 비난했던 관찰자조차도 그렇게 뒤틀려 보이는 선호에는 그럴 만한 이유가 있다는 것을 인정했다. 19세기에 프로이센 귀족 아우구스트 폰 학스트하우젠*은 오스만 수송선에서 발견돼서 러시아 군함에 의해 '해방된' 체르케스 출신 여성 노예 여섯 명과 관련된 자신의 경험을 회고했다.

---

* August von Haxthausen(1792~1866). 독일의 법학자, 경제학자, 여행가로 러시아 농촌 공동체 연구의 선구자이다. 1843~1844년 러시아를 광범위하게 여행하며 농민 공동체인 미르 제도를 연구했다. 그 결과를 담은 『러시아 연구』는 19세기 러시아 사회 구조를 이해하는 중요한 자료이다.

[러시아] 장군은 소녀들에게 해방을 알리면서 선택권이 있음을 통보하도록 명령했다. 같은 출신의 공작과 함께 고향으로 돌아가거나, 자유의지로 러시아인이나 코사크인과 결혼하거나, 모든 여성이 자유로운 독일로 장군과 함께 가거나, 아니면 마지막으로 튀르크 선장을 따라가서 콘스탄티노폴리스의 노예 시장에 팔리는 것이었다. 독자는 믿기 어렵겠지만, 소녀들은 만장일치로 단 한 순간의 망설임도 없이 외쳤다. "콘스탄티노폴리스로 팔려 가겠어요!"[22]

많은 경우에, 필시 대부분 노예 상태에 들어가는 경험은 명백히 큰 정신적 충격을 안겨주는 일이었다. 특히 가장 폭력적인 상황에서 끌려간 사람들, 즉 전장이나 해상에서 포로로 잡히거나, 유라시아 스텝의 변경 정착지에서 납치되거나, 발칸반도의 마을에서 끌려간 사람들에게는 더욱 그러했다. 그리고 노예로서 삶의 질은 주인의 사회적 지위에 크게 좌우됐기 때문에, 오스만의 노예 소유를 일반화하기는 어렵다. 그러나 거스리나 학스트하우젠 같은 관찰자들이 알았듯이, 오스만제국의 노예제는 때로 노예 상태를 받아들일 만한 선택지로 여기게 하는 특성을 지니고 있었다. 오스만인에게는 특정한 '노예 인종'이라는 개념이 없었다. 노예 신분은 생물학적 열등함이라는 관념과 결부되지 않았고, 평생 지속되는 경우가 드물었으며, 부모에서 자식으로 전해지는 일도 거의 없었다. 누가 사고팔 수 있는지에 대한 사회적 금기는 있었다. 예를 들어 무슬림은 일반적으로 기독교인이나 유대인에게 팔리지 않았다. 흑해 지역 출신 '백인' 노예와 북아프리카, 홍해, 페르시아만 출신 '흑인' 노예 사이에는 어느 정도 구분이 있었다. 그러나 노예 신분이 특정 문화 집단의 전유물은 아니었고, 따라서 아메리카 대륙의 아프리카 흑인 노예제처럼 선천적인 인종적 열등함이라는 함의를 담지 않았다.

해방으로 가는 길도 많았다. 예를 들면 자유인과 결혼하거나 단순히 주인보다 오래 사는 것 등의 방법이 있었다. 이슬람법은 또한 선량한 무슬림이 노예를 해방하도록 장려했고, 오스만의 관행은 노예가 임금을 받아서 추후 자신의 자유를 구매할 수 있도록 허용했다.[23] 노예는 대물림되는 사회적 범주가 아니었다. 노예를 '번식시킨다'는 개념은 이슬람 사회에서 혐오스러운 것이었고, 제국의 변경 지대만이 노예를 체제에 새로 유입시키는 유일한 공급원이었다. 따라서 발칸반도, 유라시아 스텝, 카프카즈 출신의 젊은 남녀에게 노예 상태는 오스만 국가에서 특권적 지위로 가는 길이 될 수 있었다. 많은 이들이 그 길을 따라 제국의 통치 기구와 사회의 정상까지 올라가서 대재상, 군 지휘관, 술탄의 부인이 됐다. 동유럽에서 낭만주의적 민족주의자들은 훗날 민족의 젊은 꽃들을 무슬림의 속박 상태로 팔아넘긴 오스만 노예 상인들의 탐욕을 규탄할 것이었다. 그러나 오스만 시대 대부분에 인신매매를 당한 이들 중 상당수는 의심할 여지 없이 바다를 건너 이스탄불로 가는 여정을 일종의 기회로, 즉 부와 사회적 신분 상승, 그리고 제국 체제의 중심에서 누리는 새로운 삶의 기회로 보았을 것이다.

돔느, 칸, 데레베이

후대 역사가에게 노예 무역은 경제 발전을 지연시키고 사람들을 본래 고향에서 소외시킨 '오스만의 멍에'의 혐오스러운 측면 중 하나였다. 특히 발칸반도의 역사 서술 전통에서 오스만 지배의 경험은 일반적으로 여전히 피지배인들의 사회적·문화적·경제적 번영을 가로막은 유감스러운 장애물로 여겨진다. 그러나 오스만 국가와 이 지역의 다양한 속국 정권 사이의 정치적·군사적 관계는 그러한 해석보다 훨씬 더 복잡했다.

오스만이 정복하기 전 2세기 동안 흑해의 지정학은 두 유라시아 제국, 즉 비잔티움과 몽골-타타르 제국의 잔재들 사이에서 새로운 정치적 질서를 정립하고 군사적 경쟁을 벌이는 과정으로 규정됐다. 1204년 라틴인의 콘스탄티노폴리스 정복은 주요 군사적·정치적 세력으로서 비잔티움의 수명을 사실상 끝냈다. 1261년 비잔티움이 도시에 대한 통제권을 되찾은 후에도, 제국은 다른 지역 강국들에 가려져 있었다. 남부 발칸반도에서는 네마니치Nemanjić 왕조의 세르비아제국이 아드리아해에서 흑해까지 뻗어 있었다. 다뉴브강 북쪽에서는 두 기독교 공국, 왈라키아Wallachia와 몰다비아가 비잔티움의 쇠퇴와 여러 차례의 동방 집단의 이주 이후 자리를 잡아가고 있었다. 비슷한 과정이 남카프카즈에서도 진행 중이었다. 13세기 몽골-타타르의 침입에 직면하며 비잔티움 변경 지대가 축소하면서 많은 공국과 카르틀리Kartli, 카헤티Kakheti, 이메레티Imereti 같은 몇몇 소규모 기독교 왕국을 남겼는데, 이들은 공동의 침략자에 맞서 단결하기보다는 서로 싸우는 경우가 더 많았다. 북쪽에서는 킵차크칸국의 몰락이 스텝에 정치적 공백을 만들어냈고, 이제 이곳은 수 세기 전의 페체네그인과 쿠만인의 후계자인 튀르크계 유목민 노가이인이 횡단하고 있었다. 크림에서는 칭기스 칸까지 거슬러 올라가는 혈통을 지닌 기라이스^{Giray} 왕조의 크림 칸이 킵차크칸국의 마지막 후예로서 버티고 있었다.

메흐메트 2세가 콘스탄티노폴리스에 입성하기 전에도 오스만은 발칸반도 대부분으로 세력을 확장해서 세르비아제국을 파괴하고 트라키아를 병합했다. 그러나 흑해 해안 대부분은 이전과 마찬가지로 그 너머의 더 큰 지역 강국들, 즉 폴란드, 리투아니아, 헝가리, 러시아의 여러 공국, 그리고 페르시아와 인접한 여러 소국의 집합체로 남았다. 이 복잡한 환경에서 오스만은 비교적 비용이 적게 드는 전략을 선택했다. 바다에 대한 자유로운 통제를 가능하게 할 전략적 요새와 항구를 완전히 정복한 다음에 내륙의 여러 강력한 정치 세력과 협정을 맺는 것이었다. 이러한 협정은 공물과 술탄에 대한 충성 서약을 대가로 지역 문제에 대해 어느 정도 자치권을 제공했다. 그러나 이러한 전략에는 일정한 위험이 따랐다. 직접적인 오스만 권력의 거점, 즉 강과 항구의 요새화된 주둔지는 속국이 반란을 일으키기로 했을 때 공격의 표적이 됐고, 강력한 토착 통치자와 맺은 후견-피후견 관계는 피후견인이 오스만보다 나은 조건을 제시하는 다른 잠재적 후견인을 만나지 못할 때만 안정적이었다. 공동 지배가 만든 제국의 이점과 위험은 15세기부터 17세기까지 흑해 주변의 세 집단, 즉 왈라키아와 몰다비아의 공작, 크림의 칸, 조지아의 왕과 오스만이 맺은 관계에서 분명히 드러났다.

이른바 다뉴브공국인 왈라키아와 몰다비아는 카르파티아산맥과 다뉴브강 및 드네스트르강 사이 지역에 등장했는데, 이 지역은 현대 루마니아와 몰도바공화국의 상당 부분을 이룬다. 이 지역은 정확히 유라시아 스텝에서 서쪽으로 여러 차례 이주하는 경로에 위치했기 때문에, 슬라브인, 로망스어와 튀르크어를 사용하는 사람들, 그리고 그 밖의 사람들을 포함한 다양한 문화 집단이 섞여살고 있었다. 1300년대에 지역 통치자들이 권력을 공고히 하면서원래는 헝가리왕국에 종속됐던 두 개의 구별되는 공국, 즉 카르파티아 남쪽의 왈라키아와 동쪽의 몰다비아를 만들었다. 왈라키아와 몰다비아 공작의 권력은 두 가지 요인에 기반했다. 첫째는 공작이 통제하는 영토의 자연적 부존자원으로, 울창한 숲에서 나오는목재와 강변 평원의 소 떼에서 나오는 가죽이었다. 둘째는 드네스트르강 하구(마우로카스트로, 후에 아케르만Akkerman)와 다뉴브강 삼각주 북쪽 지류(리코스토모, 후에 킬리아Kilia)에 자리한 옛 제노바 항구에서 이어지는 중요한 무역로상에 있는 지리적 위치였다.[24]

15세기까지 두 공국 모두 지속 가능한 왕조를 수립했다. 각 공국은 역사적 '드라큘라'인 왈라키아의 블라드 가시공*(재위 1443~1476, 중간에 여러 차례 퇴위 후 복위했다)과 몰다비아의 슈테판Stefan 대공(재

---

* Vlad the Impaler(1431~1476). 블라드는 적들을 말뚝에 꿰어 처형하는 잔혹한 형벌을 즐겨 사용한 것으로 악명이 높아 '가시공'(더 정확하게는 꿰뚫는다는 뜻)이라는 별명으로 불렸다. 블라드의 아버지가 용기사단 소속으로 '드라쿨'(용, 악마)이라 불렸기에 '드라쿨라'(드라쿨의 아들)로 알려졌으며, 19세기 말 브램 스토커의 고딕 소설 『드라큘라』에 등장하는 흡혈귀 백작의 모델이 됐다.

위 1457~1504) 치하에서 군사 강국이자 예술과 문화의 중심지로서 전성기를 겪었다. 다뉴브 공작들은 발칸반도의 많은 이웃처럼 정교회 기독교인이었고 콘스탄티노폴리스를 영적 중심지로 여겼다. 그러나 이를 제외하면, 이제는 약한 지역 세력에 불과했던 비잔티움은 왈라키아와 몰다비아 문제에서 거의 역할을 하지 못했다. 진짜 영향력은 더 북쪽의 왕국, 헝가리와 폴란드에서 나왔다. 이들은 두 공국을 다뉴브강과 흑해로 가는 전략적 통로이자 발칸반도에 진출하기 시작한 오스만군과 자신들 사이의 유용한 방패막이로 보았다. 1400년대 대부분에 두 공국은 서로 싸우지 않을 때는 하나의 잠재적 후견인을 다른 후견인과 맞세워 이용했다.

현대 루마니아 역사가는 15세기와 16세기의 오스만 '정복' 시기를 말하지만, 그 용어는 당시에는 별 의미가 없었을 것이다. 다뉴브 공작들은 종종 오스만과의 타협을 모색했는데, 그 타협이 기독교와 이슬람 사이의 경계를 넘는 것을 의미하더라도 그랬다. 왈라키아는 이미 1390년대부터 술탄에게 공물을 바쳤고, 몰다비아는 1450년대부터 그렇게 했다. 그 후 반란이 빈번했지만, 다뉴브 공작들이 오스만에 맞서 통일 전선을 구축하려고 합심하는 노력은 거의 없었다. 술탄이 피후견 공작에게 무력시위를 할 수 있고 다른 지역 강국의 침략이 있을 때 보호를 제공할 수 있는 한, 공작들은 대개 내정에 허용된 자치권에 만족했다. 무슬림 지주는 다뉴브 남쪽의 오스만 영토와 달리 다뉴브공국에 정착하지 않았고, 귀족 회의에서 선출되거나 왕조의 통치자로 다스리는 지역 공작들(돔니domni 또는 돔니토리domnitori)이 계속해서 옥좌를 지켰다(이 체제는 18세기 초까지 지속될 것이었다). 정교회는 왈라키아와 몰다비아 국가의 중심에서 그 위치를 유지했고, 자발적이든 아니든 이슬람으로의 의미 있는 개종은 없었다. 술탄의 적에 맞서 군대를 제공하고 연간 공물과 반란 행위에 대한 정기적 벌금을 지불하기로 한 합의를 제외하면, 오스만의 종주권을 인정하는 데 드는 비용은 특별히 부담스럽지는 않았다. 그리고 필요할 때는 오스만이 우군이 되어주었기 때문에 폴란드인이나 헝가리인의 야욕이 공국들에 미칠 때는 종속 상태도 어느 정도 이점이 있었다.

크림과의 관계는 다소 달랐다. 우선 크림 타타르인은 튀르크어를 사용했고 무슬림으로서 오스만과 같은 문화권에 속했다. 더욱 중요한 것은 타타르인이 칭기스 칸의 위대한 제국과 오스만 술탄의 새로운 제국 사이의 끊어지지 않은 연결 고리를 나타냈다는 점이다. 타타르 칸의 왕조인 기라이 가문의 혈통은 킵차크칸국을 거쳐 칭기스 칸까지 거슬러 올라갔다. 따라서 크림은 술탄에게 전략적 자산일 뿐만 아니라 이념적 자산이기도 했다. 오스만이 북부 해안과 유라시아의 다른 지역에 대해 주장한 권리는 부분적으로 타타르 칸이 대표하는 칭기스 왕조와의 연결에 기반했다.

따라서 이스탄불과 바흐치사라이Bakhchisarai의 칸 궁전 사이의 관계는 왈라키아와 몰다비아의 수도들과의 관계보다 훨씬 더 느슨했다. 칸은 내정을 통제했고 때로는 오스만 궁정의 외교 정책과 완전히 독립적인 외교 정책을 수행했다. 폴란드, 러시아, 심지어 왈라키아와 몰다비아의 도시 및 상단에 대한 타타르의 습격은 오스만에게 흑해 북부에서 잠재적 침략자를 물리치고 반항하는 기독교 속국을 억제하는 유용한 수단이 됐다. 이러한 습격에서 약탈한 주요 전리품인 노예는 크림 항구들에서 이스탄불로 인간의 공급이 계속 멈추지 않도록 했다. 그러나 기라이 칸의 독립성은 또한 때때로 오스만의 전략적 이익에 반하는 정책을 추구할 수 있음을 의미했다. 타타르의 침입은 종종 폴란드 및 모스크바공국과 전면전을 촉발할 위험이 있었다. 사실 17세기 후반부터 타타르에 대한 오스만의 정책은 북방 세력에 맞서는 지렛대로 타타르를 활용하기보다는, 그들의 무분별한 약탈을 통제하려는 시도와 더 자주 관련됐다.

카프카즈의 상황은 훨씬 더 복잡했다. 흑해 주변의 모든 지역 중에서 카프카즈가 통제하기 가장 어려웠다. 체르케스의 산악인, 연안의 압하지야인, 그리고 남쪽의 여러 조지아 왕과 공작은 너무 분열되어 있어서 지역의 상당 부분을 대표한다고 주장할 수 있는 단일한 정치적 인물이 없었다. 험준한 내륙은 또한 좁은 해안선 너머로 군사력을 투입하는 것이 종종 불가능함을 의미했다. 따라서 로마 시대와 마찬가지로 오스만은 일반적으로 고지대 부족을 그들 마음대로 내버려두고, 요새화된 항구에 직접 임명한 행정관을 배치하면서 보다 내륙 안쪽에 있는 저지대의 왕들과 정치적 협상을 맺는 방식을 택했다.

특히 조지아 땅에서는 노골적인 정복보다 협약에 의존해야 할 중요한 전략적 이유가 있었다. 오스만제국과 페르시아 사이의 변경 지대인 남카프카즈에서 치안을 유지하려면 상당한 자원이 필요했을 것이고, 역대 술탄들은 지역 봉건 세력이 스스로 군대를 일으켜 페르시아와 그 동맹국들에 맞서 오스만의 이익을 지키도록 하는 것으로 만족했다. (같은 점을 왈라키아와 몰다비아에 대해서도 말할 수 있는데, 이들 역시 오스만과 헝가리, 폴란드, 러시아 사이의 완충국이었다.) 물론 이는 종종 조지아 군대끼리 적으로 맞서 싸우게 됨을 의미했다. 오스만의 영향을 받는 서조지아, 즉 이메레티의 왕이 페르시아의 영향을 받는 동조지아, 즉 카르틀리-카헤티의 왕과 맞서고, 양편에 수십 명의 소규모 통치자가 가세했다. 그러나 오스만 제국 체제의 다른 많은 지역에서처럼 충성의 경계를 결정한 것은 보통 종교나 언어가 아니라 전략적 합리성이었다.

무역에 대한 중앙 집권적 통제, 복잡한 공물 및 조세 체계, 그리고 지역 지도자들과의 느슨한 정치·군사적 거래의 결합은 흑해가 폐쇄된 후 첫 2세기 동안 잘 작동했다. 오스만은 직접적으로든 무역세 형태로든 연안 지역의 자원에서 이익을 얻을 수 있었고, 속국들은 이 지역의 주요 제국 세력과의 연결을 자신들의 목적을 위해 활용했다. 그러나 17세기에 이르러 이 체계는 흑해 주변의 정치적·경제적 관계에 심각한 영향을 미칠 두 가지 변화를 겪기 시작했다.

첫째, 제국이 직접 통제하는 영토 내에서 메흐메트 2세(재위 1451~1481) 치하에 만들어진 고도로 중앙 집권화된 행정 체계가 훨씬 더 느슨한 체계로 바뀌었다. 국가는 이스탄불이 직접 임명하여 지방으로 파견하는 총독에게 의존하는 대신, 지역 지주 유력자에게 의존하게 됐다. 이러한 지역 엘리트의 권력은 술탄에 의해 인정됐고, 그 대가로 엘리트는 세금 징수와 전쟁 기간 동안 군사력 동원을 담당했다. 일부 지역에서는 이러한 지주가 자신이 관리하는 땅 안에서 준^準왕조적, 심지어 부분적으로 봉건적인 체계를 발진시켰다. 서유럽 일부가 봉건제에서 중앙 집권화된 군주제로 전환하고 있던 시기에, 오스만은 반대 방향으로 움직이고 있었다. 중앙 행정에서 징세 청부로, 그리고 지역 기반 귀족 가문들에게 사실상 권력을 이양하는 방향으로 말이다.

분권화를 추진한 이유는 중앙 정부가 광대한 제국을 직접 관리하면서 발생하는 과중한 부담에서 벗어날 필요가 있었기 때문이다. 그러나 시간이 지나면서 그 결과는 중앙이 약해지고 주변부의 권력과 이익이 커지는 것이 됐다. 이러한 권력 이동은 특히 흑해 해안을 포함한 아나톨리아 전역에서 두드러졌다. 그곳에서는 강력한 지역 가문의 지도자가 데레베이derebey, 문자 그대로 '계곡의 영주'로 불리게 됐다. 오스만 정복 이전부터 해안 일부를 지배했던 옛 투르코만 가문과 연관된 대규모 토지의 중요한 소유주 중 일부는 지역 경제를, 뒤이어 정치를 지배하게 됐다. 시노프와 트라브존 같은 주요 항구는 유력 가문의 영지로 운영됐고, 중앙 정부는 대개 현상을 타파할 능력이 없었다. 데레베이의 권력은 그들의 지위를 공식적으로 인정하고 특권을 법제화한 술탄 셀림 3세Selim III(재위 1789~1807) 치하에서 정점에 이르렀다.

두 번째 주요 변화는 흑해 북쪽에서 더 강력한 세력이 부상하여 해안 주변의 속국에 영향을 미치기 시작한 것이었다. 오스만이 15세기 말에 주요 항구도시를 정복했을 때, 이 지역의 잠재적 경쟁자는 거의 없었다. 경쟁할 만한 주요 후보였던 폴란드왕국, 헝가리왕국, 그리고 모스크바대공국은 지리적으로 충분히 멀리 떨어져 있어서 거의 걱정거리가 되지 않았다. 그러나 16세기에 폴란드와 모스크바공국의 힘이 커지기 시작했다. 1569년 리투아니아와 연합하여 폴란드-리투아니아 연합을 형성한 폴란드는 발트해에서 남쪽으로 흑해 스텝까지 세력을 뻗쳤다. 오스만의 지속적인 걱정거리는 남쪽을 향한 폴란드의 추가적인 침범을 막는 것이었다. 타타르 칸의 군대와 노가이의 습격대가 폴란드 군대를 괴롭히고 초원 지대에 슬라브인의 정착을 막기 위해 배치됐다.

모스크바공국 역시 1500년대 후반에 중요한 지역 세력이 됐다. 13세기 몽골-타타르의 정복 당시 모스크바공국은 공물을 바치도록 강요받은 여러 러시아 도시국가 중 하나에 불과했다. 그러나 후대 러시아 역사가들이 애도한 '타타르의 멍에'는 여러 면에서 모스크바공국의 우위를 가능하게 한 원동력이 되었다. 모스크바 공작은 몽골-타타르의 공물 징수 체계에서 중개자 역할을 했는데, 몫을 챙기는 대가로 다른 러시아 공국으로부터 부를 가져다주겠다고 약속했다. 시간이 지나면서 이 체계는 정치적 중앙 집권화의 길을 닦았다. 16세기 이반 4세^{Ivan IV}(뇌제) 치하에서 대공은 '전 러시아의 차르'라는 칭호를 취했는데, 이는 모스크바공국, 이제는 '러시아'의 권력이 미치는 지리적 범위와 모스크바공국의 우위를 정당화하는 이념 모두의 변화를 나타냈다. 러시아인은 스스로를 비잔티움제국, 따라서 로마제국의 전통을 계승한 자로 보게 됐다(차르^{tsar}는 물론 라틴어 카이사르^{caesar}에서 유래했다). 그러나 러시아인은 또한 몽골-타타르 시대를 돌아보며 유라시아에서 자신의 지배적 지위를 정당화했고, 이 지위는 이반이 볼가강과 시베리아의 타타르칸국을 정복하면서 확고해졌다. 이 두 원천, 즉 로마/비잔티움과 칭기스 가문 덕분에 차르는 유라시아 전역에 대한 지배권을 주장할 수 있었다. 그리고 논리적으로 차르는 똑같이 이 두 가지 유산의 계승자를 자처하는 오스만 술탄과 대립 관계에 놓였다.

오스만 영토 내의 중앙 권력 약화와 경쟁적인 지역 세력의 부상은 흑해 주변의 전략적 관계를 바꾸어놓았다. 속국들은 이제 새로운 잠재적 보호자, 즉 폴란드와 러시아가 생겨서 이들을 오스만에 맞세울 수 있었다. 크림 칸의 경우에는 폴란드와 러시아를 상대로 전쟁을 벌일 수도 있었다. 남쪽 해안의 데레베이는 수도에서 일어나는 일에는 거의 관심을 기울이지 않고 자기들 일만 챙겼다. 그러나 결국 이러한 변화는 1500년대 후반과 1600년대 초반에 오스만이 직면한 가장 긴급한 도전의 배경에 불과했다. 그 도전은 바다로부터 왔다.

선원들의 낙서

16세기와 17세기 대부분에 오스만이 지중해에서 직면했던 대규모 해전과 소규모 해상 교전은 흑해에서는 생소한 일이었다. 1571년 유명한 레판토Lepanto 해전에서 오스만 함대는 가톨릭 유럽 연합군에 의해 거의 괴멸당했다. 그러나 흑해에서는 약 2세기 후까지 이에 맞먹는 해전이 없었다.

오스만의 해상 패권은 세 가지 토대에 기반을 두었다. 첫째이자 명백히 가장 중요한 토대는 유럽 선박이 흑해로 들어올 수 있는 단 두 개뿐인 경로인 해협과 다뉴브강 하구에 대한 통제였다. 레판토 이후에도 다르다넬스와 보스포루스를 따라 위치한 요새와 다뉴브강 하구에 있는 요새, 그리고 제국 수도의 전략적 위치는 흑해 통행에 대한 통제를 유지하는 데 도움이 됐다. 둘째, 이 지역의 어떤 국가도 오스만을 위협할 만한 해군력을 동원할 수 없었다. 몰다비아, 크림, 조지아에 해군이 없었던 것은 부분적으로 이 국가들 자체의 정치적 전통 때문이었다. 어쨌든 그들은 내륙의 평원과 산지에서 성장했고, 바다와 친숙하지 않았다. 더욱 중요한 것은 오스만이 해안선 자체를 장악하여 속국들을 사실상 바다로부터 격리했다는 점이다. 해협을 통제하고 속국들을 연안으로부터 효과적으로 격리한 이 두 가지 전략적 측면에서 흑해를 '튀르크의 호수'라고 말할 수 있을 것이다.

세 번째 토대는 어떤 면에서는 처음 두 가지 토대에서 파생한 것으로, 적어도 오스만이 지배한 이래 첫 2세기 동안은 흑해에서 해적 행위가 사실상 없었다는 점이다. 15세기 연대기 작가 이븐 케말Ibn Kemal은 흑해가 "완전히 통제됐고, (……) 반란을 일으키는 악한 자들이 더 이상 이 지역에 살지 않았다"고 썼다.[25] 이는 주목할 만한 사실이다. 해적 행위는 근대 초기 지중해에서 고질적이었고, 그 시기 해군사의 상당 부분은 여러 지역 세력이 해적 행위를 퇴치하거나 조장하려 했던 노력에 관한 이야기다. 해적들은 물론 부담이자 축복이었다. 자기 배를 공격할 때는 부담이었고, 적의 배를 공격하도록 유도할 수 있을 때는 축복이었다. 1400년대와 1500년대 초 지중해에서 오스만 해군력의 성장은 어느 정도 이탈리아와 레반트 해적의 공격으로부터 해상 항로를 확보하려는 제국의 야욕 때문이었다고 볼 수 있다. 동지중해의 무장 선박 대부분은 이런저런 유형의 약탈자였고, 베네치아, 오스만, 로도스 기사단만이 직업적인 정규 해군이라 할 만한 것을 보유했다고 주장할 수 있었다.[26]

해적은 여느 사업가처럼 거점과 시장 모두가 필요하다. 작전을 지휘할 안전한 항구와 획득한 물건을 처분할 장소 말이다. 흑해에서 오스만의 위대한 성과는 이 둘 모두를 차단한 것이었다. 요새화된 주요 항구가 각 해안에 있었다. 남쪽에는 시노프와 트라브존, 돈강에는 아조프^{Azov}(옛 베네치아의 타나), 크림에는 카파, 드네스트르강에는 아케르만(옛 마우로카스트로), 다뉴브강에는 킬리아(옛 리코스토모)가 있었다. 흑해는 면적이 좁았기 때문에 이 거점들에서 비교적 수월하게 초계 활동을 할 수 있었다. 또한 이 항구들이 주요 상업 중심지였기 때문에, 해적질을 하려는 자들은 훔친 물건을 처분하기 어려웠을 것이다. 그래서 해적 행위는 통제하기 가장 어려운 해역, 즉 트라브존에서 카프키즈까지의 험준한 동부 및 남부 해안선에서 나타나는 경향이 있었다. 이것은 흑해와 지중해 사이의 중요한 차이였을 뿐만 아니라, 로마와 비잔티움 치하에서의 상황과도 달랐다. 해상에서의 약탈은 1,000년이 넘는 세월 동안 골칫거리였다. 로마와 비잔티움 사료에는 4세기 고트인부터 후대에 언급되는 '라즈인'(동남부 해안 주민을 가리키는 일반적인 용어로, 오늘날 조지아인이라 불리거나 튀르키예에서 여전히 라즈인이라 불리는 사람들을 이른다)에 이르기까지 해적의 약탈에 대한 불평이 가득하다. 그러나 중세 후기 이후 사료들에서 해적에 대한 언급은 사실상 사라진다.

이렇게 비교적 안전한 환경에서 상업이 번창할 수 있었다. 모든 기록에 따르면 오스만 시대 초기의 흑해는 지역 및 국제 상업 모두에서 활동의 중심지였다. 카보타지cabotage, 즉 단거리 연안 해운은 고대부터 해온 그대로 계속됐다. 다른 형태의 해운으로는 해상과 하천 경로를 결합한 방식이 있었다. 오스만 선박이 다뉴브, 드네스트르, 돈강의 항구에서 물품을 하역하여 외국 선박이나 대상에 넘기는 방식이었다. 그리고 해상에서 해상으로 이어지는 경로도 있었는데, 오스만 신민이 지중해까지 배를 몰고 가서 에게해 군도나 레반트에서 외국 선박에 하역하는 방식이었다. 소수의 외국 선박이 여러 시기에 흑해 진입을 허가받았다. 16세기 후반에 라구사Ragusa(현재 크로아티아의 두브로브니크Dubrovnik)는 흑해 서부 해안의 항구와 활발한 거래를 유지했는데, 이는 다른 유럽 강국 대부분이 오스만에 맞서 연합했을 때 이 도시국가가 오스만과 외교 관계를 유지한 결과였다.[27] 라구사 무역은 에게해 군도 출신 정교회 상인들이 흑해에서 지중해로의 환적換積 사업을 지배하게 된 17세기에 쇠퇴했을 것이다.

오스만 시대 초기의 군사 및 상업용 선박과 해양 공동체의 성격에 대해서는 알려진 바가 거의 없다. 오랫동안 학자들은 오스만의 해양력에 관한 연구를 무시해왔다. 이는 오스만의 해양사가 주로 국가가 지원하는 약탈이 뒷받침한 열등한 항해술의 역사라는 뿌리 깊은 편견 때문이다. 근대 초기부터 현재까지 지중해의 무슬림 선원에 대한 유럽인의 일반적인 인식, 즉 감춰진 항구에서 나타나 기독교 선원들을 덮쳐 무고한 포로로 끌고 가 하렘의 타락으로 몰아넣는 해적이라는 인식이 그러한 관점을 강화했다. 그러나 오스만 치하 선박의 다양성과 항해술 발전에 관한 가장 중요한 증거를 제공한 이들은 무슬림과 기독교인 모두를 포함한 흑해 선원들이었다.

예나 지금이나 여행자가 그렇듯이 오스만의 항구도시를 방문한 이들은 자신이 그곳에 있었다는 시각적 흔적을 남기고 싶은 참을 수 없는 충동을 느꼈고, 많은 이들이 그러기 가장 쉬운 장소였던 부드러운 프레스코화와 성당의 석회암 외벽에 낙서를 남겼다. 이 교회 중 일부는 나중에 모스크가 되기도 했다. 이스탄불의 위풍당당한 자매 성당과 같은 이름을 쓰는 비잔티움 시대 교회인 트라브존의 하기아 소피아에는 그러한 낙서가 점점이 박혀 있다. 그러나 가장 인상적인 사례 중 일부는 불가리아 해안의 고대 그리스 항구 네셈브리아Mesembria였던 네세버르시에 있다. 이 도시의 성당에는 14세기부터 19세기까지의 해양 선박을 그린 그림이 많은데, 거의 180점에 달하며, 일부는 조잡하고 도식적이지만 어떤 것은 놀랍도록 상세하다. 이들을 합치면 오스만 시대 전체에 걸친 항해의 역사를 선원들의 시각으로 보여주는 그림 자료가 된다.[28]

네세버르의 낙서에서 선박 설계의 진화를 쉽게 확인할 수 있다. 가장 초기의 선박은 멜론형 선체를 가진 코그선cog으로, 배 중앙부는 낮고 선미에는 높은 갑판이 있었다. 코그선은 1300년대에 지중해의 상업 공화국들이 흑해에 도입했는데, 이들은 그보다 앞서 한자동맹의 상인으로부터 이 설계를 받아들였다. 코그선은 단거리 항해용 선박으로, 발트해와 지중해의 소규모 해역 무역에 특히 적합했으며, 마찬가지로 흑해에도 잘 맞았다. 뚱뚱한 배 밑바닥에는 곡물과 같이 밸러스트로도 사용할 수 있는 대량의 화물을 실을 수 있었지만, 사각 돛 하나만 있었기 때문에 속도나 기동성이 좋은 배는 아니었다. 항해는 한 항구에서 다른 항구로, 또는 최대한으로 잡아도 바다의 한쪽 끝에서 이스탄불까지 가는 짧은 여정이었다. 보스포루스해협을 통과한 후에는 화물을 더 튼튼한 선박에 옮겨 실어 지중해를 가로지르는 항해를 이어갔다. 폭풍우가 치는 날씨나 겨울철에 코그선이 외해에 나가 있는 경우는 거의 없었다. 빠른 방향 전환을 가능하게 하는 복잡한 삭구 체계가 없었기 때문에 항해하기 쉬운 순풍이 필수적이었다.

초기 오스만 시대에도 상선용 코그선은 흑해에서 주된 선박으로 남았다. 그러나 네세버르와 다른 지역의 낙서에는 다른 두 가지 유형의 선박도 자주 등장한다. 하나는 캐러벨선caravel이다. 캐러벨선은 코그선처럼 여전히 선폭이 넓었지만, 돛 장치는 사각 돛에 비해 엄청난 개선을 이루었다. 십자군 전쟁의 경험을 통해 서양 선원들은 아랍의 삼각돛, 즉 '라틴 돛'과 그 장치를 접했다. (나일강의 펠루카선은 라틴 돛 장치의 대표적인 예로, 돛을 긴 가로대에 매달고 가로대는 돛대에 가파른 각도로 솟아 있다.) 상인들은 캐러벨선에서 구형 코그선의 화물 적재 능력과 라틴 돛이 제공하는 향상된 기동성을 모두 갖춘 배를 발견했다. 이러한 배는 우연히 불어오는 바람을 따라 이동하는 대신 바람을 거슬러 방향을 틀 수 있었다.

또 다른 유형은 카락선carrack이다. 카락선은 캐러벨선처럼 코그선의 후손이었지만, 사각 돛과 라틴 돛을 모두 갖춘 세 개 이상의 돛대를 포함한 더 복잡한 돛 장치 덕분에 보다 먼 거리를 이동할 수 있었다. 특히 점차 증강하는 서유럽 강국들의 국영 해군은 해상에 정지한 배나 항구에 정박한 배에 상륙할 수 있는 소규모 해병대를 카락선에 태울 수 있었다. 카락선은 대형 범선이 장거리 탐험을 위한 수단이자 기동성 있는 전투 도구로 사용될 수 있다는 발상이 자리 잡기 시작했음을 알렸다. 16세기 포르투갈, 스페인, 영국에서 해군이 확장되는 기반을 형성한 것은 바로 카락선류의 선박이었다.

코그선, 캐러벨선, 카락선이 흑해 지역의 낙서에 주로 그려진 것은 이들이 네세버르와 같은 항구를 방문한 주요 상선이었기 때문이다. 그러나 해상 생활의 성격, 특히 17세기의 해상 생활에서 중요했던 점을 드러내는 또 다른 선박도 이들 사이사이에 간혹 그려졌다. 그 배는 대형 갤리선(엄밀히 말하자면 갤리어스선galeasse)으로, 범선과 노를 젓는 대형 선박을 결합한 것이며, 보통 대포로 무장하고 해병 중대를 갖추었다. 네세버르에서 간혹 그러한 배를 그린 뱃사람은 그 배의 선원이었을 수도 있지만, 해안에서 그 배를 본 사람이었을 가능성이 더 크다. 한 줄 이상의 노와 사각 돛 또는 라틴 돛을 가진 이러한 종류의 갤리선들은 순풍이 불 때 추가로 동력을 제공할 수 있었다. 이 배들은 수 세기 전 로마와 비잔티움 선원에게도 익숙했을 것이다.

해양 제국으로서 오스만제국의 후진성에 대해 너무 많은 의미를 부여할 수는 없지만, 선박 설계에 관해서는 오스만제국이 근대화에 뒤처진 것이 사실이다. 한편에는 베네치아와 그 동맹국이,

다른 오스만제국이 있었던 1571년 레판토 해전은 주로 노를 젓는 갤리선으로 구성된 함대끼리 맞붙은 지중해에서의 마지막 대규모 교전이었다. 그러나 오스만제국은 1세기 후에도 여전히 노 젓는 배를 해군의 주력 함선으로 삼고 있었다. 이때 서유럽은 이미 여러 개의 돛대를 세운 무장 범선이 우위를 점하고 있었다. 유럽 대서양에 범선의 시대가 도래한 것은 특정 기술의 혁신에 따른 것이었다. 다양한 유형의 돛들을 조합할 수 있는 새로운 돛 장치가 설계되었고 선박 속도를 높인 길쭉한 선체가 등장했다. 그러나 이러한 설계 변화는 전략적 목적, 즉 국가 예산으로 지원할 수 있는 더 효율적이고 저렴한 해군이 필요하지 않았다면 절대로 정착되지 않았을 것이다. 군주 국가의 권력이 강화되면서 해군 건설은 군사적 우월성의 필수 조건이 됐고, 심지어 국가적 자긍심의 원천이 됐다. 특히 해외로 진출할 야망을 지닌 국가라면 대형 범선이 장거리 탐험과 제국의 유지에 매우 중요했다. 그러나 배를 바다에 띄우려면 배에서 일할 사람들을 확보해야 했고, 많은 노꾼이 필요한 갤리선의 운영 비용은 적은 선원으로 운영되는 범선에 비해 천문학적으로 높았다.

오스만제국은 분명 기술 혁신을 이룰 능력을 갖추고 있었다. 제국에 부족했던 것은 유럽의 변화를 이끈 전략적·경제적 필요성이었다. 어떤 외부 세력도 흑해에 배를 띄울 수 없었고, 북쪽에서 노예 노동력을 쉽게 공급받을 수 있었기 때문에 갤리선에 선원을 채우는 것은 시급한 문제가 아니었다. 사실 흑해가 오스만제국만의 평화로운 전유물로 남아 있는 한 전함을 진수시킬 필요조차 거의 없었다.

그러나 16세기 후반과 17세기 초반에 갑자기 예상치 못한 곳에서 새로운 해양 세력이 등장했다. 이 세력은 가벼운 노선櫓船을 이용해 해안 도시와 요새를 습격하고 해상에서 상선을 공격하며, 오스만제국 함대의 갤리선에 도전했다. 이 집단, 바로 코사크는 네 세버르의 낙서에 그려진 대형 갤리선이 한때 평화로웠던 흑해에서조차 이제는 얼마나 시대착오적인 존재가 됐는지를 입증했다.

갈매기 해군

코사크의 대중적 이미지는 채찍을 휘두르며 유라시아 스텝을 가로질러 실주하는 기마병의 모습이지만, 대략 1550년부터 1650년까지의 한 세기 동안 코사크는 상당한 해양 세력이기도 했다. 그들이 처음 보고된 것은 1530년대로, 코사크는 드네프르강 하구로 내려가 오스만제국의 외지Özi(오차코프Ochakov) 요새를 공격했다. 후에는 다뉴브강 하구와 서쪽 해안 전역으로 세력을 확대했다. 1614년에는 최초로 남쪽 해안의 시노프를 공격했다.[29] 이와 유사한 해상 공격은 17세기 중반까지 계속됐다. 오스만과 유럽의 사료는 코사크의 빈번한 습격을 언급하고 있으며, 코사크가 초래한 파괴를 다룬 묘사는 약 1,200년 전 해상 활동을 한 고트인이 비잔티움을 공격한 것과 유사한 이야기들을 연상시킨다.

[시노프의] 성벽과 성곽을 넘어 안으로 들어간 그들은 도시 중심부로 쳐들어가 주변과 건물들을 파괴하고, 남녀 수천 명이 피를 흘리게 했으며, 약탈의 빗자루와 파괴의 불로 [이] 도시를 휩쓸고, 건물의 이름도 흔적도 남기지 않은 채 황무지와 사막으로 만들어버렸다.[30]

에블리야 첼레비에 따르면, 시노프 주변의 마을 사람들은 코사크의 잦은 습격으로 채소밭이 짓밟힐 것이 확실했기 때문에 텃밭 가꾸기를 포기했다고 한다.[31]

이러한 기록이 어느 정도 과장됐다 해도, 코사크의 공격이 오스만제국에 충격을 주었음은 분명하다. 그전까지 흑해에는 해적 행위가 거의 없었고, 오스만 관리와 연대기 작가는 코사크 약탈자의 출현을 지중해에서 익숙하게 겪어온 골칫거리인 해상 강도 행위가 뜻밖에 다시 나타난 것으로 받아들였다. 그러나 코사크는 단순한 약탈자를 훨씬 뛰어넘는 존재였다. 코사크의 출현은 흑해 북부 해안의 다양한 문화로부터 힘을 얻은 독특한 사회가 점차 존재감을 드러내고 있음을 나타냈다.

코사크는 제국이 가장 우려하는 바로 그런 종류의 사회였다. 통제 불가능한 변경 지대, 즉 서로 다른 기존 세력들이 교차하는 지리적·문화적·정치적 경계에 사는 것을 이용하는 사람들이었다. '코사크'라는 단어는 아마도 '자유인'을 의미하는 튀르크어 카자크^{qazaq}에서 유래한 것으로 보인다. 코사크는 슬라브 농민, 타타르 유목민, 도망 노예, 종교적 반체제 인사, 용병 등이 섞여 생겨났는데, 이들은 바다 북쪽의 무정부적인 초원 지역으로 흘러들어왔으며,

일부는 오스만 영토에서, 다른 이들은 폴란드와 러시아에서 왔다. 시간이 지나면서 코사크는 지역별로, 그리고 어느 정도는 언어별로 구분되는 여러 하위 집단, 즉 보이스코*로 결합했다. 자포로제 코사크Zaporozhian Cossack는 드네프르강 하류를 따라 등장했다. 이곳은 상류와 바다에 가까운 하류 사이의 자연적 장벽을 이루는 10여 개의 주요 급류 아래 지역이었다(우크라이나어로 문자 그대로 급류 너머 zaporohamy라는 뜻이다). 돈강과 같은 다른 수로에서도 유사한 집단이 형성됐다. 동쪽의 코사크 보이스코는 특히 군사 분야에서 튀르크어 단어가 섞인 러시아어의 변종을 사용했고, 서쪽의 집단은 오늘날 폴란드어와 우크라이나어라고 불리는 언어의 영향을 더 많이 받았다. 16세기에 다양한 보이스코는 강력한 지도자를 중심으로 결집해서 초기 단계의 국가와 같은 것을 형성했다. 코사크의 생계 수단은 스텝과 해안 저지대의 삶과 관련됐다. 그들은 소, 양, 말을 기르고(약탈하기도 하고), 해안과 북쪽 사이의 무역 중개자 역할을 하며, 어업에 종사하고, 크림과 노가이 타타르와 함께 오스만 시장에 수출할 노예를 공급했다.

코사크가 외해에서 습격 활동을 벌인 것은 스텝 지역에서의 경제 활동이 자연스럽게 확장된 것이었다. 코사크는 강둑과 습지의 주민으로서 평원 생활과 더불어 수상 문화를 발전시켰다. 차이카chaika(갈매기)라고 불리는 용골이 없고 가벼운 코사크의 노 젓

---

* voisko. 군대를 의미하는 러시아어로, 코사크 사회에서는 지역별로 조직된 자치적 군사 공동체를 가리킨다. 자포로제, 돈, 쿠반 등의 보이스코는 각각 독자적인 지도자와 군사·행정 체계를 갖춘 준국가적 조직이었다.

는 배는 특히 하천 운송에 적합했는데, 여행 중 급류를 피해 배를 육지로 운반해야 할 때 더욱 그러했다. (이러한 형태의 이동은 9세기와 10세기의 로스인도 특징적으로 보여주었다. 사실 코사크 선박은 로스인과 그들의 노르만 선조의 배와 놀라울 만큼 닮았다.) 최대 70명을 수용할 수 있도록 약간 크게 만들고 소형 대포로 무장한 이 배들은 해상에서 더욱 무시무시했다. 선박은 물 위에 낮게 떠서 먹잇감에 바싹 다가갈 때까지 해안이나 대형 갤리선에서 보이지 않았다. 뱃전에 묶어두어 부력을 제공하는 습지 갈대 다발 덕분에 침몰시키기가 극도로 어려웠다. 17세기 전반에 코사크는 이러한 선박들로 최대 300척에 달하는 함대를 구성하여 바다를 구석구석 누빌 수 있었다.[32] 그리고 뱃머리와 고물 양쪽에 방향타가 있어서 오스만에서 코사크 선박을 추격하기 위해 통상적으로 보내던 전투 갤리선보다 훨씬 더 기동성이 뛰어났다.

1630년대와 1640년대에 폴란드 왕을 위해 일했던 프랑스 군사 기술자 기욤 드 보플랑Guillaume de Beauplan은 드네프르강을 따라 내려가는 코사크 선박을 직접 목격한 경험을 이렇게 말했다.

배들은 서로 너무 가까이 붙어 있어서 노가 거의 닿을 정도이다. 튀르크인은 보통 원정을 알아차리고 코사크가 바다로 나오지 못하도록 보리스테네스강 입구에 여러 척의 갤리선을 대기시킨다. 그러나 더 교활한 코사크는 초승달이 뜰 무렵 어두운 밤에 몰래 빠져나가, 보리스테네스강을 3~4리그[약 20킬로미터] 거슬러 올라간 곳에 있는 갈대숲에 숨어 있는다. 갤리선은 과거에 그곳에서 큰 피해를 당한

적이 있어 감히 들어오지 못한다. 튀르크인은 강 입구에서 기다리는 것으로 만족하지만, 그곳에서 항상 [약탈자에게] 기습을 당한다.

그러나 코사크가 아무리 빠르게 지나가도 완전히 들키지 않을 수는 없기에, 곧 나라 전역, 심지어 콘스탄티노폴리스까지 경보가 울린다. 대군주[술탄]는 해안 전역으로 전령을 보내 (……) 코사크가 바다로 나왔으니 모두 경계하라고 경고한다. 그러나 모든 것이 헛수고다. 코사크는 시기와 계절을 매우 유리하게 선택하여 36~40시간 만에 아나톨리아에 도달하기 때문이다. 코사크는 각자 화기를 챙겨 상륙하고, 배마다 성인 두 명과 소년 두 명만 남겨 경비를 맡긴다. 코사크는 도시를 기습하여 점령하고 약탈하고 불태우며, 때로는 내륙으로 1리그[약 5.5킬로미터]까지 들어간다. 그런 다음 즉시 [배로] 돌아와 전리품을 싣고 다른 곳에서 운을 시험하러 떠난다.

또한 보플랑은 오스만인보다 훨씬 더 은밀한 항해자임이 입증된 코사크의 기발한 군사 전술에 대해서도 언급했다.

코사크 배는 물 위로 약 2.5피트[약 76센티미터]밖에 솟아 있지 않기 때문에, 코사크는 항상 [상대방에게] 보이기 전에 먼저 배나 갤리선을 발견할 수 있다. 그러면 코사크는 배의 돛대를 내리고 적이 항해하는 방향을 확인한 다음, 석양을 등진다. 그런 다음 일몰 한 시간 전에 목표물을 놓칠까 조바심치며 약 1리그 거리까지 배나 갤리선을 향해 온 힘을 다해 노를 젓는다. 코사크는 이 거리를 유지하다가 자정 무렵 (신호를 주면) 배들을 향해 힘차게 노를 젓는다. 선원의 절반은 전투 준비를 하고 배가 접하는 순간을 기다렸다가 뛰어올라 배에 오른다. [적의] 배에 있는 사람들은 80척이나 100척에 달하는 배에 공격당하는 것을 보고 매우 놀라며, 배는 순식간에 사람들로 뒤덮이고 즉시 점령당한다. 그러면 코사크는 배에서 찾을 수 있는 돈과 부피가 작고 물에 손상되지 않는 물품을 약탈한다. 또한 주철 대포와 유용하다고 판단되는 다른 모든 것을 빼낸 후 배와 선원들을 침몰시킨다. (……) 만약 코사크가 배나 갤리선을 다루는 재주가 있었다면 가져갔을 테지만, 그런 기술을 갖고 있지는 않았다.[33]

1550년대 이후 이러한 원정이 빈번히 일어나면서, 흑해는 결코 '튀르크의 호수'가 아니게 됐다.

코사크의 공격은 1637년에 절정에 이르렀다. 그해에 대규모 돈 코사크 부대가 아조프 요새를 포위했는데, 이 요새에는 수천 명의 오스만 병사와 타타르인 신병으로 구성된 수비대가 주둔하고 있었다. 오스만이 요새를 탈환하려고 여러 차례 시도했지만, 각각의 시도는 코사크가 단순한 습격자가 아니라 조직화된 군대로서 얼마나 강력해졌는지를 보여주었다. 에블리야 첼레비는 요새에 대한 주요 반격 작전에 참전했다. 에블리야는 코사크가 8만 명에 달했고 150척의 배로 이루어진 소함대가 강 쪽 성벽을 방어하고 있다고 보고했다. 오스만은 흑해 지역 전역에서 군대를 소집했다. 지상군에는 트라키아의 루멜리아Rumelia 총독이 제공한 병력, 부자크 지방의 타타르인 4만 명, 왈라키아와 몰다비아의 기독교도 병사 4만 명, 트란실바니아의 기독교도 2만 명이 있었다. 해상에서는

오스만제국 함대가 갤리선 150척과 더 많은 프리깃선frigate 및 소형
선으로 구성되어 총 400척의 배에 4만 명이 탑승했다. (에블리야의
수치는 과장됐을 수 있지만, 군대와 함대의 규모는 실로 대단했다.)

이처럼 강력한 전력에도 불구하고 오스만은 어려움을 겪었
다. 코사크는 방어선을 구축하여 버텨냈고, 병사들이 강의 봉쇄선
을 물속으로 헤엄쳐 통과하도록 하여 증원군을 투입했다. 이들은
갈대 관으로 숨을 쉬고 가죽 자루에 무기를 담아 날랐다. 두 달 후
겨울이 빠르게 다가오자, 오스만은 결국 요새를 포기하고 코사크
에게 넘겨주었으나, 대신 주변 농촌을 약탈하며 보복했다. 에블리
야가 보고한 바에 따르면, 군대가 약탈한 전리품이 너무 많았던 탓
에 물가가 믿을 수 없을 정도로 낮게 떨어졌다. 말 한 마리를 1피아
스트르*에, 소녀 한 명을 5피아스트르에, 소년 한 명을 6피아스트
르에 살 수 있있다.[34]

오스만 함대는 아조프에서의 거듭된 참패에도 코사크를 상
대로 어느 정도 성과를 거두었다. 드네프르강 입구에 증강된 순찰
대를 배치하면서 가장 큰 규모의 함대가 바다로 나가는 것을 막았
다. 비록 보플랑이 묘사한 것과 같은 소규모 약탈대를 저지하는 것
은 거의 불가능했지만 말이다. 갤리선과 소형 선박 수백 척이 포함
된 대규모 오스만 원정대가 돈강을 거슬러 올라갔다. 시간이 지나
면서 코사크도 분명 숙련병의 손실을 겪었는데, 아무리 드물다 해

---

*   piaster. 원래 16세기 스페인 은화 페소peso에서 유래한 화폐 단위로, 오스만제국과 중동, 지
중해 지역에서 널리 통용됐다. 오스만제국에서는 쿠루시kuruş라고 불렀으며, 이집트, 시리아, 레바논 등
지에서 19~20세기까지 사용됐고, 현재도 일부 국가에서 소액 화폐 단위로 쓰인다.

도 오스만 갤리선과의 조우는 대개 코사크 선원의 일부만 집으로 돌려보냈기 때문이다.[35] 심지어 아조프도 결국 오스만의 통제로 되돌아갔다. 코사크는 처음에 요새를 러시아 차르에게 선물로 제안했으나, 차르는 술탄과의 전면전으로 이어질까 두려워서 거절했다. 그러자 코사크는 1642년에 요새를 포기했다. 무엇보다 특히 거듭된 포위 공격으로 거의 파괴된 요새가 별로 쓸모없다고 판단했기 때문이다.

오스만제국에게는 부분적인 성공조차도 상당한 대가가 따랐다. 코사크의 위협에 대응해야 했기 때문에 부족한 해군 자원을 지중해에서 빼내야 했다. 선장들이 코사크 약탈자가 제기하는 새로운 위험을 예리하게 인식했기 때문에 북부와 남부 해안 간의 활발한 무역 관계도 불가피하게 영향을 받았다. 장기적으로 보면, 느린 갤리선보다 기동력이 뛰어난 신속한 배를 가진 해군력의 성공은 수 세기 전에 동남부 유럽 전체를 정복했던 오스만의 군사 기구가 무적이 아님을 보여주었다. 그리고 코사크가 폴란드, 러시아, 오스만이라는 경쟁 세력이 만나는 지점에서 자신들의 위치를 이용하는 법을 배우면서, 오스만의 오래된 제국적 수용 전략도 끝나가고 있음이 드러났다.

코사크의 비정규 해군의 출현은 오스만과 흑해 간의 관계에 큰 변화를 가져왔다. 16세기 중반까지 흑해와 그 연안에 대한 오스만의 전략적 통제는 당연해 보였다. 이따금씩 속국들이 반항을 하고, 특히 카프카즈 지역에서는 때때로 해안선 통제가 유명무실하기도 했으며, 고지대는 더 말할 것도 없었다. 그럼에도 오스만은 한동안 흑해를 자신의 바다라고 말할 수 있었다. 오스만은 다뉴브 강과 해협을 통한 유일한 주요 접근로를 장악했다. 서쪽과 남쪽 해안 전체가 제국의 속주였다. 북쪽은 동맹을 맺은 무슬림 국가와 척박한 스텝 지대라는 장벽으로 보호됐다. 따라서 바다에 대한 오스만의 전략적 관점은 주로 방어적인 것이었다.[36] 제국의 정책은 접근로를 차단하고 해안 요새를 강력하게 유지하며 평평하고 광활한 땅 다슈트Dasht를 가능한 한 무주공산으로 유지하는 데 중점을 두었다. 오스만은 나중에 1300년대와 1400년대에 거둔 놀라운 성과를 회고하면서, 이를 술탄의 영토와 이슬람 세계를 확장하려는 헌신으로 설명했다. 그러나 북쪽에서는 이러한 팽창 이념이 두드러지지 않았다. 이유는 간단했다. 흑해에서 오스만은 매우 좋은 거래를 하고 있었기 때문이다.

그러나 코사크가 등장하면서 모든 것이 변하기 시작했다. 바다와 북부 스텝은 이제 불안 요소가 됐고, 오스만이 보기에 이 광대한 육지와 바다는 평정하는 데 이전보다 훨씬 더 많은 에너지를 요구했다. 흑해는 더 이상 내해, 즉 제국의 일부로 간주될 수 있는 땅으로 사방이 둘러싸인 물길이 아니었다. 이제 변경이 된 것이다. 1600년대 후반까지 북쪽에서 세력을 키워가던 러시아는 이처럼 변화된 상황이 자신에게 유리할 수 있다는 것을 깨닫기 시작했다.

5장

초르노예 모레[*]

1700~1860년

[*] Chernoe More 〔러시아어〕 검은 바다

군주는 자신이 직접 정의를 집행하고 자신의 눈으로 정부의 모든 부분을 볼 수 있는 작은 왕국을 원했다. 그러나 군주는 결코 자기 영토의 한계를 정할 수 없었고, 항상 신민의 수를 늘리고 있었다.

—1759년, 새뮤얼 존슨

황제는 동시에 중산층을 형성하고, 대외 무역을 허용하고, 제조업을 도입하고, 신용을 확립하고, 지폐를 늘리고, 환율을 높이고, 이자율을 낮추고, 도시를 건설하고, 학술원을 세우고, 사막에 사람을 채우고, 수많은 함대로 흑해를 뒤덮고, 타타르인을 섬멸하고, 페르시아를 침공하고, 튀르크인으로부터 영토를 빼앗기 위해 공격적으로 정복을 계속하고, 폴란드를 속박하고, 유럽 전체에 자신의 영향력을 확장하기를 바란다.

—1787년, 러시아 주재 프랑스 대사 루이필리프 드 세귀르 백작이 예카테리나 대제에 대하여

배들은 깊은 녹색 분지 사이, 협곡의 기슭에 정박한다. (……) 곶과 만이 교차하며 형성된 항구가 줄지어 늘어선 광경. 많은 부분이 허드슨강 고지대를 확대해놓은 듯하다. 돌고래가 푸른 바다에서 뛰놀고, 머리 위로 거대한 비둘기 떼가 날아가며 군대와 같은 대형으로 움직인다. (……) 차르들이 항상 술탄의 수도를 탐냈던 것도 당연하다. 전나무 숲 사이의 러시아인이 이 은매화를 그리워하는 것도 당연하다.

—1856년 보스포루스해협을 거슬러 올라가는 증기선에서, 허먼 멜빌

계몽주의 시대 위대한 인류 지식의 집약체인 디드로Denis Diderot의 『백과전서Encyclopédie』에는 흑해에 관한 짧은 항목이 있다. '폰투스 에욱시누스Pont-Euxin'는 "북쪽으로는 소小타타르와 체르케스 사이에, 동쪽으로는 조지아에, 남쪽으로는 아나톨리아에, 서쪽으로는 유럽의 튀르크 사이에" 위치한다고 서술된다. 이 항목을 쓴 저자는 무식한 프랑스 궁정 신하가 이해할 수 있도록 이것이 퐁pont, 즉 '다리'가 아니라 '아시아의 바다'라고 친절하게 덧붙인다.[1]

이것은 1750년대의 일이었다. 그 후 100년 동안 디드로의 지리학은 시대에 뒤떨어진 것이 됐다. 18세기 후반부터 러시아제국은 크림반도의 따뜻한 항구로 세력을 확장하여 오스만을 밀어내고 속국의 타타르인 칸을 몰아냈다. 서쪽과 동쪽에서도 러시아제국은 처음에는 동방 기독교의 수호자를, 나중에는 튀르크의 멍에 아래서 억압받는 민족의 해방자를 자임하며 발칸반도와 카프카즈의 왕과 공작에게 영향력을 행사하기 시작했다. 19세기 중반까지 흑해는 더 이상 '아시아의' 바다로 묘사할 수 없었다. 이제 흑해는 동유럽에서 흥망성쇠를 겪는 세력, 즉 러시아와 오스만 사이에 분할됐고, 두 제국의 야망이 긴밀하게 접촉하는 항로가 됐다. 사실상 디드로가 생각한 의미보다는 궁정 신하가 생각한 의미의 퐁, 즉 다리에 더 가까운 것이었다.

바다가 점차 유럽 세력권으로 편입되기 시작한 것은 바다와 스텝 사이의 전략적 관계가 변화하면서부터였다. 바다를 평화롭게 유지하고 북부 스텝을 무주공산으로 두는 것은 콘스탄티노폴리스 함락 이후 오스만제국의 안보를 지키는 두 가지 필수 조건이었다. 대부분의 외국 선박의 흑해 진입을 통제하고 연안의 속국과 안정적인 관계를 유지할 수 있는 한, 오스만은 바다의 부에 대한 사실상의 독점권을 유지했다. 그리고 유목민과 타타르인 습격대가 가로지르는 유라시아 스텝은 북방 세력의 야망을 견제하는 자연적 장벽이었다. 러시아에는 이러한 필수 조건이 정반대였다. 코사크의 해상 습격이 보여주었듯이, 오스만은 북부 해안에서의 조직적인 공격에 취약했지만, 러시아는 바다에 도달하기 위해 먼저 자국 남부 변경의 척박한 초원 지대를 가로질러야 했다. 코사크, 농민, 노가이 유목민이 이동하며 거주할 뿐, 상당 부분은 아무도 살지 않는 스텝은 오랫동안 골칫거리였다. 러시아와 폴란드 작가가 모두 '황야'라고 부른 바로 이곳에서 타타르인 무리가 기독교인 마을로 내려와 약탈품과 사람들을 끌고 갔다. 이곳은 도적과 무법자의 땅이자, 더 북쪽의 지주 밑에서 일하는 데 지친 불만 가득한 농민들의 피난처였다.

이반 뇌제(재위 1533~1584) 치세부터 표트르 대제^{Petr I}(재위 1689~1725) 치세까지 러시아 국가 정책의 핵심은 스텝을 명확하고 통제 가능한 것으로 만들려는 노력, 다시 말해 변경을 경계로 만들려는 노력이었다. 그러나 이 계획은 러시아를 타타르인 칸과, 나아가 오스만제국과 직접적인 경쟁 관계에 놓이게 했다. 다소간 방어적인 국가 안보 정책으로 시작된 것이 18세기 동안 팽창 이념으로 발전했다. 먼저 표트르 치세에, 그다음 예카테리나 대제^{Ekaterina II}(재위 1762~1796) 치세에 러시아는 제국의 이념을 받아들였는데, 여기에는 계몽사상에 나타나는 문명화라는 사명의 합리주의와 서유럽의 제국 세력을 오랫동안 사로잡았던 정복 욕망이 뒤섞여 있었다. 스텝을 통제하려는 추진력은 바다를 정복하려는 압력이 됐고, 나아가 로마의 계승자라는 러시아의 자기 인식이 최고조에 달하면서, 해협을 장악하고 되살린 비잔티움의 왕좌에 러시아 군주를 올려놓으려는 구상으로 나아갔다. 새로운 제국은 무지몽매한 남쪽에 문명을 전하는 자가 돼서, 흑해를 가로질러 지중해로 뻗어나가 콘스탄티누스의 유산을 장악하려 했다. 다양한 변형 속에서도 이러한 전략적 목표는 제1차 세계대전의 혼란 속에서 러시아와 오스만제국 모두가 종말을 맞을 때까지 러시아 외교 정책의 방향을 규정했다.

18세기와 19세기 바다 주변의 발전은 제국 간 목표 충돌이라는 맥락에서 일어났다. 바다의 발전에서 결절점은 일련의 긴 전쟁, 처음에는 오스만과 중부 유럽 강국 사이의, 나중에는 오스만과 러시아 사이의 전쟁을 종결시킨 여러 조약이다. 1699년과 1700년의 카를로비츠Karlowitz 조약과 이스탄불 조약은 오스만제국의 쇠퇴를 알리는 시발점이 되었다. 이 조약들의 결과로 오스만은 중부 유럽의 영토를 오스트리아에, 흑해 서북쪽 지역을 폴란드에, 북쪽 중앙부와 동북부 연안 일부를 러시아에게 잃었다. 1739년 베오그라드Belgrade 조약은 러시아에 중요한 아조프 요새 통제권과 바다에서의 제한적인 무역권을 허용했다. 1774년 퀴취크 카이나르자Küçük Kaynarca 조약에 따라 오스만은 마침내 러시아 상선이 바다에서 방해받지 않고 항해하는 것을 허용하는 데 합의했다. 이 양보는 이후 수십 년에 걸쳐 다른 외국 상선도 포함하도록 확대될 것이었다. 러시아의 팽창하는 영향력은 1829년과 1839년에 성문화됐다. 아드리아노폴리스 조약과 휜카르 이스켈레시^{Hünkâr İskelesi} 조약에서 오스만은 바다에 대한 러시아 해군의 권리를 완전히 인정하고 해협을 통한 자유 통행을 보장했다. 술탄은 또한 북부 해안을 따라 추가적인 영토를 양도하고, 왈라키아와 몰다비아를 사실상 러시아 보호령으로 내주었으며, 남부 카프카스에 명확한 국경을 확립했다.

휜카르 이스켈레시 조약에 따라 술탄은 러시아의 요청으로 다르다넬스해협에서 외국 선박의 통행을 봉쇄하기로 합의했다. 이는 서방 강국들에게 근동에 대한 차르의 야심을 보여주는 우려스러운 신호였다. 그러나 크림 전쟁 중 러시아의 열망은 억제됐다. 영국과 프랑스가 곤경에 처한 술탄을 지원하러 와서 러시아로 하여금 흑해를 모든 군함의 진입이 금지된 중립적인 국제 공간으로 만드는 조약에 합의하도록 강요했기 때문이다. 러시아는 결국 평화 조약의 조건을 거부하고 1877~1878년에 일어난 러시아-튀르크 간의 마지막 주요 충돌에서 발칸반도를 돌파하여 콘스탄티노폴리스로 진군하겠다고 위협했고, 영국과 프랑스가 외교적으로 강경하게 개입한 끝에 이를 막을 수 있었다. 오스만제국은 한때 그 강력함 때문에 위협이 됐지만, 이제는 러시아의 잠식에 직면하여 상대적 약세였기 때문에 문제가 됐다. 이러한 전략적 변화를 어떻게 관리할 것인가는 19세기의 나머지 기간과 20세기 초반 동안 근동의 유럽 외교관과 전략가의 기본적인 난제가 될 것이었다.

바다와 스텝

이반 뇌제와 표트르 대제의 치세 사이 2세기 동안 러시아 국가 정책에서 불안정한 스텝이 차지한 위치는 아무리 강조해도 지나치지 않다. 이에 대응하는 것은 공국에서 제국으로, 모스크바공국에서 근대 러시아로 전환하는 데 핵심적인 요소였다. 스텝은 권력과 사회에 대한 서로 다른 두 가지 관점이 맞닥뜨린 지역이었다. 북쪽에는 몽골-타타르 칸들이 부여한 징세 대행 역할의 유산 위에 건설되고, 비잔티움의 유산에 대한 권리를 주장하는 기독교 국가로서 자기 인식을 발전시키던 도시적이고 군사-관료적인 모스크바 국가가 있었다. 남쪽에는 전통 사회의 친족 관계에 기반한 사회 체제를 가진, 주로 유목적이고 명목상 이슬람을 믿는 유동적인 오르도*와 칸국의 집합체가 있었다.[2]

그러나 이 두 체제 간 갈등의 진정한 원인은 이러한 특징 중 어느 것도 아니었고, 폭력과 재산 사이의 복잡한 관계에 있었다. 모스크바인들에게 조직화된 폭력은 국가의 전유물이었으며, 폴란드와 리투아니아 같은 경쟁 세력에 맞서 귀족이 소집한 군대의 역할은 대공의 영토와 신민의 재산을 보호하는 것이었다. 반면 스텝의 유목민과 그 후견인인 크림 칸은 무장 약탈 활동으로 상당한 부를 축적했다. 북쪽의 도시와 마을을 약탈하고, 조공 관계를 강요하

---

    *   horde. 몽골-튀르크어로 원래 유목 지도자의 천막이나 야영지를 의미했으나, 점차 칸을 중심으로 한 유목 집단 전체를 가리키는 말로 확장됐다. 킵차크칸국, 크림칸국 등 몽골-타타르 계승 국가들이 이 명칭을 사용했다.

며, 심지어 잠재적 교역 상대에게 특혜 조건을 제시하도록 설득하기도 했다. 17세기에 크림 칸은 최대 8만 명의 기병을 동원할 수 있었고, 심지어 개별 유목 집단이 벌이는 소규모 약탈에도 검과 활로 무장한 기병 3,000명이 동원되기도 했다.[3] 그러나 군대의 임무는 국가를 수호하는 것이 아니었다. 애초에 근대적 의미의 국가라 할 만한 것이 존재하지 않았기 때문이다. 오히려 그들의 임무는 개별 병사와 그 지도자의 치부 수단을 제공하는 것이었고, 노예 약탈은 바다 건너편의 최고 강대국인 오스만과 거래할 수 있는 환금성 상품을 확보하기 위한 것이었다.

모스크바공국의 안보 문제가 초래한 경제적·사회적 영향은 광범위했다. 교역이 중단되고, 칸에게 바치는 공물로 국고가 고갈됐다. 노동력 손실 또한 상당했다. 17세기 전반에만 약 20만 명의 슬라브 기독교인이 포로로 잡혔으며, 포로를 잡은 자들이 노예를 다시 속환하도록 허용했을 때조차 (이를 모스크바공국은 특별 공공 부담금으로 충당했다) 몸값은 국고에 또 다른 부담이 됐다.[4] 역사학자 마이클 호다르코프스키Michael Khodarkhovsky는 17세기 전반에 차르가 크림 칸에게 공물, 몸값, 교역세로 지불한 금액이 약 600만 루블에 달했으며, 이는 소규모 도시 1,200개를 건설하는 데 필요한 자금에 맞먹는다고 계산했다.[5] 모스크바공국이 킵차크칸국의 칸과 맺은 특권적 관계에 바탕해 지배 세력으로 부상했다면, 근세 러시아의 뒤처진 도시화와 경제적 낙후성은 크림과 스텝에서 킵차크칸국의 후계자가 자행한 약탈에 상당 부분 기인했다. (물론 많은 개별 포로가 타타르인이나 오스만인의 손아귀에서의 삶에 적응하는 법을 배웠

겠지만 말이다.)

16세기와 17세기 내내 차르들은 먼저 불안정한 변경, 즉 크라이krai(우크라이나Ukraine라는 이름이 여기서 유래했다)의 악영향을 완화하고 궁극적으로는 제거하기 위해 노력했다. 포로를 되사 오기 위한 국가 자금 지원 체계가 마련됐다. 토루, 벌목한 나무, 참호 등 여러 층의 방어선이 스텝 지대 북쪽 가장자리에 건설됐다. 독자적으로 움직이는 약탈자들의 습격을 중단시키기 위해 크림 타타르인에게 외교적 접근이 시도됐다. 이반 뇌제 치하에서 러시아의 정책은 더욱 단호해졌다. 이제 모스크바 대공이 아닌 전 러시아의 차르라는 칭호를 취한 이반은 킵차크칸국의 후계자를 공격했다. 볼가강의 카잔칸국이 1552년에, 카스피해의 아스트라한칸국이 1556년에, 시베리아칸국이 1581년에 함락당했다. 공물을 바치는 일도 결국 중단됐다. 러시아의 식민지 개척자들이 새로 정복한 땅으로 파견됐고, 국가와 코사크 사이에 관계가 형성됐다. 차르는 확대되는 변경의 보호를 대가로 코사크 지도부의 권위를 인정했다.

이 단계에 정복의 이념이 있었다면, 그것은 제국의 이념이 아니었다. 러시아 국가에게는 문명화에 대한 사명이 없었고, 킵차크칸국의 잔존 세력을 공격할 때 문명과 야만, 심지어 기독교와 이슬람 사이의 근본적인 경계선을 넘는다는 명확한 인식도 없었다. 오히려 동쪽과 남쪽으로의 더욱 공격적인 진출은 기본적인 안보 문제에 대한 해결책으로 시작됐고, 칸이 아니라 러시아인이야말로 몽골-타타르인의 유산을 계승한 진정한 후계자라는 의식과 점차 강하게 결합했다.

17세기 중반에 이르러 스텝은 완전히 길들여지지는 않았지만, 불안정한 변경에서 경계에 가까운 것으로 바뀌었다. 점점 더 남쪽으로 밀어붙인 새로운 방어선이 대규모 공격을 저지했고, 이제 러시아와 동맹을 맺은 여러 코사크 집단이 타타르인에게 자체적인 징벌적 습격을 개시했다. 17세기 중반, 러시아와 자포로제 코사크의 동맹으로 러시아는 서쪽에서 더 많은 영토를 획득할 수 있었다. 1654년, 코사크의 봉기를 지원하고 폴란드와의 전쟁에서 승리한 후, 차르는 키예프시를 포함한 우크라이나 스텝 지대를 차지했다. 동부 우크라이나를 획득하면서 차르의 영향력은 카스피해 연안에서 스텝을 가로질러 드네프르강까지, 킵차크칸국의 옛 영토 대부분으로 확대됐다. 러시아 국가는 여전히 흑해와 접하지 않았지만, 북쪽에서 오는 두 주요 접근로인 돈강과 드네프르강을 장악했다. 이것이 콘스탄티노폴리스 함락 이후 흑해에서 일어난 가장 큰 변화의 배경, 즉 오스만의 패권에 도전할 수 있는 조직화되고 국비로 운영되는 해군을 출현시켰다.

아조프의 소함대

1689년 표트르 대제가 즉위했을 때, 그의 영토는 1년 중 대부분 얼어붙어 있는 백해White Sea의 아르한겔스크Arkhangel'sk라는 항구 한 곳에서만 대양과 맞닿아 있었다. 발트해는 스웨덴의 영역이었고, 흑해는 오스만의 것이었다. 그러나 약 150년 안에 러시아는 발트해

전역으로 세력을 확장했고, 지브롤터해협을 통해 지중해로 진입할 수 있는 부동항不凍港 해군을 건설했으며, 멀리 이집트까지 작전을 수행했다. 러시아는 흑해 북부 연안 전역에, 서쪽의 오데사에서 크림의 세바스토폴, 동쪽의 노보로시스크Novorossiisk에 이르기까지 항구와 해군 기지를 건설했다. 요컨대 러시아는 유럽의 해군 강국이 됐고, 이스탄불로부터 흑해의 완전한 지배권을 빼앗기 시작할 수 있는 나라가 됐다.

표트르는 러시아 국가의 위대함이 흑해로의 접근권을 확보하는 데 달려 있다고 확신했다. 이는 오스만과 타타르 칸이 러시아의 새로운 남부 영토를 위협할 능력을 약화하는 중대한 조치였다. 그러나 러시아 해군이 흑해에 처음 등장한 과정은 그다지 순탄하지 않았다. 해안에 거점을 확보하려는 표트르의 초기 시도는 완전한 실패로 끝났다. 1695년 오스만의 아조프 요새를 공격한 작전은 러시아와 코사크 군대의 대패로 끝났다. 오스만과 그 동맹국은 해군력으로 육군을 지원하고 수비대에 보급품을 제공할 수 있다는 전략적 이점이 있었다. 표트르가 얻은 교훈은 남부에서 러시아의 운명이 근본적으로 해상에서 오스만과 맞설 수 있는 능력에 달려 있다는 것이었다.

아조프는 중요한 군사적 목표였다. 이 요새는 돈강 하류를 장악하여 러시아의 아조프해 진입을, 나아가 더 넓은 흑해로의 진출을 가로막고 있었다. 러시아 선박이 강 하구를 넘어 항해하려면 무엇보다 이 요새를 먼저 점령해야 했다. 아조프에 대한 첫 공격이 실패한 직후, 표트르는 새로운 작전을 지원할 갤리선과 포함으로 구성된 해군 전력을 편성하는 계획에 착수했다. 네덜란드에서 갤리선 시제품이 인도됐고, 그 모형을 바탕으로 다른 선박이 모스크바 근처에서 조립돼서 여러 구획으로 분해된 채 육로를 통해 돈강 상류의 보로네시Voronezh로 운송됐다. 1696년 여름까지 표트르는 약 24척의 군함과 소형 선박으로 이루어진 소규모 함대를 만들어 냈다. 5월 초, 배들은 보로네시를 떠나 돈강을 따라 내려가며 소규모 코사크 선박 부대와 합류하여 오스만 수비대와의 또 다른 교전을 향해 나아갔다. 스위스인 프랑수아 르포르*에게 전 함대의 제독을 맡기고, 표트르 자신은 갤리선 함대의 지휘관이라는 하위 직책을 맡았다.[6]

러시아 군대가 도착하기도 전에 코사크 선박은 이미 수비대에 보급품을 공급하려는 오스만 선박을 방해하고 있었다. 6월 말까지 러시아 함대 전체가 아조프 앞바다에 도착했고, 러시아군의 대규모 출현과 코사크의 계속된 해상 습격은 강 하구에 있던 오스만 선박이 요새로 들어가려는 시도를 하지 못하게 막았다. 지상군이 포위 공격을 시작했고, 약 한 달 만에 오스만 수비대가 항복했다. 아조프는 이전에도 점령된 적이 있었지만—1637년에 코사크가 단독으로 점령했다 —이전의 정복과는 큰 차이가 있었다. 과거에 코사크가 요새를 점령해 차르 미하일 로마노프Mikhail Romanov에게 바쳤을 때, 차르는 오스만과의 더 큰 충돌, 즉 러시아의 패배로 끝날 것이

---

*　François Lefort(1656~1699). 스위스 제네바 출신의 군인으로 러시아제국에서 표트르 대제의 최측근 고문이자 장군으로 활동했다. 표트르의 서구화 정책에 큰 영향을 주었으며, 러시아 해군 창설과 1697~1698년 표트르 대사절단의 서유럽 순방을 주도했다.

분명한 전쟁을 촉발할까 두려워 수령을 거부했다. 그러나 미하일의 손자는 새로 건조한 해군 덕분에 직접 아조프를 차지했다.

아조프 작전의 성공은 러시아의 선박 건조를 촉진했고, 1698년 오스만과 휴전 협정을 맺은 후 러시아는 이제 아조프해의 개방된 수역에서 선박을 시험할 수 있는 능력을 지니게 됐다. 보로네시와 돈강 하구에 가까운 다른 지점들의 조선소들은 놀라운 속도로 군함을 생산했다. 이 시기에 표트르의 작전에 사용된 구형 갤리선 대부분이 최대 58문의 대포를 장착한 범선으로 교체됐다. 1699년 새로 편성된 러시아 함대는 선박 10척과 갤리선 2척으로 구성됐다. 1702년까지 군함 15척이 더 만들어졌다. 전체적으로 1695년에서 1711년 사이에 돈강과 그 지류에서 전함 58척이 건조됐다.[7] 볼가강과 돈강 사이에 운하를 파는 야심 찬 계획, 즉 오스만인들도 한때 고려했던 흑해와 카스피해를 연결하는 공사가 영국인 기술자의 지휘 아래 시작됐다.[8] 표트르는 이제 1690년대 후반 서유럽의 조선업 중심지를 방문한 그 유명한 사절단이 습득해 온 기술을 활용하고 있었다.

18세기의 첫 20년 동안 표트르의 관심은 종종 여러 방향으로 분산됐다. 스웨덴과의 오랜 전쟁은 새 수도 상트페테르부르크와 위험할 정도로 가까운 곳에서 벌어졌다. 상당한 자원이 발트해의 해군력 강화에 투입됐으며, 발트해는 결국 러시아 해군력의 중심이 될 것이었다. 남부 해군을 건설하는 계획은 곧 중단됐다. 선박들은 정박한 채 썩어갔고, 재정 문제가 따랐던 운하 계획도 포기했다. 러시아 선박들은 얕은 아조프해를 벗어나지 못했다. 흑해로 가는 접근로는 케르치해협의 오스만 요새들이 지키고 있었다.

아조프 점령은 큰 승리였지만, 표트르가 다른 곳에서 그 성공을 재현하려는 시도는 재앙으로 끝났다. 1710년 표트르는 몰다비아 공작이자 명목상 오스만의 신하인 디미트리에 칸테미르^{Dimitrie Cantemir}와 동맹을 맺고 술탄에 대한 새로운 전쟁을 시작했다. 승리하면 러시아와 동맹을 맺은 사실상 독립적인 몰다비아공국이 수립되고, 다뉴브강에 대한 자유로운 접근권을 얻게 될 것이었다. 전쟁은 금세 끝나버렸다. 러시아와 몰다비아 연합군은 오스만 군대에 삽시간에 전멸당했고, 1711년 체결된 프루트 강화 조약은 양 동맹국 모두에게 중대한 결과를 가져왔다. 몰다비아 공작이 자율적으로 통치할 수 있는 역사적 권리가 종식되고, 이스탄불에서 직접 임명한 행정관이 파견됐다. (파나리오트 제도[*]로 알려진 유사한 체계가 1716년 왈라키아에도 도입됐다.) 러시아가 겪은 패배의 대가는 흑해 연안의 모든 영토를 상실하고 아조프 함대가 파괴되는 것이었다. 일부 선박은 오스만에 넘겨지고, 나머지는 파괴됐다. 아조프 요새는 술탄에게 반환됐다. 남부에서 러시아 해군의 존재는 이제 사실상 15년 전의 상태로 되돌아갔다.

그러나 표트르가 돈강과 아조프해에서 벌인 초기의 실험은 헛되지 않았다. 아조프 함대는 육군과 해군을 적절하게 조합해서 북부 해안의 주요 요새에 집중시키면 오스만을 격퇴할 수 있음을

_*　Phanariot. 오스만제국 시대 콘스탄티노폴리스의 파나르Phanar 지구에 거주하던 그리스인 귀족 계층을 가리킨다. 18~19세기에 오스만제국의 행정 관료, 통역관, 몰다비아와 왈라키아의 통치자(호스포다르) 등 고위직을 독점하며 정치적·경제적 영향력을 행사했다.

확실히 입증했다. 사실 1710~1711년 작전의 재앙은 부분적으로 표트르와 칸테미르가 아조프에서처럼 적의 중요한 전초기지를 육군과 해군으로 협동 공격하는 대신 평지에서 오스만과 맞서려 했기 때문이었다. 해상에서 오스만의 취약성은 17세기 코사크의 원정에서 명백히 드러났지만, 아조프 함대 건설 이후에는 러시아 국가도 코사크 약탈자가 훨씬 전에 산발적으로 달성했던 성과를 전략적으로 이룰 수 있음이 분명해졌다. 이는 또한 유럽식 해군 건설에 회의적이었던 러시아 귀족과 관리에게 유럽의 해군 기술, 심지어 유럽의 선장과 선원이 러시아 전투력의 근대화에 필수적이라는 확신을 심어주었다.

표트르의 직계 후계자들의 치세는 요새와 영토의 빈번한 정복과 반환으로 점철됐다. 러시아는 1736년 오스만과 크림 타타르인에 대한 새로운 공격을 시작해서 다시 한번 아조프와 드네프르강 하구의 오차코프 요새를 장악하는 데 성공했다. 그러나 전쟁을 끝낸 강화 조약에서 러시아는 정복한 영토를 포기해야 했고, 아조프를 유지하는 대신 방어 시설을 철거하고 해상에 군함을 두지 않기로 합의했다.

예카테리나 대제의 치세가 되어서야 표트르가 남부로 진출하려던 초기 시도가 온전히 성과를 거두었다. 예카테리나의 정책에 나타난 큰 변화는 전임자들 때와 달리 명확한 제국적 정복 이념이 러시아의 움직임을 이끌었다는 점이다. '황야'의 안보 문제는 17세기 후반과 18세기 초반 동안 제거되지는 않더라도 줄어들었다. 드네프르강 동쪽의 우크라이나는 이제 명실상부한 제국이 된 러시아 국가에 편입됐고, 표트르의 후계자는 크림 북쪽의 스텝 지대 일부를 병합하여 드네스트르강 근처까지 영토를 넓혔다. 타타르인의 약탈은 감소했고, 코사크는 비록 신뢰하기 어려울 때도 있지만 효과적인 변경의 동맹이 됐다. 그러나 예카테리나와 대신들, 특히 유능하고 화려한 그리고리 포툠킨* 공에게 러시아 근대화의 정점은 단순히 스텝 지대를 길들이는 것이 아니라 콘스탄티노폴리스에 대한 기독교 주권을 회복해서 오스만의 위협을 영원히 제거하는 것이었다.

이 계획의 첫 단계는 바다의 지배권을 확보하는 것이었다. 1768년 예카테리나는 재위 기간 중 벌인 오스만에 대한 두 차례의 전쟁 중 첫 번째 전쟁을 시작했다. 러시아의 지상군은 서북부 해안을 따라 진격하여 왈라키아와 몰다비아를 점령했다. 또 다른 파견대는 남쪽 크림으로 이동하여 단시간에 크림 칸의 군대를 격파했다. 전쟁 중 가장 극적이었던 작전에서 예카테리나는 표트르 이후 러시아 해군의 자랑이었던 발트 함대를 유럽 대륙을 돌아 지중해로 파견했다. 함대는 1770년 여름 에게해에서 오스만 해군을 기습하여 상당 부분 격침했다.

1774년 7월 퀴췩크 카이나르자 조약으로 전쟁이 종료됐다. 러시아는 흑해 주변의 여러 주요 요새를 획득했다. 여기에는 아조프

---

* Grigory Potemkin(1739~1791). 러시아제국의 정치가이자 군인이며, 예카테리나 2세의 연인이자 가장 영향력 있는 조언자였다. 1783년 크림반도를 러시아에 병합하고 흑해 함대를 창설했으며, 남부 러시아 개발을 주도하여 오데사 등 여러 도시를 건설했다. 포툠킨의 무덤은 헤르손에 있었으나 2022년 러시아-우크라이나 전쟁 기간에 러시아군이 헤르손을 잠시 점령했을 때 포툠킨의 시신을 가져갔다.

해의 아조프와 타간로그Taganrog(러시아에 그 수역의 실질적인 지배권을 부여했다), 케르치해협의 케르치와 예니칼레Yenikale(흑해로 가는 안전한 항로를 열었다), 드네프르강 하구의 킨부른Kinburn(드네프르강 하구와 더 넓은 바다 사이의 항로를 지켰다)이 포함됐다. 평시에 러시아 선박은 이제 가장 중요한 두 북부 수로인 돈강과 드네프르강 중 하나를 따라 내려가 바다로 진입할 수 있었다. 러시아 상선들은 바다 전체를 가로질러 해협을 통과해 지중해까지 '방해받지 않고 자유롭게' 항해할 권리를 얻었다. 러시아는 이제 북부 해안 전체를 따라 확고한 거점을 확보했다. 술탄의 영향력은 소수의 요새에 대한 지배권과 무슬림 타타르인의 종교 지도자, 즉 칼리프caliph라는 칭호로 축소됐다.

클레오파트라는 남쪽으로

예카테리나가 술탄과 벌인 첫 번째 대전쟁에서 거둔 군사적 승리와 퀴췩크 카이나르자 조약의 외교적 성과 이후, 새로 획득한 땅에 대한 러시아의 관심은 급속히 높아졌다. 이전에는 남부에서 차르의 동맹으로 대우받던 자포로제 코사크가 이제 러시아제국의 통제 아래 복속됐다. 1775년 드네프르강의 한 섬에 있던 코사크의 거점을 파괴하는 조치로 인해서 강 전체가 러시아 국가의 통제 아래 들어갔다. 오랫동안 오스만의 속령이었던 크림은 강화 조약으로 독립을 얻었지만, 이 명목상의 지위는 주로 러시아의 영향력을 가리는 가면에 불과했다. 1783년 예카테리나는 칸과 그의 백성이 이제 러시아 황제의 신민이라는 포고문을 게시하여 이 지역을 공식 병합했다. 명분은 타타르인은 스스로 통치할 능력이 없다는 것이었다. 크림 칸은 10년 전 자신에게 강요된 그 독립을 실제로 요청한 적도 없었는데 말이다. 결과적으로 러시아의 영토는 바다를 향해 한층 더 확장됐고, 북부 해안에 남아 있던 오스만 세력은 약화됐다. 변경이 확장하는 유럽 제국의 일부로 얼마나 철저히 변모했는지는 몇 년 뒤에야 분명하게 드러날 것이었다.

예카테리나는 새 영토의 윤곽을 직접 보고 싶어 했다. 1787년 전반기에 예카테리나는 상트페테르부르크에서 크림까지 여행했는데, 이 행렬은 계몽 전제주의 시대 군주의 위엄을 보여준 가장 장엄한 행사 중 하나로 꼽을 만했다. 러시아 궁정 주재 프랑스 대사인 루이필리프 드 세귀르Louis-Philippe de Ségur 백작이 차르의 여행에 동행했고, 회고록에 널리 알려진 기록을 남겼다.[9]

세귀르는 당대의 모든 저명인사와 교분이 있었다. 대륙군 장교로 복무할 때 워싱턴, 코시치우슈코,* 라파예트(혼인으로 맺어진 조카였다)를 알았고, 프리드리히 대제, 요제프 2세와 서신을 주고받았으며, 루이 15세와 루이 16세의 궁정에 몸담았다. 그러나 자신이 '북방의 클레오파트라'라고 부른 예카테리나와 함께한 시간은 세귀르가 이전에 목격한 어떤 것과도 완전히 달랐다. 세귀르는

---

*   Tadeusz Kościuszko(1746~1817). 폴란드-리투아니아 출신의 군사 기술자이자 장군으로 미국 독립전쟁에 참전하여 새러토가 전투 등에서 활약했다. 1794년 폴란드 분할에 저항하며 코시치우슈코 봉기를 주도했으나 실패했고, 폴란드와 미국 양국에서 자유와 독립의 영웅으로 추앙받는다.

이렇게 썼다. "궁정의 여행만큼 평범한 여행과 동떨어진 것도 없다. 혼자 여행할 때는 사람, 국가, 관습, 제도를 있는 그대로 본다. 그러나 군주를 수행할 때는 모든 게 준비되고 위장되고 과시를 위해 꾸며져 있다. 그리고 그러한 상황에 놓인 사람들의 말과 행동에서 여행자가 발견하는 진정성이란 정치인의 선언문에서 발견하는 진정성과 별반 다르지 않다."[10]

1787년 1월 상트페테르부르크를 출발한 일행은 움직이는 궁정이었다. 14대의 마차와 200대에 달하는 썰매가 예카테리나와 수많은 손님, 그리고 짐을 실어 날랐다. 경로의 각 정류지마다 말 수백 마리가 다음 구간을 위해 마구를 찰 준비를 하고 기다리고 있었다. 혹독한 추위 때문에 모두가 곰가죽 담요와 모피 외투로 몸을 감싸고 담비 모자를 쓴 채 얼어붙은 도로를 질주하니 모자가 위아래로 흔들거렸다. 예카테리나는 매일 아침 6시에 일어나 각료들과 회의하고 아침 식사를 한 뒤 9시에 출발해서 하루 종일 여행했으며, 그 광경을 보기 위해 도시 입구에 모인 신민에게 답례할 충분한 시간을 남겨 두었다.

세귀르가 관찰한 바와 같이, 이 모든 행렬은 야만적인 튀르크인에 대한 승리를 기념하기 위한 것일 뿐만 아니라, 예카테리나의 새로운 신민과 외국 손님에게 러시아—적어도 러시아의 차르만큼은—가 더 이상 세계의 야만 국가로 간주될 수 없음을 납득시키기 위해 고안된 것이었다. "당시 많은 사람들이, 특히 프랑스와 파리에서는 여전히 러시아를 가난하고 무지와 암흑과 야만에 빠진 아시아적인 국가로 바라보았고, 새롭고 유럽적인 러시아를 아시아적이고 야만스러운 모스크바공국과 혼동하는 경향이 있다는 것을 그는 잘 알고 있었다." 행렬의 화려함은 예카테리나가 '나의 작은 가정'이라 부른 제국이 발전의 길에 접어들었고, 흑해의 일부가 이제 그의 계몽된 영토 안에 확고히 자리 잡았음을 모든 관련자에게 확신시키기 위해 계획된 것이었다.[11]

예카테리나의 경로는 드네프르강을 따라 키예프로 내려가고 거기서 크림으로 이어졌다. 정류지마다 예카테리나의 수석 각료이자 정부情夫인 포툠킨 공이 차르를 위해 웅장한 궁전을 급히 건설했고, 그곳에서 예카테리나는 폴란드 국왕과 오스트리아의 요제프 2세를 비롯해 행렬에 합류하러 온 고위 인사를 접견할 수 있었다. 나무들이 뿌리째 뽑혀 더 보기 좋은 위치로 옮겨졌다. 마을은 단장됐고 농민들은 군주를 보는 순간 자동적으로 기쁨을 표현하도록 강요받았다. 거대한 갤리선 일곱 척을 포함하여 약 3,000명의 선원과 노꾼, 그리고 경비병을 태운 하천 선박으로 이루어진 소함대가 일행을 드네프르강 아래로 실어 나르기 위해 집결했고, 갑판 위에서는 악단이 특별 연주를 펼쳤다.[12]

세귀르는 이렇게 썼다. "그것은 마술 극장과 같았다. 고대와 현대가 뒤섞여 혼합된 듯했고, 문명이 야만과 손잡고 나란히 걸었으며, 그 대비는 전체를 이루는 사람들의 풍습과 외모와 복장의 뚜렷한 차이와 엄청난 다양성으로 인해 더욱 기묘했다."[13] 행렬에는 공작과 상인, 정복을 입은 육군 장교, 코사크 창기병, 이제 새 군주 앞에 절하는 타타르 귀족, 기독교 차르에게 조공을 바치는 조지아의 공작, 스텝 유목민의 사절이 있었다. 행진, 군사 시연, 궁정 오락 외에 포툠킨이 마련한 대규모 행사도 실로 장관이었다. 한번은 드네프르강 가장자리의 언덕에 긴 도랑을 파고 가연성 물질을 채워 넣었다. 밤이 되자 정상에서 대규모 불꽃놀이가 터져 불길이 도랑을 따라 언덕 아래로 퍼져 내려갔는데, 이는 그 자리에 모인 고위 인사들을 전율시킨 인공 화산이었다.[14]

남부 지역 순방은 크림에서 끝났다. 예카테리나는 바흐치사라이에 있는 칸의 옛 궁전을 잠시 방문하고 그것의 보수를 지시했다. (정복당한 땅에서 흔히 일어났던 것처럼 궁전을 파괴하는 대신 보존하기로 한 예카테리나의 결정 덕분에 이곳은 오늘날까지 관광 명소로 남아 있다.) 행렬의 위엄이 궁전 주변의 좁은 거리를 지나면서 다소 깎였는데, 이 모든 광경을 혼란에 빠진 타타르 주민과 상인이 놀란 표정으로 바라보았다. 이어서 새로 건설된 세바스토폴 해군 기지를 방문한 예카테리나는 항구에 집결한 소규모 러시아 함대를 사열했다. 그러나 이 모든 일은 해안 가까이 정박한 오스만 선박의 감시 아래 이루어졌다. 여름 중반에 예카테리나는 여행 생활에 지쳐 상트페테르부르크로 돌아갈 것을 명했고, 7월에 성대한 환영을 받으며 귀환했다.

세귀르는 결국 프랑스로 돌아갔고 프랑스 혁명의 혼란에 휘말렸다. 세귀르가 나중에 회상하기를, 파리 거리의 야만성은 예카테리나의 남부 행렬의 웅장함과 극명하게 대비됐다. 러시아는 이제 낙후된 곳에서 문명으로 변모하는 중이었는데, 바로 그때 계몽사상과 문화의 중심지는 정반대 방향으로 움직이는 것처럼 보였다.

마법 같은 순간에서 벗어나고 나니, 나는 더 이상 승리에 찬 우리의 낭만적 여행에서처럼 매 순간 새로운 놀라움의 대상들을 보지 못하게 됐다. 갑자기 창설된 함대, 아시아 변방에서 온 코사크와 타타르 기병 대대, 불빛으로 환하게 밝힌 도로, 불타는 산, 요술처럼 나타난 궁전, 하룻밤에 조성된 정원, 야생의 동굴, 디아나 신전, 매혹적인 하렘, 떠돌이 부족, 사막을 헤매는 단봉낙타와 쌍봉낙타, 왈라키아의 호스포다르hospodar(공작), 권좌에서 쫓겨난 카프카즈의 공작과 박해받는 조지아의 공작이 북방의 여왕에게 경의를 표하고 기도를 올리는 모습을 말이다.[15]

흑해 연안의 삶이 지닌 활기와 낭만 대신 지루한 역사의 행군이 그의 앞에 놓였다.

세귀르는 북부 해안에서 진행 중인 주요 변화에 대해 옳은 견해를 지녔지만, 새로 정복된 스텝 지대의 사회생활에서 가장 중요한 변화 중 하나는 이미 예카테리나의 행렬보다 10년도 더 전에 일어났다. 고대 스키타이인들의 시대 이래 거의 변함없이 유지된 삶의 방식인 대규모 스텝 유목이 정착 농업과 국가가 후원하는 식민화에 자리를 내주고 있었다. 그 변화는 1787년 차르 자신의 여행 못지않게 장대했지만 훨씬 더 비극적인 대규모 인구 이동으로 예시됐다.

칼무크인의 탈출

예카테리나와의 여행 중 어느 저녁, 세귀르 백작과 오스트리아 황제 요제프 2세는 달빛 아래 스텝 지대를 보기 위해 산책에 나섰다. 낙타와 양치기가 유유히 풍경을 가로지르는 모습을 보며, 백작은 황제에게 "마치 『아라비안나이트』의 한 장 같고, 제가 칼리프 하룬 알라시드*와 함께 걷고 있는 것 같습니다"라고 말했다.

곧 기묘한 광경이 일행의 몽상을 깨뜨렸다. 황제는 눈을 비비며 희미한 빛 속에서 무언가를 보려고 애썼다. "정말이지, 내가 깨어 있는 건지 아니면 당신이 말한 『아라비안나이트』에 홀린 건지 모르겠소. 하지만 저쪽을 보시오"라고 황제가 말했다. 황제가 가리킨 쪽으로 세귀르가 고개를 돌리자 큰 천막 하나가 풀밭 평원을 가로질러 미끄러지듯 움직이고 있었는데, 마치 스스로 움직이는 것처럼 보였다. 일행이 살펴보기 위해 서둘러 다가가자, 안쪽에서 나무 기둥을 잡고 천막을 새 장소로 옮기고 있던 남자 서른 명이 뛰어나왔다. 모두 한바탕 웃음을 터뜨렸다.

세귀르가 "야만적인 칼무크인Kalmoucks"이라고 부른 이 사람들은, "옛날 흉포한 군주 아틸라의 유명한 검만큼이나 유럽을 공포에 떨게 한 훈인과 꼭 닮은" 이들이었다.[16] 세귀르는 알지 못했지만, 칼무크인은 또한 그러한 부류의 사람들 중 마지막으로 남은 이

---

* Harun al-Rashid(763 또는 766~809). 아바스 왕조의 제5대 칼리프(재위 786~809)로 이슬람 황금시대를 대표하는 군주이다. 그의 치세 동안 바그다드는 학문과 예술의 중심지로 번영했다. 『아라비안나이트』에 등장하는 전설적인 칼리프로도 유명하다.

들이었다. 즉, 한때 흑해 동북쪽에서 카스피해에 이르는 광활한 땅을 지배했던 집단의 잔재였던 것이다. 칼무크인 대부분은 유라시아 스텝 지대를 가로지르는 유목민들의 마지막 극적인 이주 물결 속에서 그 지역을 떠났는데, 세귀르가 칼무크인을 마주한 때는 그로부터 20년이 채 지나지 않은 시점이었다.

칼무크인 ─ 현대 철자로는 칼미크인[Kalmyks] ─ 은 티베트 불교를 믿는 몽골계 유목 집단으로, 1600년대 중반 중국 서부에서 이주해 왔다.[17] 그들의 광대한 말, 양, 소 떼를 위한 전통적인 방목지가 이웃한 무슬림 집단의 위협을 받게 되자, 스키타이부터 중세 몽골에 이르는 그전의 수많은 이주민처럼 칼무크인은 대거 서쪽으로, 볼가강과 돈강 사이와 그 너머의 땅으로 이동했다. 이 새로운 목초지를 찾는 과정에 25만 명이 넘는 사람이 참여했을 것이다.

17세기에는 칼미크인의 길을 막을 만한 것이 거의 없었다. 흑해 스텝 지대의 대부분, 특히 동쪽 지역은 강력한 중앙 통제하에 있지 않았다. 러시아의 힘은 지역 튀르크계 통치자 및 코사크와 동맹을 맺는 데 국한되어 있었다. 칼미크인의 진출은 중요한 결과를 낳았다. 칼미크인은 러시아 국가의 지역 유목 동맹 세력들을 몰아냄으로써, 남부 변경 지대를 크림반도에까지 이르는 서쪽의 수많은 집단의 습격에 노출시켰다. 1636~1637년 겨울, 또 다른 튀르크계 목축 집단인 노가이인은 칼미크인의 공격이 임박했다는 소식을 듣고 돈강을 건너 크림으로 피신했다. 노가이인의 서진은 실제로 1637년 코사크가 아조프 요새로 진격하는 길을 열어주었을 수도 있다.

과거와 마찬가지로 차르는 남쪽의 새로운 이웃과 평화를 이루는 법을 배웠다. 러시아는 1654년 동부 우크라이나를 병합하면서 크림의 타타르, 서쪽의 폴란드, 그리고 더 먼 곳의 오스만제국이 가하는 위협에 맞서기 위해 강력한 우방이 필요했다. 러시아 차르가 칼미크 상류층에게 금전을 지급하고 지역 약탈 집단으로부터 보호를 제공하는 대가로, 칼미크인이 러시아 차르에게 지원을 약속하는 협약서가 작성됐다. 목표는 여러 칼미크 부족 통치자 중한 명을 지목하고 그에게 특권을 부여함으로써 칼미크인을 충성스러운 신민의 지위로 낮추는 것이었다. 사실상 전통적으로 분산된 목축 사회에는 존재하지 않았던 중앙 집권적 칼미크 권력을 만들어내는 것이었다. 그러나 상황은 결코 그렇게 순조롭게 진행되지 않았다. 칼미크인은 종종 양쪽 모두를 상대했는데, 러시아에 충성을 맹세하면서도 크림 타타르와 말을 거래했다. 모스크바가 이의를 제기하자, 칼미크인들은 이 동맹이 종주국과 속국이 아닌 두개의 평등하고 주권을 가진 세력 간의 합의라고 반박했다.

이 관계는 다음 세기에 크게 변화했다. 러시아 국가의 힘이 커지고 스텝 지대가 모스크바공국의 통제 아래로 들어오면서, 기동성 있는 국경 수비대의 필요성이 줄어들었다. 표트르의 아조프 점령과 러시아 군사 기술의 발전, 특히 중화기의 사용은 남쪽의 오스만과 소규모 약탈자들이 가하는 위협을 감소시켰다. 변경의 평정은 정착민을 끌어들였고, 정부는 정착민이 돈강과 볼가강 지역으로 이주하도록 장려했다. 두 강을 따라 슬라브어를 쓰는 정교회 인구가 증가했는데, 상인과 사업가가 새로운 기회를 활용하기 위해 몰려들었기 때문이다. 포도밭, 비단 공장, 소금 광산과 같은 국영 사업이 러시아 노동자와 그 가족을 끌어들였다.[18] 농부는 스텝의 토양을 일궈서 한때 칼미크 가축 떼를 먹였던 초원을 건초밭으로 만들었다.

미국 서부에서와 마찬가지로 정착민과 유목민 사이의 관계에는 긴장이 있었다. 지역 경쟁자를 상대로 약탈하는 전통을 이어가던 칼미크 약탈대는 이제 새로 도착한 러시아 정착민을 표적으로 삼았고, 정착민은 이러한 관행을 평범한 도둑질에 지나지 않는 것으로 여겼다. 일부 칼미크인은 러시아 국가의 시혜에 의존하게 되면서 유목 생활을 포기하고 급성장하는 변경 도시에 정착했고, 어부로 근근이 생계를 유지하며 새로운 사회의 최하층을 이루었다. 그럼에도 한 후대 여행자가 언급했듯이, "통제되지 않고 방랑하는 습성"은 칼미크인을 농경 정착지의 삶과 불화하게 만들었다.[19] 기병들이 "말을 타고 도시의 거리를 질주하거나, 공공장소에서 어슬렁거리는" 모습을 볼 수 있었다. "모든 유목 부족처럼, 칼미크인은 통제되지 않고 불규칙한 삶에 너무 익숙해져 있어서, 극심한 궁핍만이 그들로 하여금 땅을 경작하고 고정된 거처에 거주하도록 강제할 수 있었다."[20]

러시아와 칼미크 사이의 유대는 한때 서로에게 이익이 됐다. 러시아 국가는 칼미크 지도자에게 다소간의 군사적 보호와 금전적 선물을 제공했고, 칼미크인은 그 대가로 남부 변경을 보호할 기동대와 러시아 기병대를 위한 말을 제공했다. 이 모든 것은 18세기 후반에 이르러 변했다. 방목지는 쟁기 아래에서 빠르게 사라지고 있었다. 정착민은 유목 전통을 적대하고 조롱했다. 러시아 정부의 대표는 칼미크 인구를 대폭 줄이고 공동체의 관습을 파괴하는 내부 경쟁을 부추겼다. 국가가 지원하는 정교회와 남부 러시아의 독일 개신교 식민지에서 파견된 선교사는 칼미크인을 개종하기 위해 노력했고, 후대의 한 선교사가 추측했듯이, 어쩌면 이는 "칼미크인을 러시아인이나 독일인으로 만들려는" 의도였을지 모른다.[21] 방목지가 줄어들자 남은 가축 떼의 규모도 감소했고, 유목 생활 방식을 유지하기로 선택한 이들은 결국 빈곤해질 수밖에 없었다.

문명의 결실에 불만을 품은 칼미크인 사이에서는 끝없는 초원과 수정처럼 맑은 강, 그리고 정착민이 없는 먼 이상향인 중국 서부로 돌아가자는 웅성거림이 오랫동안 있었다. 이 문제가 제기될 때마다 대개 러시아로부터 오는 선물과 회유, 그리고 동쪽의 적대적인 유목민이 가하는 위협이 칼미크인을 단념시켰다. 그러나 1770년 말 칼미크 지도자 우바시Ubashi 칸은 대담한 제안을 들고 부족민들 앞에 나섰다. 온 칼미크인이 천막을 걷고 가축 떼를 동쪽으로 몰아 조상들의 땅으로 돌아가자는 것이었다.

그 뒤에 장대한 대탈출이 일어났다. 예카테리나의 크림 개선 행진보다 정확히 16년 전인 1771년 1월, 30만 명에 달하는 인구가 수만 개의 천막을 싣고, 1,000만 마리의 양, 소, 말, 낙타를 몰며 중국으로 향하는 3,000킬로미터에 달하는 여정에 나섰다.[22] 그 광경은 숨이 멎을 정도의 장관이었을 것이다. 무리의 선두에는 대ᄎ라마와 다른 여러 종교 지도자가 섰고, 그 뒤를 칸과 수행원이 따랐다. 여자와 남자 모두 가장 좋은 옷을 차려입고 빨간 리본과 딸랑

거리는 은방울로 말을 장식해 부를 과시했다. 천천히 걷는 낙타들은 스텝의 수염풀을 스치는 밝은 융단을 두른 채 접힌 천막과 가재도구 꾸러미를 싣고 있었다. 아이들은 흔들리는 짐 더미 꼭대기에 꼭 매달렸다. 더 가난한 가족은 물건을 나무 수레나 황소에 실어 날랐다. 거대하고 시끄러운 가축 떼가 후미를 이루었고, 말을 탄 민첩한 호위병이 이들을 앞으로 몰았다. 무리의 가장자리에서는 젊은이들이 개와 함께 사냥을 하거나 일부러 뒤처졌다가 전속력으로 질주하여 본 행렬을 따라잡았다. 전체 무리는 사방으로 수 킬로미터에 걸쳐 뻗어 있었고, 오직 낙타 행렬의 길고 가는 줄로만 묶였다.[23] 영국 작가 토머스 드 퀸시Thomas de Quincey는 칼미크인의 여행기에 매료되어서 이 여정을 소설로 재구성했는데, 이 사건을 장엄하면서도 원초적인 것으로 보았다. "수많은 사람의 의지가 하나의 목적으로 통일됐고, 저 먼 목표를 향해 맹목적이면서도 확실하게 나아가는 모습에는, 제비와 나그네쥐의 이주나 모든 것을 황폐하게 만들며 행진하는 메뚜기 떼를 이끄는 저 전능한 본능을 떠올리게 하는 무언가가 있다."[24] (드 퀸시의 편견은 스키타이인에 대한 그리스인의 편견이나 유목민 이웃에 대한 러시아인의 편견과 크게 다르지 않았다.)

1월 중순까지 대규모 이주 소식이 상트페테르부르크에 도달했다. 신민이 외국 세력에게 넘어가는 것을 걱정한 예카테리나는 총독들에게 이를 중단시키라고 명령했고, 그 임무를 위해 용기병과 코사크 부대를 소집했다. 그러나 부대가 초봄에 추격에 나섰을 때쯤, 칼미크인은 따라잡기에 너무 멀리 앞서가고 있었고, 보급이 부족한 러시아 군대는 식량 공급원인 가축 떼와 항상 함께 이동하는 유목민을 상대할 수 없었다. 하지만 러시아인의 추격은 칼미크인의 걱정거리 중 가장 사소한 문제였다. 도중에 칼미크인은 적대적인 유목민, 특히 칼미크인이 가축 떼와 천막을 약탈한 것에 대한 복수를 열망하던 카자흐인 약탈대에게 빈번히 공격받았다. (칼미크인과 함께 이동하는 카자흐 포로가 1,000명에 달했을 수도 있는데, 이들은 불과 1년 전에 잡힌 인질이었다.)[25]

우바시 칸은 중국 국경에서 벌어진 마지막 전면전에서 카자흐 군대에 대한 야간 공격으로 칼미크인을 승리로 이끌면서 중국으로 가는 문을 열고 과거의 목초지로 돌아갈 수 있었다. 예카테리나는 중국 당국에 칼미크인을 넘겨달라고 격렬히 항의했지만, 청나라 황제는 칼미크인이 자유의지로 자신의 주권 아래 들어왔다고 주장하며 거부했다.[26] 청 황제는 곧 칼미크인을 변경 수비대로 조직했고, 유목민들은 이전에 차르를 위해 수행했던 것과 동일한 역할을 중국에서 담당했다. 그러나 칼미크인들이 청나라 황제의 영토에 도착했을 때 그 수는 크게 줄어 있었다. 원래 출발했던 이들 중 3분의 2가 8개월에 걸친 이동 중에 사망했다.[27] 한 동시대 관찰자가 언급했듯이, 살아남은 이들은 "비참함의 나락에 빠졌다."[28]

하지만 모든 칼미크인이 떠난 것은 아니었다. 1790년대에 러시아의 박물학자 페터 지몬 팔라스는 볼가강 서쪽 강둑, 즉 오늘날 러시아 내 칼미크공화국 지역에 8,229개의 천막과 약 5만 명에 달하는 사람들이 있다고 보고했다.[29] 일부는 서쪽으로 멀리 떨어진 드네스트르강에서 발견됐다. 이들이 세귀르와 요제프 2세가 마주친 '칼무크인' ─ 진짜 칼미크인이거나 아마도 잘못 명명된 노가이인 ─ 이었다. 후대의 여행자는 스텝에 남은 몇 안 되는 유목민을 그림 같은 유랑의 전형으로, 빠르게 문명화되는 야생의 대지에 남은 마지막 주민으로 보게 될 것이었다. 세귀르는 심지어 특이한 기념품, 즉 "가장 특이한 중국 소년"인 나군Nagun이라는 이름의 어린 칼미크 소년을 포톰킨 공작에게 선물로 받았다. 세귀르는 나군에게 읽는 법을 가르쳤고 한동안 나군의 후견인으로 지내다가, 프랑스로 돌아갈 때 원치 않는 애완동물처럼 나군을 버렸다.[30] 나군은 세귀르가 알았던 것보다 훨씬 더 희귀한 존재였다. 백작이 예카테리나의 수행원으로서 흑해 스텝에 도착했을 때쯤, 스텝 지대 부족의 오랜 시대는 이미 지나간 뒤였다.

헤르손에서 보낸 한 철

스텝 부족이 점진적으로 정착하고, 새로운 도시가 부상하며, 러시아가 흑해의 강국으로 떠오르자 유럽 상인들은 러시아가 북부 해안에 새로 획득한 항구와 무역 관계를 수립할 동기가 생겼다. 비록 원칙적으로 유럽 선박은 여전히 흑해 진입이 금지되어 있었지만, 러시아 깃발을 내걸어 오스만의 제약을 피할 수 있었다. 이는 무역상들뿐만 아니라 러시아 국가에도 유익한 조치였다. 러시아 국기를 게양하고 항해하는 선원과 선박을 전시에 군 복무에 징집·징발할 수 있었고, 이는 여전히 인력과 보급이 부족했던 해군에 큰 도움이 됐다.[31] 18세기 후반부터 흑해는 범유럽적인, 그리고 일부 상품의 경우 진정한 의미의 세계적인 상업망으로 서서히 재통합됐다. 이는 15세기 이탈리아 무역 식민지가 소멸한 이후 볼 수 없었던 현상이었다.

러시아인은 포툠킨의 지휘 아래 드네프르강 강변의 헤르손Kherson에 개선된 항만 시설을 구축하기 시작했다. 이 새로운 도시는 러시아 해군 본부이자 주요 경제 중심지가 될 예정이었다. 창고들이 건설됐고 유럽의 사업가들이 새로 정복한 스텝의 부를 체험하도록 초대됐다. 개간된 스텝에서는 이제 밀을 재배하고 있었다. 1780년에 염장 쇠고기를 실은 최초의 러시아 선박이 헤르손에서 툴롱Tou-lon으로 항해하며 이 사업의 상업적 가능성에 관한 관심이 촉발됐다.[32] 그러나 초창기에 무역은 위험한 사업이었다. 러시아와 오스만 사이에 지속되는 정치적 긴장뿐 아니라, 여전히 세상의 끝처럼 느껴지는 곳에서 살아가며 일해야 하는 위험 때문이었다. 크림반도의 공식 합병과 예카테리나의 과시적인 행진은 술탄과의 두 번째 전쟁을 불가피하게 만드는 것처럼 보였고, 상업의 실무적인 측면 — 선박과 선원을 확보하고, 험난한 바다에서 물자를 실어 나르고, 해협에서 변덕스러운 오스만 관리와 협상하는 일 등 — 도 만만치 않았다.

이러한 위험을 속속들이 알고 있던 인물이 바로 앙투안이냐스 앙투안 드 생조제프Antoine-Ignace Anthoine de Saint-Joseph였다. 앙투안은 러시아 항구들과 정기적인 교역을 트는 최초의 사업가가 되기 위해 자신의 명성과 재산을 걸었다. 그의 목표는 러시아 항구들을 프랑스의 지중해 항구들과 연결하고, 프랑스를 부유하게 만들며, 프랑스를 차르와 세계를 잇는 유일한 상업 중개자로 만들 경제 체계를 구축하는 것이었다.

1780년대 초에 앙투안은 프랑스 정부와 이스탄불 주재 러시아 공사로부터 프랑스-러시아 상업의 실행 가능성에 관한 연구를 수행하고, 가능하다면 마르세유에서 출발하여 러시아 상품을 가지고 돌아오는 원정대를 조직하라는 임무를 받았다. 앙투안은 그렇게 할 수 있는 좋은 위치에 있었다. 프랑스는 서유럽에서 러시아의 가장 큰 동맹국이었고, 앙투안의 후견인들은 프랑스 궁정의 총애를 받고 있었다. 앙투안 자신은 마르세유의 가장 큰 무역 회사 중 하나인 세망디Seimandy 상회에서 일했고, 한때 이스탄불의 프랑스 공동체 책임자로도 근무했다.[33] 따라서 앙투안은 사업과 해운에 필요한 경험은 물론 여러 중요한 도시에 필수적인 인맥을 가지고 있었다.

1781년 4월, 앙투안은 마르세유에서 헤르손까지 탐사 항해를 했고, 흑해 북부 해안을 따라 여러 다른 항구를 방문하면서 많은 상업적 기회를 발견했다. 러시아 측에서도 사업에 열의를 보이자, 앙투안은 헤르손에 창고를 마련하기 위해 프랑스 정부로부터 대출을 받았다. 정부는 또한 수입 관세 감면을 승인하고 선박과 선원을 제공했으며, 루이 16세는 앙투안의 무역 회사에 왕실의 인가를 내주었다.

1784년 초, 앙투안은 마르세유에 세 척의 선박을 마련했다. 앙투안은 예카테리나의 호의를 기대하면서 선박에 그의 장관(필시 애인이었을) 세 사람의 이름을 붙이고 러시아 국기를 게양한 채 순풍을 타고 헤르손으로 출발했다. 항해는 순탄했고, 그해 늦여름에 선박에 대마와 밀을 가득 싣고 마르세유로 돌아왔다. 향후 배에 실을 가능성이 있는 상품들인 밀랍, 꿀, 돼지털, 차의 견본도 함께 가져왔다.

앙투안의 사업은 번창했다. 다음 해에는 선박 스무 척이 헤르손에서 마르세유로 도착했고, 거의 그만큼의 선박이 프랑스 상품을 싣고 반대 방향으로 출항했다. 이 새로운 상업을 촉진한 공로로 앙투안은 프랑스 세습 귀족으로 신분이 상승했다. 흑해와의 상업적 연결을 통해 앙투안과 자녀들은 프랑스 사회에서 고귀한 지위에 올랐고, 이제 생조제프 남작 가문으로 소개됐다.

그러나 곧 먹구름이 모여들기 시작했다. 헤르손은 살기 열악한 곳이었고, 러시아 당국이 이곳을 번성하는 무역항으로 만들기 위해 최선을 다했음에도 불구하고 지리적 불리함을 피할 수 없었다. 헤르손은 해안에서 떨어진 드네프르강 강변에 있었는데, 그곳은 강이 손가락처럼 여러 갈래로 갈라져 하구 쪽으로 뻗어나가는 지점이었다. 7월과 8월에는 더위와 탁한 공기가 견딜 수 없을 정도였으며, 여름에는 홍수로 물웅덩이가 고여 질병의 온상이 됐다. 1787년 앙투안과 함께 사업에 합류했던 형제 두 명이 병에 걸려 사망했다. 앙투안은 다음과 같이 회상했다. "헤르손은 거대한 병원과 같았다. 눈에 보이는 것이라고는 죽은 사람과 죽어가는 사람뿐이었다."[34]

국제 정치도 앙투안을 방해하기 시작했다. 오스만은 공식적으로 흑해를 대외 무역에 개방했지만, 선박 회사는 여전히 보스포루스와 다르다넬스해협을 통과하기 위해 술탄의 은총과 호의에 기대야 했다. 종종 선박이 허용 가능한 최대 적재량을 초과했다고 판단한 관리들이 이스탄불에서 선박을 압류하곤 했다. 그리고 영국인도 있었다. 앙투안이 '영국의 질투'라고 부른 것, 즉 러시아를 부추겨 오스만과 싸우게 하고, 흑해에서 프랑스의 팽창을 저지하며, 이스탄불과 특혜적인 무역 협정을 체결하려는 영국의 욕망은 흑해의 두 제국 사이에 전쟁이 날 위험이 항상 존재함을 의미했다.

갈등은 마침내 1787년 여름에 찾아왔다. 러시아로부터 크림 반도의 통제권을 빼앗으려는 오스만은 예카테리나 치세 중 두 번째 주요 전쟁을 시작했다. 앙투안은 그 사이에 끼었다. 전쟁이 선포됐을 때 앙투안의 선박 중 일부는 해상에 있었고, 러시아 국기를 게양하고 있었기 때문에 즉시 오스만 군함에 나포됐다. 마르세유로 무사히 돌아온 배는 극소수에 불과했다. 1792년에 전쟁이 끝났을 때 앙투안은 헤르손에서 자신의 무역 회사를 잠시 재건했지만, 상황은 그에게 유리하게 돌아가지 않았다. 유럽 열강들도 질병이 득실거리는 항구에 무역 회사를 설립하는 데 시큰둥해지면서, 흑해 무역의 중심지를 다른 곳으로 옮기는 것이 불가피해 보였다(실제로 해군 본부는 1794년 니콜라예프Nikolaev로 이전했다). 결국 프랑스 혁명 전쟁의 혼란 통에 1790년대 초 러시아 항구에서 프랑스 제품이 금지되면서(당시 파리를 통치하는 무질서한 폭도들에 대한 예카테리나의 대응이었다) 앙투안은 가게 문을 닫을 수밖에 없었다. 이후 앙투안은 마르세유로 돌아와 도시의 시장이 됐고, 여가 시간에는 러시아에서의 모험담을 글로 쓰는 데 전념했다.

앙투안의 『흑해의 상업과 항해에 관한 역사적 소론Historical Essay on the Commerce and Navigation of the Black Sea』은 유럽 선박들에게 흑해가 개방되는 과정과 예카테리나 시대 러시아 정복지의 실상을 전하는 최고의 직접 증언이다. 이 책은 당대의 여행자와 외교관에게 북부 해안에 관한 신뢰할 만한 안내서이자 흑해를 통해 러시아제국과 사업을 하는 방법에 대한 실용적인 입문서로 널리 알려졌는데, 특히 19세기 초 지중해와의 무역이 다시 활기를 띠기 시작했을 때 그러했다. 그러나 사람들은 생동감 넘치는 일화와 항만 시설에 관한 묘사보다는 본문과 함께 제본된 훌륭한 지도 때문에 앙투안의 책을 읽었다.

앙투안은 항해를 계획하면서 선장을 위한 정확한 지도를 구하는 데 어려움을 겪었고, 수심과 정박지 조사가 불완전했던 시기인 1770년대에 제작한 프랑스 해도에 의존해야 했다.[35] 앙투안은 프랑스 외무부의 재능 있는 지도 제작자인 장 드니 바르비에 뒤 보카주*에게 맞춤형 해도 제작을 의뢰했다. 바르비에는 러시아 해군 본부의 최신 보고서를 바탕으로 흑해 지역에 관한 매우 상세한 동판화 세 점을 제작했다. 하나는 유럽 러시아와 폴란드의 내륙 항로를 보여주는 것으로, 서부 제국의 수로들을 담은 아름다운 지도였으며 그 세밀함이 지금도 경외심을 불러일으킨다. 다른 하나는 흑

---

* Jean Denis Barbié du Bocage(1760~1825). 프랑스의 지리학자이자 지도 제작자로 고대 지리 연구의 권위자였다. 스트라본과 파우사니아스 등 고대 지리서의 주석본을 편찬했으며, 나폴레옹 시대와 왕정복고 시대에 프랑스 지리학계의 중요한 인물로 활동했다.

해와 북유럽 사이의 육상 무역로를 보여주었다. 세 번째는 드네프르강의 급류를 묘사한 것으로, 무역상들이 1,000년 이상 우회해온 바로 그 일련의 여울을 명확하게 묘사하고 예술적으로 표현했다.

앙투안이 왜 바르비에에게 접근했는지를 이해하기는 어렵지 않다. 이 지도 제작자는 이미 흑해를 그리는 데 능통했다. 1760년 대에 바르비에는 한 예수회 신부로부터 남부 러시아—그 예수회 신부가 '스키타이'라고 불렀던 곳—에서 고전 그리스의 모든 주요 유적지까지의 환상적인 여행을 묘사하는 일련의 지도를 그려달라고 의뢰받았다.[36] 알고 보니 바르비에는 바르텔미 신부가 아나카르시스라는 이름의 야만인과 폰투스 에욱시누스 해안 너머 문명을 찾아 나선 탐험기를 쓴 베스트셀러의 삽화가였다. 바르비에의 제도판 위에서 아나카르시스의 옛 스키타이는 말 그대로 제국 러시아의 새로운 스키타이와 겹쳐졌다. 이제 그림에 등장하는 목축 부족들은 거의 사라진 스키타이였지만, 바다와 그 주변을 탐험하기 시작한 많은 기업가, 여행자, 군인에게 그곳은 여전히 마음을 끄는 야생의 공간이었다.

해군 소장 존스

앙투안이 헤르손에 사업을 설립했을 때, 흑해는 러시아 국기를 단 상선에게는 열려 있었지만 원칙적으로 러시아 군함에게는 여전히 닫혀 있었다. 1768~1774년의 전쟁에서 승리하고 앙투안이 준비한 상선이 등장하면서 흑해에서 볼 수 있는 선박의 유형은 크게 달라졌다. 훨씬 전에 범선의 시대가 개시된 지중해와 대서양에서는 여러 층의 갑판과 돛대, 여러 단의 사각 돛이 있는 대형 선박인 전열함戰列艦이 반세기 이상 유럽 함대의 주력이었다. 하지만 동쪽으로 가면 전열함은 여전히 드물었다. 그러나 예카테리나의 제1차 대對오스만 전쟁이 끝나면서 엄청난 변화의 시기가 시작됐다.

노 젓는 갤리선과 소형 범선이 아닌 전장全裝범선을 상선 함대뿐만 아니라 오스만과 러시아 양국의 해군에서도 점점 더 자주 목격할 수 있었다. 조약에 따라 러시아 함대는 드네프르강 하구와 세바스토폴 항구 밖으로 나갈 수 없었지만, 예카테리나의 제2차 대오스만 전쟁(1787~1792)이 발발했을 때는 과거와 명백히 달랐다. 범선 시대의 시작에 대한 상세한 기록 중 하나는 앙투안의 동시대인이자 그가 만났을 가능성이 있는 인물인 존스라는 이름의 러시아제국 해군 소장으로부터 나온다.

파벨 이바노비치 존스Pavel Ivanovich Dzhons, 더 잘 알려진 이름으로는 존 폴 존스John Paul Johns(1747~1792)는 유명한 본옴 리샤르Bonhomme Richard함의 함장이자 미국 독립전쟁의 영웅이며 미국 해군의 아버지이다. 미국 해군사관학교 예배당에 있는 존스의 화려한 무덤은 여러 세대의 사관생도가 경건하게 참배하곤 했다. 1788년 존스는 오스만이 크림반도를 포기하고 이전의 독립적인 지위로 되돌리라는 최후통첩을 보낸 후 발발한, 술탄에 맞선 예카테리나의 새로운 전쟁에서 러시아 편에 합류하는 데 응했다. 헤르손과 세바스토폴에서 겨울을 나고 있던 새로운 흑해 함대의 최고 사령관을 맡게 해주겠다는 약속이 그를 끌어들였다. 존스는 표트르의 아조프 함대에 있었던 스위스인 르포르까지 거슬러 올라가는 러시아 해군에 고용된 수많은 외국인 장교의 계보를 이었다. 미합중국이 아직 자체 해군을 창설하지 못한 상황에서, 비록 외국 깃발 아래에서라도 주요 지휘권을 얻는 것은 놓치기에는 너무 좋은 기회로 보였을 것이다.

1788년 봄 헤르손에 도착한 존스는 러시아 함대가 혼란스러운 상태임을 알았다. 러시아 남부 해군은 전년도 가을 바다에서 폭풍을 만난 후 감소한 세바스토폴의 주력 함대와 현재 헤르손에 정박한 소규모 부대로 구성되어 있었다. 존스는 그의 기함인 블라디미르함을 포함해서 다양한 장비를 갖춘 12척 정도의 범선으로 이루어진 헤르손 전대를 지휘했다. 나머지 이용 가능한 선박, 주로 가벼운 코사크 선박과 함포를 장착한 갤리선(그중 일부는 이전에 예카테리나가 드네프르강을 내려갈 때 사용했던 의전용 갤리선을 재취역한 것이었다)은 영국 해군 기술자 새뮤얼 벤담(철학자 제러미 벤담의 동생)이 설계했으며, 이는 또 다른 용병인 나사우지겐의 샤를* 공이 지휘하는 소함대로 편성됐다. 존스는 흑해 함대 전체의 지휘권을 받았다고 믿었지만, 그의 권한은 그의 편대에만 미치는 것 같았다. 나사우는 모든 지상 및 해상 병력의 최고 사령관인 포툠킨으로부터 직접 명령을 받았고, 세바스토폴의 주력 함대는 러시아 소장 보

---

* Charles Henri Nicolas Othon(1745~1808). 프랑스 귀족 가문 출신의 모험가이자 군인으로 프랑스, 러시아, 스페인 등 여러 나라에서 복무했다. 미국 독립전쟁과 러시아-튀르크 전쟁에 참전했으며, 특히 예카테리나 2세 시대 러시아 해군에서 활동하며 흑해 함대를 지휘했다.

이노비치Marko Voinovich가 지휘했다.

지휘 체계와 병력 배치의 복잡성은 러시아에게 골치 아픈 문제였다. 존스가 곧 깨달았듯이 드네프르 하구, 즉 리만 지형이 해상에서의 전투 전체를 좌우할 것이었기 때문이다. 두 해군 분견대는 하구와 더 넓은 바다를 가르는 해협 때문에 병력을 합칠 수 없었다. 두 요새가 좁은 해협을 사이에 두고 서로 마주보고 있었다. 출구의 남쪽에 있는 킨부른 요새는 러시아가 퀴취크 카이나르자 조약을 통해 장악하고 있었지만, 북쪽 지점의 오차코프 요새는 오스만이 지휘하고 있었다. 바다로 향하는 입구에서 두 요새 사이의 거리는 겨우 약 3킬로미터였다. 따라서 양측 해군의 전략은 전장의 환경이 결정했다. 러시아는 오차코프를 제압하거나 점령하여 해협을 열어야 했고, 오스만은 북쪽 지점의 수비대에 대한 보급선을 유지하면서 러시아의 출구를 차단해야 했다. 오스만이 명백히 유리한 상황이었다. 오스만 해군은 조지아 태생의 재능 있는 제독 가지 하산 파샤Gazi Hasan Paşa라는 단일 지휘관 아래 통합되어 있었다. 설령 러시아 함대를 다 합친다 해도 오스만이 수적으로 우세했을 것이다. 오스만 선박 대부분이 범선이 아니라 노 젓는 갤리선이었지만, 선박과 대포 수에서는 러시아를 압도했을 것이다.[37]

5월 말 오스만 함대의 출현으로 전투가 시작됐다. 존스와 나사우는 하구의 북쪽 해안을 따라 선박들을 이동시키며, 포툠킨의 가장 유능한 장군 중 한 명인 알렉산드르 수보로프Aleksandr Suvorov 공작 휘하의 지상군이 천천히 전진하는 것에 맞추려고 했다. 몇 차례 소규모 교전이 있었지만, 결정적인 전투가 벌어진 것은 한 달 후인

6월 말이었다. 오스만 갤리선이 러시아 전선으로 향했지만, 하구의 얕은 물에 좌초하면서 공격이 중단됐다. 순풍을 기다리던 러시아는 이 불운을 이용할 수 없었고, 오스만을 향해 진격할 수 있었던 때는 이미 다음 날 아침이었다. 그때는 이미 기함이 빠져나왔고 갤리선들은 방향을 돌린 뒤였다.

나사우의 소함대, 특히 오스만이 잘 알고 있던 치명적인 코사크 포함이 갤리선과 맞서는 데 가장 효과적인 것으로 입증됐다. 소함대는 오스만 선박을 괴롭히고 불태울 수 있었는데, 특히 대형 갤리선이 얕은 곳에 좌초했을 때 그랬다. 6월 17일에서 18일로 넘어가는 밤, 오스만은 하구에서 철수를 시도했지만 킨부른의 러시아 포대가 함대를 향해 포격을 시작해서 갤리선을 북쪽 해안 가까이로 밀어붙였고, 그곳에서 더 많은 배들이 좌초했다. 이른 아침 햇살 속에서 나사우의 수상 포대와 소형 선박이 오스만을 공격해서 대형 선박 10척을 포함하여 대략 15척에 달하는 선박을 파괴했다. 오스만의 손실은 상당했다. 1,500명 이상이 포로로 잡혔고 수백 명이 전사했다. 반면, 러시아 수병은 사상자가 100명이 채 되지 않았다.[38]

오스만 함대가 궤멸하면서 지상군은 마침내 오차코프를 점령하는 임무에 착수할 수 있었다. 7월에 포툠킨 휘하의 러시아군이 포위 공격을 시작했고 해군은 재보급을 차단했다. 이 전략은 초겨울에 요새를 점령하고 마을을 파괴하고 주민들을 몰살하면서 절정에 이를 것이었다. 수비대 병사들의 아내와 아이들을 포함한 오스만인 시신 수천 구가 수레에 실려 얼어붙은 하구로 옮겨졌고, 봄에 얼음이 녹을 때까지 그대로 쌓여 있었다.[39] 전쟁이 계속되는 동안 다른 주요 오스만 요새들―드네스트르강의 아케르만과 벤데르Bender, 다뉴브강의 킬리아와 이스마일Ismail―은 군대가 서쪽으로 진격하고 세바스토폴 함대가 바다를 통한 수비대의 보급과 병력 충원을 차단함에 따라 차례로 함락됐다.

하구 작전은 존스가 미국 독립전쟁에서 경험했던 것과는 확연히 달랐다. 1779년 9월 요크셔 해안에서 영국 프리깃선 세라피스함과 맞붙은, 존스가 치른 가장 유명한 해전에서 그는 영국 함장을 능숙하게 제압했다. 이때 그는 재빠르게 적함의 함수를 돌아 현측으로 접근해 배를 밀착시키고 갈고리로 묶은 다음 돛대에 집중 포화를 퍼부으며 적함을 항해가 불가능한 상태로 만들었다. 반면 1788년 작전에서는 본옴 리샤르함과 세라피스함 사이의 결투에서 보인 용맹함이 전혀 없었다. 그곳에서 군사적 승리는 주로 오스만 갤리선들을 얕은 물로 유인하여 좌초하길 기다린 다음, 존스가 '화염구brandcougles'라고 부른 일종의 수류탄인 소이 장치로 공격하여 침몰시키는 데 달려 있었다. 나중에 존스가 회상한 바에 따르면, 움직일 수 없는 배에 갇힌 오스만 수병들이 "마치 양 떼처럼 저항도 못 하고 죽어갔기" 때문에 그 결과는 보기만 해도 끔찍했다.[40]

존스는 "평생 이 리만 작전에서만큼 큰 고통을 겪은 적이 없었다. 거의 죽을 뻔했다"라고 썼다.[41] 나사우가 포툠킨과 예카테리나 모두에게 확실한 총애를 받는 인물로 떠오르면서 존스와 나사우 사이에는 균열이 생겼다. 존스가 명령을 내리면 나사우가 무시하거나 포툠킨이 번복하곤 했다. 존스가 약속받았다고 믿은 흑해 함대 전체에 대한 영예로운 지휘권은 결코 실현되지 않았다. 이미 오차코프 공격 전에 존스는 제한적인 지휘권마저 박탈당하고 상트페테르부르크로 소환됐다. 수도로 돌아온 후 존스의 명성은 더욱 추락했다. 존스는 사춘기도 오지 않은 소녀를 강간한 혐의로 고발됐고(그의 변론은 범행 자체보다 소녀의 동의 여부에 초점이 맞춰졌다), 추문은 페테르부르크 사교계에 빠르게 퍼졌다. 목격자라고 주장하는 몇몇 사람들의 상충하는 증언 덕분에 존스는 군법회의에 회부되지 않고 러시아를 떠날 수 있었다. 존스는 웃음거리가 된 채 제국을 떠났고 몇 년 후인 1792년 7월 파리에서 사망했다.

당시에는 알 수 없었지만, 존스는 한 시대의 종언을 나타냈다. 드네프르 하구 전투는 러시아의 수상 전투가 흑해의 외곽 지역에 국한됐던 마지막 순간이다. 전쟁 중 오차코프를 점령하면서 더 넓은 바다로 가는 통로가 열렸고, 그 이후로 러시아와 오스만 그리고 다른 해군 간의 대결은 하구가 아닌 공해에서 벌어지게 됐다. 이것은 또한 노 젓는 갤리선이 주요 전쟁 수단 중 하나가 됐던 마지막 시기이기도 하다. 필시 나사우의 수상 포대와 소형 포함이 하구에서 러시아가 승리한 진짜 원인이었을 것이다. 존스의 범선은 얕은 물과 좁은 곳에서는 별로 쓸모가 없었다. 하지만 일단 작전이 공해로 확장되자, 전장戰場 전열함과 얼마 후에는 장갑 증기선이 러시아와 오스만제국 해군 모두의 주력 함선이 됐다.

범선의 시대는 그리 오래가지 않았다. 19세기 초—1806~1812년과 1828~1829년—의 전쟁은 주로 지상전이었다. 러시아군은 다뉴브강에 대한 접근권을 확보하는 것을 목표로 흑해를 우회하여 진격했으며, 유럽 열강의 간섭만 없다면 이스탄불과 해협도 차지하려 했다. 더 나중인 크림 전쟁 중인 1853년 시노프에서의 유일한 주요 해전은 사실 해전이라고 보기도 어려웠다. 러시아는 단순히 항구에 있던 오스만의 흑해 함대를 파괴했을 뿐이다. 18세기 후반과 19세기 대부분 동안 여행자들은 러시아와 오스만 범선 모두의 위태로운 상태에 대해 논했다. 선박은 장비가 열악했고 인력이 부족하거나 과도했다. 두 해군 모두 새 선박이 전투 한 번 치르지 않은 채 항구에서 썩는 일도 드물지 않았다.

존스를 비롯한 많은 관찰자는 두 해군의 상태를 러시아인과 튀르크인이 선원으로서 지닌 선천적인 결함 탓으로 돌렸다. 전자는 허세와 폭압에 물들고 후자는 타고난 동양적 무관심의 희생자라는 것이었다. 실제 이유는 훨씬 더 단순했다. 1788년 하구 작전 이후 오스만도 러시아도 상대방의 해군력을 심각한 위협으로 간주하지 않았다. 러시아는 해군 기술에서 약간의 우위를 유지했지만, 오스만은 필요하다면 자신들의 우방, 특히 영국이 나서서 자국 함대를 지원할 것을 알고 있었다. 그리고 흑해 주변의 다른 어떤 세력도 제대로 된 해군력을 갖추지 못했기 때문에 ― 언급할 만한 걱정거리라고는 카프카즈 해안을 따라 활동하는 밀수꾼과 동남부의 라즈 해적뿐이었다 ― 두 주요 제국은 해안 방어 이상의 목표에 관심을 가질 이유가 거의 없었다. 제1차 세계대전까지 그리고 실제로 그 이후에도 어느 정도는, 유럽 외교의 주요 목표 중 하나는 상황이 그대로 유지되도록 보장하는 것이었다.

신러시아

예카테리나의 제2차 대오스만 전쟁을 끝낸 조약에서 러시아제국
은 드네스트르강에서 쿠반^{Kuban}강까지 북부 연안 전체를 장악했고,
오스만은 크림반도의 상실을 공식적으로 인정했다. 예카테리나의
후계자들이 치른 두 차례 전쟁에서 이렇게 얻은 영토가 공고해지
고 확장됐다. 드네스트르강과 프루트강 사이의 땅(베사라비아로 알
려진 지역)이 제국에 흡수됐고, 카프카즈 해안 대부분과 아르메니
아와 조지아의 역사적 영토* 일부도 러시아의 종주권 아래 들어왔
다. 러시아는 북부 해안을 장악했을 뿐만 아니라 다뉴브공국의 기
독교인을 보호할 권리도 주장했고, 남부 카프카즈 대부분을 공식
적으로 병합했다. 퀴취크 카이나르자 조약(1774)부터 아드리아노
폴리스 조약(1829)까지 한 세대가 조금 넘는 기간 안에, 예카테리
나와 후계자들은 바다를 건너 콘스탄티노폴리스 자체를 손에 넣
으려는 목표를 거의 실현할 뻔했다. 북부 해안과 배후지는 더 이상
변경이 아니라 이제 러시아의 한 지방이 됐다. 차르 정부의 행정가
는 제국 건설자들이 어디에서나 흔히 보이는 거리낌 없는 낙관주
의를 담아 이곳을 신^新러시아(노보로시야^{Novorossiia})라고 불렀다.

　　예카테리나는 자연 세계를 자신의 합리성과 질서에 대한 관
점에 따라 재구성하는 데 특별한 관심을 가졌다. 그리고 많은 계몽

---

　　*　　아르메니아와 조지아는 당시 독립 국가로 존재하지 않았으며, 아르메니아는 오스만제국과
페르시아제국에 분할됐고, 조지아는 여러 왕국과 공국으로 나뉘어 외세의 영향 아래 놓여 있었다.

주의 통치자처럼 고전 고대를 합리성과 질서의 전형으로 보았다. 신러시아 전역의 새로운 관료 계급은 고대 그리스와의 연결된 고리를 재발견하거나 만들어내는 데 집착했다. 정착지들은 이전의 타타르식 이름을 박탈당하고 고전 어원에서 따온 이름을 부여받았다. 크림반도 행정의 중심지인 아크메체트Akmechet('하얀 모스크')는 심페로폴Simferopol(도로를 통한 '연결의 도시'라는 뜻)이 됐다.[42] 드네프르강의 홍수가 잦은 마을은 헤르손(크림반도의 옛 메가라 식민지 케르소네소스 타우리카Chersonesos Taurica에서 따온 이름)으로 명명하면서 러시아 상업의 중심지이자 주요 해군 병기창 소재지로 지정했다. 옛 케르소네소스 근처의 아흐티아르Akhtiar 마을과 그곳의 양항良港은 세바스토폴('위엄 있는 도시')로 개명해서 흑해 함대의 본부로 삼았다. 남부의 모든 주요 도시 중에서 오직 바흐치사라이('정원 궁전')만이 타타르식 이름을 유지했으며, 칸의 궁전과 다른 건물은 폐위된 군주의 동양적 화려함을 보여주는 박물관으로 보존했다. 크림반도 자체, 즉 타타르어 '크름Qırım'은 그리스 이름의 러시아식 표기인 타브리다Tavrida로 다시 명명했다.

해안을 따라 새로운 도시가 성장하면서 해상 운송의 양상이 바뀌었다. 이전에는 카파, 트라브존, 시노프, 이스탄불로 이어지는 사각형이 북부와 남부 해안을 잇는 자연스러운 연결 고리였다. 이는 북쪽과 동쪽으로는 스텝을 가로지르고, 남쪽으로는 아나톨리아를 거쳐 페르시아로 이어지는 육상 경로의 연장이었다. 하지만 18세기 후반 이후 이 해상 경로는 쇠퇴했다. 상업의 진정한 중심지는—그리고 점차 도시 생활과 문화의 중심지 또한—더 이상 바다 한가운데인 크림반도가 아니라 서쪽, 즉 드네프르강과 드네스트르강 하구를 따라 자리 잡게 되었다. 이는 사실상 그리스 식민지 시대에 서북 해안이 누렸던 중요한 지위를 되찾은 것이었다.

이런 변화의 이유는 전략적·지리적 필요성에 있었다. 카파와 크림반도의 다른 항구들은 사실 북부보다는 남부 해안의 일부에 가까웠다. 그곳은 크림반도 내륙과 산맥으로 분리되어 있었고 자연스럽게 북쪽 평지가 아닌 아나톨리아의 항구를 바라보았다. 이런 상황은 물론 오스만에는 적합했지만, 러시아에는 문제였다. 산맥을 넘어 물품을 운송하는 것은 시간이 오래 걸리고 비용도 많이 들었기 때문이다. 그들의 항구는 또한 18세기와 19세기 러시아 외교 정책에서 중요한 다른 경제적·전략적 지점, 즉 폴란드 땅, 다뉴브강, 발칸반도에서 멀리 떨어져 있었고, 남쪽에서 오스만이 공격할 경우 쉽게 노출됐다.

새로운 중심지는 오데사였는데, 이곳은 근대 흑해 제일의 항구였다. 지난 두 세기 동안 오데사는 러시아제국 도시의 상징이었고, 그럴 만한 이유가 있었다. 오데사는 18세기 후반과 19세기 초반 러시아가 획득한 땅에 퍼진 새로운 정치적·문화적 낙관주의를 보여주는 대표적인 사례로, 100년 전 상트페테르부르크에 해당하는 남부 도시였다. 제국 전역, 중부 유럽, 근동에서 모여들어 증가하는 도시 인구는 차르 제국의 다민족적이고 다종교적인 현실의 축소판이었으며, 제국의 쌍둥이 수도인 상트페테르부르크와 모스크바 어느 쪽보다 훨씬 이질적이고 러시아적인 색채가 덜했다. 제국이 종식될 때까지 오데사는 러시아 흑해의 상업적·행정적·문화적 심장으로 남았고, 전형적인 제국의 항구이자 제국 전체의 주요 수출 중심지였다.

러시아가 정복할 당시 오데사는 내세울 게 거의 없었다. 하지 베이Hadji-bey라는 먼지 풀풀 나는 타타르 마을로, 주민이 2,000명도 되지 않았다. 정박지가 형편없고 동풍에 노출된 이 마을은 항구로서 매력적이지 않았다. 겨울에는 얼음 때문에 만이 몇 주 동안 막히기도 했다. 그럼에도 이곳은 서북 해안에서 가장 중요한 요새 도시였고(그곳의 작은 오스만 요새는 존 폴 존스의 전임 부관이었던 호세 데 리바스*가 1789년에 점령했다), 드네프르 하구와 드네스트르강, 다뉴브강 사이의 핵심 지점에 있었다. 세바스토폴에 있는 러시아 함대 기지에서도 가까웠다. (다른 두 중요한 지점, 즉 드네프르 하구의 오차코프 요새와 드네스트르강의 아케르만 요새는 모두 심각한 단점이 있었다. 전자는 천연 항구가 없었고, 후자는 강에 토사가 쌓여 무거운 짐을 실은 선박을 수용할 수 없었다.) 1794년 이 마을은 옛 그리스 식민지 오데소스의 이름을 따서 오데사로 다시 명명됐다. 이름을 여성형으로 바꾼 것은 분명히 예카테리나의 선호 때문이다.

이 도시를 발전시킨 공로는 19세기 초반 대부분의 기간에 걸쳐 재임한 두 유능한 행정가의 몫이다. 리슐리외 공작 아르망Armand, duc de Richelieu은 1803년부터 1814년까지 오데사 지구 총독으로, 나중에는 신러시아 전역의 총독으로 일했다. 리슐리외의 동상은 지금

---

*   José de Ribas(1749~1800). 스페인이 지배하던 나폴리 출신의 군인으로 러시아제국에서 제독으로 활약했다. 러시아-튀르크 전쟁에서 이스마일 요새 공략 등에 참여했으며, 1794년 오데사 항구도시 건설을 주도해서 오데사의 창건자 중 한 명으로 기억된다.

상부 도시에서 현대식 항구까지 이어지는 유명한 화강암 계단 꼭대기에 서 있다. 리슐리외는 프랑스 궁정과 정계의 명문가 출신이었고, 존 폴 존스와 다른 동시대인처럼 모험을 찾아(리슐리외의 경우에는 특히 파리 혁명 군중들로부터의 피난처도 찾았다) 러시아-튀르크 전쟁 중 의용군으로 러시아군에 입대했다. 리슐리외는 장교 임관과 전쟁 후 새 도시의 행정관 자리로 그 공로를 보상받았다.

비교적 짧은 재임 기간— 단 11년이었다— 을 마친 리슐리외는 프랑스로 돌아가 나폴레옹이 패배한 뒤 총리로 일했다. 하지만 리슐리외가 도시와 전 지역에 가져온 변화는 놀라웠다. 10년 만에 오데사의 인구는 3만 5,000명으로 늘어났다. 리슐리외는 금융 시설과 상사법원을 설립했고, 현대적인 도로 체계를 구축했으며, 인쇄업과 연극, 예술의 성장을 장려했다.[43] 리슐리외가 먼지 속에서 도시를 일으켜 세우는 데 보여준 낭만적인 열정은 제국 바깥 많은 이들의 관심을 끌었다. 리슐리외는 심지어 바이런이 쓴 「돈 후안」의 모델이었을 수도 있다.

리슐리외의 뒤를 이은 인물은 동향 출신인 랑주롱Langeron 백작이었다. 보통 랑주롱의 짧은 재임 기간은 주목받지 못하지만, 랑주롱의 후임자이자 총독으로 장기간 재임한 미하일 보론초프Mikhail Vorontsov(재임 1823~1845) 아래에서 신러시아는 성장하는 제국의 완전한 일부가 됐고, 오데사는 왕관의 보석이 됐다. 케임브리지를 졸업한 보론초프는 대학 도서관의 기초를 닦고 자선 단체들이 성장하도록 장려했다. 보론초프는 또한 유명한 오데사 계단 건설을 명령했으며(당시에는 돈이 많이 드는 어리석은 짓이라고 비판받았다), 항구가 내려다보이는 절벽 꼭대기에 웅장한 건물들과 대로를 계획했다.[44] 보론초프의 재임 중 오데사는 자유항 지위도 부여받아 관세가 면제됐다. 보론초프가 퇴임했을 때 도시 인구는 약 7만 8,000명으로 늘어나 있었다.[45]

보론초프의 또 다른 업적은 크림반도에 있었다. 오데사는 신러시아의 행정 중심지였지만, 군사 중심지는 반도 서남 해안의 세바스토폴 해군 병기창이다. 1783년에 점령된 이곳은 원래 단순한 타타르 마을이었지만, 그 위치는 강력한 상징적 의미가 있었다. 이곳은 바로 성 블라디미르가 10세기에 기독교로 개종한 장소인 고대 식민지 케르소네소스 근처에 자리했다. 그러나 더욱 중요한 것은 근처 항만이 지닌 자연적 이점이었다. 이 깊은 항구는 너비가 1,000야드[약 915미터]도 안 되는 매우 좁은 수로를 통해 들어가게 되어 있어서 침입자들을 쉽게 차단할 수 있었다. 절벽으로 둘러싸인 긴 내항은 견고한 정박지를 갖추고 있었고 해안에는 급격한 경사가 이어져서, 선박들이 좌초할 걱정 없이 해안 가까이에 정박할 수 있었다. 이곳은 의심할 여지 없이 어느 해안에서든 보호되는 해군 기지를 세우기에 가장 좋은 천혜의 입지였다. 1820년대에는 요새화된 정박지와 포대가 추가되면서 남부 러시아 해군력의 중심지가 됐다.

왜 다른 세력은 세바스토폴의 군사적 이점을 깨닫지 못했을까? 간단히 답하자면 그럴 필요가 없었기 때문이다. 그리스인과 로마인은 북부 해안에 해군 기지를 만드는 데 별로 관심이 없었고, 비잔티움 시절에 케르소네소스 도시와의 관계는(때로는 반항적이고 때로는 우호적이었는데) 군사력이 아니라 내륙 부족과의 미묘한 균형에 달려 있었다. 오스만은 속국인 타타르가 크림반도 전체를 장악하고 있었기 때문에 그곳에 힘을 쏟을 이유가 거의 없었다. 특히 돈강, 드네프르강, 드네스트르강, 다뉴브강 등 여러 강이 잠재적 침략자에게 훨씬 더 위협적인 통로였다(그래서 아조프, 오차코프, 아케르만, 킬리아의 요새를 확보하는 데 신경을 썼다). 북쪽의 새로운 해군 세력이 등장하고 나서야 크림반도에 요새화된 항구를 두는 것이 필수적이게 됐고, 예카테리나 시대부터 이 도시는 전체 해안에서 가장 중요한 해군 전초기지였다.

러시아 박물학자 페터 지몬 팔라스는 1790년대 신러시아를 여행했을 때 특별히 언급할 만한 것을 거의 발견하지 못했다. 한때 위대했던 도시는 폐허가 됐고, 심지어 유망해 보이던 세바스토폴 항구도 질병과 러시아 범선 선체를 파괴하는 목재 천공 벌레에 의한 피해로 황폐해졌다. 새로 생긴 오데사는 가난했고 먼지로 숨이 막힐 것 같았으며, 헤르손 항구는 1780년대 앙투안의 형제들을 앗아간 것과 같은 전염병이 만연하여 사용되지 않았다.[46]

하지만 불과 몇십 년 만에 해안은 거의 알아볼 수 없을 정도로 변했다. 러시아가 다른 해안 지역으로 통제를 확대하면서 북부 해안의 안전이 굳건해졌고, 오스만이 외국 국기를 단 상선의 자유 통행에 합의하면서 지중해를 오가는 선박들의 왕래가 꾸준해졌다. 바다가 열리자 수로는 지역 생산물을 내보내는 자연스러운 통로가 됐다. 북쪽으로 이어지는 형편없는 도로를 이용하는 것보다 수로가 훨씬 저렴하고 편리했다. 철도는 1860년대에야 오데사에 들어섰다. 그전까지 내륙을 가로지르는 여행은 달구지 행렬로 이루어졌다. 여행자들은 '역참 제도'를 이용해 도로를 따라 일정한 간격으로 있는 역참에서 말을 바꾸고 짚을 깐 덜컹거리는 수레를 타고 가야 했다.[47] 새로운 도시는 당연히 바다를 세계와 연결되는 통로로 삼았다.

19세기 초반 수십 년간의 변화는 다양했다. 아조프해의 타간로그에서는 에게해에서 포도주를 수입하는 수익성 좋은 무역을 시작했다. 그곳 세관으로 수입되는 포도주가 러시아제국의 다른 모든 항구를 합친 것보다 많다는 말이 나왔다.[48] 크림 북부의 해안 호수에서 퍼 올린 소금은 카프카즈, 폴란드, 심지어 이스탄불로도 수출했다.[49] 팔라스가 폐허 속에서 발견했던 마을 중 일부는 되살아나기 시작했다. 지난 전쟁에서 러시아가 파괴했던 카파도 이제 다시 살아나고 있었다. 주로 그리스인, 타타르인, 유대인으로 이루어진 주민들은 이스탄불과 정기 항로가 생기면서 다시 무역에 종사했고, 외국 상인도 곧 시노프, 트라브존, 카프카즈 해안으로 가는 항로를 다시 열었다.[50] 한때 사실상 버려졌던 헤르손도 새로운 활력을 얻었다. 드네프르강에 제방을 쌓아 홍수를 막는 공학적 혁신으로 매년 여름 전염병을 번지게 했던 물웅덩이가 사라졌다. 해군 본부가 니콜라예프로 이전한 항구에서는 대체로 별다른 활동이 없었지만, 밧줄 제조 공장과 다른 해양 관련 산업이 성장하기 시작했다.[51] (심지어 나이 든 앙투안 남작도 중개인을 통해 그곳에 작은 사업을 다시 세웠다.[52]) 1802년 영국 방문객은 "이 (……) 도시들은 이전에는 무법자들의 무리가 살거나 떠돌이 집단이 지나다니던 곳에 갑자기 모습을 드러낸 수많은 마을과 함께, 러시아인, 떠돌이 생활에서 벗어난 타타르인, 그리고 특히 오스만제국의 인접 지방에서 이주해 온 그리스인과 아르메니아인 같은 수많은 이주민으로 가득 차 있다"고 언급했다.[53]

새로운 도시 중에서 오데사가 단연 으뜸이었다. 동북풍으로부터 선박을 보호하고 드네프르강 하구가 만들어내는 해류 때문에 항구가 토사로 메워지는 것을 막기 위해 방파제를 건설했다. 그 안에는 범선 150척을 수용할 수 있었다. 바다가 유럽 무역에 완전히 개방되고 오데사가 면세 지역으로 선포되면서 오스트리아와 영국 국기가 항구를 지배했다. 도시 인구는 매년 증감을 반복했다. 폴란드와 우크라이나 중부에서 대상이 도시에 도착하고 소상인이 시장에 몰려드는 여름에는 상당히 늘어났다가 그들이 떠나면 줄어들었지만, 정주민 수는 꾸준히 증가했다. 1823년 어떤 영국 선장은 "유대인이 우글거리는 것과 거리의 지독한 먼지만 아니라면 이 도시의 첫인상은 호의적이었을 것이다"라고 언급했다.[54]

하지만 이 "유대인"과 다른 디아스포라 사람들이야말로 신러시아의 도시와 항구가 빠르게 발전하는 데 일조했다. 슬라브어를 쓰는 농민과 코사크 인구는 이미 18세기 후반부터 늘어나기 시작했고 19세기 초에 가속화됐다. 이는 국가가 후원한 변경 지역 재정착 계획의 결과였다.[55] 하지만 역대 러시아 정부는 해외, 즉 중부 유럽이나 폴란드 땅, 그리고 다른 곳에서 오는 이주도 적극 장려했다. 새로 개방된 스텝에 정착하려는 집단에게는 세금 감면, 병역 면제, 종교적 관용, 대출, 토지 불하가 제공됐다.

이미 예카테리나 시절부터 독일어를 쓰는 이주민, 특히 메노파* 신자는 스텝 지대를 경작하고 마을을 세우도록 혜택을 받았다. 그리스인과 아르메니아인을 비롯한 다른 이들도 크림반도에서 재정착하거나 오스만제국의 여러 지역으로부터 왔다. 이들은 경제적 이득을 얻을 가능성뿐만 아니라 자비로운 기독교 군주가 통치하는 제국에서 살 수 있다는 희망에 이끌렸다. 제국의 다른 지역에서 가혹한 속박을 당하던 유대인은 새로운 변경 지역에서 비교적 자유로운 정착과 고용을 허락받았다.

외국 정착민은 러시아제국의 신민이 됐지만, 생활은 주변의 슬라브 농민, 타타르인, 코사크와 대체로 분리됐다. 19세기 내내 이 공동체의 독특함은 외부인에게 깊은 인상을 남겼다. 특히 독일인 마을들은 최근에야 유럽 제국에 통합된, 변경에 있는 문명의 섬으로 여겨졌다. 한 주요 식민지에 대해 영국인 방문객은 "이 마을은 깔끔하게 구획되어 있고 맑은 물이 풍부하게 공급된다"고 썼다.

교회와 학교, 그리고 가장 중요한 건물 몇 개는 석조이고 나머지는 목조이다. 가로수가 거리를 따라 늘어섰다. 그리고 이곳에서 우리는 마을 유지들이 오후에 기분 좋은 그늘 아래 앉아서 자기가 재배한 담배를 즐기고, 직접 양조한 맥주로 목을 축이면서, 이 행복한 작은 사

---

* Mennonite. 16세기 재세례파에서 유래한 개신교 교파로 평화주의와 비폭력을 신봉한다. 예카테리나 2세는 메노파 신자들에게 병역 면제와 종교적 자치권을 보장하며 독일어권에서 러시아 남부 스텝으로의 이주를 장려했고, 이들은 우크라이나와 볼가 지역에 성공적인 농업 공동체를 건설했다.

회의 일원을 자기 자식처럼 여기는 모습을 상상할 수 있다.[56]

물론 삶은 몇몇 사람이 상상하는 것처럼 목가적이지 않았지
만, 식민지는 지역 경제에 상당한 영향을 미쳤다. 이미 1814년 리
슐리외가 총독 임기를 마칠 무렵 신러시아의 인구는 100만 명 늘
어났고, 토지 가치는 열 배로 올랐다.[57] 농업 잉여 생산물이 빠르
게 늘어났고 이는 서유럽의 생산 감소와 맞물렸다. 신러시아 식민
지와 러시아 귀족들의 대규모 소유지에서 나온 밀은 배에 실려 리
보르노Livorno, 제노바, 마르세유, 그리고 다른 주요 항구로 향했다.
(밀 화물의 운송 편의는 1829년 아드리아노폴리스 조약에서 구체적으로
보장됐다.) 1846년 영국이 곡물법을 폐지하고 결국 외국 곡물에 대
한 관세를 없애면서 또 다른 주요 시장이 열렸다. 1840년대 초부
터 1850년대 초까지 불과 10년 만에 프랑스와 이탈리아로 가는 연
간 밀 수출량은 약 4분의 1 증가했고 영국으로는 무려 일곱 배 늘
어났다. 러시아 항구에 들어오는 총 선박 수는 세 배 이상 늘었다.
1853년까지 러시아 수출품의 3분의 1 이상이 흑해를 거쳐 나갔
다.[58] 하지만 항구에 유럽 기업이 점점 더 많이 생겨나면서 차르 정
부는 상업을 영국과 프랑스 상인 손에 넘기는 것을 경계하게 됐고,
일련의 법률로 중개 활동 자격을 러시아 신민으로 제한했다. 이 제
한은 실제로는 그리스인, 유대인, 아르메니아인 같은 이 지역의 전
통적인 '중간상 소수 집단'의 위치를 강화했다.

19세기 중반까지 신러시아는 더 이상 단순히 정치적, 문화적
주변부가 아니었다. 재능 있는 제국 행정가가 통치하고 러시아와

우크라이나 농민, 외국 이주민과 사업가, 정착한 타타르인과 점점 줄어들기는 하지만 반유목 타타르인이 함께 살면서 러시아제국 내에 잘 통합된 일부가 되는 중이었다. 범선은 크림반도나 오데사에서 해협까지 3일이면 갈 수 있었고, 증기선은 그 절반의 시간이면 됐으며, 거기서 남부 유럽과 대서양의 주요 항구들까지 갈 수 있었다.[59] 그러나 이 지역에는 여전히 식별 가능한 변경이 있었고, 배나 말이나 수레로 도착하는 여행자라면 누구나 그것을 잘 알았다. 그 변경을 넘으려면 보통 검역소에서 며칠이나 몇 주를 보내며 기생충을 제거하고 검사를 받으면서 발만 동동 구르며 기다려야 했다. 스텝과 바다의 교차점은 더 이상 문화적 변경이 아니었다. 이제는 역학疫學적 변경을 나타냈다.

열병, 학질, 검역소

페스트(여러 관련 세균성 질병을 통칭하는 용어)는 적어도 14세기부터 흑해 주변에서 알려졌고, 러시아가 팽창하는 기간 내내 그 영향을 느낄 수 있었다.[60] 1771년 모스크바의 대역병은 아마도 예카테리나 치세의 제1차 러시아-튀르크 전쟁 중 드네스트르강 일대에서 감염된 병사들이 돌아오면서 발생했을 것이다. 1806~1812년과 1828~1829년 전쟁 때도 전염병이 신러시아와 동부 발칸 전역을 맹렬하게 휩쓸었다. 19세기에 새로운 항구가 여럿 생겨나면서 발병이 잦고 제대로 통제되지 않던 아나톨리아와 오스만 발칸으로부터 질병이 퍼져오는 것을 막는 일이 중요해졌다. 물품과 사람 모두 마을에 들어오기 전에 철저한 검사가 이루어졌다.

페스트가 서유럽에 처음 나타났을 때부터 확산에 대응하기 위한 공적 자금이 투입된 체계가 마련됐다. 의사들은 질병의 정확한 원인이나 전염 기제는 거의 이해하지 못했지만, 의심 환자를 격리하면(보통 성경에 나오는 40일 동안 격리했는데, 여기서 프랑스어 카랑텐quarantaine이 나왔다) 질병이 확산되지 않고 저절로 소멸한다는 것을 빨리 발견했다. 감염된 환자는 죽고 감염되지 않은 이는 살아남았다. 최초의 격리 병원은 1403년 베네치아에 설립됐고, 제노바와 마르세유 같은 다른 지중해 항구도시도 얼마 지나지 않아 자체적인 격리 병원을 세웠다.

흑해 주변에 완전한 격리 체계가 갖춰지기까지는 거의 4세기가 걸렸다. 18세기 말까지는 항구로 들어오는 대규모 대외 무역이 없었기 때문에 멀리 떨어진 감염원에 대한 우려가 거의 없었다. 러시아가 북부 해안의 출구를 확보하고 지중해와의 유대가 되살아나고 나서야 질병의 전염이 문제가 됐다. (이전에는 주요 장벽이 오스만-오스트리아 육상 국경, 즉 현재의 크로아티아 국경을 따라 루마니아 중부를 관통하는 곳에 있었다.)[61] 그때조차 페스트가 발생하면 처음 대응은 환자의 고통을 덜어주려고 시도하거나(유명한 영국 감옥 개혁가 존 하워드*는 1790년 헤르손에서 감염된 여성을 돌보다 사망했다), 아

---

*   John Howard(1726~1790). 영국의 박애주의자이자 감옥 개혁가로 베드퍼드셔의 치안판사를 역임하며 감옥의 열악한 환경을 목격했다. 유럽 전역의 감옥과 병원을 시찰하고 개혁을 촉구한 『영국 감옥의 실태』를 출판하며 근대 감옥 개혁 운동의 선구자가 됐다.

니면 중세 시대의 방식으로 유대인을 탓하는 것이었다.[62] 결과적으로 앙투안이 개척한 러시아 항구와 마르세유 사이의 초기 접촉은 순전히 상업적인 것을 넘어서는 이점을 갖게 됐다. 마르세유는 18세기 전 유럽에서 가장 정교한 격리 체계를 갖추고 있었고, 결국 러시아 항구에 마련된 체계는 마르세유식 체계의 일반적인 방식을 따라 설계됐다.

마르세유 체계는 다섯 가지 기본 원칙에 기반했다. 항구에서 떨어진 곳에서 입항하는 모든 선박을 격리하여 예비 검사를 실시하고, 출항 항구의 보건 상태를 확인하며, 원래 항구에서나 항해 중에 감염됐을 가능성을 평가하고, 새로 도착한 물품과 승객을 일반 주민과 엄격히 분리하며, 이미 감염된 승객을 건강하다고 판단되는 이들과 더욱 격리하는 것이었다.[63] 레반트나 다른 의심 항구에서 오는 모든 선박은 항구에서 멀리 떨어진 마르세유만에 정박해야 했다. 현지 관리는 확성기를 통해 출항 항구, 선박과 선장 이름, 화물, 그리고 선박의 건강 증명서에 관한 정보를 요구했다. 증명서는 출항 항구의 프랑스 영사가 발급한 문서로, 그는 사형을 각오하고 출항 시 선박 상태를 증명해야 했다. 증명서는 선박과 항구 모두 페스트가 없음patente nette, 선박은 깨끗해 보이지만 항구가 의심스러움patente touchée, 항구에 페스트가 창궐하고 선박이 의심스러움patente soupçonée, 항구와 선박 모두 감염된 것으로 알려짐patente brute이라는 네 단계로 나뉘었다. 처음 두 유형의 증명서를 가진 선박은 외항으로 안내됐고, 그곳에서 선장과 멀리 떨어져 추가로 대화를 나눈 뒤 격리를 할지 말지 결정했다. 증명서가 'soupçonée'

와 'brute'인 선박은 즉시 검역소, 즉 라자레토^{lazaretto}(성경의 나사로 Lazarus에서 유래한 용어)로 보내졌다.

격리 기간은 건강 증명서 외에도 여러 요인에 따라 달라졌다. 페스트 매개체로 특히 취약하다고 여겨지는 물품(양모, 면화 및 기타 섬유와 모피, 가죽 등)이 실려 있기만 해도 선박을 검역소로 보내기에 충분했다. 출항 항구도 중요했다. 모로코와 이집트에서 오는 선박은 감염 가능성이 가장 작다고 여겨졌지만, 이스탄불과 흑해 항구에서 오는 선박은 증명서 유형이나 선적 물품의 성격과 관계없이 40일 동안 격리돼서 모든 화물을 3주간 공기에 노출시켜야 했다.

격리 명령을 받으면 선박은 마르세유 주요 항구에서 떨어진 섬에 있는 라자레토 앞바다에 정박했다. 두 척의 경비정이 해안과의 무단 통신을 막았다. 음식은 긴 장대로 승선자에게 공급됐고, 선원들은 질병 징후가 있으면 매일 보고해야 했다. 승객은 선박에 남거나 높은 울타리와 해자로 둘러싸인 라자레토로 이동할 수 있었다. 승객은 짐과 함께 훈증 소독을 받고 심문을 거친 뒤 감염된 이들을 위한 구역이나 건강하다고 판단된 이들을 위한 구역 중 한 곳으로 안내받았다. 방은 편안하지만 간소했으며 철제 침대와 벽난로가 갖춰져 있었다. 방문객은 건물 안으로 들어올 수 없었지만, 격리 중인 이들의 친구와 친척은 해자를 사이에 두고 소리쳐 대화할 수 있었다. 페스트에 감염된 사람은 12주간 감금됐는데, 이는 죽기에 충분히 긴 기간이었다. 시신은 긴 쇠갈고리로 방에서 꺼내 석회를 뿌린 무덤에 묻었다. 방은 훈증 소독과 회칠을 하고 한 달간 환기했다.

마르세유 당국은 이 복잡한 체계에서 부패가 만연할 가능성을 잘 알았고, 이를 막기 위해 많은 노력을 기울였다. 라자레토 책임자는 보통 근동과의 무역에 정통한 부유한 상인이었다. 미혼이거나 홀아비여야 했고 후한 봉급을 받았는데, 부관과 근무 중인 병사도 마찬가지였다. 직무와 관련된 개인적 위험 때문만이 아니라 선장이나 승객들이 제도의 규제를 피하기 위해 제공할 수 있는 작은 뇌물을 덜 매력적으로 만들기 위해서였다.

마르세유 라자레토는 유럽 최고로 널리 여겨졌다. 하지만 동쪽으로 가면서 이 방식은 다소간 변형됐다. 1836년 여행하던 영국 작가 에드먼드 스펜서Edmund Spencer는 당시 러시아제국의 통제 아래 있던 다뉴브강 하류의 몰다비아 항구 갈라치Galaţi의 검역소에 대해 다음과 같이 설명했다.

정부의 완전히 새로운 규정에 따라, 여권을 제출하라고 했다. 여권을 내밀자 몇 야드 길이의 집게로 집어 갔다. 관리는 페스트의 도시 [이스탄불]에서 막 도착한 사람과 관련된 모든 것에 깊은, 그리고 솔직히 말해 근거 없지 않은 공포를 품고 있었다. 그 중요한 문서가 완벽히 정확한 것으로 확인되자 우리는 장군의 호위 아래 라자레토로 안내받았고, 그곳에서 내 짐의 모든 물건은 철저한 훈증 소독을 거쳤다. 의료 담당자가 우리의 건강 상태를 검사한 후 14일 격리 판결을 내렸다. 21일에서 줄어든 것은 아마도 담당자의 양심에 금화 한 닢을 바친 덕분이었을 것이다.[64]

스펜서가 발견했듯이 체계는 항상 의도대로 작동하지 않았다. 선박은 항구에서 위생 담당관을 만났고 담당관은 긴 장대나 집게로 승객 및 선원과 소통했다. 하지만 출항 항구의 상황을 확인하는 체계가 없었기 때문에(러시아와 오스만은 별도의 격리 체계를 운영했지만 프랑스의 체계처럼 건강 증명서 발급을 담당하는 영사는 없었다), 요구되는 유일한 문서는 여권을 비롯한 신분증이었다. 때로 무관심한 관리는 여행자가 페스트에 걸리지 않았다는 구두 서약(신약성경, 구약성경 또는 쿠란에 대고 하는)을 하는 것만으로도 더 이상의 증거를 요구하지 않았다.[65] 오스만 항구에서 오는 선박은 정기적으로 격리 대상이 됐지만, 실제로 그 기간은 정해진 규정이 아니라 수석 의료 담당관의 변덕에 따라 결정됐다.

라자레토 안도 마르세유만큼 엄격하지 않았다. 부유한 여행자는 비용을 내고 적절한 숙소를 얻을 수 있었다. 오데사에는 여행자의 지루함(그리고 현금)을 덜어줄 카페, 식당, 심지어 당구장까지 있었고, 이곳의 노동자는 모두 매일 라자레토를 자유롭게 드나들었다.[66] 외교관이나 현지 관리의 친구 같은 중요한 여행자는 항구 주변 유람선 여행에 초대받았다.[67] 관리에게 추가 '세금'을 낼 의향이 있는 이들은 격리 기간이 단축되거나 라자레토가 아닌 다른 곳에 격리됐다. 심지어 방문객이 격리 구역 안으로 들어가는 것도 허용됐다. 당연히 이 모든 일이 전체 체계의 근간을 무너뜨렸다.

그럼에도 라자레토가 있다는 것은 어느 항구에나 이점으로 여겨졌다. 라자레토가 없는 항구는 쇠퇴했고, 라자레토가 있는 항구는 주요 무역 거점이 될 수 있었다. 입항 선박이 짐을 내리거나 다른 항구로 가기 전에 격리 검사를 받는 첫 기착지였기 때문이다. 사실 19세기 초 니콜라예프와 헤르손이 무역 중심지로서 쇠퇴한 것은 부분적으로 러시아 정부가 오데사에 격리 시설을 배치하기로 결정한 탓이었다.[68]

검역소가 있다는 것은 또한 개인적 치부를 위한 상당한 기회를 제공했다. 많은 사람에게 질병에 대한 두려움, 특히 약 15년마다 한 번씩 발생하는 경향이 있는 질병에 대한 공포는 국가가 부과한 규제 체계로부터 이익을 얻을 수 있다는 전망보다 훨씬 덜 강력했다. 심지어 어떤 경우에 위생 담당관은 이해관계에 따라 가상의 페스트를 지어내기도 했다. 예를 들어 오데사의 의료 검사관 중 한 명은 유명한 극장의 소유주이기도 했다. 그는 입장권 수입이 적으면 새로 도착한 승객 사이에서 심각한 전염병을 발견했다고 발표하고, 평소처럼 승객에게 비용을 부과하며 격리 명령을 내렸다. 라자레토에 들어가는 비용에 붙인 마진은 극장에 주요 공연자를 고용하는 데 쓰였다.[69] '페스트'의 심각성을 보면 다가오는 오페라 시즌의 수준을 충분히 짐작할 수 있었다.

명백한 부정부패 사례에도 불구하고 에드먼드 스펜서는 위생 담당관이 러시아 항구들에서 "유럽 문명의 여명을 알리는 별" 중 하나라고 썼다.[70] 러시아의 격리 체계는 오스만 항구에서 페스트에 더 많은 관심을 기울인 것과 맞물려 발병을 줄이는 데 기여했다. 사실 19세기 중반까지 페스트는 거의 사라졌다. 마지막 주요 발생 사례는 1840년 불가리아와 1842년 아나톨리아 중부 및 동부였고, 그 이후로는 가끔 발생해도 주로 국지적이었고 사망률도 낮왔다.[71] 다른 주요 전염병은 여전히 우려 사항이었다. 늪지대 북부 해안을 따라서는 말라리아열이, 전 지역에 걸쳐서는 콜레라가 있었다. 하지만 페스트의 경우 불완전한 체계라도 아무 체계도 없는 것보다는 나은 것으로 드러났다.

트라브존의 영사

서부와 북부 해안을 방문한 사람 대부분은 격리 시설이 존재한다는 사실만으로도 감동을 받았다. 비록 불충분할지라도 적어도 여행자에게 익숙한 유럽식 체계를 따른 것이었기 때문이다. 스코틀랜드 여행자가 쓴 것처럼 신러시아에서 "온갖 러시아-그리스-스키타이-타타르식 교회와 건물"을 발견하리라 기대했던 서유럽인은 대신 잘 계획된 거리, 석조 건물, 그리고 고향을 떠올리게 하는 상점을 마주쳤다.[72] 특히 방문객이 육로가 아니라 바다로 도착한 경우라면(굽이진 길을 따라 온몸이 덜컹거리는 나무 수레를 타고 가는 것은 고역일 수 있었다), 방문객을 기다리는 광경이 매우 즐거웠을 것이다. 느긋한 다뉴브강 항구, 북적이는 오데사 항구, 니콜라예프의 조선소, 고대 크림반도 항구도시, 이 모든 것을 영국의 등대와 견줄 만하다는 잘 관리된 일련의 등대가 이어주고 있었다.[73] 왈라키아와 몰다비아공국의 수도인 부쿠레슈티Bucharest와 야시Iaşi 같은 서부 해안을 따라 있는 지역과 더 내륙의 도시들은 빠르게 변하고 있었다. 영국 여행가 제임스 헨리 스킨*은 자신을 접대한 왈라키아의 바르부 슈티르베이** 공이 놀랍도록 문명화된 식사를 내놓을 수 있다는 것을 알고 놀랐다.

파리에서 온 송로버섯, 콘스탄티노폴리스에서 온 굴, 빈에서 온 꿩을 특별 전령이 신선하게 가져왔고, 완벽한 포도주도 있었다. 메테르니히Metternich 공의 최상급 독일 백포도주, 따뜻하게 데운 보르도 적포도주, 지나치게 차갑지 않은 샴페인, 한마디로 모든 것이 정말로 있어야 할 그대로였다.[74]

사실 서부와 북부의 항구, 강변 도시, 내륙 도시의 주변 환경은 종종 너무나 "있어야 할 그대로"여서, 여행자들은 진짜 동양의 모습을 찾아낼 수 있을 때 흥분했다. 러시아 지질학자이자 19세기 초 남부 러시아에서 가장 유명한 여행가 중 한 명인 아나톨리 데미도프***는 바흐치사라이의 옛 크림 칸 궁전에 들어서면서 받은 인상을 다음과 같이 기록했다.

*   James Henry Skene(1812~1886). 영국의 외교관이자 여행가로 그리스와 오스만제국에서 오랫동안 활동했다. 그리스 독립전쟁 시기부터 발칸 지역을 관찰했으며, 『오스만제국의 국경 지대』 등 발칸 지역의 역사와 정치 상황에 대한 저술을 남겼다.

**   Barbu Dimitrie Ştirbei(1799~1869). 왈라키아공국의 통치자(호스포다르, 재위 1849~1856)로 근대화 개혁을 추진한 인물이다. 행정, 법률, 교육 제도를 개혁하고 인프라를 확충했으나, 크림 전쟁 후 러시아의 영향력 약화로 퇴위했으며 루마니아 통일 과정에서 중요한 과도기 지도자였다.

*** Anatoly Nikolayevich Demidoff(1813~1870). 러시아의 대부호 데미도프 가문 출신으로 프랑스와 이탈리아에서 주로 활동한 예술 후원가이다. 나폴레옹의 조카딸 마틸드 보나파르트와 결혼했으며, 러시아 남부와 크림반도를 여행하며 조사한 결과를 출판했고, 방대한 예술품을 수집했다.

우리는 이제 화려한 수도 빈에 있는 것도, 젊은 헝가리의 여왕 같은 도시 페슈트[부다페스트]에 있는 것도, 범람하는 강둑과 조용한 증기선을 실어 나르는 거품이 이는 소용돌이가 있는 다뉴브강에 있는 것도 아니었다. 아니, 동양의 쇠락한 제도로 빛이 바랜 도시인 부쿠레슈티나 야시에 있는 것도 아니었다. 우리는 완벽한 동양의 사라이^{Saraï}[세랄리오^{Seraglio}]에, 아라비안나이트의 궁전에 있었다. 우리는 철저히 아시아스러운 땅에 있었다.[75]

바흐치사라이가 흥미로웠던 이유는 바로 그곳이 너무나 특이했기 때문이다. 그곳은 북부 해안에서 오래전에 사라진 삶의 방식을 보여주는 박물관이었다. 서부와 북부의 도시 중심지 대부분은 새로운 창조물이었는데, 오데사 같은 도시는 스텝에서 솟아났고, 외국 기술자들이 계획했으며, 직각으로 교차하는 거리와 중부 유럽의 최신 건축 양식을 반영한 건물을 갖추었다. 크림반도처럼 고대 유적지 근처에 있는 도시조차 철저히 재건해서 옛 성채 밖에 새롭게 계획된 교외가 자리 잡았다. 동부 및 남부 항구와 비교하면 차이가 뚜렷했다. 그곳에서는 도시가 고대 정착지 위에 유기적으로 성장했으며, 비잔티움 시대 성벽 너머로 석조 및 목조 건물과 거리가 뒤죽박죽 쏟아져 나왔다. 종종 가장 현대적인 건물은 제노바인과 베네치아인 치하에서 세워진 것이었다. 서북부와 동남부의 통신 체계도 현저히 달랐다. 19세기 중반까지 전신선이 불가리아 해안의 바르나를 크림반도의 발라클라바^{Balaklava}, 세바스토폴과 연결했다. 또 다른 전신선은 심페로폴에서 다뉴브강의 갈라치까지 쭉 이어졌고, 이 두 전신선에서 뻗어나간 지선이 상트페테르부르크, 파리, 런던, 이스탄불로 이어졌다. 하지만 바다 건너편에는 시노프와 트라브존을 서로 연결하거나 오스만 수도와 연결하는 전신선이 단 하나도 없었다.[76]

해안 사이의 명백한 차이는 대체로 러시아와 오스만 정부가 서로 다른 구상을 가졌고 능력도 차이가 났기 때문이다. 북부 해안의 변화는 표트르 대제 이후 러시아 지도자를 움직였던 전략적 꿈의 산물이었다. 목표는 러시아 남부 국경의 군사적 위협을 제거하고, 바다로 가는 길을 확보하며, 필시 결국에는 오스만을 몰아내고 해협을 장악하는 것이었다. 서유럽에서 곡물과 다른 제품에 대한 수요가 있었기 때문에 신러시아 땅은 수출할 시장 및 성장하는 도시와 유대를 맺으려는 상인 공동체를 얻었다. 동남부에서는 상황이 상당히 달랐다. 러시아 국가가 제국의 영토를 확장할 때 오스만 중앙 정부가 아나톨리아의 지역 문제를 통제하는 능력은 약화하고 있었다.

18세기 초부터 19세기까지 흑해 해안의 여러 주요 항구를 포함한 아나톨리아 지역 대부분은 세습적이고 반봉건적인 데레베이의 통제 아래 있었다. 이들은 서로를 거의 신경 쓰지 않았고, 무엇보다도 이스탄불의 술탄을 신경 쓰지 않으며 자신의 일을 관리했다. 일부는 자기 주민의 이익을 돌보는 자애로운 전제군주였지만, 항구 시설을 개선하거나 자신의 제한된 영역을 넘어 무역 관계를 모색할 동기가 거의 없었다. 지리도 유리하지 않았다. 크림반도의 항구처럼 동부와 남부의 도시들은 자연스럽게 바다 건너편 땅과 연결되어 있었다. 아나톨리아로 육로를 통해 여행하는 것은 어려웠고, 특히 적대적인 데레베이의 땅을 통과해야 한다면 더욱 그랬다. 1774년 이후 북부 항구가 서로 간의 연안 무역과 지중해 및 그 너머의 수출 시장으로 방향을 바꾸면서, 아나톨리아의 도시들은 그들을 지탱해왔던 자연적인 바다 건너편의 동업자를 잃었다. 아나톨리아 항구의 폐쇄성에 대한 더 간단한 설명도 있었다. 오스만은 퀴취크 카이나르자 조약에 따라 러시아 선박에 바다를 개방하기로 합의했지만, 항구를 개방할 의무는 없었다. 사실 1829년이 되어서야 술탄은 마침내 외국 선박이 오스만 흑해 항구 자체에 정기적으로 방해받지 않고 접근하는 데 동의했다.

바다 북부 지역의 변화에 관해서 서유럽에서는 처음에는 야만에 맞선 문명의 진보로, 떠오르는 유럽 제국이 오랫동안 튀르크와 여러 속국의 폭정 아래 고통받았던 땅에 진출하는 것으로 환영했다. 하지만 19세기가 진행되면서 러시아의 야망을 다르게 인식하기 시작했다. 러시아는 이제 정복으로 자신감을 얻어 다른 유럽국가의 이익을 위협하는 지나치게 열성적이고 탐욕스러운 제국으로 여겨지기 시작했다.

예카테리나는 신러시아와 크림반도를 차지하며 계몽의 언어와 기독교 군주의 문명화라는 사명을 앞세웠다. 술탄의 억압을 받는 신민들은 무슬림 전제주의의 굴레에서 해방되어 유럽 제국의 합리화 정책을 접하게 될 것이었다. 이러한 본질적인 정당화는 예카테리나 이후에도 여전히 유지됐지만, 문명화의 사명은 이제 바다 자체를 장악하려는 전략적 목표에 밀렸다. 리시아는 1801년 기독교 왕국인 동부 조지아를 자국의 보호 아래 두었다. 얼마 뒤 제국은 다뉴브강 지역의 루마니아어를 쓰는 기독교인에 대한 보호권을 주장했고, 곧 발칸반도와 근동 전역의 기독교인 집단 사이에서 더 강력한 영향력을 행사하기 시작했다. 러시아 권력의 성장은 이 지역에서 전략적·상업적 목표를 가진 다른 주요 제국, 즉 영국의 이익에 직접적으로 영향을 미쳤다.

영국은 오랫동안 레반트에서 무역권을 확보하기 위해 오스만 술탄과 맺은 특권적 관계에 의존했다. 따라서 러시아가 흑해 지역으로 진출하는 것은 다소간 우려스러운 일이었다. 특히 영국의 이익이 다방면으로 걸려 있던 훨씬 더 동쪽의 중앙아시아와 인도에서 러시아가 책략을 부리는 것과 맞물렸기 때문이다. 1826년부터 1828년까지 러시아와 페르시아 사이의 전쟁은 차르가 카스피해에서 독점적인 항해권을 얻으면서 끝났다. 런던의 두려움은 러시아가 언젠가 오스만을 철저히 패배시킨다면 흑해에서도 비슷한 주장을 할 것이라는 점이었다.[77] 이는 영국이 오스트리아 다음으로 많은 교역량을 누리는 흑해 서부와 북부 항구와의 무역 조건을 차르가 완전히 좌지우지할 수 있다는 뜻이었다. 동시에 러시아가 오스만 항구로의 접근도 통제할 수 있다는 뜻이기도 했다. 예를 들어 오데사의 거의 맞은편에 위치한 동남부 해안의 옛 트라브존 항구 같은 곳 말이다.

트라브존은 크림반도와의 해협 간 무역 연결이 쇠퇴한 후 어려운 시기를 겪었지만, 외관은 여전히 멋진 도시였다. 여행자들은 그림 같은 비잔티움 성벽과 해안 너머 계곡의 그리스어 사용 공동체들에 대해 언급했다. 그곳은 마치 잃어버린 트라페준타제국의 흔적처럼 보였다. 하지만 트라브존은 산악 내륙의 광산에서 가져온 백반과 구리, 풍요로운 계곡의 농산물 외에는 내세울 것이 거의 없었다. 몇십 년 전의 오데사처럼 트라브존이 러시아, 영국, 그리고 다른 유럽 열강의 관심 대상이 된 것은 자연적 자산 때문이 아니라 위치 때문이었다. 트라브존은 페르시아로 가는 고대 육로의 시작점에 자리 잡고 있었다.

트라브존-에르주룸-타브리즈 경로는 중세에는 활발했지만 15세기 이후로는 대체로 방치되어 있었다. 오스만이 외국 무역선의 흑해 진입을 막으면서 트라브존은 중계 중심지로서 중요성을 잃었다. 하지만 1774년 흑해가 개방되고 얼마 후 모든 오스만 항구가 개방되면서 영국, 프랑스, 러시아 모두가 열심히 구애하는 무역 상대였던 페르시아로 가는 경로를 되살릴 가능성이 생겼다. 흑해를 통한 페르시아와의 중계무역은 1820년대 이전부터 한동안 계속됐지만, 멀리 우회해야 했다. 선박들은 카프카즈 항구(러시아나 지역 유력자가 통제하는 항구)에서 짐을 내린 다음, 조지아를 거쳐 티플리스Tiflis까지 육로로 짐을 운반하고 그다음 아르메니아를 거쳐 타브리즈로 가야 했다.[78] 트라브존 경로는 훨씬 나았다. 약 300킬로미터 더 짧아서 여행 기간을 열흘이나 줄일 수 있었다.[79] 게다가 페르시아와의 경제 관계, 그리고 가장 문제가 되는 중앙아시아를 두고 영국과 러시아 사이의 정치적 긴장이 고조되기 시작하면서 영국은 러시아가 통제하는 카프카즈를 통과하지 않고 동쪽으로 가는 경로를 찾을 동기가 생겼다.

따라서 트라브존의 미래는 영국에 상당히 중요한 문제였다. 트라브존 문제에 발언권을 갖고 이스탄불로 가는 정기적이고 안전한 항로를 유지하는 것이 동남 해안을 따라 펼쳐진 영국 정책의 목표가 됐다. 영국 외무부는 곧 트라브존에 상주 영사관을 개설해서 지역 정세와 해운 활동을 감시하기로 결정했다. 1830년 이스탄불 주재 영국 대사는 젊은 외교관 제임스 브랜트James Brant를 이 항구의 첫 영사로 임명했다. 대사가 새 영사에게 내린 지시는 영국이 이 바다 주변 러시아의 움직임에 얼마나 예리한 관심을 보이기 시작했는지를 드러냈다. 대사 로버트 고든Robert Gordon 경은 1826~1829년 페르시아 및 오스만제국과의 전쟁 결과를 언급하며 다음과 같이 썼다. "최근 러시아의 성공과 당신이 가는 지역에서 러시아의 영역이 확장된 것은 기독교인이든 무슬림이든 주민의 심리에 뚜렷한 영향을 미쳤을 것이 분명합니다. 그 영향이 어떤 성격인지 파악하고 술탄의 이익에 얼마나 해로울 수 있는지 나에게 알려주기를 바랍니다."[80] 특히 대사는 브랜트에게 이 지역의 다양한 민족 집단(예를 들어 현지 아르메니아인과 라즈인 집단이 러시아에 대해 특별한 동조심을 갖고 있는지 여부), 그리고 러시아 당국이 트라브존에서 행사할 수 있는 정치적 영향력과 상업적 이익의 범위에 대해 보고하라고 요청했다.

브랜트는 이스탄불 대사에게 정기적으로 보고했고 도시에서 일어나는 변화를 기록한 일련의 연례 보고서를 작성했다. 브랜트가 도착했을 때 이미 술탄은 트라브존과 그 주변 지역에 대한 통제를 더 강화하고 있었다. 술탄 마흐무트 2세Mahmut II(재위 1808~1839)

의 중앙 집권화 개혁으로 옛 데레베이를 축출했고 이스탄불에서 지방 총독을 파견했다. 브랜트가 발견한 바에 따르면, 이 변화는 술탄이 이제 항구 문제에 직접 개입하고 외국 해운 회사를 통해 이루어지는 수출입 사업에서 나오는 세수를 지휘할 수 있다는 의미였다. 영국이 이스탄불과 테헤란 양쪽에서 누리는 영향력을 고려할 때, 영국 회사는 외국인에게 항구가 완전히 개방되면서 이익을 얻기에 유리한 위치에 있었다.

브랜트는 정박지가 열악한 상태이고 현지 당국이 항상 협조적이지 않다는 것을 발견했다. 영국 해운은 다른 나라에 비해 미미했다. 1831년 오스트리아 선박 14척, 러시아 선박 10척이 트라브존에 입항한 반면 영국 선박은 단 2척뿐이었다.[81] 브랜트의 재임 기간에 상황은 극적으로 변했다. 오스만의 중앙 통제가 아나톨리아 전역으로 확대되면서 지역 유력자의 권력이 약화됐고 제국이 단일한 행정 체계로 복귀했다. 격리 체계가 개선되면서 때때로 페르시아 중계무역을 완전히 중단시켰던 전염병 발생률이 줄었다. 아나톨리아 항구로 가는 정기 증기선 연결로 이스탄불과 다뉴브강까지 가는 여행 시간이 단축됐고 악천후에도 물품을 운송할 수 있게 됐다. 트라브존을 방문한 최초의 증기선은 1836년 여름 항구에 기항한 영국의 에식스호였고, 그해 말 또 다른 영국 증기선이 이스탄불로 가는 정기 항로를 개설했다. 다뉴브강에서 증기 운송을 사실상 독점하던 오스트리아는 곧 트라브존과 빈을 연결하는 자체 항로를 개시했다.[82] 1840년대 중반 영국 P&O Peninsular and Oriental Steam Navigation Company 사는 트라브존에서 사우샘프턴 Southampton 까지 가는 직항 증기 항로를 개통했다.[83] 1835년까지 영국은 트라브존을 방문하는 연간 화물선 수에서 1위를 차지했다.[84]

브랜트는 1836년 에르주룸 영사관으로 전출되면서 퇴임했다. 그러나 후임자들의 보고서는 트라브존 항로가 꾸준히 성장했고 영국의 페르시아 무역에서 핵심적으로 중요했다는 점을 기록했다. 맨체스터 공장의 면직물 같은 공산품과 차, 설탕 같은 영국 식민지 생산물은 영국 선박으로 운반된 후 말과 낙타로 이루어진 대상에게 하역되어 타브리즈까지 육로로 운송됐다. 돌아오는 길에 선박들은 페르시아 비단과 다른 직물, 담배(주로 이스탄불 판매용), 카펫, 말린 과일을 실었다. 무시할 수 없는 사실은 트라브존 도로가 타브리즈와 테헤란의 영국 외교관을 위한 중앙 보급로가 됐다는 것이다. 일부 외교관들이 불평했듯이, 페스트나 날씨, 또는 반항적인 파샤 때문에 길이 폐쇄되면 식탁에서 식전 셰리주나 식후 포트주가 사라졌다.[85]

영국이 트라브존과 무역을 시작한 후 처음 몇십 년 동안 이 항구는 상당한 규모의 페르시아 시장과 유럽의 상업을 연결하는 핵심 관문 중 하나였다. 19세기 후반에는 결국 수에즈 운하 개통과 카프카즈 항구로 가는 러시아 철도 개통의 희생양이 됐다. 하지만 1830년대와 1840년대에는 여전히 러시아와 영국 사이의 핵심 쟁점이었다. 술탄에게 영국보다 덜 선호되던 러시아는 카프카즈를 거쳐 페르시아로 가는 경로를 재개발하려고 끊임없이 애썼다. 그것은 카프카즈산맥의 고지대 부족을 제압하는 데 달려 있었다. 이들은 해안가의 러시아 도시와 산악 지대를 가로질러 티플리스로

가는 육상 '군사 도로'를 여행하는 사람들에게 지속적인 안보 문제였다. 이 지역에서 오랫동안 치른 변경 전쟁으로 러시아는 트라브존 항로의 대안을 만들 여력이 없었고, 카프카즈 해안선에 대한 러시아의 봉쇄, 특히 오스만에서 무슬림 고지대 주민에게 가는 무기와 결정적으로 소금의 흐름을 차단하려는 시도는 계속해서 주요한 국제적 사건을 촉발할 위험이 있었다. (1836년 러시아가 영국 봉쇄 돌파선 빅슨호를 나포하면서 외교적 균열이 생겼고, 이는 런던의 정치적 음모에 연료를 제공했다.) 결국 트라브존의 운명, 카프카즈 해안, 그리고 사실상 흑해 전체의 운명은 영국과 러시아제국 사이의 훨씬 더 큰 경쟁, 즉 중앙아시아 지배를 위한 '그레이트 게임Great Game'에 엮여 있었다. 그것은 이 바다를 중심으로 절정에 달할 게임이었다.

크림

크림 전쟁은 주로 흑해에서 벌어졌고 어느 정도는 흑해를 놓고 싸운 유일한 근대 전쟁이었다. 그 기원은 근동과 중앙아시아 전역에서 영국과 러시아 사이의 경쟁이 심화한 데 있었다. 이는 제국의 야망, 상업적 이익, 변경에서의 정치가 뒤섞여 촉발됐으며, 그와 같은 배경은 어떤 면에서는 오랫동안 러시아와 오스만제국 사이의 관계를 복잡하게 만들었던 상황과 비슷했다. 하지만 그 경쟁의 중심에 있던 쟁점은 오스만 국가 자체의 미래였고, 나아가 해협의 통제였다. 영국과 러시아는 생각이 일치했다. 술탄의 통치가 불안정하므로 국제적 합의가 필요하다는 것이었다. 제국의 붕괴를 가능한 한 지연시키고, 유럽 열강들이 그 잔해를 놓고 폭력적으로 다투는 것을 막고, 제국이 무너지면 각 영토를 어떻게 처리할지 사전에 계획을 세우기 위해서였다. 그 합의의 일부는 평화 시 흑해를 외국 군함에 대해 계속 폐쇄한다는 것이었는데, 이는 1841년 7월 모든 유럽 강대국이 서명한 해협 협약에서 확정됐다.

아이러니한 것은 오스만제국의 미래에 대한 공통된 이해가 국제 조약으로 뒷받침됐음에도 불구하고, 불과 10년도 채 지나지 않아 대규모 전쟁으로 이어졌다는 점이다. 영국은 동쪽에서 러시아가 무엇을 노리는지 끊임없이 의심했기 때문에, 공식적인 협의와 합의가 있었음에도 런던은 차르를 완전히 믿을 만한 협상 상대로 여기지 않았다. 차르 니콜라이 1세Nikolai I는 1825년 군사 쿠데타 시도인 데카브리스트 반란이 한창일 때 왕위에 올랐고, 그 경험은 긴 통치 기간 대부분에 영향을 미쳤다. 정치적으로 보수적이고 심지어 반동적이었으며 현실적이든 인지된 것이든 위협에 맞서 전임자가 얻은 영토를 지키기로 결심한 니콜라이는 특히 외국 열강이 오스만제국이 무너질 때 러시아를 희생시키면서까지 자신들의 이익을 챙기지 않을까 걱정했다.

이러한 타고난 보수주의는 종교 문제에서도 드러났는데, 이는 여러 면에서 세기 중반의 돌발 사태를 일으킨 불씨가 됐다. 니콜라이 치세에 발전한 공식 국가 이념의 세 가지 구성 요소인 정교회, 전제정, 민족성의 삼위일체는 러시아의 사회생활에서 교회의 중심적 위치, 군주로서 차르의 절대 권력, 그리고 국가적 이상의 구현으로서 러시아 민족, 나아가 범슬라브 형제애에 대한 낭만적 애착을 단언했다. 이러한 이상은 곧 러시아 외교 정책에서 발현됐다. 1850년 예루살렘의 성지 관리를 놓고 가톨릭과 정교회 성직자 사이에 지역 분쟁이 발생했을 때 니콜라이가 개입했다. 니콜라이는 오스만 당국에 압력을 가해 프랑스가 지원하는 가톨릭의 요구에 맞서 정교회의 권리를 인정하도록 했다. 술탄이 러시아는 이 문제에 발언권이 없다고 불평했을 때(정교회 공동체들은 러시아와의 연결과 관계없이 여전히 오스만 신민이었다), 니콜라이는 몰다비아와 왈라키아를 점령하고 전쟁 준비를 했다.

1853년 10월 다뉴브강을 따라 러시아와 오스만 사이에 전투가 발발했지만, 육상전을 동반하는 즉각적인 해상전은 거의 없었다. 다가오는 겨울 날씨가 혹독했고 병력의 배치에 대한 정보도 부족해서, 선박들은 우연히 마주쳤을 때조차 교전을 꺼렸다. 하지만 전쟁 초기 국면의 결정적 전투는 불과 한 달 후에 일어났다. 오스만 파샤*가 지휘하는 오스만 범선 함대는 시노프 항구에서 겨울을 나며 여름 이후 급히 소집된 선원을 훈련시키는 중이었다. 러시아 함대는 조용히 세바스토폴 기지에서 나와 바다를 빠르게 가로질렀다. 11월 30일 러시아 함대는 시노프 항구 바로 바깥에 나타났다. 차가운 겨울비가 내리는 이른 아침의 어두운 빛 속에서 파벨

***

* Osman Nuri Paşa(1832~1900). 오스만제국의 장군으로 1877~1878년 러시아-튀르크 전쟁 중 플레브나 요새 방어전으로 유명하다. 5개월간 러시아군의 공격을 막아내며 전쟁 전체의 흐름을 바꿨고, 항복 후에도 용맹함을 인정받아 '가지Ghazi'(전사)라는 칭호를 받았다.

나히모프* 제독은 휘하의 전열함 여섯 척에 포격을 시작하라고 명령했다.

거의 70년 전 드네프르강 하구 작전과 마찬가지로 실제 전투라 할 만한 것은 거의 없었다. 러시아 선박은 작렬탄을 장비했고, 그것을 사용해 파괴적인 효과를 냈다. 약 한 시간 만에 오스만 파샤의 함대 전체가 침몰했다. 해안을 따라 있던 포대가 파괴됐고 마을에 불이 났다. 3,000명 이상의 오스만 수병이 전사했고, 오스만 파샤도 포로로 잡혔다. 러시아 선박에서는 단 37명의 수병만이 전사했다.[86]

시노프 공격은 충격적이었다. 이 공격은 오스만 함대를 궤멸시켰고 러시아 함대가 바다를 가로질러 남부 해안으로 돌진할 수 있는 능력을 보여주었다. 한 영국 작가가 표현했듯이 시노프는 사실 '제2의 지브롤터'였다. 나히모프의 함대가 보여준 것처럼 러시아가 시노프를 점령한다면, 차르는 북부와 남부 해안의 가장 훌륭한 천연 항구인 세바스토폴과 시노프를 장악하여 바다를 반으로 쪼갤 수 있을 것이었다. 그것은 보스포루스와 이스탄불 전체를 차지하는 첫 번째 단계가 될 것이었다.[87]

이 공격은 런던과 파리에서 의심을 품던 모든 이에게 러시아 제국이 오스만에 도전할 뿐만 아니라 그들을 파묻어버리려 한다는 것을 확신하게 했다. 그 후 몇 달 동안 유럽의 각국 정부는 파

---

*   Pavel Stepanovich Nakhimov(1802~1855). 러시아제국 해군 제독으로 흑해 함대 사령관을 역임했다. 1853년 시노프 해전에서 오스만 함대를 격멸하여 크림 전쟁의 도화선을 제공했으며, 세바스토폴 방어전을 지휘하다가 1855년 전사해서 러시아 해군 영웅으로 추앙받는다.

괴된 오스만 함대를 돕기 위해 자국 선박을 보낼 계획을 세웠다. 1854년 3월, 연합국인 영국, 프랑스, 오스트리아, 그리고 머지않아 사르데냐Sardegna(역시 흑해 항구들에 상당한 이익을 갖고 있었다)가 술 탄 편에서 전쟁에 가담했다.

시노프 전투는 오스만에 대한 러시아의 우위를 보여주었지만, 흑해 함대가 여전히 목조 범선에만 의존하고 있다는 점도 드러냈다. 이는 점차 서유럽 해군의 주력이 돼가던 장갑 증기선과는 상대가 되지 않았다. 가을 동안 영국과 프랑스 선박이 아나톨리아 해안선을 순찰하며 북쪽에서의 반복된 공격으로부터 남부 항구를 보호했다. 러시아와 오스만 군대는 바다 양쪽에서, 다뉴브강을 따라, 그리고 남부 카프카스와 동부 아나톨리아에서 교전했다. 러시아는 카르스Kars 요새를 점령하여 극적인 타격을 가했다.

실제 전투의 초점은, 특히 1854년 가을 연합군이 도착한 후에는 크림반도에 맞춰졌다. 연합군의 병력 수송선은 보스포루스를 통과하여 반도로 곧장 향했다. 연합국 선박이 세바스토폴 항구로 가는 좁은 입구를 봉쇄했고, 봉쇄를 뚫을 능력이 거의 없었던 러시아 제독은 적이 내항으로 들어오는 것을 막기 위해 범선 함대 대부분을 자침시키라고 명령했다. 그사이 연합군은 발라클라바에 상륙해서 천천히 북쪽으로 나아가 육로로 세바스토폴을 공격했다. 항구 포위 공격은 11개월 동안 계속됐다. 연합군의 포격이 쉴 새 없이 이어졌고, 러시아 수병은 이제 사실상 육군으로 변해 참호를 파고 장기전을 치르다가 막심한 피해를 보았다. (시노프의 영웅 나히모프도 희생자 중 하나였다.) 당시 이 도시의 젊은 포병 장교였던 레프 톨스토이는 포위 공격 마지막 몇 달 동안 러시아 요새의 광경을 다음과 같이 묘사했다.

> 사방의 모든 것이 요란한 소리와 함께 무너지고 있었다. 최근의 폭발로 파헤쳐진 땅 위에는 여기저기 부러진 들보, 으스러진 러시아인과 프랑스인의 시신, 무시무시한 힘으로 뒤집어져 도랑에 반쯤 파묻혀 영원히 침묵하게 된 무거운 주철 대포, 폭탄, 포탄, 들보 파편, 참호, 방공호, 그리고 파란색이나 회색 외투를 입은 더 많은 시신이 널브러져 있었다. 그것들은 마치 단말마의 경련을 일으키며 떠는 듯했고, 공중에서 울려 퍼지는 폭발이 낳은 붉은 불꽃이 매 순간 이들을 비추고 있었다.[88]

결국 우월한 연합군의 화력, 러시아의 불충분한 보급과 통신, 그리고 가장 중요하게는 만연한 전염병(티푸스가 폭탄과 총알보다 더 많은 사람을 죽였다)의 결합이 러시아의 패배로 이어졌다. 1855년 9월 러시아는 세바스토폴에서 철수했고 흑해 함대의 남은 함선을 모두 자침시켰다. 전투는 사실상 끝났지만 적대 행위는 공식적으로 다음 해 봄까지 계속됐다. 전쟁 중 차르 니콜라이의 뒤를 이은 알렉산드르 2세Aleksandr II는 연합군이 이미 실질적으로 만들어놓은 상황, 즉 함대를 없애고 해안 요새와 해군 병기창을 해체하는 것을 원칙적으로 수용할 수밖에 없었다. 이제부터 모든 군함은, 심지어 연안 국가의 군함조차도 흑해에서 항해하는 것이 금지됐다.

전쟁과 이를 종결시킨 파리 조약은 흑해에서 한 시대가 끝났음을 의미했다. 전략적 측면에서 이 전쟁은 서유럽 열강들이 오스만을 돕기 위해 개입할 수 있으며, 러시아를 비롯한 어떤 나라도 제국의 약점을 부당하게 이용하지 못하게 막겠다는 의지가 있음을 보여주었다. 다뉴브강과 해협의 지위는 이제 그 어느 때보다 국제법의 문제가 됐고, 단순히 북부와 남부 해안에서 마주하는 두 제국 사이 세력 균형의 부산물이 아니게 됐다. 다뉴브강 하구의 통제권은 공식적으로 오스만에 반환됐지만, 항해의 자유를 보장하기 위해 국제 위원회가 만들어졌다. 바다와 해협은 러시아와 오스만 국기를 포함하여 어떤 국기를 게양한 군함도 항해할 수 없는 출입 금지 구역으로 선포됐으며, 연합국이 이 조항을 보장하기로 했다. 이 전쟁은 또한 이 지역에서 범선들이 맞붙은 마지막 주요 해전이기도 했다. 1780년대 존 폴 존스가 목격했던 장면이 한 시대의 시작을 알리는 여는 괄호였다면 이것은 닫는 괄호였다. 아무리 일방적인 전투였어도 시노프 해전은 전열함들이 조우한 마지막 전투였고, 이 전투에서 러시아와 오스만 모두 해군이 거의 소멸했다. 이후 전쟁을 끝낸 두 나라는 백지상태에서 군대를 재건해야 했다. 이 백지 위에 두 나라 모두 1870년대까지 증기 동력, 프로펠러 추진 선박으로 이루어진 장갑 해군을 구축할 계획을 그리기 시작할 것이었다.

전쟁은 대외 무역의 자유를 보장했는데—다뉴브강과 해협을 막힘없이 통과할 수 있게 보장함으로써—동시에 문자 그대로 흑해 세계를 서유럽인에게 개방했다. 크림반도에서 연합군이 세운 공적은 대중을 상대로 한 글이 홍수처럼 쏟아지며 전해졌다. 학생들을 위한 눈이 휘둥그레질 만한 이야기와 플로렌스 나이팅게일 같은 이타적인 민간인들의 이야기가 널리 퍼졌다. 테니슨Alfred Tennyson의 「경기병 돌격」을 비롯해 군사적 용맹(그리고 무모함)을 낭만적으로 노래한 열정적인 찬가도 있었다. 영국과 프랑스의 전직 장교들이 요새와 병력의 이동을 냉정하게 분석한 회고록도 나왔다. (이 분석들은 10년도 채 안 되어 미국 남북전쟁에서 시험될 것이었다.) 이 시기에 등장한 종군 기자가 전쟁의 공포와 영웅주의를 기사로 써서 고국에 전했고, (또 다른 새로운 직업인) 스케치 화가와 사진작가가 그 기사에 이미지를 더했다.

이 모든 것이 충분한 관심을 불러일으켜, 그 지역은 이후 수십년 동안 사실상 관광 붐을 경험했다. 이제 이곳은 외국 여행자에게 적당한 목적지가 됐고, 근동 여행 중 들를 만한 명소가 됐으며, 여전히 흥미를 끌 만큼 이국적이면서도 고향과 비슷한 많은 편의시설을 제공할 만큼 충분히 문명화된 곳이 됐다. 곧 크림반도는 또 다른 침공을 당하게 되는데, 이번에는 러시아제국의 정원을 거닐기 위해 쾌적한 해안으로 작가, 예술가, 관광객들이 몰려들었다.

6장

흑해*
1860~1990년

★ Black Sea

〔영어〕 검은 바다

유럽이 러시아가 튀르크를 전멸시키도록 내버려두면 좋겠다.
많이는 아니지만, 탐지봉이나 잠수종 없이는 그곳을 다시 찾기
어려울 정도로만.
—1867년, 마크 트웨인

승객들은 완전한 바벨탑이었다. 동양의 모든 언어를 대표하고
말하는 사람들이었고, 여러 유럽인도 섞여 있었으며, 각자 독특한
복장을 입고 있었다. 빨간 펠트 페즈를 쓴 온갖 종류, 계층, 연령의
튀르크인이 있었다. 검은 양모 페즈를 쓴 페르시아인이 있었고,
흰 펠트 페즈를 쓴 알바니아인이 있었으며, 성경 시대에 입던 것
같은 터번과 긴 옷을 입은 유대인이 있었다. (……) 페르시아와
투르키스탄으로 가는 중인 영국, 독일, 프랑스 관광객과 양탄자
구매자가 있었다. 바투미 영사인 아들을 방문하러 가는 매우 뚱뚱한
오스트리아 여성이 있었고, 파리와 리비에라를 방문하고 카프카즈에
있는 집으로 돌아가는 중인 러시아인도 여럿 있었다.
—1910년 트라브존 앞바다의 배에서, 『시카고 레코드-헤럴드』 기자 윌리엄 엘러로이 커

티스

흑해 해안을 따라 마치 마법의 가루로 비춘 듯한 도로로 연결된
호화롭고 편안한 별장에서, 자본가 돈벌레들은 한때 노동자를
희생시키며 흥청망청 살았다. (……) 운하가 관통하는 지역에서
그것이 혁명적 역할을 할 것이다. 운하는 새로운 삶, 과거의 고통과는
근본적으로 다른 삶을 가져올 것이다.
—1950년, 루마니아인민공화국 다뉴브-흑해 운하 건설 책임자 게오르게 후수

마크 트웨인은 1867년 유럽과 레반트를 돌아다니던 중 이스탄불에서 증기선을 타고 세바스토폴에 도착했다. 이 여행이 트웨인이 쓴 『철부지의 해외 여행기The Innocents Abroad』의 소재였다. 크림 전쟁이 끝난 지 불과 10년이 조금 지난 상황에서, 이 도시는 근대 유럽에서 알려진 가장 피비린내 나는 전투의 현장이었다. 전쟁 초기 약 4만 3,000명이었던 인구는 이제 6,000명도 되지 않았다. 무사한 건물은 거의 없었다. 포탄이 벽에 박혀 있었다. 방문객은 전장을 거닐며 부러진 꽃을대와 포탄 파편을 기념품으로 주울 수 있었다. 포위 공격 후 남았던 요새는 동맹국이 파괴했고, 러시아는 조약 때문에 재건할 수 없었다. 트웨인은 "폐허가 된 폼페이도 세바스토폴에 비하면 양호한 상태다. 여기서는 어느 방향을 보든 눈에 들어오는 것이 폐허, 폐허, 폐허뿐이다! 집의 잔해들, 무너진 벽들, 찢기고 너덜너덜한 언덕들, 도처의 황폐함! 마치 강력한 지진이 모든 무시무시한 힘을 이 작은 한 지섬에 쏟아부은 것 같다"고 썼다.[1]

세바스토폴을 황폐화한 전쟁으로 흑해가 유럽의 일부가 되는 여정은 끝이 났다. 크림 전쟁 후 흑해에는 더 이상 디드로가 1750년대에 붙인 '아시아'라는 수식어를 쓸 수 없었다. 이제 그 바다는 유럽 강대국이 협상하고 싸우는 전리품이었다. 무역은 국제 선박에 개방됐는데, 처음에는 러시아 편의치적 국기 아래서, 그다음에는 오스트리아, 영국, 프랑스 및 다른 나라 국기 아래서였다.[*]

---

[*]   편의치적flag of convenience이란 선박을 제3국에 등록해 세금이나 규제를 피하는 제도를 말한다. 흑해는 파리 조약(1856)으로 국제 무역에 개방됐으나, 초기에는 러시아의 지배적 지위로 인해 외국 상인들도 러시아 국기나 중개인을 활용했다. 이후 각국이 자국 국기를 단 선박으로 직접 진출하면서 본격적인

전략적 관점에서, 단일 제국이 위협을 가하는 것은 더 이상 주된 걱정거리가 아니었다. 오스만의 패권은 17세기부터 쇠퇴했고, 시노프 때처럼 러시아가 남쪽으로 돌진할 수 있는 능력은 이제 파리 조약이 연안 순양함보다 큰 군함을 금지하면서 막혔다. 러시아는 결국 중립 조항을 거부하고 19세기 마지막 러시아-튀르크 전쟁에서 서부와 동부 해안 양쪽에서 오스만을 포위하려 했다. 하지만 그것이 러시아가 품은 야망의 정점이었다. 어떤 제국이나 국가도 바다를 완전히 장악하지 못하도록 보장하는 것이 유럽 열강의 흔들리지 않는 정책이 됐고, 이를 뒷받침하기 위해 조약과 국제기구가 마련됐다.

흑해가 새롭게 국제화되면서 해안들 사이의 연결망이 재편됐다. 18세기 후반 지중해 직항 선박이 등장하면서 지역 연안 무역과 에게해로의 환적이 쇠퇴하기 시작했다. 북부 해안에서 생산된 물품이 나가는 진짜 출구는 더 이상 시노프와 트라브존이 아니라 빈과 마르세유 같은 도시였고, 곧 다뉴브강을 거슬러 가거나 해협을 통과하는 정기 증기선 항로가 이 도시들을 연결했다. 수에즈 운하가 개통되면서 일부 제품에 더 많은 시장을 열어주었으나, 트라브존 같은 항구를 거친 페르시아와의 중계무역이 쇠퇴한다는 신호를 보내기도 했다. 남부 러시아의 곡물은 여전히 수출 시장을 지배했지만, 미국의 스위트콘 같은 새로운 농산물이 오래된 작물을 대체하기 시작하고 무역 양상을 바꾸었으며 심지어 지역 요리까지

국제화가 이루어졌다.

바꿨다. 크림 전쟁 전에는 진흙투성이 마을에 불과했던 새 항구가 산업 혁명의 선봉 제품인 석탄, 철, 망간, 석유의 수출 중심지가 됐다. 기차와 증기선이 항구도시들을 서로 잇고 유럽 나머지 지역과도 연결했다. 20세기에는 물리적 환경의 기념비적 변화, 즉 드네프르 댐 건설, 볼가-돈 운하 굴착, 해안 간선도로 건설로 크림 전쟁 직후 시작된 지역의 변모가 완성됐다.

흑해와 유럽의 연결은 개인의 정체성을 재구성하고 문화적·정치적 공동체의 경계를 다시 그을 만큼 극도로 강력한 두 가지 관념이 유입되는 통로가 됐다. 그것은 동질적 민족 개념과 패권 국가 개념이었다. 두 개념 모두 이 지역에 상당히 늦게 들어왔다. 특히 오스만 땅에서는 종교가 언어나 민족성보다 훨씬 더 중요한 문화적 표지였다. 그때까지도 많은 전통이 서로 영향을 미쳐서 상황에 따라 달라지고 겹쳐지는 정체성이 흔했다. 서유럽에서 온 방문객은 종종 현지인이 스스로 누구인지에 대해 혼란스러워 하는 듯 보인다고 전했다. 그들은 "당신은 그리스인입니까?"라는 질문에 "아니오, 하느님께 감사하게도 저는 가톨릭입니다"라는 대답을 들을 수 있었다.[2] 그러나 이러한 혼란은 보통 관찰자가 부적절한 범주를 들이댄 데에서 비롯했다. 예를 들어 19세기까지도 '그리스인'(룸Rum)은 오스만의 행정적 명칭인 동시에 모든 정교회 신자들이 종종 자신들을 가리켜 사용하던 명칭이었다. 여기에는 지금 우리가 민족적 의미에서 그리스인이라고 부를 사람들뿐만 아니라 많은 루마니아인, 세르비아인, 불가리아인, 알바니아인, 아랍인, 튀르크인, 그리고 다른 사람들이 포함됐다. 1870년대의 어떤 영국 여행자는 "그들에게 종교는 곧 민족성이다"라고 못마땅하게 썼는데,[3] 많은 관찰자에게 이 등식은 흑해 주변 사람들이 여전히 얼마나 후진적인지를 보여주는 증거였다.

오스만제국이든 다른 곳이든 자신이 진짜 누구인지 아는 사람은 거의 없는 것처럼 보였다. 외부인들은 종종 발칸, 카프카즈, 그리고 다른 변방 지역들에 찾아와 고대 민족의 흔적, 즉 순수한 그리스인, 스키타이인, 게타이인, 트라키아인, 콜키스인 등을 발견할 것이라 기대하며, 이제 그들의 진정한 유산을 재발견하는 과정에 있다고 생각했다. 발칸을 여행한 이디스 더럼Edith Durham은 1909년에 이렇게 썼다. 그런 "시간이 멈춘 변방"에서는 사람들이 "자기 종족의 요람기에 대한 막연한 기억으로 가득 차게 되며, '이것은 내가 수천 년 전에 한 것이다. (……) 그래서 태초에 내가 그렇게 생각했고 그렇게 행동했다'고 말한다."[4] 방문객은 지리적 변방에서 종족의 기원을 추적할 수 있기를 바랐다. 하지만 방문객은 종종 실망했다. 상당히 늦게까지, 특정 경우에는 20세기까지도, 어떤 '인종'의 순수한 전형을 발견할 것으로 기대했던 곳에서, 그들은 그 대신 복수의 정체성과 혼합된 문화가 일반적인 개인 및 공동체를 발견했다. 그러나 이런 상황은 오래 지속되지 않았다. 20세기가 진행되면서 결국 시간을 초월한 순수한 민족이라는 관념이 승리했고, 이는 때로 비극적인 결과를 낳았다.

비슷한 변화가 국가 행정이라는 측면에서도 진행됐다. 흑해는 오랫동안 여러 제국 체제의 주변부에 놓여 있었고, 북부와 남부 해안의 주요 제국은 일부 지역을 간접적으로만 통치하며 지역 엘리트를 대체로 자기들 방식대로 내버려두는 것에 만족했다. 하지만 크림 전쟁 무렵에는 이미 변화가 시작됐다. 러시아와 오스만제국 모두에서 제국 근대화 기획이 진행 중이었다. 옛 주변부는 중앙집권화하는 제국에 흡수되거나, 독립하여 제 갈 길을 가는 것이 허용되었다. 제1차 세계대전이 끝날 무렵 제국이라는 선택지는 사라졌다. 이제 바다 대부분은 새로운 행위자, 즉 자신의 정치적·경제적·전략적 목표를 위해 바다의 부를 전유하려는 근대 국가가 둘러쌌다. 바다는 더 이상 단순히 제국적 욕망의 대상이 아니었다. 이제 바다는 경쟁하는 국가 건설 기획의 일부였다. 처음에는 루마니아와 불가리아, 곧이어 소련과 튀르키예, 그리고 20세기 말에는 조지아와 우크라이나의 기획이 되었다. 해안선, 물, 바다 밑 땅, 그리고 바닷속 물고기는 모두 새로운 국가의 영역이자, 동시에 새로운 국가가 대표하는 역사적 민족들의 신성한 유산이라고 주장됐다. 시인과 역사가는 곧 이런저런 민족 집단의 항해에 대한 소명을 발견하거나 발명하는 작업에 착수했다.

20세기 후반에 바다를 소유하겠다는 이상은 소련식 공산주의든 국가 건설 민족주의든, 개발 이념으로 더욱 강화되었다. 바다는 국가의 모든 가용 기술을 동원해서 착취해야 할 자원이 됐다. 산업 시설이 해안을 따라 들어섰다. 항구도시는 면적과 인구 모두 팽창했다. 상업 어선들이 바다의 수확물을 거두기 위해 파견됐다. 개발은 해안선을 변모시켰고 제2차 세계대전 후에도 여전히 연안 국가들의 가장 가난한 지역에 속했던 곳에―공산주의자와 민족주의자 모두의 표현으로―진정한 '혁명적 변화'를 가져왔다. 하지만 대가도 있었다. 불과 몇십 년 만에 해안에 근대성을 도입하고 바다의 산물을 소비하려는 장대한 계획들이 수역을 환경적 재앙 직전으로 내몰았다. 1860년대부터 1990년대까지 정치적 경계, 인간의 정체성, 생태계의 형태가 그 어느 때보다 급격히 변모했다. 이때 정치인과 기획자들은 흑해를 하나의 지역으로서 해체하기 위해 애썼다. 20세기 말에 이르러 바다의 건강 상태는 그들로 하여금 바다를 재건하기 위해 똑같이 노력할 것을 요구했다.

제국, 국가, 조약

19세기 후반의 정치적 관계는 여러 면에서 전반기의 관계를 되풀이했다. 러시아제국은 오스만제국의 멸망으로부터 이익을 얻기 위해 계속 발판을 마련했다. 오스만제국의 느린 소멸은 한 세기 넘게 지속된 걱정거리였다. 연안 대부분에 대한 지배권을 점진적으로 상실한 오스만은 남부 해안 항구에서 빈약한 장악력을 유지하려 했다. 시노프에서의 대패가 보여주었듯이 전시에는 그마저도 불안해졌다. 크림 전쟁 전과 후의 가장 큰 차이는 흑해의 지위, 즉 개방됐는지 폐쇄됐는지, 중립인지 아닌지가 더 이상 두 제국 사이에 체결된 평화 조약의 파생물이 아니라는 점이었다. 이제 국제회의에서 마련되고 유럽 강대국의 약속과 기득권으로 지켜지는 점점 늘어나는 국제법이 이 바다를 관장했다.

　파리 조약에 따라 러시아는 흑해 함대 구상을 포기해야 했다.

대부분의 러시아 선박은 이미 세바스토폴 항구 바닥에 가라앉아 있었고, 제국이 패배하면서 남부에서 해군 병력을 재건하는 것도 공식적으로 금지됐다. 정력적인 외무장관 A. M. 고르차코프* 아래서 제국은 조약 조건을 바꾸려고 여러 차례 시도했지만, 전쟁 후 10년 넘게 러시아는 연안 수역의 치안 작전 목적에 쓸 다섯 척 이하의 군함만 보유할 수 있었다.[5] 그러나 1860년대 후반에 이르러 고르차코프는 파리 조약을 완전히 거부하겠다는 생각을 내비치기 시작했다.

시기가 좋았다. 직전 10년간 해군 기술에 혁명이 일어났다. 주요 열강은 남은 전열함을 급히 폐기하고 철갑을 두른 석탄 동력 전함을 건조하려고 서두르고 있었는데, 이 선박 설계의 우월성은 얼마 전 미국 남북전쟁에서 입증됐다. 러시아는 상트페테르부르크의 1차 방어선인 발트해 함대의 대대적인 근대화 기획을 시작하며 경쟁에 합류했다. 게다가 흑해의 중립화를 강제했던 옛 연합국들은 이제 다른 긴급한 외교 문제에 몰두하고 있었다. 프랑스와 프로이센이 전쟁으로 빠르게 치달았고, 유럽 국가들의 수도에서는 러시아를 만족시켜 곧 터질 분쟁에서 빠지도록 해야 한다는 필요성을 점점 더 느끼고 있었다. 이런 분위기에서 1870년 고르차코프는 파리 조약의 중립 조항에서 러시아가 일방적으로 탈퇴한다고

---

* Aleksandr Mikhailovich Gorchakov(1798~1883). 러시아제국의 외무장관(1856~1882)이자 재상으로, 크림 전쟁 패배 후 러시아의 국제적 위상을 회복하는 데 주력했다. 1871년 파리 조약의 흑해 조항을 무효화시키는 데 성공했으며, 1878년 베를린 회의에서 러시아의 이익을 방어하려 했으나 기대에 미치지 못한 결과에 실망했다.

발표했다. 이듬해 강대국들은 이러한 변화를 공식적으로 인정했다. 러시아는 이제 바다에 군함을 배치하고 해안 방어 시설을 재건할 수 있었다. 러시아 해군은 남부에서 병력을 복원할 뿐만 아니라 새로운 기술을 활용하는 선박 건조 계획을 마련했다. 즉, 흑해 함대의 모든 신형 선박에 장갑을 입히기로 했다.[6]

중립 조항의 변경은 오스만에게도 유리했다. 이제 오스만도 자체적인 함선 건조 계획을 실행할 수 있었기 때문이다. 파리 조약의 아이러니 중 하나는 오스만이 승전국이었음에도 술탄이 실제로는 차르만큼, 어쩌면 차르보다 더 많이 포기했다는 점이다. 군함과 해안 병기창 금지는 러시아만큼이나 오스만에도 적용됐다. 오스만 항구는 모든 상선에게 공식적으로 개방됐으며, 세관, 치안, 격리 목적으로만 제한할 수 있었다. 강에서 자유로운 항해를 보장하기 위해 설립된 새로운 다뉴브 위원회Danube Commission에 모든 연안 국가와 동맹국이 참여했다. 따라서 강의 하류 지역 거의 전부가 제국에 속해 있었는데도 오스만 대표는 여러 대표 중 하나에 불과했다. 이런 양보의 대가로 오스만제국은 마침내 유럽 문제에서 완전한 참여자로 인정받았고, 영토 보전을 보장받았다. (그러나 후자의 조항에도 단서가 붙었다. 술탄은 동맹국들의 동의 없이 몰다비아, 왈라키아, 세르비아 문제에 군사적으로 개입하지 않기로 합의했다.)

따라서 러시아가 조약 조건 변경을 압박한 것은 이스탄불 전략가들의 이익에도 부합했다. 그러나 러시아는 해군력을 재건할 기회를 비교적 빠르게 활용할 수 있었던 반면, 오스만은 그러지 못했다. 오스만제국의 해군 근대화 과정은 18세기 이후 간헐적으로 진행됐다. 외국 고문, 주로 영국인이 중요한 역할을 했으나, 때때로 자문관의 역량이 불충분했다. 항해에 적합한 신병을 찾는 문제도 지속됐다. 에게해 출신 선원이 오랫동안 오스만 선원의 상당 부분을 차지했으나, 1830년 그리스가 독립하면서 그 공급원이 줄었다. 해전에서 일련의 충격적인 패배는 흑해와 지중해의 오스만 함대 일부를 파괴하는 데 그치지 않고 해군 조직에 엄청난 심리적 타격을 안겼다. 그리스 독립전쟁 중 오스만의 지중해 함대는 1827년 나바리노Navarino 해전에서 궤멸당했다. 그로부터 30년도 채 안 되어 시노프 전투가 뒤따랐다. 증기 기술 도입은 더뎠다. 역대 술탄은 증기선을 보스포루스를 오가는 장난감 정도로 여겼다. 1840년대에 마침내 증기 군함을 대규모로 건조하고 구매하기로 결정했을 때조차, 오스만은 또 다른 어려움에 직면했다. 주요 연료 공급원인 아나톨리아 흑해 해안의 여러 탄광이 영국 회사의 통제 아래 있었던 것이다.[7]

근대화된 두 해군은 마침내 1870년대 후반에 맞붙을 기회를 얻었으나, 흑해에서 교전이 거의 벌어지지 않았던 1820년대의 충돌만큼이나 볼 게 없었다.[8] 1877~1878년 러시아-튀르크 전쟁은 오스만제국의 기독교인 집단에 대한 러시아의 우려로 시작됐는데, 이는 부분적으로 동방 기독교 세계의 보호자라는 러시아의 자기 인식을 반영했고, 부분적으로는 제국의 팽창을 위한 편리한 가면이었다. 오스만은 불가리아에서 일어난 반란을 무자비하게 진압했고, 유럽 수도들에서는 오스만 정규군과 비정규군이 저지른 잔학 행위 소식이 넘쳐났다. 아직 명목상 오스만의 속국이던 세르비아가 불가리아인을 지원하기 위해 합류했고, 1877년 4월 차르도 선전포고를 했다.

바다에서는 전투가 거의 없었다. 1860년대와 1870년대 초의 장대한 계획에도 불구하고 러시아의 흑해 함대는 새 장갑함 두 척과 낡은 코르벳함 몇 척뿐으로, 여전히 볼품없었다.[9] 러시아 해군의 대부분은 발트해에 있었고, 다시 오스만을 지원한 영국은 러시아 병력을 지중해로 이동시키려는 어떤 시도도 저지할 것임을 분명히 했다. 러시아가 그 상황에 도전할 이유는 거의 없었다. 한편 흑해 전역에 배치된 오스만 해군 병력도 다뉴브강과 이스탄불의 함대가 고작이었다. 함대의 나머지는 지중해와 홍해에 머무르며 전쟁에서 빠졌다.[10]

전투 초기 단계에서 러시아의 주요 전략은 다뉴브강을 확보하는 것이었고, 여기에는 해군력이 거의 필요하지 않았다. 러시아군은 간단히 강 하류에 기뢰를 매설했다. 이것이 오스만에게 이중고를 안겼다. 오스만 군함이 상류로 올라가 병력에 보급하는 것을 막고, 러시아 지상군이 남쪽으로 밀고 내려가는 것을 막지 못하게 했으며, 오스만 강배가 공해로 탈출하지 못하게 했다. 오스만 선박과 전투함은 곧 해안에서 러시아 포병에게 차례로 격파당했다. 1877년 6월 말까지 러시아군은 강을 건너 남쪽으로 진군했고, 그곳에서 이제 술탄에 맞서 전면적인 반란을 일으킨 발칸 국가의 군대와 합류했다.[11]

그 시점부터 전쟁은 완전히 지상전이 됐다. 실제로 두 개의 작전이 흑해의 동서 양쪽에서 진행됐다. 서쪽에서는 러시아군과 발칸 동맹군이 남쪽으로 밀고 내려가 전쟁 전체에서 몇 안 되는 결정적 전투가 열린 플레브나^{Plevna}의 핵심 요새를 점령하고, 겨울이 시작됐는데도 발칸산맥을 넘어 행군했다. 널리 분산되어 있었고 필시 러시아, 루마니아, 세르비아, 몬테네그로 군대에 수적으로 밀렸던 오스만군은 잃어버린 땅을 되찾으려 노력했지만 번번이 실패했다. 동쪽에서는 러시아군이 아나톨리아로 밀고 들어가 카르스의 오스만 요새를 점령했다. 1878년 1월 말 러시아군은 흑해에서 에게해까지 쭉 이어진 전선을 장악했고 남부 카프카즈와 동부 아나톨리아의 여러 주요 요새를 점령했다. 결국 오스만은 강화를 요청했다.

전쟁을 공식적으로 끝낸 산 스테파노^{San Stefano} 조약은 거대한 불가리아공국을 만들었다. 이 국가는 여전히 공식적으로 오스만의 속국이었으나 실제로는 러시아의 영향을 받았다. 조약은 또한 러시아가 카르스와 바투미의 중요한 항구를 포함한 동쪽의 다른 요새를 소유하도록 했다. 그러나 세기 초에 그랬던 것처럼 근동에서 러시아의 영향력이 커지는 것을 우려한 유럽 열강이 조약 조건을 수정하기 위한 국제회의를 열었다. 그 결과 나온 베를린 조약은 불가리아공국의 영토를 축소했으나, 산 스테파노의 다른 많은 조항은 그대로 남았다. 카르스와 바투미를 포함한 동쪽의 오스만 전략 자산 일부는 다시 러시아에 양도됐다. 세르비아와 몬테네그로는 그들의 왕가가 통치하는 독립국이 됐다. 1859년 몰다비아와 왈라키아의 자발적 연합으로 형성된 국가인 루마니아도 마찬가지로 주권을 인정받았다. 독일인 대공이 왕으로서 통치했다. 연안을 따라 이어진 러시아의 영토는 이제 다뉴브강 삼각주에서 북부 해안

을 돌아 카프카즈 해안의 마지막 주요 항구인 바투미까지 쭉 뻗었
다. 20세기에는 몇 가지 중요한 영토 변경이 일어날 것이었는데,
특히 20세기 초 더 큰 독립 불가리아의 창설과 세기말 독립 러시
아, 우크라이나, 조지아의 창설이 그것이었다. 그러나 대체로 근
대 흑해 해안의 정치적 형태는 1878년에 만들어졌다. 그 직후 러시
아인과 다른 이들은 흑해 연안을 개별적으로 나뉜 국가와 제국에
완전히 통합시키는 작업에 착수했다.

증기선, 밀, 철도, 석유

18세기 후반과 19세기 초반에 격리 시설이 항구의 성패를 좌우했
다면, 19세기 중반부터는 철도가 그 역할을 했다. 새 철도를 놓는
것은 러시아와 오스만 영토 모두에서 많은 연안 지역을 근대화하
려는 광범위한 사업의 일부였다.

러시아가 크림에서 패배한 것은 부분적으로 제국 중심부와
해안 사이의 열악한 통신에서 기인했다. 전쟁 직후 항구와 배후지
의 연결을 모두 개선하려는 계획이 시작됐다. 내륙 도시로 가는 철
도 지선과 직행선을 건설했고, 정부가 보조금을 준 새 증기선 노
선이 항구를 서로 연결했다. 오스만은 크림에서 승전국이었음에
도 군사적 승리가 지속적인 권력을 보장하지 않는다는 것을 빠르
게 깨달았다. 바다에서 러시아의 영향력은 일시적으로 억눌렸으
나, 오데사와 다른 북부 도시는 대체로 낙후되어 있던 오스만 항구

들과는 아주 대조적으로 여전히 국제 상업의 중심지로 남아 있었다. 세기 초 페르시아와의 육상 무역으로 활기를 되찾았던 트라브존조차 빠르게 남부 러시아 도시에 뒤처지고 있었다.

술탄 압뒬메지트 1세Abdülmecit I(재위 1839~1861)가 시작한 근대화 정책은 이런 상황을 바꾸려는 시도였다. 이 정책은 오스만 역사에서 이른바 탄지마트Tanzimat(개혁) 시기를 열었다. 1860년대 다뉴브강과 서부 해안을 따라 새로운 행정 주州, 즉 빌라예트vilayet가 만들어졌다. 유능한 개혁주의 행정가인 미드하트 파샤Midhat Paşa(1822~1884)가 총독으로 임명되면서 도로, 교량, 철도를 건설하는 임무를 맡았다. 미드하트 파샤는 신러시아의 리슐리외와 보론초프에 해당하는 인물이었다. 투나Tuna(다뉴브) 빌라예트는 곧 오스만 근대성의 모범이 됐고, 주요 항구도시인 쾨스텐제Köstence와 바르나는 서부 해안 농산물의 국제 수출항으로서 오데사와 경쟁하게 됐다.[12]

철도는 1860년대부터 세기 전환기까지 빠르게 확장됐다. 러시아는 먼저 서쪽에 오데사, 니콜라예프, 헤르손으로 가는 노선을 건설했고, 이를 곧바로 동쪽으로 연결했다. 카프카즈 횡단 철도는 1885년에 개통돼서 바투미와 카스피해의 바쿠Baku를 연결했다. 20세기 초에 이르러 남부 러시아의 생산성 있는 영토 중 철도에서 80킬로미터 이상 떨어진 곳은 거의 없었다.[13] 오스만 해안은 철도가 덜 깔렸으나, 투나 빌라예트에서는 쾨스텐제와 바르나에서 다뉴브강의 마을로 가는 노선이 놓였다. (1878년 이후 옛 투나 빌라예트 일부를 포함한 독립 루마니아가 생기면서, 미드하트 파샤가 개척한 철도 체계를 확장하기 위해 외국 자본에 새로운 철도 이권을 부여했다.)

철도가 들어오면서 크림 전쟁 전에는 낙후된 곳이었던 여러 항구도시가 빠르게 부상했다. 고대 타나이스 유적지에서 돈강을 따라 올라간 곳에 있는 로스토프Rostov는 전쟁 전에는 마을에 불과했으나, 곧 스텝의 산물이 모이는 상업 중심지가 됐다. 준설로 대형 선박의 항해가 가능해졌고, 새로운 하역 시설과 부두 덕분에 외국 기업은 이 도시를 매력적으로 보았다. 러시아의 다른 지역과 해외에서 온 이민자가 도시로 몰려들었다. 항구도시 노보로시스크는 1830년대 카프카즈 북쪽 쿠반강 지역 무역을 위한 작은 중계 거점으로 설립됐다. 그러나 1880년대 철도 노선이 완공되고 항구가 개선되면서 도시가 비약적으로 발전했다. 19세기 말 무렵에는 러시아 남부 전체에서 가장 중요한 수출 중심지 중 하나가 되었다.

러시아는 카프카즈산맥 너머의 작은 항구 포티Poti를 오스만 제국 및 페르시아와의 국경을 따라 이어지는 무역의 중심지로 삼았다. 1872년 포티와 카프카즈에 있는 러시아제국 총독의 소재지인 티플리스 사이에 철도 노선을 완공했다. 포티는 빠르게 성장했으나, 곧 해안 아래쪽에 있는 이웃 바투미에 추월당했다. 포티-티플리스 주 노선으로 가는 철도 지선이 건설되면서 바투미는 러시아 카프카즈에서 가장 중요한 항구가 됐다. 1878년 이전에는 여관 몇 곳, 커피하우스, 그리고 다채로운 바자르 정도만 있던 작은 오스만 마을이 빠르게 포티를 능가했고, 곧 트라브존까지 제치고 동남쪽 해안의 주요 도시가 됐다. 니콜라예프와 헤르손처럼 오랫동안 잠들어 있던 옛 마을조차 철도가 들어오면서 되살아났다. 옛것이든 새것이든 모든 러시아 항구에서 인구가 경이로울 정도로 증

가했다. 19세기 후반 니콜라예프의 인구는 세 배, 오데사는 여섯 배, 로스토프는 열 배 증가했다.[14]

바다에서는 증기선 수송의 발전, 특히 크림 전쟁 전부터 범선을 대체하기 시작한 프로펠러 추진 선박이 한 연안 도시에서 다른 도시로의 이동을 그 어느 때보다 쉽게 만들었다. 오스트리아 증기선 회사의 강배가 빈에서 다뉴브강을 따라 내려왔고, 외스트라이히셔 로이드Österreichischer Lloyd 사의 선박이 트리에스테에서 항해했다. 20세기 초까지 이탈리아, 프랑스, 독일 증기선 회사가 자체적인 장거리 항로를 개설했다. 4주 만에 몰타Malta, 알렉산드리아, 이스탄불, 그리고 다른 지중해 항구를 들르며 런던에서 오데사까지 여행할 수 있었다.[15] 1857년 차르 알렉산드르 2세의 재가를 받아 설립된 러시아 증기선 회사는 바다를 종횡으로 가로지르는 항로를 운영했다. 정기 순환 노선이 오데사에서 동쪽으로 바투미까지 물품과 승객을 실어 날랐는데, 이 배는 크림과 카프카즈의 모든 항구에 기항했다. 강배는 드네프르강을 거슬러 올라갔다. 2주에 한 번 러시아 선박이 트라브존과 다른 오스만 항구에 정박했다.[16]

많은 러시아 항구의 주요 이점은 비옥한 흑토 지역, 즉 제국 곡물 생산의 심장부와 가까웠다는 것이다. 19세기 중반에 이르러 흑해 항구는 러시아 곡물 무역의 3분의 2가량을 담당했고, 밀 수출의 약 90퍼센트를 도맡았다.[17] 1880년대부터 제1차 세계대전까지 러시아의 곡물 총생산량은 약 두 배로 늘었고, 흑해 항구는 영국, 프랑스, 독일, 그리고 훨씬 더 먼 곳과의 무역으로 분주한 상업 중심지가 됐다.[18] 수에즈 운하 개통은 러시아의 곡물 무역을 극동까

지 확장했으며, 동시에 페르시아로 가는 육로로서 트라브존의 중
요성을 약화시켰다. 실제로 바다와 운하를 통한 여행이 쉬워지면
서 흑해 항구는 러시아가 동시베리아와 태평양 연안에 있는 자국
영토와 소통하는 주요 수단이 됐다.

곡물―보리, 호밀, 특히 밀―이 러시아 사업의 주축이었다.
러시아는 제1차 세계대전 이전에 세계 밀 수출량의 최대 3분의 1을
차지했다. 새로운 제품도 외국 해운업자와 투자자의 관심을 끌기
위해 경쟁하기 시작했다. 석탄과 철강 생산에 쓰이는 광석인 망간
을 채굴하는 산업이 영국, 독일, 그리고 다른 유럽 기업에 의해 카
프카즈에서 개발됐다. 그러나 무엇보다도 크림 전쟁 후 수십 년 동
안 러시아와 유럽은 물론, 심지어 미국 사업가의 관심까지 불러일
으킨 산업이 하나 있었다.

흑해와 카스피해 주변의 석유 매장지는 고대부터 알려져 있었다.
스트라본은 카스피해 연안을 따라 기름이 스며 나온다고 언급했고,
비잔티움인은 아조프해 주변의 원유로 비밀 병기인 바다불을 만들
었다. 석유의 상업적 잠재력은 19세기 중반에야 비로소 실현됐다.
조명용 등유와 산업용 윤활유로 원유를 정제하는 기술은 존 D. 록
펠러John D. Rockefeller의 스탠더드 오일Standard Oil 사가 개발했는데, 이 회
사는 펜실베이니아 서부 유전에서 생산과 유통 시장을 독점했다.
곧 외국 회사들이 카스피해와 흑해 지역의 두 주요 공급원에 집중
하면서 스탠더드 오일의 국제 석유 채굴·운송 독점을 깨려고 했다.

그중 하나는 카스피해로 튀어나온 반도에 자리 잡은 도시 바

쿠였다. 이곳은 1800년대 초에야 러시아의 통제 아래 들어왔다. 석유는 처음에 손으로 판 구덩이에서 채취됐으나, 세기 중반 이후 펜실베이니아 유전에서 사용하는 모델을 본뜬 시추 장비가 세워졌다. 1870년대 초 석유 탐사와 운송에 대한 차르의 공식적인 독점이 폐지되면서 외국 산업가들에게 문이 열렸다. 그중에는 스웨덴의 노벨 형제*와 로스차일드가**가 있었다. 불과 몇십 년 만에 바쿠 주변 지역은 기름에 절여진 진흙 강이 가로지르는 검은 시추탑들의 숲이 됐다.

다른 주요 석유 공급원은 흑해 건너편에 있었다. 루마니아 중남부의 플로예슈티Ploieşti 주변 지역의 유정은 세기 중반부터 가동되고 있었고, 1860년대와 1870년대에 시추정이 뚫렸다. 1878년 독립 후 루마니아는 자체적인 정유 산업을 발전시켰고, 주로 독일인인 국제 투자자들이 곧 루마니아 석유 사업에 지분을 갖기 위해 아우성쳤다.

바쿠와 플로예슈티 유전의 약점은 상대적으로 접근성이 떨어진다는 것이었다. 두 곳 모두 주요 항로에서 꽤 멀리 떨어져 있었다. 바쿠는 육지로 둘러싸인 카스피해에 있었고, 플로예슈티는 다뉴브강과 흑해 모두에서 먼 내륙에 있었으며, 어느 쪽도 주요 철도

---

* 　스웨덴 출신의 로베르트, 루드비그, 알프레드 노벨 형제는 1870년대 중반 아제르바이잔 바쿠에서 석유 사업을 시작했다. 이들이 1879년에 설립한 '노벨 형제 석유 생산 주식회사'(줄여서 브라노벨 Branobel)는 19세기 말 세계 최대 석유 회사 중 하나로 성장했으며, 세계 최초의 유조선 조로아스터호를 건조하는 등 석유 산업의 기술 혁신을 주도했다.

** 　로스차일드가는 1883년 바쿠 석유 산업에 진출해서 1886년 '카스피해-흑해 석유 회사'(러시아어 약자를 딴 브니토Bnito라고 주로 불린다)를 설립했다. 바쿠-바투미 철도와 송유관 건설을 지원하면서 노벨 형제와 경쟁하며 러시아 석유의 국제 수출을 주도했으며, 1912년 사업을 로열 더치 셸에 매각했다.

와 연결되지 않았다. 19세기 후반까지도 유정에서 시장으로 석유를 운반하는 것은 초기 펜실베이니아 유전에서와 같은 방식으로 이루어졌다. 원유를 나무통에 퍼 담아 마차에 실어 험한 도로를 지나가는 것이었다.

바투미에서 포티로 가는 철도 지선이 개통되고, 1880년대 카프카즈 횡단 철도가 완공되면서 바투미는 러시아 석유 수출의 주요 통로가 됐다. 유조 화물열차로 항구에 도착한 원유는 새로 설계된 원양 유조선에 실어 바다 건너 지중해와 그 너머로 보낼 수 있었다. 파이프라인이 곧 철도 화물열차를 대체하여 유전에서 항구로 석유를 운반하는 주요 수단이 되었다.

서쪽에서는 쾨스텐제와 철도를 연결하는 공사가 1850년대 후반부터 진행 중이었는데, 이는 곧 미드하트 파샤가 추진한 최고의 운송 기획 중 하나가 될 것이었다. 원래 동기는 곡물 무역이었다. 쾨스텐제(고대 토미스)는 서부 해안의 훌륭한 천연 항구 중 하나였으나, 내륙으로 쉽게 접근할 수 없다는 점, 즉 도브루자 스텝을 가로지르는 진창길과 다뉴브강을 건너는 어려움이 발전에 걸림돌이 됐다. 이를 해결하기 위해 항구에서 다뉴브강까지 철도를 건설하고, 그곳에서 부쿠레슈티로 가는 추가 철도 노선과 연결할 계획이었다. 쾨스텐제 노선은 다뉴브강을 따라 올라가는 운송의 대안이었고 다뉴브평원을 가로질러 중부 유럽으로 가는 도로와 철도를 직접 연결하는 것이었다. 술탄은 외국 기술자 집단을 고용하여 경로를 계획하고 선로를 놓기 시작했다. 작업은 자주 중단됐는데, 특히 1850년대와 1870년대 전쟁 중에 그랬다. 마지막 러시아-튀르크 전쟁이 끝날 때 항구와 도브루자 지역은 오스만제국에서 독립 루마니아로 넘어 갔다. 1895년에야 비로소 철도 노선이 루마니아 정부에 의해 대대 적인 축하 속에 마침내 완공됐다. 루마니아는 항구 이름을 콘스탄 차로 바꿨다. 곧 플로예슈티 유전의 석유가 콘스탄차에서 실려 나 갔다. 카스피해 유전이 바투미에서 출구를 찾은 것이었다.

이 항구들과 다른 근대화된 항구는 산업 혁명의 원자재와 제 품이 서부 카프카즈와 동부 발칸으로 들어오고 나가는 자연스러 운 통로가 됐다. 항구는 불가리아에서 조지아까지 바다 주변에서 점차 확대되고 있는 철도망의 일부였다. 상품들은 증기력으로 철 도를 통해 유럽 전역에서 운반된 다음, 증기선으로 바다를 건너 반 대편 해안에 이를 수 있었다. 이미 1860년대 다뉴브강과 철도로 연 결된 바르나는 20세기 초에 이르러 인구가 약 4만 명에 달했다. 바 르나는 나중에 새로운 불가리아왕국의 주요 항구가 됐다. 콘스탄 차는 인구가 너 적었으나, 휠발한 석유 무역이 콘스탄차를 루마니 아왕국의 중요한 상업 중심지로 만들었다. 바투미는 다른 많은 항 구보다 인구가 훨씬 적었으나, 수출 중심지로서는 비할 데가 없었 다. 바투미의 수출 금액은 1870년대부터 1910년대까지 300퍼센트 가 훨씬 넘게 증가했다.[19] 방문객들은 격자형 거리와 산업용 창고 를 갖춘 러시아와 발칸의 작은 항구조차 19세기 후반의 변화에서 대체로 소외된 남부 해안의 항구와 자주 비교했다. 1910년 바투미 를 찾은 한 미국인 여행자는 "모든 튀르크 마을에 붙어 있는 곰팡 내에서 벗어나고, 오염 없이 만질 수 있는 건강하고 깨끗한 개들을 보니 기분이 좋았다"라고 썼다.[20]

"낙서를 끄적거리는 천박한 관광객 부대"

1850년대 이후 근동 전역에서 연이어 일어난 문제가 흑해 세계를 문자 그대로 서유럽인의 응접실로 들여왔다. 영국과 프랑스의 많은 가정이 크림에서 싸운 아버지, 아들, 삼촌이나 부상자와 병자를 돌본 자매와 고모를 통해서 이제 이 지역과 개인적 인연을 맺게 됐다. 일련의 국제적 위기를 기록한 많은 뉴스 보도와 판화로 간접적인 연결 고리도 생겼다. 1877~1878년의 전쟁에 관한 아름답게 제작된 전쟁 앨범을 동네 서점에서 구매할 수 있었다. 신문들은 오스만제국 내 기독교도 주민들의 종교적 박해에 관한 생생한 이야기들을 실었고, 대부분은 실제로 발생한 끔찍한 집단 폭력 사건에 기반한 것이었다. 1870년대 불가리아인에 대한 잔학 행위, 1890년대의 아르메니아인 대학살, 1912년과 1913년 발칸 전쟁 당시 기독교인과 무슬림 사이의 상호 유혈 사태가 그것이다. 통속소설 작가들은 이국적인 동양, 신비한 궁전, 야만적인 튀르크인, 그리고 격동의 바다라는 주제를 포착하여 런던, 파리, 뉴욕의 독자를 전율케 했다.

외부인 사이에서 이 지역에 대한 친숙함이 커지면서 이곳을 여행하고 싶어 하는 욕구도 생겨났는데, 대개 크림 전쟁에서 전사한 친척의 안식처를 방문하거나 단순히 혼란을 양산하는 것 같은 세계를 보기 위해서였다. 증기선은 과거보다 해상 여행을 훨씬 쉽게 만들었다. 발칸반도와 이스탄불의 주요 도시로 가는 철도가 연결된 덕분에 여행의 일부를 일등 객차의 안락함 속에서 육로로 치를 수 있었다. 여행 안내서는 대담한 여행자에게 가장 좋은 경로와 가장 흥미로운 장소를 안내했다. 런던의 존 머리John Murray 출판사는 이미 1840년 아나톨리아 해안을 포함한 '동방'에 대한 첫 안내서를 인쇄했다. 개정 증보판이 크림 전쟁 도중과 그 이후에 주기적으로 발행됐다.[21] 독일의 카를 베데커Karl Baedecker 출판사는 세기 후반에 이 산업에 뛰어들어 1883년 첫 러시아 안내서를 제작했다.

베데커는 러시아제국을 가로지르는 8주간의 여행을 추천했다. 바르샤바에서 상트페테르부르크로 가고, 남쪽으로 키예프, 오데사, 크림으로 내려간 다음, 마지막으로 바다를 건너 바투미와 카프카즈로 가는 것이었다. 1914년 출판된 최초의 영어판은 관광객에게 마주치는 것 중 일부가 예상외로 문명화되어 있을 것이라고 경고했다. 안내서는 "오데사는 (……) 근대 도시이며 관광객에게 흥미로운 것을 거의 제공하지 않는다"라고 전했다. 베데커는 그럼에도 카프카즈로 항해하는 여행자에게, 특히 사람들이 잘 가지 않는 길로 갈 생각이라면 오데사에서, 또는 급한 경우 티플리스에서 다음과 같은 물품들을 구하라고 조언했다.

깔개, 등불, 공기베개, 고무 덧신, 자명종, 핀과 바늘, 실, 끈, 가죽끈, 통조림 고기, 연유, 빵("산악 지대에서는 구하기 어렵고 구해도 좋지 않다") 또는 비스킷, 차, 설탕, 퀴닌, 아편제, 바셀린, 석탄산, 붕대, 비누, 성냥, 양초, 구충제, 포장지, 필기구[22]

이런 물품을 구하기 어렵거나 까다로운 관리를 만나면 언제든 현지 영사 대리에게 도움을 청할 수 있었다. 영국, 프랑스, 오스트리아, 심지어 미국 영사 대리가 다뉴브강에서 카프카즈까지 항구마다 있었다.

바다를 여행하려면 여전히 모험을 즐기는 성향이 필요했다. 격리 제한으로 통과가 지연됐고, 부패한 세관 직원이 대가를 요구했으며, 베데커가 표현했듯이 '유럽식 호텔'을 찾기 어려운 경우가 있었다. 특히 철도나 증기선이 다니지 않는 지역에서는 더욱 그랬다. 그러나 일부 작가에 따르면, 바로 그것이 근동을 가로지르는 여행의 주된 매력이었다. 영국 여행 작가 토머스 포레스터Thomas Forester는 "일부 여행자들은 쿠스텐제[쾨스텐제/콘스탄차]를 콘스탄티노폴리스로 가는 출발지로 삼을 수 있다"라고 썼다.

> 몇몇은 흑해를 건너 한때 제국이었던 트라페준타로 가고 싶은 유혹을 받을 것이다. 거기서 티그리스강과 유프라테스강의 원류로 쉽게 여행할 수 있고, 런던에서 마르세유나 밀라노로 가는 것보다 길지 않은 여정으로 (……) 에르주룸이나 카르스(영원히 유명할 곳), 에리반Erivan, 심지어 테헤란까지 방문할 수 있다. (……) 이 모든 것을 긴 가을 휴가 동안 손쉽게 해낼 수 있다. (……) 이제 대륙의 옛 여행로가 모두 '식상해졌으니', 많은 매력을 제공하고 지점 간 거리를 고려하면 비할 데 없는 접근성을 갖춘 새로운 영역으로 끊임없는 여행의 흐름 중 일부를 돌릴 수 있지 않을까?[23]

시간이 흐르면서 여행 중에 길들여지지 않은 스텝이나 흥미로운 동양의 무언가를 찾기를 바랐던 방문객은 점점 더 실망했다.

마크 트웨인은 일찍이 1867년에 오데사의 넓은 거리와 새 주택을 보고 놀랐다. "언덕을 올라 처음으로 오데사에 섰을 때만큼 집에 있는 것 같은 기분을 느낀 적이 오랫동안 없었다. 우리가 러시아에 있다는 사실을 상기시킬 것이 하나도 없었다."[24] 트웨인의 경험은 북부 해안 도시에서 드문 일이 아니었다. 그곳에는 미국인을 포함한 눈이 휘둥그레진 외국인들이 넘쳐나서 나중에 도착한 사람들은 종종 실망하고 말았다. 크림을 여행한 어떤 영국인은 앞서 온 미국인들이 남긴 흔적을 두고 불평했다. "미국은 크림에 미관을 해치는 낙서를 끄적거리는 천박한 관광객 부대를 파견한 것 같았고, 이 나라의 무른 돌은 주머니칼로 파기 안성맞춤이었다. (……) 자신이 뉴욕이나 필라델피아에서 '자랐다'는 것을 세상에 알리고 싶어 안달 난 한심한 사람들이 [돌을] 긁고 깎아놓았다."[25]

확장되는 운송 산업은 외국 관광객뿐만 아니라 점점 늘어나는 부유한 현지인에 의해서도 뒷받침됐다. 러시아 귀족과 제국 행정관이 온화한 크림 해안을 따라 장엄한 별장들을 지었다. 신러시아 총독이자 나중에 카프카즈 총독이 된 미하일 보론초프가 이들 중 가장 유명한 알룹카Alupka의 여름 궁전을 책임졌다. 1840년대에 완공된 이 건물은 다양한 건축 양식과 정교한 정원으로, 러시아에서 빅토리아 시대 혼성 작품pastiche의 가장 훌륭한 사례로 남아 있다. 버킹엄 궁전을 지은 건축가가 설계했으니 놀랄 일이 아니다. 이런 여름 별장과 정원이 새로운 공중 휴양지의 토대가 됐다. 크림은 시인과 차르 선전가에 의해 '제국의 정원'으로 환영받았고, 세기를 지나며 정원은 만개했다.

8월 중순부터 10월 중순까지 계속되는 해수욕 시즌 동안 얄타 Yalta, 알룹카, 알루슈타Alushta의 휴양지는 러시아제국 전역과 해외에서 온 방문객을 맞았다. 정교한 별장, 카지노, 해수욕장이 해안을 따라 생겨났다. 근대적인 부두와 제방에는 오데사에서 온 증기선에서 내려 러시아판 리비에라의 건강한 공기를 마시는, 멋을 낸 귀족들이 넘쳐났다. 아마추어 식물학자이자 여행 작가인 바실리 시도로프Vasilii Sidorov는 1890년대 얄타로 오는 방문객을 기다리는 광경을 이렇게 묘사했다.

'순수한 얄타'에는 작은 공원이 있고, 모든 물건을 러시아의 다른 도시보다 세 배나 비싸게 파는 관광 상점들이 있고, '얄타의 기념품'이라는 문구가 새겨진 하나같이 쓸모없는 잡동사니들이 모든 상점 진열장에 나와 있고, 별장, 해수욕장, 우체국과 전신국, 클럽과 도서관, 대로를 거니는 멋지게 차려입은 산책자가 있다. (……) 얄타는 방문객을 위해 존재한다. 정원의 음악, 아름다운 마차, 제방에서 당신을 기다리는 화려한 의상을 입은 타타르 안내인, 승마용 말, 바다를 노니는 노 젓는 배 등 여기에 있는 모든 것은 방문객을 위해 만들어졌다.[26]

다른 여행자는 오데사나 크림 항구에서 이스탄불로 휴가를 떠나거나, 보다 독실한 사람들은 성지로 더 긴 여행을 떠났다. 러시아 증기선이 바다를 가로지르는 짧은 여정을 매우 즐겁게 만들었다. 관광객들은 보스포루스해협 입구를 먼저 발견하려고 갑판에 몰려들었고, 일등석 승객에게는 맛있는 식사가 제공됐다. 1898년에 또 다른 러시아 여행자는 이렇게 썼다.

> 마침내 저녁 차를 마시기 위해 식탁이 차려졌는데, 마치 집에 있는
> 것 같았다. 오븐에서 갓 나온 비스킷과 프레첼이 맛있는 냄새를 풍겼
> 다. 종 모양 유리잔 속 촛불이 흰 식탁보에 깜박이며 빛을 비추고, 부
> 드러운 그림자가 열심히 베데커 여행 안내서를 살피는 승객들의 숙
> 인 얼굴 위에서 춤췄다.[27]

여행과 관광의 확대는 점점 더 많은 사람이 처음으로 자국의
해안을 경험하기 시작했다는 것을 의미했다. 러시아, 루마니아,
그리고 다른 나라의 대중 작가가 바다를 가로지르는 여행을 기록
하기 시작했고, 모스크바, 키예프, 부쿠레슈티, 소피아의 출판사
들은 내륙 깊숙한 곳의 증가하는 식자층을 위해 꾸준히 여행서를
쏟아냈다. 어떤 것은 그저 아첨하는 타타르 짐꾼, 유쾌한 그리스
증기선 선장, 음란한 튀르크인 관리의 이야기로 가득한 일기였다.
변경 지역의 삶에 관한 더 사색적인 작품도 있었다. 비록 해안선은
이제 근대화하는 국가와 제국에 통합됐지만, 여전히 손대지 않은
변경 지역이라는 낭만적 이상을 대변했다. 그러나 이제는 두려워
하기보다는 편리하게 넘나들고 관찰할 수 있는 곳이었다.

대부분의 작가는 외국 이웃의 이상한 습관에 초점을 맞췄다.
러시아 작가에게 베사라비아의 루마니아인은 언제든 지갑을 훔칠
준비가 된 집시였다. 루마니아인에게 도브루자의 불가리아인은
자신의 진짜 정체성을 확신하지 못하는 어리숙한 농민이었다. 다

행히도 그들 모두에게 튀르크인은 유럽 대륙에서의 시간이 막바지에 이르고 있었던 천성적인 외부인이었다. 여행자는 여유가 있다면 문명들이 격동적으로 만나는 장소로서 바다를 표현한 그림까지 가져갈 수 있었다. 페오도시야 출신이자 19세기 흑해 풍경화로 타의 추종을 불허했던 이반 아이바조프스키(1817~1900)* 같은 예술가는 격동하는 바다와 해안선의 본질을 포착했다. 그것은 크림의 고대 절벽에 부딪히는 파도, 마침내 문명화의 길에 접어든 태고의 해안을 철썩이는 거친 물결이었다. 한 세기 넘게 영국과 프랑스의 여행 작가들이 횡단하고 묘사했던 지역을 이제 배후지의 신흥 도시 중심지에서 온 관찰자들이 새롭게 발견했다.

많은 여행자가 자국에 대해 얼마나 모르고 있었는지 알고는 놀랐다. 여행자들은 자신과 다른 언어를 말하는 사람들을 만났고, 그들의 풍습은 이제 해안 대부분을 둘러싼 세련된 기독교 국가가 아니라 퇴폐적인 동양을 상기시켰다. 예를 들어 모스크바와 상트페테르부르크에서 온 방문객은 보통 크림의 관광 휴양지를 벗어나면 자국 해안이 사실상 다른 나라라는 소식을 가지고 집에 돌아갔다. 러시아 작가들은 여러 항구, 특히 오데사에서 맘몬의 영향력을 비난했다. 그곳에 "끝없이 유입되는 유대인"이 영혼 없이 상업에만 빠진 도시를 만들었다고 했다.[28] 곡물, 석유, 그리고 다른 제품의 무역 활황으로 팽창한 항구도시는 각자 고유한 언어와 생활

---

* Ivan Aivazovsky. 러시아제국의 아르메니아계 화가로 본명은 호반네스 아이바지안이며, 크림반도 페오도시야 출신이다. 19세기 최고의 해양 화가로 평가받으며, 생애 동안 약 6,000점의 그림을 그렸고, 러시아 해군의 공식 화가로 임명됐으며 전투 장면과 해양 풍경을 주로 그렸다.

방식을 가진 당혹스러울 정도로 다양한 민족 집단을 끌어들였다. 어떤 이들이 불평했듯이, 제국의 현관이나 다름없는 이 도시들은 러시아적인 성격이 위험할 정도로 희석됐다. 1891년 인기 있는 러시아 여행 안내서는 "불행히도 노보로시스크는 완전히 러시아다운 도시와는 거리가 멀다. [도시] 주민과 인근 마을 주민 모두 그리스인, 독일인, 아르메니아인, 가톨릭 체코인 등 대개 외국인들의 외래적인 요소가 매우 뚜렷하고, 현지에 사는 외국인도 마찬가지다"라고 지적했다.[29]

바다 주변 곳곳에서 이런 '현지 외국인' — 즉 유대인 여관 주인, 그리스인과 아르메니아인 상인, 무슬림 고지대 주민 등 — 은 각국 수도의 정부에 점점 더 우려의 대상이 될 것이었다. 내륙 깊은 곳의 학교와 대학에서 가르치는 영원히 순수한 민족에 대한 환상, 공휴일이면 기념하는 민족 해방 투쟁, 시인과 역사가가 주장하는 민족적 순수성과 종교적 경건함 같은 이론들은 많은 방문객이 발견했듯이, 해안의 다채로운 현실과 크게 어긋났다.

쾨스텐제 철도의 문제

크림 전쟁 후 운송, 상업, 여행의 급격한 변화를 가장 일찍 관찰한 유럽인 중 한 명은 헨리 바클리Henry Barkley라는 젊은 영국 토목 기사였다. 1850년대 후반 바클리는 오스만 국가와 연줄이 있는 저명한 사업가인 형의 초청을 받아 곧 투나 빌라예트가 될 도브루자 연안 지역에서 철도를 설계하고 건설하는 일을 도왔다.

바클리의 회사는 흑해 서부를 따라 철도가 성장하는 데 주역이었다. 바르나와 쾨스텐제에서 다뉴브강 강변의 역까지 철로를 놓는 이권을 획득했고, 나중에 독립 루마니아의 첫 주요 철도를 건설하며 사업을 완수했다. 러시아가 트라브존에서 영국의 이익이 갖는 중요성을 약화하는 방법으로 카프카즈 횡단 철도 사업에 착수한 것처럼, 오스만도 바르나와 쾨스텐제로 가는 철도를 연결하면 이들 항구가 오데사와 경쟁하는 데 도움이 되리라고 판단했다. 특히 오스만이 사업을 시작할 당시 밀은 여전히 철도 화물열차가 아니라 소달구지로 오데사까지 운반되고 있었기 때문이다.

이스탄불에서 출발한 바클리는 증기선을 타고 바르나에 도착했는데, 파도가 심해 뱃멀미로 고생했다. 그곳에서 바클리는 똑같이 덜컹거리는 마차를 타고 쾨스텐제에 도착했다. 바클리는 다음 몇 주 동안 항구에서 시간을 보내며 습지 평원으로 자주 사냥 여행을 다녔고, 엄청난 양의 토끼, 도요새, 물오리를 가지고 돌아왔다. 마침내 런던 본사에서 건설 작업을 시작하라는 통지를 보내왔다. 진짜 모험이 시작된 것은 그때부터였다.

바클리는 철로가 놓일 선로를 평탄하게 만드는 임무를 맡은 일꾼 약 500명을 책임졌다. 도브루자주 전역에서 모집한 일꾼들은 기독교인과 무슬림, 몰다비아인, 왈라키아인, 불가리아인, 튀르크인이 다양하게 섞여 있었다. 곤봉을 휘두르는 더럼 출신 감독관이 이들을 감독했는데, 감독관의 사시가 몇몇 현지인들을 겁먹게 했다.

작업 환경은 무척 열악했다. 벌레들이 습지에서 구름처럼 떼를 지어 올라왔고, 말라리아 때문에 자주 골머리를 앓았다. 모기를 쫓는 일반적인 방법은 거름 더미를 태우는 것이었지만, 마찬가지로 고역이었다. 일 자체도 힘들었다. 평원의 흙은 여름에 단단하게 굳었고, 일꾼들은 땅을 파헤치다 자주 무언가 새겨진 돌과 고분을 만났다. 그럴 때마다 제거하거나 뚫고 지나가기가 무척 성가셨다. 바클리는 보통 유물을 부숴서 흩어버리라고 명령했으나, 일부는 옥스퍼드대학 박물관으로 보냈다.

마침내 1860년에 쾨스텐제에서 다뉴브강의 카라수Karasu 마을까지 가는 철로가 완공됐다. 그러나 첫 기관차가 스텝을 가로지르는 짧은 여행을 시작하자 추가적인 문제가 발생했다. 현지 농민들은 기차를 쉽게 멈출 수 없다는 것을 이해하지 못했고, 기관차가 다가오는 순간에도 철로를 가로질러 양 떼를 몰았다. 결과는 속이 뒤집힐 만했다. 나중에 바클리는 기자가 70마리 징도 되는 양 떼와 충돌한 상황을 묘사하면서 "기관차가 보인 끔찍한 광경을 결코 잊지 못할 것"이라고 말했다. "철로에서 굴뚝 꼭대기까지 온통 피범벅이었고, 화실 뒤에 숨었지만 별반 낫지 않았다. 뜨거운 피가 내 얼굴과 손에 튀기는 것을 느끼자 속이 메스꺼워졌다."[30]

그러나 다음 몇십 년 동안 철도는 도브루자 발전의 원동력이 됐다. 1895년 다뉴브강 다리가 완공되면서 철도 노선이 부쿠레슈티까지 연장됐고, 그곳에서 중부 유럽으로 이어지는 주요 간선 철도와 연결됐다. 1878년 이후 쾨스텐제/콘스탄차가 루마니아의 주요 항구가 된 것처럼, 바르나는 베를린 조약으로 만들어진 불가리아공국의 출구가 됐다. 두 항구 모두 다뉴브강에서 이스탄불로 가는 경로의 정기 기항지가 됐다.

바클리는 자신이 서부 해안을 따라 상업에 크게 기여할 사업에 참여하고 있다는 것을 알았다. 그러나 도브루자에서 보낸 몇 년 동안 목격한 모든 일 중에서 특히 바클리의 마음에 깊이 남은 사건이 하나 있었다. 그는 회고록에서 이 사건을 상당히 길게 다루었다.

바클리가 이 지역에서 보낸 기간 대부분 동안 크림 타타르인이 육로와 해로로 도브루자에 물밀듯이 들어오고 있었다. 많은 이가 크림 전쟁 당시 소수의 연합군 협력자들의 행위를 타타르 집단 전체의 책임으로 돌린 차르 정부의 보복을 두려워했다. 일부는 기독교도가 대부분인 주에 무슬림 인구를 늘리는 방법으로 오스만 국가가 약속했던 농지를 찾아왔다. 바클리는 문자 그대로 크림 타타르 이민자가 넘쳐나는 배들이 쾨스텐제 항구로 들어오는 것을 보았다.

증기선과 범선은 모두 음식이나 물 없이 수백 명의 승객을 빽빽하게 실었다. 남은 공간은 농기구, 수레, 심지어 낙타와 다른 가축을 포함한 짐으로 채워졌다. 많은 타타르인이 뱃멀미나 더 심한 경우에는 천연두, 티푸스, 홍역 같은 전염병에 시달렸는데, 전염병은 배에서 항구로, 그다음에는 주 전체로 퍼져나갔다. 바다에서 죽은 사람들은 배가 이미 항구에 있는데도 그냥 배 밖으로 던져졌고, 쾨스텐제에서 바르나까지 해변이 시신으로 뒤덮였다.

바클리의 지시로 곧 새 철도 노선이 가동됐다. 타타르 이민자는 철도 화물열차에 실려 다뉴브강으로 옮겨졌다. 그런 다음 강을 따라 이동할 수송선으로 오스만 국가가 지정한 재정착 지역인 상류로 이송될 예정이었다. 그러나 강에 도착하면 대기하는 배가 너무 적은 경우가 많았다. 수천 명의 사람들이 배가 도착할 때까지 강둑에서 노숙해야 했다. 그 광경은 끔찍했다. "많은 이가 병세가 깊어 이동하기에 완전히 부적합했으나, 해변에 내버려두는 것도 마찬가지였기 때문에 모두 실려 갔다"라고 바클리는 회상했다. "많은 이가 화물열차 안에서 죽었고, 극심한 비참함에 무감각해진 듯한 이들이 죽은 동료의 시신을 달리는 기차 밖으로 던졌다. 다른 이들은 화물열차에서 죽은 자리에 그대로 방치되어 살아 있는 동료들에게 밟히고 짓눌렸다."[31]

바클리는 흑해 연안의 성격을 완전히 재편할 일련의 대규모 인구 이동 중 첫 번째 것을 목격했다. 1850년대와 1860년대 초 수십만 명의 크림 타타르인이 러시아제국을 떠나 오스만 영토로 이주했다. 일부는 아나톨리아로, 그러나 내부분은 불가리아, 세르비아, 트라키아로 갔다. 곧 또 다른, 훨씬 더 큰 파도가 뒤따랐다. 러시아의 북카프카즈 정복 전쟁의 여파로 체르케스인과 다른 무슬림 고지대 주민이 강제 이주를 당했다. 1890년대 동부 아나톨리아에서 아르메니아인과 다른 기독교인이 학살당했다. 발칸 전쟁과 제1차 세계대전 중에 기독교인과 무슬림 모두 난민이 되어 도망쳤다. 1915년부터 1920년대 초까지 오스만제국에서 아르메니아인, 그리스인, 그리고 다른 이들이 조직적으로 살해되고 추방당했다. 현대 운송 기술은 밀과 석유 같은 물품을 바다 건너로 더 쉽게 실어 나르는 방법을 가져왔으나, 동시에 '현지 외국인'을 없애는 새롭고 효율적인 방법도 제공했다.

인구 제거

무력 충돌로 난민이 되거나 정부에 의해 뿌리째 뽑혀 새 영토에 다
시 이식되는 강제 이주는 흑해 주변에서 새로운 일이 아니다. 사실
유럽의 다른 어떤 지역에서도 새롭지 않다. 고대에 항구도시는 불
경스러운 시인과 정치범의 유배지였다. 오스만 시대에는 마을 전
체를 유배시키는 쉬르귄sürgün이라는 관행이 있었다. 이 관행은 다
루기 힘든 현지인을 처벌하거나 인구 밀도가 낮은 지역에 사람을
채우는 식민화 형태로 활용됐다. 18세기와 19세기에 러시아제국
이 남쪽으로 확장하면서 비슷한 정책을 채택했다. 타타르인, 그
리스인, 아르메니아인이 크림에서 쫓겨났고, 슬라브 농민들이 남
쪽으로 이주해서 신러시아의 스텝 개척을 도왔다. 처벌로서 유배
와 인구 정책으로서 유배 사이의 경계는 물론 언제나 유동적이었
으나, 강제 이주가 특정 문화 집단 전체를 유죄로 간주하는 논리에
근거한 경우는 드물었다. 제국이 인구 공학에 관여한 것은 로마 황
제든 술탄이든 차르든 그것이 군주의 특권이었기 때문이다.

　19세기 중반부터 조직화된 인구 이동이 가속화했고 성격도
바뀌었다. 사람들을 과거보다 더 쉽게 이동시킬 수 있었다. 철도와
증기선이 소달구지와 범선 시대보다 대량 수송을 훨씬 더 간단하
게 만들었다. 새로운 철학적 동력도 있었다. 민족주의가 부상하면

서 사람들을 한곳에서 다른 곳으로 이동시킬 명분이 추가됐다. 처음에는 유럽식 교육을 받은 지식인 사이의 문화 운동이었으나, 점차 국가 정책으로 발전했는데, 이는 정치적 정당성을 문화적으로 규정된 민족의 역사적 운명과 결부시키는 것이었다.

바다 주변 국가의 핵심 조직 이념에서 미묘한 변화가 분명히 나타났다. 오스만과 러시아제국 모두 19세기 중반에 상당한 개혁 시기를 경험했다. 탄지마트 시기 동안 오스만은 유럽의 기술적 우월성을 따라잡고자 했다. 또한 이슬람을 중심에 두고 다른 종교를 관용했던 오스만제국의 정체성을 다종교적으로 바꾸려 했다. 러시아도 마찬가지로 크림 전쟁 패배에서 자극을 받아 일련의 개혁에 착수했으며, 이는 농노제 폐지로 이어졌다. 그러나 두 시기 모두 짧게 끝났다. 탄지마트라는 실험은 술탄 압뒬하미트 2세Abdülhamit II(재위 1876~1909)의 등장과 함께 사실상 끝났다. 압뒬하미트 2세는 제국을 이슬람 국가로 보는 가상 보수적인 관점을 되살리려고 애쓴 반동주의자였다. 차르 알렉산드르 3세Aleksandr III와 니콜라이 2세Nikolai II도 반反개혁을 통해 다시 정교회, 전제정, 민족성이라는 삼위일체 이념을 국가 권력의 기반으로 내세웠다. 제국 내부와 주변에서도 규모는 더 작지만 그에 못지않게 배타적인 민족에 대한 비전이 나타났다. 1878년 독립을 승인받은 루마니아는 곧 같은 영토에 살던 유대인과 다른 종교적·민족적 소수자를 배제하고 종족적 루마니아 민족에 의한, 종족적 루마니아 민족을 위한 국가를 만들기 시작했다. 문화적 순수성, 민족 영토, 그리고 내부의 이방인이라는 이 모든 관념은 엄청난 규모로 이루어질 정착과 정체성의 중대한 재설계라는 결과를 낳을 것이었다.

19세기 초기의 강제 인구 이동 사례에서 강제 이주는 국경 전쟁의 부수적 결과였고, 세계의 다른 많은 지역에서도 익히 알려진 변경 평정 전략이었다. 다루기 힘든 토착 주민들이 팽창하는 세력의 종주권을 받아들이지 않고 거부하면, 정부는 사람들을 간단히 다른 곳으로 옮겨버렸다. 러시아는 카프카즈 고지대로 확장하면서 숲을 벌채하고, 마을을 파괴하고, 민간인을 새 장소로 이동시켰다. 이전에 신러시아의 총독을 지냈던 제국 총독 보론초프가 이 정책을 주도했다. 1860년대 초 남아 있던 고지대의 반대 집단이 군사적으로 패배한 후, 러시아 정부는 카프카즈 마을을 체계적으로 소개하고 수십만 명에 달하는 고지대 무슬림―체르케스인, 체첸인[Chechen], 그리고 다른 이들―을 오스만제국으로 추방하는 작업을 준비했다. 선박을 카프카즈 항구에서 시노프, 트라브존, 바르나로 보냈고, 고지대 주민들은 그곳 부두에 그야말로 내던져졌다. 질병, 탈수, 굶주림으로 인한 사망률이 너무 높아서 목격자들은 배들을 "떠다니는 묘지"라고 불렀다.[32] 그러나 추방 정책에는 이면이 있었다. 러시아가 변경에서 반항적인 무슬림을 없애고 그곳에 슬라브 농민과 코사크를 재정착시키기를 바랐던 것처럼, 오스만도 고지대 주민을 발칸반도, 동부 아나톨리아, 아랍 땅의 불안정한 변경에 있는 재정착 지역으로 보냈던 것이다.

19세기 후반 러시아제국에서 일어난 타타르인, 카프카즈 고지대 주민, 그리고 다른 여러 무슬림의 이주는 엄청난 규모였다. 어림잡아 크림과 카프카즈에서 약 150만 명의 이주민이 나왔다.

이 중 많은 수가 가는 도중에 혹은 최종 목적지에 도착한 직후에 사망했다. 어떤 통계에 따르면 무슬림의 이주에 따른 직접적인 결과로 크림 인구가 4분의 1가량 줄었고, 카프카즈 고지대 인구는 그보다 더 많이 줄었을 수 있다.[33] 1877~1878년의 전쟁은 세르비아와 루마니아에서 타타르인과 다른 무슬림들(지금 우리가 튀르키예인이라고 부르게 될 사람들을 포함한다)을 비롯한 더 많은 공동체의 이주를 촉발했다. 1912년과 1913년 발칸 전쟁의 혼란 속에서 더 많은 이들이 떠났다. 제1차 세계대전 직전의 한 세기 동안 러시아와 발칸반도에서 전쟁과 공식적인 민족 청소 정책의 직접적인 결과로 최소 250만 명의 무슬림 민간인이 사망했으며, 실제 사망자 수는 분명 이보다 훨씬 더 많을 것으로 추정된다.[34]

바다 반대편, 동남부 해안을 따라 오스만 항구도시와 아나톨리아 배후지 깊숙한 곳의 기독교 공동체에서도 비슷한 움직임이 일어나고 있었다. 트라브존, 삼순, 리세Rize 같은 도시는 오랜 기간 상업 중심지였던 덕분에 아나톨리아와 에게해, 그리고 다른 지역에서 온 그리스인, 아르메니아인 상인, 기독교 공동체들을 끌어모았다. 그 결과 이 공동체들은 이제 인구의 상당 부분을 차지하고 있었다. 특히 아르메니아인은 근동 전역에 걸친 강력한 사회적·가족적 유대 때문에 타브리즈의 바자르에서 라이프치히Leipzig의 시장까지 쭉 뻗은 국제 무역망의 핵심이었다. 대부분의 경우 종교 공동체는 종교별 자치를 허용하는 오스만 밀레트millet 제도에 기초하여, 각자 자신의 공동체 기관과 내부 사안에 어느 정도 통제권을 행사하면서 비교적 평화롭게 살았다. 그러나 카프카즈의 무슬림들이 항구로 유입되고 내륙에 재정착하면서 토지에 대한 권리를 둘러싼 수많은 분쟁과 고지대 주민의 주기적인 약탈이 발생했다. 새 정착민들은 기존 공동체에서 착취당한다고 느꼈고, 아르메니아인과 다른 기독교인은 무슬림 추방자의 물결에 압도당한다고 느꼈다.

러시아-튀르크 전쟁과 그 후 평화 협정은 이런 공동체 간 긴장에 정치적 성격을 더했다. 발칸의 기독교도들이 오스만의 지배를 떨쳐내고 새로운 국가를 수립한 성공 사례에 힘입어, 아르메니아 지도자들, 특히 서유럽과 러시아에 사는 이들은 자치 또는 독립 아르메니아의 수립을 위해 더욱 활발히 움직였다. 필요하다면 무력으로라도 그 목표를 달성하기 위해 여러 혁명 단체가 만들어졌다. 차르는 이들을 오스만에 맞설 잠재적 지렛대로 보고 그러한 열망을 부추겼다. 1870년대의 경험은 아르메니아 공동체와 오스만 국가 사이의 갈등이 고조되는 무대를 마련했다. 항구 지역에서는 가장 급진적인 아르메니아 집단에 대한 지지가 제한적이었을 가능성이 높지만, 오스만 조세 제도에 대한 불만이 있었다. 내륙에서는 쿠르드인과 카프카즈 난민을 포함한 다른 무슬림들의 약탈이 불만의 원천이었다.

1894년 여름 동부 아나톨리아 사손^{Sason}에서 일어난 아르메니아인들의 세금 반란은 제국에 맞선 전면적인 봉기를 기대하던 혁명 단체에 날리는 신호탄이었다. 그들의 노력은 실패했지만, 혁명의 기미만으로도 압뒬하미트 2세는 아르메니아인의 충성심을 의심하고 행동할 구실을 얻었다. 1894년부터 1896년까지 오스만 비정규군이 반란 혐의가 있는 여러 사건을 진압하기 위해 파견됐고,

아르메니아 공동체에 대한 대규모 공격이 뒤따랐다. 공식적으로 승인된 처벌, 혼란스러운 약탈, 토지 분쟁, 공동체적 복수가 뒤섞인 혼란 속에서 최대 8만 명(일부 추정치는 30만 명까지 올라간다)에 달하는 아르메니아인과 다른 주민들이 살해당했다.[35]

하미트 학살Hamidian massacres*은 아르메니아인들의 전면적 박멸이나 추방을 목표로 하지 않았으나, 30년 전 타타르인과 체르케스인의 이주와는 중요한 차이가 있었다. 카프카즈 작전에서 러시아군의 전술은 끔찍했다. 마을을 불태우고, 남자와 여자, 어린아이 할 것 없이 모든 주민을 강제로 다른 곳으로 이주시켰다. 그러나 핵심은 그들이 무슬림이냐가 아니라 어디에 있느냐였다. 러시아제국이 확장하는 경로에, 러시아 국가가 안보 위협으로 본 정복되지 않은 고지대에 그들이 살고 있었던 것이다. 그러나 오스만에서 아르메니아인 공동체는 그 정체성 때문에 표적이 됐다. 실제로 해안을 따라 자리한 항구도시 및 동부 아나톨리아 전역의 주요 도시와 마을에 있는 아르메니아 민간인들은 사실상 오스만 정부에 즉각적인 위협이 되지 않았다. 혁명 활동은 주로 해외에 기반을 둔 게릴라 부대에 국한됐고, 그들은 보통 오스만제국 내의 아르메니아 엘리트와도 갈등 관계에 있었다. 결과적으로 하미트 학살은 고통받는 인간들의 기나긴 드라마에서 단지 서막에 불과했다. 이 드라마에서 흑해 주변의 사람들은 국가와 제국에 대한 근본적 위협으로 낙인찍혀, 고향에서 쫓겨나고 살해되거나 강제 이주를 당했

* 술탄 압뒬하미트 2세의 이름에서 따온 명칭이다.

다. '현지 외국인'과 적대 민족이라는 관념은 얼마 지나지 않아 절정에 이르렀다. 그 정점은 1915년부터 1923년까지 이루어진, 해안을 따라 형성되었던 다민족·다인종 공동체들에 대한 대대적인 해체 작업이었다.

제1차 세계대전은 흑해로 천천히 다가왔고, 해전은 동부 전선의 다른 지역에서 치른 지상전에 비해 전략적으로 덜 중요했다. 러시아와 오스만은 1914년 11월 공식적으로 각각 반대편에서 전쟁에 참전했고, 불가리아는 이듬해에 동맹국 편에 합류했다. 루마니아가 중립을 깨고 영국과 프랑스 편에 가담하도록 설득되기까지는 거의 1년이 더 걸렸다. 초기에 연합국은 이 지역에서 가장 큰 전략 자산, 즉 다르다넬스해협에서 이스탄불과 바다로 가는 입구를 점령하기 위해 노력했으나, 실패로 끝날 갈리폴리 공세는 1915년 내내 장기전으로 이어졌다.

바다에서 러시아와 오스만 해군은 거의 충돌하지 않았다. 두 나라 모두 불완전한 상태로 참전했다. 러시아 함대는 인력과 장비 모두 형편없었다. 러시아 선박의 끔찍한 생활 조건 때문에 1905년 여름 순양함 포툠킨함에서 선원들이 반란을 일으켜 함선을 장악하고 콘스탄차로 항해한 유명한 사건이 일어났다. 오스만의 상황도 나을 게 없었다. 해군 관련 지출은 미미했고, 국가의 막대한 공공 부채는 추가 차입이 불가능하다는 것을 의미했다. 어쨌든 이 시점에 오스만은 해상에 국력을 투입하기보다 내부 반란을 훨씬 더 우려했다. 1890년대 폭력 기구였던 헌병에 대한 예산 지출은 전쟁

전 해군 전체 예산을 초과했다.[36] 그래도 술탄은 전략적으로 중요한 조치를 취했다. 영국 해군과 맺었던 오랜 유대를 끊고 독일과 손을 잡은 것이다. 그 결과 독일 수병을 태운 장갑 군함이 오스만 함대로 넘어왔다.

오스만은 차르가 선전포고를 하기 전에 러시아 기지를 선제공격했다. 오스만 선박이 세바스토폴, 노보로시스크, 오데사를 포격했으나, 러시아의 손실은 미미했다. 러시아는 아나톨리아 해안을 따라 대규모로 기뢰를 깔고 석탄 운송을 차단하며 빠르게 대응했다. 이 전략으로 1915년 중반까지 오스만 해군의 석탄 운반선을 사실상 모두 파괴했다. (오스만 해군은 석탄을 운송하기 위해 보스포루스의 여객선과 작은 범선을 사용하는 수밖에 없었다.) 유일한 주요 해전은 이제 오스만 국기를 단 독일 드레드노트급 전함 괴벤함과 러시아 전함이 크림반도 연안의 안개 속에서 벌인 교전이었는데, 이때 발생한 사상자는 10여 넝 남짓이었다. 육지에서 러시아는 남부 카프카즈에서 동부 아나톨리아로 밀고 들어가 1916년 봄까지 에르주룸과 트라브존을 점령했다. 1917년 혁명으로 러시아군이 붕괴하면서 오스만군이 동남쪽 해안을 되찾을 수 있었으나, 그 시점에 흑해는 이미 2차 전선이었다. 오스만의 진짜 운명은 서남쪽 레반트에서 영국군과의 충돌에 달려 있었고, 근동과 중동 전역에서 오스만이 거둔 승리는 이듬해에 걸쳐 점차 뒤집혔다.

전쟁으로 19세기 후반의 여러 대규모 이주가 무색해지는 일련의 거대한 인구 이동이 일어났다. 카프카즈 전선에서 러시아가 성과를 내면서 동부 아나톨리아에서 아르메니아 혁명가들이 봉기했다. 그러자 오스만은 러시아에 맞서 반격하면서 아르메니아의 민간인까지 보복의 대상으로 삼았다. 이제 과거 오스만의 관용적인 이상을 버리고 새로운 형태의 종족적 튀르크 민족주의를 받아들인 정부가 승인한 이 학살과 추방은 1915년 조직적인 제노사이드로 절정에 달했다. 트라브존의 이탈리아 총영사는 나중에 항구에서 겪은 경험을 회상했다.

> 영사관 창문 아래와 문 앞을 지나가는 아르메니아 추방자들의 행렬, 나를 포함해 어느 누구도 응답할 수 없었던 그들의 간절한 기도, 완전 무장한 병력 1만 5,000명, 경찰 수천 명과 의용대가 곳곳을 지키는 포위된 도시, 추방 행렬이 지나간 길을 따라 매일 발견되는 시신 수백 구, 강제로 이슬람으로 개종당하거나 다른 이들처럼 추방당한 젊은 여성들, 가족이나 기독교 학교에서 강제로 떼내져서 무슬림 가정에 넘겨지거나, 아니면 셔츠 하나만 걸친 채로 수백 명씩 배에 실려 가다 흑해와 데이르멘데레Deyirmen Deré[Değirmendere]강에서 전복되어 익사한 아이들, 이것이 트라페준타에 대한 지울 수 없는 마지막 기억이다.[37]

오스만제국 전역, 특히 아나톨리아 동부 지방에서 80만에서 150만 명 사이의 아르메니아인과 다른 아나톨리아 기독교도들이 살해당하거나 안보상 민감한 국경 지역에서 멀리 떨어진 재정착 지역으로 가는 강제 행군 중에 사망했다.

발칸반도에서는 연합군의 진격으로 현지 무슬림이 도망쳤고,

붕괴하는 오스만과 러시아제국 전역에서 모든 종교의 난민이 폭력과 굶주림을 피해 항구로 몰려들었다. 민간인들은 항구에 몰려들어 러시아, 영국, 미국 선박이 자신들을 안전한 곳으로 실어다 주기를 기다렸다. 유럽과 미국의 여러 구호 활동가가 식량과 의류 배급을 조직하기 위해 도착했고, 수천 명의 고아가 해외에서 새로운 삶을 살게 됐다.

휴전으로 서부 전선에서는 공식적인 전투가 끝났으나, 바다 북쪽에서는 러시아 내전이 계속되며 난민이 추가로 쏟아졌고 우크라이나 스텝에서 수많은 사람이 굶어 죽었다. 이에 대응하는 주요 구호 사업이 곧 수립됐다. 1919년 초 미국 의회는 러시아와 소아시아의 아르메니아인, 그리스 정교회, 그리고 다른 기독교인과 유대인 집단에 대한 구호 지원을 위해 1억 달러를 배정했다. 허버트 후버Herbert Hoover가 이끄는 미국 구호청American Relief Administration이 지원금을 배분하기 위해 새로 설립됐고, 요원 수백 명이 사업을 감독하기 위해 발칸반도, 러시아, 튀르키예, 카프카즈에 파견됐다. 러시아에서 구호 작전은 볼셰비키 정부 아래서도 1922년 가을까지 계속됐다. 미국과 다른 연합국 선박이 흑해 항구를 순찰했고, 항구에서 안전을 제공했으며, 러시아 난민이 그리스와 다른 나라로 대피하는 것을 도왔다. 그러나 곧 유럽 열강들은 사람들을 안전한 장소로 이동시키는 것뿐만 아니라 실제로 그들의 영구 추방을 승인하는 데까지 적극적으로 가담하게 되는데, 이는 국제 조약에 의한 민족 청소의 사례였다.

제1차 세계대전이 끝났을 때 오스만 흑해 해안 대부분은 연합국의 통제 아래 있었다. 해협은 1918년 10월 오스만이 휴전에 서명한 직후 점령됐다. 나중에 영국군은 바투미와 바쿠까지 쭉 이어진 카프카즈 횡단 철도를 빠르게 장악했다. 다른 연합국이 북부 흑해 항구를 통제하면서, 항구는 이제 옛 러시아제국 전역에서 일어난 내전을 피해 도망치는 난민으로 가득 찼다. 항구는 민간 구호뿐만 아니라 우크라이나와 남부 러시아에서 싸우는 반反볼셰비키 군대를 지원하는 연합국의 통로가 됐다. 이스탄불에 본부를 둔 연합국 최고위원회The Allied High Commission는 오스만제국과 흑해 해안 대부분을 관장하는 사실상 정부가 돼서 아나톨리아뿐만 아니라 남부 러시아에서도 굶주리고 쫓겨난 사람들에 대한 지원을 감독했다.

오스만 국가는 패배하고 점령당했으나, 튀르크 민족주의 세력이 중앙아나톨리아에 집결하고 있었다. 그리스의 '폰토스공화국'*을 포함한 여러 작은 국가가 지역 세력에 의해 선포됐다. 제국의 잔존물을 어떻게 할 것인가 하는 어려운 문제는 1920년 오스만 정부와 연합국이 세브르Sèvres 조약에 서명하면서 공식적으로 해결됐다. 조약으로 그리스와 이탈리아 보호령으로 떼어낸 지역과 독립 아르메니아, 쿠르디스탄으로 둘러싸인 불완전하고 사실상 비무장화된 튀르키예 국가가 창설됐다. 제국의 외곽 지역은 영국과 프랑스의 위임 통치 아래 놓였다. 국제 위원회가 해협을 통치하기 위해 임명됐고, 해협은 이제 평시와 전시 모두 모든 선박

***

* 제1차 세계대전 후 흑해 남안(트라브존, 삼순 등)의 그리스계 주민들이 독립을 추진했으나 실현되지 못한 국가였다. 1919년 파리 강화 회의에서 논의됐으나, 1922년 케말 민족주의 세력의 승리와 1923년 그리스-튀르키예 인구 교환으로 폰토스 그리스인은 강제 이주됐다.

에 개방된다고 선언됐다. 오스만 해군은 거의 완전히 해체될 예정이었다.

세브르 조약은 어느 누구도 만족시키지 못했다. 이제 아나톨리아 대부분을 사실상 통제하던 오스만 잔존 세력에게 이 조약은 사라진 제국의 마지막 항복이었다. 일부 연합국, 특히 그리스도 조약에 충분히 만족하지 못했는데, 이스탄불을 중심으로 한 '그리스 제국'의 재건을 허용하지 않았기 때문이었다. 결국 새로운 전쟁이 이러한 차이를 해결하는 수단이 됐다. 에게해 해안을 점령하는 임무를 부여받았던 그리스군이 중앙아나톨리아를 가로질러 밀고 들어가기 시작했다. 오스만군의 초라한 잔존 부대가 갈리폴리의 영웅인 무스타파 케말Mustafa Kemal의 지휘 아래 재집결해서 반격을 준비했다. 그리스-튀르키예 전쟁은 1922년 10월 휴전 협정이 체결될 때까지 격렬하게 이어졌다.

전쟁이 끝날 무렵, 세브르 조약을 그리스-튀르기예 분쟁이 만든 현실을 반영하는 새로운 협정으로 대체하기 위한 협상이 진행됐다. 전쟁은 아나톨리아를 황폐화했고, 인구를 이동시켰으며, 케말주의자가 진격하고 그리스군이 후퇴하면서 스미르나Smyrna 같은 주요 도시가 불타 잿더미로 변했다. 그리스 원정군이 철수하면서 난민이 더욱더 많이 쏟아져 나왔고, 그리스인과 아르메니아인 등 옛 세브르 조약 조건에 동조했다고 여겨지는 모든 집단에 대한 튀르키예의 공격이 이어졌다. 오스만제국은 확실히 끝났다. 술탄제가 폐지됐고 이제 오스만적이고 제국적이기보다 명백히 튀르크적이고 민족적인 새 공화국이 선포됐다. 곧 아타튀르크Atatürk로 다시 불리게 될 케말은 새 의회 선거에서 승리한 당을 이끌었다.

새로운 협상이 진행되면서 엄청난 규모의 조직적 인구 이동이 발생했다. 이는 1923년 7월 튀르키예와 연합국이 서명한 로잔 Lausanne 조약에 의해서 승인됐다.[38] 조약은 그리스와 튀르키예 양국의 민족 구성을 단일화하고 양국 정부의 보복으로부터 소수민족을 보호한다는 명목으로, 흑해 연안 도시를 포함한 아나톨리아에서 그리스로 최대 150만 명의 정교회 기독교인을 강제로 보내고, 그리스에서는 특히 에게해 북안의 마케도니아에서 약 35만 명의 무슬림을 이주시키도록 규정했다. (이스탄불의 그리스 정교회 신자와 서부 트라키아의 무슬림은 추방에서 면제된다고 선언했다.) 이번에는 주요 유럽 열강이 승인한 추방이 야기한 심리적 트라우마에 더해, 추방자들이 겪은 육체적 피해도 극심했다. 가족들은 임시 수용소에 갇혔다가 비좁은 배에 실려 이송됐다. 도적과 부패한 관리들은 그들이 배에 타기 전이나 배에서 내린 직후 재산을 빼앗았다. 새로운 정착 사회에 사람들을 통합시키기 위한 준비는 대개 불충분했다. 게다가 추방자의 정체성 자체가 종종 통합을 어렵게 만들었다. 로잔 조약은 마치 '그리스인'(정교회 기독교인을 지칭하는 용어)과 무슬림을 구별하는 것이 쉬운 일인 양, 그리고 두 공동체 모두 각각 그리스와 새 튀르키예공화국을 자신의 자연스러운 조국으로 친밀감을 느껴야 하는 양 작성됐다. 그러나 많은 공동체에서 경계선은 불명확했다. 조약에서 '그리스인'을 규정한 유일한 기준인 정교회에 소속된 사람이 튀르키예어로만 말하거나 에게해 출신 그리스어 사용자가 알아들을 수 없는 그리스어 변종을 쓸 수도 있었다. 마찬가지로 그리스 출신 무슬림도 튀르키예어가 아니라 그리스어나 발칸 슬라브어가 가장 편할 수 있었다.

그럼에도 공동체들은 추정된 민족적 특성을 이유로 집단 이주 대상으로 낙인찍혔다. 어떤 사람이나 가족이 실제로 '교환 가능한 지', 즉 강제 추방 대상인지에 관한 분쟁은 로잔 조약 아래 설립된 정부 간 특별위원회가 판결했다. 1920년대 중반까지 트라브존, 삼순, 시노프에서는 기독교인들이 사실상 사라졌다. 심지어 폰토스 고지대의 그리스어 사용 공동체들, 수도원과 마을에서 수 세기 동안 비잔티움의 마지막 흔적을 간직하고 있던 마추카 지역도 끝을 맞이했다. 로메이나 룸라르같이 여전히 스스로를 로마인이라고 불렀던 사람들은 갑자기 '그리스인Hellenes'이 됐고, 한때 단순히 무슬림이었던 사람들은 이제 '튀르키예인Turks'이 됐다. 그리고 둘 다 자기가 결코 충성을 맹세한 적 없는 새로운 민족적 조국에 있는 자신을 발견했다. 로잔 조약을 작성한 사람 중 하나인 커즌 경*은 이를 두고 "완전히 잘못된 사악한 해결책이며, 세상은 앞으로 100년 동안 큰 대가를 치를 것"이라고 단언했다.[39]

이 같은 강제 이주와 그로 인한 죽음이 제노사이드 사례였는가? 제노사이드와 다른 형태의 조직화된 폭력을 구별하는 데는 보통 두 가지 주요 기준을 사용한다. 단순히 어떤 영토에서 내쫓으려는 것이 아니라 그 민족 자체를 없애려는 의도의 정도, 그리고 살인을

---

* George Nathaniel Curzon(1859~1925). 영국 보수당 정치가로 인도 총독(1899~1905)과 외무장관(1919~1924)을 역임했다. 39세에 역대 최연소 인도 총독이 됐으며, 1905년 벵골 분할을 단행해서 인도 민족주의 운동을 자극했고, 중앙아시아에서 러시아와의 그레이트 게임 경쟁에 적극 개입했다.

정당화하려는 인종적 우월성 같은 명확한 이념의 존재 여부가 그것이다. 1915년 아르메니아 사례처럼 정부가 어떤 민족 전체를 말살하려 한 경우는 드물었다. 그것을 뒷받침하는 일관된 이념은 더더욱 드물었다. 하지만 국가 폭력의 희생자에게 제노사이드, 민족청소, 강제 이주를 개념적으로 구분하는 것은 무의미하다. 희생자 대부분과 후손에게 추방과 살인은 하나의 역사적 사건이며, 집단의식에서 결정적인 분기점이다. 이러한 종류의 모든 사건이 그러하듯, 이 사건들에도 이름이 붙여졌다. 이 일들은 아르메니아인에게는 차르트Ch'art, 폰토스 그리스인에게는 카타스트로페Katastrophe, 튀르키예인에게는 뮈바델레Mübadele라고 불린다.*

1860년대부터 1920년대까지 해안 지역의 인구 변화는 정부 정책의 직접적 결과였으며, 그 규모와 희생자들이 겪은 비극은 전례가 없었다. 18세기 이후 줄어들던 크림 타타르 인구는 이들이 불가리아와 다른 오스만 땅으로 이주하면서 더 감소했다. 서부 카프카즈 고지대는 사실상 주민이 사라졌고, 체르케스인과 다른 고지대 주민은 발칸반도와 중동 전역에 흩어졌다. 트라브존, 삼순, 그리고 남부와 동남부 해안을 따라서 다른 항구에 있던 아르메니아 공동체는 1890년대의 학살로 자취를 감추기 시작했고, 1915년의 조직적 살육을 거치며 완전히 사라졌다. 10년도 채 안 되어 정교회

---

*   차르트는 아르메니아어로 '추방' 또는 '분산'을 뜻하며, 1915년 오스만제국이 자행한 아르메니아인 집단 학살과 강제 이주를 가리킨다. 카타스트로페는 그리스어로 '재앙'을 의미하며, 특히 1910~1920년대 폰토스 그리스인들이 겪은 박해와 추방, 학살을 지칭한다. 뮈바델레는 튀르키예어로 '교환'을 뜻하며, 1923년 로잔 조약에 따라 그리스와 튀르키예 간에 이루어진 강제 인구 교환, 즉 그리스 내 무슬림과 튀르키예 내 그리스 정교도의 상호 이주를 가리킨다.

기독교인, 즉 일종의 그리스인이었으나 보통 그리스 국민국가와 연계 의식이 거의 없었던 사람들이 연안 지역에서 쫓겨나 그리스로 '돌려보내졌다'.

오랜 시간 흑해 해안을 특징지었던 문화적 다양성은 20세기 나머지 기간 동안 더욱 줄어들었다. 제2차 세계대전 중 유대인이 대량으로 학살당하고 크림 타타르인과 카프카즈 민족들이 추가로 추방된 사건이 그 정점이었다. 해안선이 문화적으로 급격히 동질화되는 것과 병행해서, 역사가와 작가, 다른 민족주의 지식인들은 각자의 영역에서 비슷한 작업을 벌였다. 역사 기록을 정화하고, 내륙의 자국 민족과 바다 자체 사이에 고대로부터 이어진 불가분의 연결을 밝혀내거나, 대부분의 경우는 만들어내려는 노력이었다.

'바다의 분할'

19세기 후반과 20세기 초 해안선 주변에 새로운 국가들이 출현하면서 바다와 그 자원에 대한 국가 통제 문제가 제기됐다. 이미 1878년 베를린 조약에서 다뉴브강 하구 '바다의 분할' 문제가 다루어졌다. 구체적으로는 어업 통제권의 경계를 설정하는 문제와, 삼각주의 변화하는 수로에서 국가 경계를 획정하는 문제였다. 앞으로 수십 년 동안 어느 국가가 바다의 어느 부분을 소유하는지 결정하는 것이 연안 강국 사이의 외교 주제로서 점점 더 중요해질 것이었다.

'영해'라는 개념은 명백한 모순어법이다. 이는 육지의 통제에서 파생된 개념을 바다로 확장한 결과이다. 영해는 20세기에 들어서도 한참 동안 국제법에서 불완전하게 확립된 개념이었다. 그 발전은 많은 요인, 예컨대 국제 법률 기관의 출현, 위도와 경도 측정의 과학적 진보, 국가가 자신의 영해라 주장하는 수역을 순찰할 수 있게 한 해군 기술의 개선에 달려 있었다. 흑해에서 국가 간 경계선을 명확히 하는 일은 세계의 다른 지역보다 뒤처졌다. 오늘날에도 흑해 연안 국가가 해안으로부터 자신의 배타적 영역으로 주장할 수 있는 거리가 얼마인지에 관한 국제적 합의는 없으며, 어업권을 둘러싼 분쟁도 문제로 남아 있다. 2000년에는 우크라이나 해안 경비선이 우크라이나가 주장하는 수역을 침범한 튀르키예 트롤어선에 발포하여 침몰시키기도 했다.

그러나 두 차례 세계대전 사이에 바다와 해협의 국제 관계를 규율할 두 가지 중요한 협약이 체결됐다. 그리스-튀르키예 인구 교환을 승인한 로잔 조약은 에게해와 흑해 사이의 통행도 규제했다. 조약은 평시에 상선과 군함 모두가 해협을 자유롭게 통과할 수 있음을 확인했다. 그러나 흑해로 보낼 수 있는 최대 군사력은 연안 국가 중 하나가 보유한 가장 강력한 함대를 결코 초과해서는 안 됐다. 불가리아와 루마니아왕국, 소비에트연맹, 그리고 튀르키예가 그 연안 국가였다. 보스포루스와 다르다넬스 해안은 비무장 지대여야 했고, 튀르키예는 해안 15킬로미터 이내에 군대와 장비를 배치할 수 없었다. 이 조항에 불만을 품은 튀르키예는 10년 후 로잔 조약의 개정을 요구했다. 1936년 새로운 국제 협약인 몽트뢰Montreux 협약이

해협 연안 지역에 대한 튀르키예의 완전한 주권을 회복시켰고 평시의 자유 통행 원칙을 재확인했다. 전시에는 튀르키예가 자국 재량으로 해협 통행을 통제할 권리를 가졌다. 또한 협약은 외국 열강이 흑해로 보낼 수 있는 군함의 크기와 수, 체류 기간을 제한했다. 1990년대 튀르키예가 일방적으로 제정한 몇 가지 안전 규정을 제외하면, 몽트뢰 협약은 오늘날까지 흑해에 대한 접근권을 규율하고 있는 국제 문서이다.

그러나 여러 국가가 바다에서 일어나는 일에 더 큰 관심을 보이기 시작한 것은 더 깊은 차원에서였다. 바다와 영해는 연안 국가의 영역일 뿐만 아니라, 국가가 대표한다고 여기는 역사적 종족의 유산으로도 칭송되었다. 역사가는 게타이인과 다키아인, 트라키아인, 다른 고대 종족 사이에서 항해 전통의 증거를 찾기 위해 과기를 탐색했다. 바다와의 관계는 민족적 위대함의 본질이자, 더 넓은 세계와의 중요한 연결 고리로 찬양받았다. 이미 19세기 후반 처초의 루마니아 증기 동력 포함이 진수식을 거행할 때, 전쟁부 장관은 그 함선의 주요 임무가 "국민의 아들들에게 항해 기술을 가르치는 것"뿐만 아니라 해상에서 "잃어버린 지배권을 되찾도록 격려하는 것"이 되리라고 주장했다.[40] 제국 말기 러시아의 저명한 역사가 N. S. 솔로비요프*는 9세기의 로스인, 즉 이제 러시아인의 원형

---

* Sergei Mikhailovich Solov'ov(1820~1879). 19세기 러시아의 영향력 있는 역사가 중 한 명으로, 다음 세대 러시아 역사가에게 큰 영향을 끼쳤다. 모스크바대학 교수이자 총장을 역임했으며, 고대부터 19세기까지 러시아 역사를 다룬 역작인 29권의 『러시아 고대사』를 저술했다. 원문의 머리글자는 저자의 착오인 것으로 보인다.

으로 재해석된 집단이 유럽의 나머지 지역과 연결된 방식과, 결국이 경제적·문화적 유대를 단절시킨 유목민의 비극적 침략에 대해다음과 같이 밝혔다.

남부 루스 자체가 변경 지역이었고, 스텝의 유럽 변두리였다. 자연적으로 어떤 보호도 받지 못하는 낮은 지대에 위치한 변두리였기 때문에, 유목민 무리의 빈번한 습격에 무방비했다. (……) 유목민은 루스를 공격했을 뿐만 아니라 흑해 해안에서 루스를 차단해서 비잔티움과 소통하기 어렵게 만들었다. (……) 야만스러운 아시아는 루스가교육받은 유럽과 소통하는 모든 경로와 길을 차단하려고 애썼다.[41]

솔로비요프가 쓴 여러 권으로 된 러시아 역사서는 1770년대중반에 이르러 끝나는데, 그때 러시아는 폴란드 분할과 흑해 개방을 통해 북부 및 남부 유럽과의 연결을 재건함으로써 수 세기 전야만인의 침입이 초래한 소외를 마침내 해소했다. 솔로비요프에따르면, 제국과 러시아 민족 모두 마침내 전 세계 바다에 접근할수 있는 주요 유럽 민족 사이에서 자신의 자리를 재확립했다.

해안의 고대 주민은 각 민족이 바다와 정당하게 연결되어 있다는 새롭게 등장한 서사에 편입됐다. 새로운 민족 사학은 불분명한 과거에서 근대 국가와 민족의 기원을 찾았다. 로스인은 러시아인이 됐고, 우크라이나와 그 디아스포라의 후대 역사가에게는 우크라이나인이 됐다. 트라야누스가 다뉴브강 북부 지역을 정복한 후 라틴화한 게타이인과 다키아인은 루마니아인의 원형으로 취급받았다. 트라키아인은 불가리아인이 됐다. 고대 선조의 현대적 후손을 명확히 찾을 수 있는 드문 경우에 국가들은 이들과의 연결을 강화하는 정책을 개발했다. 예컨대 남부 발칸반도에서 루마니아왕국은 여전히 루마니아어와 유사한 라틴계 언어로 말하는 고지대 목동인 블라흐인Vlachs과의 유대를 형성하기 위해 노력했다. 제1차 세계대전 전에 루마니아는 블라흐 아동을 위한 학교와 장학금을 후원했고, 1920년대에는 알바니아, 그리스, 마케도니아에서 블라흐인 수천 가구를 도브루자로 데려오는 국가 보조 '식민화' 사업에 착수했다. 국가의 관점에서 식민화는 일석이조였다. 떨어져 있던 루마니아 민족의 구성원을 조국으로 돌아오게 했고, 이는 대체로 불가리아인, 튀르키예인, 타타르인이 살던 지역에서 루마니아어 사용자에게 유리하게 인구 비율을 바꾸는 데도 도움이 됐다.

　해안의 고대 민족들을 재발견하려는 노력은 때때로 기괴한 방향으로 이어지기도 했다. 제1차 세계대전 직전, 바투미 항구 주변에 사는 '흑인' 주민에 관한 이야기들이 퍼지기 시작했다. 그들이 과거 오스만제국에 끌려온 옛 아프리카 노예들의 후손이라거나, 더 황당한 추측으로는 이스라엘의 잃어버린 부족 중 하나이거나 심지어 곱슬머리 콜키스인(헤로도토스에 따르면 이들은 이집트인의 후손이었다)의 잔재라는 설도 있었다. 러시아 민속학자들이 이 특이한 사람들을 연구하려고 서둘렀으나, 일반 현지인보다 어두운 피부색을 지닌 몇몇 개인 외에는 별다른 것을 발견하지 못했고, 그들이 기대했던 '부족'과는 거리가 멀었다. 그럼에도 흑해 흑인에 관한 이야기는 세기 내내 주기적으로 나타났다. 두 차례의 세계대전 사이 소비에트 선전가들은 그들을 소비에트 국가 내에서 장려되는 '제諸민족 우애'와 문화적 관용의 예로 사용했고, 미국의 일부 흑인 활동가는 이 '부족'을 공산주의가 가져올 수 있는 인종적 조화의 증거로 지목했다.[42]

바다와 그곳에서 사라져버린 민족을 전유하려는 시도는 물론 여러 모순으로 이어졌는데, 한 집단이 주장하는 유산을 다른 집단도 주장했기 때문이다. 루마니아와 불가리아 역사가들은 도브루자의 고대 토착민―어떤 이에게는 루마니아인의 원형이었고, 또 어떤 이에게는 불가리아인의 원형이었던―을 놓고 충돌했다. 러시아인과 루마니아인은 다뉴브강 북쪽의 중세 몰다비아와 왈라키아공국의 역사를 두고 논쟁했다. 어떤 이에게 그들은 슬라브 문화의 대표자였고, 또 어떤 이에게는 라틴 문화의 대표자였다. 불가리아인과 타타르인 모두 볼가강을 따라 기원한 고대 불가르칸국의 유산을 주장했다. 우크라이나인과 러시아인 모두 로스인을 각자 민족의 선조로, 그리고 바다 북쪽 슬라브 국가의 가장 이른 예라고 회고했다.

이제 연안에 접한 나라의 많은 역사가에게 민족과 바다 사이의 본질적 연결을 입증하는 것은 독립 국가의 존재를 정당화하고, 러시아 특유의 제국적 야망을 막는 데 결정적인 일이었다. 1938년 위대한 루마니아 역사가 니콜라에 요르가Nicolae Iorga는 바다가 "우리 시와 우리 양심 속에 살아 있다. (……) [바다는] 우리 역사 내내 우리의 사고와 느낌의 총체와 연결됐다"라고 선언했다.[43] 동시대 우크라이나 역사가 미하일로 흐루셰우스키^{Mykhailo Hrushevs'kyi}도 민족의 역사에서 바다가 차지하는 위상에 마찬가지로 단호했다. 흐루셰우스키는 우크라이나 민족의 "흑해 지향"에 관한 유명한 구절에서 이렇게 썼다. "삶의 역사적 환경은 우크라이나를 서쪽으로 향하게 했지만, 지리는 우크라이나를 남쪽의 흑해로 향하게 했다. 12세기 키예프 연대기가 말하듯 '루스의 바다', 또는 근대 용어인 우크라이나의 바다로 말이다."[44]

바다와 해안의 진정한 소유권에 관한 논쟁이 학술지와 책들의 지면에서 벌어졌다. 주요 전쟁이 끝나고 평화 회의가 열릴 때마다 이런 논쟁이 소책자 형태로 출판돼서 유럽 강대국에 신속히 전달됐다. 이 소책자들은 각국 외교관에게 이런저런 입장의 정당성을 설득하는 역할을 했다. 이런 논쟁은 실제 정치적 결과로 이어졌다. 역사가의 연구가 특정 영토 합의를 정당화하는 데 사용됐고, 영토에 대한 역사적 권리 주장은 평시 실지회복 운동^{irredentist movement}의 기반이었으며 종종 또 다른 전쟁의 출발점이었다. 19세기 후반부터 20세기에 걸쳐 도브루자, 베사라비아, 크림, 압하지야, 폰토스 해안 및 기타 분쟁 지역 등 사실상 모든 연안 지역의 지위는 부분적으로 각국이 부동산과 나아가 어떤 수역의 접근권에 대한 자국의 역사적 권리를 얼마나 설득력 있게 주장할 수 있느냐에 달려 있었다.

그러나 역사가, 민속학자, 다른 지식인들이 각자의 민족 기획을 위해 바다를 전유하려던 바로 그때, 다른 이들은 흑해를 하나의 통합된 단위로 이해하기 시작했다. 바다를 민족과 국가 사이에서 나누는 대신, 새로운 세대의 과학자들은 바다의 한 부분에서 일어나는 일이 다른 모든 부분의 운명과 어떻게 밀접하게 연결되어 있는지 밝혀내고 있었다.

바다를 아는 것

현대 생태학은 어떤 유기체도 고립된 섬이 아니라는 개념에서 시작한다. 생물들은 복잡한 상호 의존 체계 속에서 서로 연결되어 있으며, 그 체계의 한 부분에 변화가 생기면 필연적으로 다른 구성원이 살아남고 번식하는 능력에 영향을 미친다. 아리스토텔레스 이후의 철학자와 과학자는 이러한 본질적 연결을 직관적으로 알았으나, 자연환경을 하나의 체계로 연구하는 것은 비교적 새로운 과학이다. '생태학ecology'이라는 단어의 첫 등장은 고작 1870년대로 거슬러 올라갈 뿐이며, 그로부터 수십 년이 지난 후에야 일반적으로 사용하기 시작했다.

바다와 대양을 생태계로 보는 관점은 특히 뒤늦게 개발되었다. 큰 수역은 놀라울 만큼 복잡하다. 이를 이해하려면 유체역학에서 미생물학에 이르기까지 서로 무관해 보이는 다양한 분야가 투입될 필요가 있다. 해양학은 해양 환경 연구와 관련된 많은 과학 분야를 포괄하는 명칭으로, 물, 땅, 기상의 독특한 물리적 상호작용에 대한 상세한 지식과, 이 모든 요소가 표층 생물에서부터 심해 생물에 이르기까지 모든 수심에 사는 동식물 종에게 미치는 영향에 대한 이해를 요구하는 학문이다.

흑해의 해양학적 연구는 사변적인 철학으로서는 오랜 역사가 있으나 과학으로서는 역사가 상당히 짧다.[45] 아리스토텔레스와 레오나르도 다빈치는 이 바다의 명백한 특이점, 예컨대 수많은 강이 유입되는 수역이 왜 넘치지 않는지를 설명하는 이론을 제시했다. 그러나 17세기 후반에 이르러서야 흑해의 가장 중요한 특성 중 하나인 지중해와의 해수 교환을 설명하기 위한 최초의 실험 모형이 고안됐다.

1679년 젊은 이탈리아 백작 루이지 페르난도 마르실리Luigi Fernando Marsigli는 이스탄불로 여행하면서 보스포루스의 이중 해류, 즉 흑해에서 지중해로 흐르는 상층 해류와 반대 방향으로 흐르는 저층 해류에 관한 이야기에 흥미를 느꼈다. 마르실리는 흰 코르크 조각을 붙인 밧줄을 해협에 내려뜨려 두 해류의 존재를 확인했다. 마르실리가 예측한 대로 수면 근처의 코르크는 지중해 쪽으로 떠내려갔고, 밧줄의 더 아래쪽에 있는 코르크는 반대 방향인 흑해 쪽으로 호弧를 그리기 시작했다. 그것은 새로운 발견이 아니었다. 해협에 그물을 던지는 어부라면 누구나 이와 같은 현상을 알고 있었다. 새로운 것은 마르실리의 설명이었다.

이러한 해류의 원인에 관한 이전의 여러 추측은 해협 자체의 성질이나 날씨에 근거를 두었다. 아마도 물속 지형이 어떤 식으로든 영향을 미쳤거나, 북쪽에서 불어온 바람이 흑해에서 지중해로 물을 밀어냈을 것이라는 식이었다. 마르실리는 이 한 쌍의 해류가 해저의 경사나 우세한 바람과는 아무런 관련이 없고, 오히려 물 자체의 특성과 관련이 있다고 주장했다.

마르실리는 해협의 상층부와 하층부의 물이 서로 다른 특성을 보인다는 관찰에서 시작했다. 아리스토텔레스 역시 지중해가 흑해보다 더 짜다는 사실, 그러므로 지중해에서 들어오는 저층 해류도 흑해보다 더 짤 수밖에 없다는 사실을 알았다. 강을 통해 흑해로 들어오는 담수가 너무 많아서 흑해의 염도는 세계의 다른 바다보다 훨씬 낮았다. 마르실리는 염도의 차이가 밀도의 상당한 차이도 나타낸다고 주장했고, 자신의 주장을 증명하기 위해 해협의 상부와 하부에서 채취한 해수 시료의 비중을 간단히 측정했다. 마르실리는 이중 해류가 생기는 이유를 이 밀도 차이로 설명할 수 있다고 판단했다. 밀도 차이가 압력 구배를 만들었고, 압력 구배는 다시 반대 방향으로 흐름을 만들었는데, 이것은 유체역학의 표준 가설이었다. 마르실리는 자신의 관찰을 스웨덴 여왕에게 보낸 유명한 편지에 정리했다. 이 문서는 흑해의 물리적 특이점에 관한 최초의 진정한 과학적 연구가 될 것이었다.[46]

마르실리는 계몽주의 박물학자의 전형이었다. 즉, 과학 연구를 주업이 아닌 부업으로, 이 경우에는 동양 모험 여행의 부산물로 수행한 유럽 귀족이었다. 18세기와 19세기 초에 다른 이들이 마르실리의 뒤를 이었으나, 보통 그 연구는 해안선에 국한됐다. 러시아에 고용된 독일 지질학자 페터 지몬 팔라스는 1790년대 북부 해안의 고지리학에 관한 중요한 연구를 수행했다. 뒤이어 19세기 초에는 또 다른 프로이센 사람인 학스트하우젠 남작이 스텝과 카프카즈에서 지질학과 식물학 연구를 수행했다.[47] 그러나 마르실리의 진정한 후계자가 나타난 것은 한참 후였다.

더 넓은 바다에서 해양학의 발전은 두 가지 조건에 달려 있었다. 오스만과 러시아제국 사이의 상대적 평화와 장기적 과학 연구에 종사할 수 있는 국가 지원 전문 기관의 성장이었다. 두 가지 모두 1820년대 이후 마침내 나타나기 시작했다. 세바스토폴에 영구적인 러시아 해군 주둔지가 설립되고 헤르손과 나중에는 니콜라예프에 남부 해군부가 창설되면서 해양 과학 발전을 제도적으로 뒷받침했다. 물론 전략적 근거도 있었다. 러시아와 외국 선장들은 해류와 정박지를 더 잘 이해해야 했다. 이런 방면의 작업은 미미했는데, 앙투안의 회고록에 나오는 바르비에 지도도 러시아 해군부 보고서를 토대로 할 정도였다. 그러나 바다가 유럽 선박에 개방된 후 반세기가 넘도록 여전히 해안선의 주요 구역에 대한 신뢰할 만한 지도가 없었고, 해역과 그 특성에 관한 연구는 말할 것도 없었다.

이러한 상황은 곧 변하기 시작했다. 1832년 흑해의 첫 예비 수로학 지도집이 상트페테르부르크에서 출판됐다. 러시아 내무부의 한 부서인 도로 및 통신 총국이 발행한 지도집에는 다뉴브강에서 카프카즈까지 연안 지역을 상세히 지도화한 약 60개의 도판이 담겼다. 지도집은 해안선과 항구의 물리적 특징을 보여줄 뿐만 아니라 최신 해군 본부 자료에 근거한 수심 측량 결과도 표시했다. 10년 후 니콜라예프에 새로 설립된 흑해 수로국Black Sea Hydrographical Office에서는 지도 제작자 예고르 만가나리Egor Manganari가 그린 훨씬 더 정교한 지도집을 발행했다. 만가나리의 작업은 흑해 지도 제작사에서 가장 위대한 공헌 중 하나로 평가받을 만하다.[48] 1841년 출판된 만가나리의 『흑해 지도집Atlas of the Black Sea』은 차르 니콜라이 1세에게 헌정됐다. 차르를 위한 특별 증정본은 화려한 금박 글자가 새겨진 녹색 가죽으로 제본됐다. 해안선을 그린 정교한 지도들은 10년 이상의 연구를 바탕으로 그려졌다. 또한 지도집에는 오스만 해안의 여러 항구를 포함한 각 주요 항구의 정교한 그림이 실렸고, 심지어 개별 건물들의 배치까지 표시됐다. 러시아가 통제하는 모든 해안선과 바다의 서북부 대륙붕 전체에 대해 이전에 기록된 것보다 더 깊은 곳까지 수심을 측량했다. 지도집은 19세기 연안 지도 제작의 일반적 특징이었던 아름답게 그려진 해안선 조망도를 포함했는데, 이는 보는 이에게 바다에 있는 배에서 바라보면 해안선이 어떻게 보일지에 대한 감각을 제공했다.

만가나리 지도집은 어느 한 나라가 통제하는 부분만이 아니라 바다 전체의 물리적 특징을 지도화하려는 진지한 시도가 시작됐음을 보여주었다. 물론 구멍도 있었다. 러시아는 오스만 항구의 도시 풍경에 관한 정보가 거의 없었다. 그래서 시노프와 트라페준타 같은 도시의 일부 조감도에는 요새, 포대, 다른 군사 시설이 있어야 할 곳에 공백이 있었다. 그러나 당대에 만가나리 지도집은 놀라운 업적이었다. 처음으로 바다에서 한참 떨어진 곳에 앉아 있는 누군가가 20세기 후반에야 진정으로 이용할 수 있게 될 두 가지를 미리 경험할 수 있었다. 그것은 바로 항구 시설의 현대 위성 이미지에 가까운 것과 인상적인 연안 조망을 순서대로 살펴보며 해안선을 따라 '가상'의 항해를 하는 경험이었다.

19세기의 나머지 기간에 러시아에서 지도 제작은 만가나리의 전통을 따랐다. 수심을 측량하고 해류를 기록하기 위해 탐사대들이 바다로 더 멀리 나갔다. 오스만 항구와 정박지의 특성에 관한 더 많은 정보를 수집했다. 그러나 시간이 흐르며 흑해 주변의 과학자들은 바다의 물리적 특성을 넘어선 주제에 더 큰 관심을 기울였다. 또한 해양 생물과 바다의 다른 부분, 즉 서북부 대륙붕, 얕은 아조프해, 남부 해안을 따라 있는 심해가 단일한 생태학적 그물망 속에서 어떻게 연결되어 있는지를 분석하기 시작했다. 연구를 후원할 수 있는 (그리고 군에 선박과 다른 지원을 제공하도록 압력을 가할 수 있는) 전문 과학 기관이 성장하면서 바다의 지질학, 화학, 생물학에 관한 진지한 연구가 촉진됐다. 이제 정치적 필요성도 있었다. 각 정부는 바다에 정확히 어떤 종류의 부가 있는지, 이를 어떻게 기장 잘 개발할 수 있는지 이해하고 싶어 했다.

1890년 선구적인 러시아 지질학자 니콜라이 안드루소프Nikolai Andrusov가 최초로 흑해 심해를 체계적으로 연구했다. 안드루소프는 러시아 해군에서 빌린 증기선을 사용해서 단 18일 만에 3,000킬로미터가 넘게 항해하면서 수심을 측정하고, 다양한 지점에서 온도와 염도를 기록했으며, 해류를 지도화하고, 해저에서 퇴적물을 수집했다. 안드루소프의 주요 업적은 바다의 무산소층을 발견한 것이었으며, 그는 이 현상이 유기물의 부패에 의해 심화된다고 정확히 추측했다. 만가나리 지도집이 바다의 물리적 지리를 정확히 표현하는 데 획기적으로 기여했던 것처럼, 안드루소프의 작업은 바다의 화학과 자연 생물학적 과정의 관계를 이해하는 데 크게 기여했다.

안드루소프의 동시대인 중에는 루마니아 동물학자 그리고레 안티파Grigore Antipa가 있었다. 자기 세대의 많은 이들처럼 안티파는 독일과 이탈리아에서 유학했고, 1890년대 루마니아로 돌아와 공직 생활을 시작했다. 안티파는 루마니아 어업 연구, 즉 생산성을 높이기 위해 최신 과학 기술을 어떻게 적용할 수 있는지를 밝히는 연구와 더불어, 베를린 조약으로 새로 확정된 국경 안에 있는 자연적 부를 보여줄 동물학 박물관을 만드는 임무를 맡았다. 루마니아에는 해안과 바다에 관한 지식이 부족했기 때문에 포괄적인 연구가 필요했다. (최초의 루마니아 흑해 해안선 지도는 1900년에야 만들어졌다. 루마니아 해군은 1950년대까지 이 지도를 사용했다.)[49] 안티파는 흑해에 관한 루마니아의 최고 전문가이자 어업과 수자원에 관한 국가 최고의 권위자였다. 자국에서 안티파는 의심할 여지 없이 현대 생물학 연구의 아버지였고, 안티파가 관장했던 부쿠레슈티의 자연사 박물관은 나중에 그의 이름을 따서 명명됐다.

만가나리, 안드루소프, 안티파는 해양 분야에서 새로운 유형의 과학자를 대표했다. 우선 그들은 젊었는데, 가장 중요한 초기 작업을 할 당시 나이가 모두 30세 미만이었다. 각자의 분야, 즉 지도 제작, 해양지질학, 생물학에서 1세대 현지 과학자였고, 중부 및 서부 유럽에서 교육받았다. 나라의 수도와 지방 도시에 새로 생긴 대학에서 가르쳤고, 지식을 국가를 위해 사용했다. 학술 논문과 국제 학회에서 연구 결과를 공유하는, 점점 성장하는 국제 과학자 및 학자 공동체의 일원이었고, 때로는 그들과 학문 이상의 더 깊은 유대를 맺었다. 가령 안드루소프는 트로이의 발견자인 고고학자 하인리히 슐리만Heinrich Schliemann의 딸과 결혼했다.

이들을 비롯한 연구자들의 작업은 바다에 대한 과학적 지식을 이전에 결코 도달하지 못했던 수준으로 끌어올렸다. 과학 분야의 새로운 하위 영역을 만들었고, 최초로 흑해를 하나의 연구 단위, 즉 지리학·지질학·화학·생물학 분석을 통해 총체로서 이해해야 하는 복합적인 체계로 다루었다. 그러나 그들 연구의 목표는 단순히 순수 과학이 아니었다. 특히 안티파는 자기 연구의 과학 외적인 성격을 분명히 밝혔다. 바다를 이해하는 것은 물론 그 자체로 가치가 있었으나, 안티파의 마음속에서 그 지식은 바다의 부를 사용해서 바다 주변 민족의 역사적 운명을 실현하려는 더 큰 기획과 연결됐다. 안티파는 자기 평생의 과학 연구를 총결산한 기념비적 저작 『흑해The Black Sea』(1941)에서 과학과 과학이 증진하려고 의도한 국가적 목표 사이의 연결을 강조했다.

우리는 오늘날 우리에게 (……) 중요한 해양 활동을 수행하는 데 필요한 지리적 기반이 있다는 것을 인식해야 한다. (……) 다뉴브강 하구에 있는 우리 위치와 영토 자체가 우리로 하여금 그러한 활동을 수행하도록 요구한다. (……) 따라서 오늘날 우리가 국가의 발전과 조직화를 위한 기반을 놓을 때, (……) 중요한 국가 이익을 분명히 확인하고 강력하게 보호하는 것이 절대적으로 필요하다. (……) 해안은 우리에게 우리 나라의 생산물과 국민의 노동을 위한 (……) 무역의 폭넓은 경로를 열어준다.[50]

안티파가 주장한 주된 과제는 이웃 국가가 바다의 부를 부당하게 이용하지 못하게 막는 것이었다. 흑해는 결코 '러시아의 내해'가 되어서는 안 되며, 주변의 다른 국가, 즉 루마니아, 불가리아, 튀르키예가 북쪽의 소련 제국주의자의 어떤 침탈도 막기 위해 협력해야 한다고 했다.

바다의 과학조차 민족 개념의 유혹을 피할 수 없었다. 한때 오스만의 멍에에서 새로 해방된 민족의 유산으로 찬양받았던 바다는 이제 소련 팽창주의의 탐욕으로부터 지켜야 할 보물로 선전됐다. 이런 관점에서 생각한 사람은 안티파만이 아니었다. 다뉴브강에서 남부 카프카즈까지 해안선 대부분을 통제하는 나라에 맞서보루를 건설하려는 구상을 지닌 정치 지도자들이 있었다.

프로메테우스주의자

제1차 세계대전 후 흑해 주변의 네 국가는 각기 다른 의미에서 젊은 나라였다. 모두 오래된 국가나 제국의 폐허 위에 세워졌으나, 제각기 새로운 국경을 그렸고, 튀르키예공화국과 소비에트연맹의 경우 근본적으로 새로운 사회 질서에 기반했다. 모두 새로운 영토를 통합하고, 전쟁으로 황폐화한 상태를 재건했으며, 다양한 위협에 맞서 주권과 독립을 지켜내는 문제와 직면했다.

이 국가 중 세 나라의 핵심적 전략 과제는 네 번째 국가의 존재를 어떻게 다룰 것인가였다. 루마니아, 불가리아, 튀르키예가 받아들인 민족주의 이념은 강력했으나 자국에만 국한됐다. 각 국가는 적어도 한 이웃 국가와 영토 분쟁을 겪었으나, 이 분쟁은 국경 조정에 관한 논쟁을 넘어서지 않았다. 반면 소련은 보편성을 표방하는 이념을 내세웠다. 제국주의, 자본주의, 민족주의라는 세 가지 위험으로부터 모든 노동 대중을 해방시키는 것이었다. 따라서 흑해 지역의 국제 관계는 필연적으로 평화 조약에서 확정된 새 국가의 독립과 국경을 공고히 하면서 볼셰비키의 위협을 막기 위한 동맹 체계를 구축하는 문제를 중심으로 돌아갔다.

유럽의 나머지 지역에서처럼 전쟁은 이 지역에 심대한 지정학적 변화를 몰고 왔다. 루마니아는 전후 조약에서 옛 헝가리 지역인 트란실바니아, 러시아의 베사라비아, 오스트리아의 부코비나^{Bukovina}, 그리고 불가리아 도브루자의 일부를 국경 안으로 편입하면서 새롭게 등장했다. 이러한 변화가 나라의 영토와 인구를 두 배로 늘렸다. 불가리아는 일부 해안을 루마니아에 잃었지만, 그럼에도 독립을 승인받았는데, 이는 1908년에서야 오스만으로부터 완전히 쟁취한 것이었다. 볼셰비키 혁명과 뒤이은 내전의 혼란 속에서 크림 타타르인이 자신의 나라를 선포했고, 조지아, 아르메니아, 아제르바이잔도 그렇게 했다. 우크라이나 영토에서 여러 다른 국가가 나타났으나, 거의 뿌리내리지 못했다. 오스만제국은 튀르키예공화국으로 바뀌었고, 침략하는 그리스군과 연합국 점령자에 맞서 독립을 위해 싸웠다.

1920년대 중반에 이르면 이 복잡한 환경이 상당히 정리됐지만, 종종 비극적 결과를 낳았다. 우크라이나는 크림과 함께 새 소

비에트 국가에 흡수됐는데, 러시아 백군과 평범한 민간인이 영국
과 미국 군함을 타고 노보로시스크, 오데사, 그리고 다른 항구에
서 필사적으로 탈출한 뒤였다. 조지아, 아르메니아, 아제르바이잔
은 볼셰비키 군대에 정복당했고, 각 국가 정부는 망명했으며, 짧
게 독립했던 여러 나라는 역사에서 지워졌다. 루마니아, 불가리
아, 튀르키예는 훨씬 더 나은 운명을 맞았으나, 이 새로운 국가들
에서도 소련 요원들이 수도와 변경 지역에서 활동하며 혁명을 선
동하거나 소수민족 해방이라는 명분 아래 주변 지역을 분리시키
려 했다.

　이런 환경에서 반볼셰비키 국가 각각의 주요 정치 인사들이
단결하여 하나의 운동을 형성했다. 이는 흑해를 독자적인 정치 단
위로 간주하는 최초의 근대적 시도였다. 이들의 목표는 근동 전역
에 걸쳐 작은 국가들의 공동체를 만드는 것이었다. 그것은 바다 위
나 주변에서 완전한 지배를 행사하려는 어떤 시도에도 맞서서 안
정적인 국경과 진정한 독립을 보장할 공동체였다.

　구심점이 되었던 잡지 『프로메테우스Prométhée』의 제목을 따서
프로메테우스 계획Promethean Project으로 알려진 이 운동은 역사가들
에게 대체로 잊혔지만, 1920년대와 1930년대 당시에는 흑해 국가
의 동맹을 만들기 위한 치밀한 구상이었다. 원래 파리에 정착한 옛
러시아제국 출신 망명자 집단으로 구성된 프로메테우스주의자는
소련의 지배를 받는 민족의 해방뿐만 아니라 지역 패권국인 소련
에 맞서 협력하는 데에도 헌신했다. 물론 양차 세계대전 사이에는
그런 집단이 많았다. 전후 평화 조약에 불만을 품은 정치인, 낭만

적 민족주의자, 그리고 그 밖의 많은 이들이 베르사유 조약으로 세워진 나라를 해체하거나, 그 나라들이 세워진 폐허에서 사라져버린 제국들을 부활시키기 위해 노력했다. 그러나 프로메테우스 운동의 독특함은 그것이 기원한 국가들과 민족들의 배열, 그리고 더넓은 동남부 유럽의 국제 관계에서 바다의 중요성에 대한 그들의 구상에 있었다.

많은 사람이 나중에 프로메테우스 사상을 자기가 처음 제안했다고 주장했다. 특히 이 사상을 양차 세계대전 사이 폴란드 지도자 유제프 피우수츠키Józef Piłsudski가 펼친 반소비에트 외교 정책의 표현으로 본 폴란드 애국자들이 그랬다. 폴란드 정부는 확실히 주요한 역할을 했다. 선전 캠페인에 돈을 기부하고 소련 출신 비러시아인 망명자를 폴란드군과 정보기관에 모집했다.[51] 폴란드인들이 기대하는 바는 소련 주변부의 작은 국가들이 동맹을 맺어 러시아의 팽창주의를 억제하고, 결국에는 동쪽 이웃에 맞서 폴란드의 방어력을 강화하는 것이었다. 그러나 프로메테우스주의자는 훨씬 다양한 집단으로 구성되어 있었다. 우크라이나, 카프카즈, 그 너머에서 온 반볼셰비키 진영의 저명한 인물들이 참여했는데, 이들은 당시 서유럽이나 튀르키예로 망명한 사람들이거나 발칸반도 등지의 운동 지지자였다. 잠시 독립했던 아제르바이잔과 조지아의 전직 총리였던 메흐메트 에민 레술자데*와 노에 조르다니

* Mehmet Emin Resulzade(1884~1955). 아제르바이잔의 민족주의 지도자로, 1918년 러시아 제국 붕괴 후 성립된 아제르바이잔 민주공화국의 초대 대통령을 역임했다. 1920년 소비에트 러시아의 침공으로 공화국이 붕괴된 후 망명하여 생애 말까지 아제르바이잔 독립 운동을 지속했다.

아,* 잠시 존재했던 크림공화국의 외무장관 자페르 세이다흐메트 Cafer Seydahmet, 러시아제국이 붕괴했을 때 역시 독립을 선포했던 볼가 지역 타타르인 지도자 중 하나인 아야즈 이샤키Ayaz İshaki, 동유럽 문제에 관여하는 주요 서유럽 정치인, 교수, 작가 무리가 모두 모여 있었다. 이들 모두 동유럽의 작은 민족들을 해방하고, 독일인과 러시아인 모두의 수정주의로부터 방어한다는 목표로 단결했다.[52]

『프로메테우스』 창간호가 1926년 11월 파리에서 나왔다. 해외에 거주하는 조지아인 기오르기 그바자바Giorgi Gvazava가 편집했고, '카프카즈와 우크라이나 민족의 국가 방어 기관'이라는 부제가 붙었다. 창간호에서 그바자바는 "우리는 오직 평화와 국제 정의를 추구하려는 열망으로 움직이며" 카프카즈와 우크라이나를 나머지 근동을 정복하려는 볼셰비키에 맞선 "전초기지"로 강화하고자 한다고 썼다.[53] 1930년대 후반까지 『프로메테우스』는 임무를 확대해 카프카즈와 우크라이나뿐만 아니라 소련에 정복당한 모든 민족을 다루었다.[54] 잡지를 통해 프로메테우스주의자는 외국 정부들에 로비 활동을 했고 우크라이나와 카프카즈 국가가 새롭게 형성된 소비에트연맹에 부당하게 흡수됐음을 폭로하려 했다. 편집자는 강연과 토론회를 후원하고, 국가 원수에게 편지를 쓰는 캠페인을 시작하며, '포로가 된 민족'의 문화를 중심으로 한 예술 축제를

---

* Noe Zhordania(1868~1953). 조지아의 멘셰비키 지도자이자 정치가로, 1918~1921년 독립한 조지아 민주공화국의 수반을 지냈다. 1921년 소비에트 러시아의 침공으로 조지아가 합병되자 프랑스로 망명하여 조지아 망명정부를 이끌었다.

열고, 대의를 강조하기 위한 다른 공개 행사를 조직했다. 그들은 다소 시대를 앞서간, 전직 정치인과 외교관으로 이루어진 싱크탱크였는데, 이제는 어떤 지도에도 표시되지 않는 조국으로 언젠가 되돌아가기를 고대하며 때를 기다리고 있었다.

흑해는 프로메테우스주의자의 핵심 관심사였다. 『프로메테우스』의 초기 호에서부터 기고자들은 바다에서의 자유무역은 1770년대부터 유럽 정책의 핵심이었지만, 유럽이 바다 주변의 자유 국가에도 그만큼 헌신하지 않으면 자유무역은 불가능하다고 주장했다.[55] 또한 소비에트 국가가 분열하고 러시아제국이 붕괴하면서 생겨났던 여러 작은 공화국이 다시 나타나야만 그 목표를 달성하리라고 주장했다. 심지어 1930년대까지 일부 프로메테우스주의자는 튀르키예, 루마니아, 불가리아와 미래의 독립 우크라이나 및 조지아를 포함하는 흑해 국가의 정치적·경제적 동맹 결성을 요구하기 시작했다. 잡지에 기고한 어떤 우크라이나인에게 그러한 동맹의 전략적 가치는 분명했다. "좌측 전선이 돈, 쿠반, 우랄 코사크의 우호적인 땅을 지나 폴란드에 닿고, 우측 전선이 아시아, 투르키스탄, 그리고 그 밖의 지역에서 억압받는 민족에게 뻗어 나가면, 이 국가들의 동맹은 적색이든 백색이든 러시아의 제국주의적 경향을 단번에 막을 것이다……"[56] 프로메테우스주의자에게 흑해 문제는 동방문제 전체의 핵심이었다.

물론 프로메테우스 운동은 결국 실패했다. 적어도 20세기 대부분 기간에는 그랬다. 카프카즈 공화국들은 소련 영토로 확고히 남았다. 루마니아의 국경은 제2차 세계대전 중 소련에 유리하게

강제로 바뀌었다. 전쟁 후 튀르키예는 북대서양조약기구^{North Atlantic}
^{Treaty Organization, NATO} 회원국이 되면서 이제 공산주의가 된 발칸반도
국가와 관계가 끊어졌다. 그러나 프로메테우스 사상은 런던, 파리,
다른 곳의 망명 공동체 안에 살아 있었다. 1949년 서유럽에 사는
전직 프로메테우스 활동가들이 운동을 되살리기 위해 뮌헨에서
회의를 조직했다. 이 회의에서 회원들은 활동을 재개하고, 소련에
맞서는 세계적 투쟁을 이끌고 있는 미국으로 운동의 본거지를 옮
기기로 결의했다. 위스콘신주 밀워키에 사는 역사 교수 로만 스말
스토키^{Roman Smal-Stocky}가 지도부를 이끌게 됐다.[57] 1951년 옛 폴란드
프로메테우스주의자인 에드문트 하라슈키에비치^{Edmund Charaszkiewicz}
가 전직 지도자들에게 공개서한을 보내 조직을 되살리고 공산주
의자로부터 바다와 해안을 해방시키는 깃발을 다시 들어 올릴 것
을 촉구했다. 그러나 거의 20년 후에 하라슈키에비치가 불평했듯
이, "삶과 새로운 상황"이 그 계획을 좌절시켰다.[58] 그 후 흑해 공
동체라는 개념은 망명 냉전 투사들의 공상에 가까운 구상에 불과
하게 될 것이었으나, 냉전이 끝나자 새로운 활력을 얻게 되었다.

발전과 쇠퇴

하라슈키에비치와 동료들을 좌절시킨 새로운 상황이란 제2차 세계
대전으로 인해 바다 주변의 전략적 관계가 바뀐 것이었다. 1941년
6월 루마니아는 나치 독일과 함께 소련 공격에 가담했다. 전년 여

름 스탈린^{Iosif Stalin}은 루마니아 동부 지방 베사라비아 점령을 명령했다. 이는 자동적으로 루마니아 정부와 국민에게 나치 침공을 환영할 명분을 제공했고, 루마니아 토착 파시즘 정부의 등장을 가속화하는 계기가 됐다. 불가리아와 독일의 관계는 오랫동안 우호적이었다. 불가리아는 제1차 세계대전에서 동맹국 편에서 싸웠고 함께 패배했다. 잃어버린 땅을 되찾고, 어쩌면 수십 년 전 산 스테파노 조약에서 약속한 대불가리아를 실현할 수도 있다는 제안은 거부하기에 너무 매력적이었다. 전쟁 초기에 불가리아는 심지어 이웃이자 이제는 동맹인 루마니아를 희생시켜 남부 도브루자 영토를 되찾을 수 있었다. 튀르키예는 거의 전쟁 내내 공식적으로 중립을 유지했고, 마지막에 연합국 편에 가담해서 승전국 지위를 확보했다.

제1차 세계대전 때처럼 흑해에서의 해전은 동부 전선에서의 훨씬 더 중요한 지상전에 비하면 부차적이었다. 독일과 루마니아를 비롯한 추축국이 동쪽으로 빠르게 진격했으나 결국 스탈린그라드에서 역전됐다. 전쟁 초기에 소련은 주요 항구를 독일군과 추축국 해군에 빼앗겼다. 오데사, 노보로시스크, 니콜라예프, 세바스토폴이 차례로 함락됐다. 세바스토폴은 거의 한 세기 전처럼 포격에 의해 폐허로 변했고, 1년 가까이 계속된 포위 공격 끝에 마침내 함락됐다. 그러나 포티와 바투미 같은 작은 항구에서 소련 해군은 외해에서의 방해 작전을 수행할 수 있었다. 독일 전함은 소비에트 구축함과 순찰 중인 영국 군함 때문에 출항하기를 두려워하며 전쟁 기간 대부분 루마니아와 불가리아 항구에 발이 묶여 있었다. 소련 해군 조종사도 콘스탄차, 노보로시스크, 갈라치 등 독일과 그

동맹국이 점령한 도시들을 반복적으로 공습했다. 스탈린그라드 전투 이후 항구는 반격에 나선 소련군에 의해 빠르게 탈환됐다. 독일군과 루마니아군은 1943년 9월 노보로시스크에서 축출됐다. 니콜라예프는 다음 해 3월에, 오데사는 4월에 함락됐다. 소련 함대가 우위를 되찾고 서부와 동부 해안을 따라 차례차례 항구를 확보하는 것은 시간문제였다.

전쟁 중 추축국과 소련 모두 민족 청소와 제노사이드 정책을 맹렬히 추진했다. 독일과 루마니아군이 오데사시를 포함한 서북부 연안을 점령하는 동안 유대인 수십만 명이 루마니아, 점령된 우크라이나 일부, 오데사에서 드네스트르강 동쪽 지역, 즉 악명 높은 트란스니스트리아Transnistria 학살터로 보내졌다. 일부 유대인은 흑해 항구에서 선박을 빌려 팔레스타인으로 탈출하는 데 성공했다. 그러나 그때조차 영국 위임 통치 정부의 제한적인 이민 정책이 종종 사람들을 가로막았다. 난민으로 가득 찬 배는 해상에서 때때로 민간 선박을 교전 대상으로 간주해 공격하는 연합국과 추축국 군함 모두를 피해야 했다. 소련 해군은 결국 추축국 세력의 보급을 차단하기 위해 중립국 선박에까지 발포했다. 1942년 겨울 보스포루스해협 입구에서 약 800명의 유대인 난민을 태운 여객선 스트루마호가 콘스탄차에서 팔레스타인으로 가는 도중 소련 잠수함에 의해 침몰하는 악명 높은 사건이 일어났다. 튀르키예 어부들은 얼음물에서 단 한 명의 생존자만을 건져냈다.[59]

다른 집단들은 수십 년 전 남부 해안에서 경험한 것과 같은 추방을 당하며 고통받았다. 전쟁이 끝나갈 무렵 소련 정부는 크림 타타르인이 나치 침공군을 지원했다고 비난했다. (일부 타타르 엘리트는 의심할 여지 없이 독일군을 해방자로 환영했는데, 아마도 프로메테우스 운동의 목표인 크림공화국을 실현하는 첫 단계로 봤을 것이다. 나치가 크림을 남티롤 출신 독일인이 식민화할 '고트인의 땅'으로 만들 계획을 세웠는데도 말이다.) 1944년 5월 약 18만 9,000명의 타타르인이 밀폐된 화물열차에 실려 중앙아시아로 추방당했다. 대략 추방된 이들의 46퍼센트가 가는 도중이나 동쪽 목적지에 도착한 직후 사망했다. 크림과 동부 해안을 따라 있던 다른 집단, 즉 그리스인 1만 5,000명, 불가리아인 1만 3,000명, 아르메니아인 1만 명도 소련에 의해 '적대 민족'으로 분류되어 추방당했다. 이제 이 집단들은 '부역자'라는 집단적 유죄를 뒤집어썼고, 오직 그렇게만 취급당했다.[60] 그해 초 비슷한 재앙이 다른 처벌받은 민족에게도 이미 닥쳤다. 동북부 카프카즈의 50만 명이 넘는 체첸인과 인구시인Ingush, 북카프카즈의 발카르인Balkar, 카라차이인Karachai, 쿠미크인Kumyk 같은 튀르크어 사용자들, 볼가강을 따라 사는 독일계 주민들 모두 마찬가지로 비인간적인 조건 속에서 중앙아시아로 보내졌다. 이 집단 중 많은 이가 스탈린 사후 공식적으로 복권됐고, 일부는 심지어 조상의 땅으로 돌아가는 것을 허락받았다. 그러나 타타르인들의 크림으로의 대규모 귀환은 1990년대까지 시작되지 않았다.

전쟁의 혼란은 불안한 평화로 바뀌었다. 이는 여러 면에서 2세기 이상 지속된 북부와 남부 해안 사이의 전략적 경쟁을 되풀이하는 평화였다. 오랫동안 유럽 강대국이 중요하게 여긴 수역에서 동유

럽 전체의 전후 운명을 결정한 회의를 개최한 것은 어쩌면 당연한
일이었다. 1945년 2월 얄타 휴양지에서 처칠, 루스벨트, 스탈린이
이 지역의 정치적 지도를 재편하는 계획을 세웠고, 곧 소련과 서방
의 세력권이 될 지역을 분할했다.

　그 결과 바다 주변은 발칸반도에서 카프카즈까지 정치·문
화·경제가 이전에 볼 수 없었던 규모로 통합됐다. 루마니아와 불
가리아는 '인민민주주의' 국가가 됐고 곧 소련과 방어 군사동맹 및
공동 경제 블록으로 결속됐다. 무역·농업·산업은 국가가 규제하
는 계획에 따라 운영됐으며, 이 계획은 다시 소련의 생산 목표와
필요에 맞춰졌다. 남부 해안은 물론 이 체계의 밖이었다. 튀르키예
는 서방의 방어 우산 아래 들어갔고, 1951년 NATO에 가입했다.
20세기 후반 대부분 냉전은 바다에 일종의 평화를 가져왔다. 서방
자본주의의 전초기지는 동구 공산주의─튀르키예 입장에서는 북
구 공산주의였다─의 말굽 모양 해안선을 마주 보고 있었다. 소련
은 해협 통행을 연안 국가의 선박에만 제한하려는 목적으로 옛 몽
트뢰 협약의 조건을 개정하고자 거듭 시도했다. 실제로 이러한 변
화가 실현됐다면 흑해를 거의 소련의 호수로 만들었을 것이다. 그
러나 냉전 내내 튀르키예와 미국은 바다의 지위를 상선과 군함 모
두에게 개방된 국제 수로로 유지할 것을 고집했고, 몽트뢰 조약의
조건에 따라 미국 군함을 해협을 통해 정기적으로 파견하며 이 점
을 강조했다.[61]

　이제 흑해를 둘러싼 두 사회 체제, 즉 소련식 공산주의와 튀르
키예공화국의 국가 주도 민족주의 사이의 모든 차이에도 불구하

고, 둘 다 바다와 그 해안선을 바꾸려는 혁명적 변화의 이념을 공유했다. 제2차 세계대전 종전 후 반세기 동안 연안 지역은 전례 없는 속도로 발전했다. 바다의 부, 특히 어족 자원은 더 이상 단순히 개별 연안 공동체의 몫이 아니었고, 멀리 떨어진 황제가 지키거나 과세할 대상도 아니었다. 그것은 이제 네 국가의 재산이었으며, 각각은 급속한 발전에 전력을 다했다. 그중 셋은 자본주의적 경제 성공 모델에 도전하려고 했고, 네 번째 국가는 선대 제국이 파멸한 원인인 경제적 후진성을 의식했다. 모두 유럽의 나머지 선진국을 따라잡고 근대화로 나아가는 경쟁에 뛰어들었으며, 모두 곧 그 경쟁이 낳은 예상치 못한 결과로 고통받을 것이었다.

흑해 주변의 심각한 환경 변화는 새로운 것이 아니었다. 서부와 북부의 초원은 18세기 후반부터 소가 끄는 쟁기가 갈아엎으면서 사라지기 시작했다. 북부 강둑의 숲도 같은 시기에 사라졌고, 고지대 카프카즈의 울창한 숲도 마찬가지였다. 발칸반도 산기슭의 숲은 훨씬 일찍 사라졌다. 그러나 20세기 후반에 기계화된 농업, 산업화, 도시의 성장, 새로운 에너지 기술이 결합하면서 해안선을 따라 변화가 더욱 가속화했다. 트랙터, 콤바인, 기타 농기계가 등장하면서 남은 스텝 지역을 세계에서 가장 비옥한 농지로 만들었다. 흑토 지역은 이미 19세기 중반에 보다 효율적인 경작 기술, 개량된 밀 품종, 철도 운송의 확장으로 곡물 생산 호황을 이끌었다. 화학 비료의 도입을 포함한 1960년대의 농업 혁명을 통해 우크라이나와 남부 러시아의 들판은 비로소 소련의 자랑이 됐다.

산업 시설은 물가 바로 옆까지 확장됐다. 19세기 말에 이미 석유 채굴 및 정제 산업의 토대가 닦였으나, 루마니아와 소련에서 이 산업은 제2차 세계대전 후 급속히 성장했다. 파이프라인이 바쿠와 다른 카스피해 유전에서 노보로시스크로 석유를 운반했고, 유조선이 보스포루스를 통해 세계 각지로 석유를 가져갔다. 석유 정제소가 루마니아 해안을 따라 생겨났는데, 국가 계획자들은 종종 깨끗한 해변 바로 옆에 이들을 건설했다. 공산주의 산업의 자랑은 이제 해안을 따라 곳곳에 자리한 노동자들의 휴양지에서 쉽게 볼 수 있었다.

공업화와 함께 물리적 환경이 뒤바뀌었다. 수천 년 동안 어부와 상인에게 자연적 장애물이었던 드네프르강의 급류가 1932년에 사라졌다. 스탈린 시대의 가장 훌륭한 산업 성과로 꼽히는 하류의 드네프로스트로이Dneprostroi 수력발전소가 수위를 높여 급류를 덮어 버린 것이다. 제2차 세계대전 중 후퇴하던 독일군이 댐을 파괴했지만 1940년대 후반에 재건됐고, 새 시설은 강의 수위를 약 40미터 높여 다시 한번 유명한 드네프르강의 급류를 덮었다. 그보다 동쪽에서는 1952년에 소련이 볼가-돈 운하를 완공했다. 이는 오스만 술탄과 표트르 대제가 모두 실행 불가능하다고 포기했던 카스피해와 흑해를 연결하는 구상이 마침내 실현된 것이었다. 한때 두 강 사이에서 육상으로 운반해야 했던 화물이 이제 물 위에서 운송될 수 있었다. 1984년에는 루마니아가 퇴적과 수로 변화 때문에 항상 선박 운송을 어렵게 했던 삼각주를 우회하여 다뉴브강과 해안을 연결하는 또 다른 운하를 완공했다. 1990년대 초에는 독일이 마인-다뉴브 운하를 개통하면서 선박이 북해에서 카스피해까지 직항할 수 있게 됐다. 중세 노르드 상인에게는 물론 새로운 일이 아니었으나, 이제 대형 원양선이 전 구간을 운행할 수 있는 항로가 열린 것이었다. 해안 전체를 따라 간선도로와 철도 노선이 깔리며 물품과 사람을 바다로든 육지로든 똑같이 쉽게 운송할 수 있게 됐다. 항공 여행은 국제 중심지를, 그리고 여러 나라의 지방 도시와 수도를 연결했다.

이 계획 각각은 물론 인간적 측면에서든 환경적 측면에서든 대가를 치렀다. 공산주의 국가에서 완공한 많은 주요 건설 계획에는 강제 노동이 동원됐다. 다뉴브-흑해 운하는 1950년대 초 건설 초기 단계에 투입된 정치범들의 높은 사망률 때문에 루마니아에서 '죽음의 운하'로 널리 알려졌다. 이 계획들은 바다의 건강에도 큰 영향을 미쳤다. 황화수소 덩어리 위에 생물이 생존할 수 있는 해수층이 상대적으로 얇게 형성되어 있는 흑해는 자연 상태가 본래 불안정했다. 역설적으로, 튀르키예와 공산주의 이웃 국가들이 연안 국가로서의 입지가 주는 발전의 기회를 완전히 실현해나가던 바로 그때, 바다는 죽어가기 시작했다.

바다가 앓는 병의 일부는 특히 서부와 북부 해안 주변 산업과 도시 중심지의 성장에 따른 직접적인 결과였다. 노보로시스크, 오데사, 콘스탄차, 바르나 같은 항구는 제2차 세계대전 후 계속 확장되면서 광활한 교외, 조선소, 산업 시설을 갖춘 주요 지역 중심지가 됐다. 터미널과 가공 시설이 배출한 석유와 화학 오염 물질을 포함한 산업 폐수가 바다로 흘러들었다. 북부 강에 지은 수력발전소는 하구의 수온을 높였고 그 결과 민감한 어종들이 사라졌다. 더 내륙에서는 화학 농약과 비료를 쓰는 산업화된 농업이 발생시킨 유출수가 강으로 스며들었다. 이 모든 문제는 20세기의 다른 많은 수역에서도 겪은 일이었다. 그러나 흑해의 경우 두 가지 특정한 과정이 작용했고, 각각이 바다에 큰 문제를 일으켰다. 하나는 바다 자체의 특성에서 비롯한 것이었고, 다른 하나는 미국에서 온 침입자에서 기인했다.

내해에서 생명은 강이 가져오는 유기 영양분의 꾸준한 공급에 달렸다. 그러나 좋은 것도 지나치면 문제다. 농지에서 나온 유출수나 상류에 있는 도시가 생산하는 폐기물 형태의 과도한 유기물은 흑해에서는 특히 위험하다. 유기물을 자연 분해하는 과정은 산소를 소모하며, 이는 다시 바다 상층부의 산소가 풍부한 얇은 층을 더욱 고갈시킨다. 더 중요한 것은 과도한 영양분이 식물, 특히 희소한 산소를 흡수하는 플랑크톤을 번성하게 한다는 점이다. 이러한 과정을 부영양화라고 한다. 이렇게 플랑크톤이 급증하면 어족 자원에 파괴적인 영향을 줄 수 있다. 산소 결핍 상태(바다의 생명 유지층의 산소 수치가 낮은 것)가 주기적으로 증가하는 것은 이러한 과정의 결과다. 1973년부터 1990년까지 산소 결핍이 영향을 미친 지역은 3,500제곱킬로미터에서 약 4만 제곱킬로미터로 증가했으며, 특히 바다의 가장 얕은 구역인 루마니아와 우크라이나 해안을 따라 있는 서북부 대륙붕에서 두드러졌다.[62]

20세기 마지막 30~40년 동안 농업 유출수와 도시 폐기물이 현저히 증가한 것은 한 가지 걱정거리에 불과했다. 다른 하나는 1980년대 초에야 나타나기 시작한 생태계의 새로운 침입자였다. 지중해에서 도착하는 선박의 선저수에 숨어서 온 이것은 과학자들이 므네미옵시스 레이디^{Mnemiopsis leidyi}라고 부르는 대형 무척추동물 종으로, 해파리와 비슷한 동물이었다. 므네미옵시스는 대서양의 온대 지역이 원산지이나, 흑해가 자신에게 적합한 서식지임을 알아챘다. 이 해파리의 출현과 동시에 플랑크톤이 증가했고, 이는 엄청난 양의 먹이를 제공하여 이 생물이 놀라운 속도로 번식할 수 있게 했다. 오늘날 보스포루스해협을 따라 산책하면 누구나 므네미옵시스와 그 친척뻘인 해파리를 쉽게 볼 수 있다. 해안가 뒤편 수로에 수백 수천의 해파리들이 덩어리진 채 떠다니는데, 그중 어떤 것은 농구공만큼이나 크다. 1990년대 후반까지 므네미옵시스의 질량은 약 9억 톤으로 추정됐으며, 이는 전 지구의 연간 어획량보다 컸다.[63] 플랑크톤, 치어稚魚, 또는 작은 물고기가 주로 먹는 먹이를 게걸스럽게 먹어치우는 해파리의 식욕 때문에 여러 어종이 줄어들었다. 이는 다시 먹이사슬 상위의 상업적으로 중요한 다른 어류들의 먹이가 부족해지는 결과를 낳았다.

므네미옵시스의 출현은 해양 건강의 또 다른 중요한 변화, 즉 대규모 상업적 어업의 연쇄 효과와 동시에 일어났다. 제2차 세계대전 후 산업적 어업이 부상하면서 어획량이 엄청나게 증가했다. 새로운 기술, 특히 해저 깊숙이 바닥을 긁으며 엄청난 양을 포획할 수 있는 준설망이 20세기 중반의 풍부한 어획량을 가능케 했다. 그러나 그 대가로 어족 자원이 점진적으로 감소했다. 어획량은 1986년부터 2001년까지 약 3분의 1로 감소했다. 1960년대에는 약 26종을 상업적으로 어획했으나, 1990년대에 이르면 대규모로 어획할 수 있을 정도로 충분한 개체수가 남은 어종은 단 6종뿐이었다.

영국 해양학자이자 해양 생태학에 관한 세계 최고 전문가 중 한 명인 로런스 미[Laurence Mee]에 따르면, 세기말까지 나타난 이 모든 변화의 총합은 '환경 재해'였다.[64] 굶주린 해파리가 잡아먹은 탓에 일부 종, 특히 고등 해양 생물에 필수적인 플랑크톤의 일부 유형이 사실상 사라졌다. 상업적으로 상당한 가치가 있던—사실 수천 년 동안 그래왔던—어종이 너무 적게 발견되면서 도저히 더 이상 잡을 가치가 없게 됐다. 고대 저자들이 해안가를 따라 매년 이동한다고 기록한 일부 종들은 찾기가 어려워졌다. 남부 해안가에서 오랫동안 주요 식량원이었던 멸치도 일부 해역에서는 완전히 사라졌다.

이러한 변화가 인간에게 미친 결과는 예측 가능했으나 파괴적이었다. 어선들은 운항을 중단했다. 수산물 가공 센터들이 폐쇄되고 노동자들이 해고됐다. 주요 단백질 공급원이 지역 식단에서 사라지기 시작했다. 해안에서 내륙 도시 중심지로의 이주가 늘었다. 해안 침식과 오염된 해변으로 어려움을 겪던 관광 시설이 폐쇄됐다. 연안 공동체는 이제 역사상 가장 큰 환경적·경제적·사회적 위기에 직면한 듯하다. 2,000년이 넘는 세월 동안 제국, 국가, 민족들은 흑해의 수역에 대해 정치적·역사적 권리를 주장했다. 20세기 말에 이르러 이 바다는 차지할 만한 가치가 있는지조차 더 이상 분명치 않았다.

7장   물과 마주하기

이 세기의 가장 중요한 전쟁 대다수는 변경 전쟁이었다. 종교 전쟁,
동맹 전쟁, 반란 전쟁, 영토 확장 전쟁, 왕조의 음모나 야망의 전쟁,
즉 개인적 요소가 종종 지배적 요인이었던 전쟁은 변경 전쟁으로
대체되는 경향이 있다. 다시 말해, 국가와 왕국의 팽창에서 비롯하는
전쟁으로, 거주 가능한 지구가 줄어들면서 한 국가의 이익이나
야망이 다른 국가의 그것과 첨예하게 대립하고 화해할 수 없는
충돌에 이르는 지점까지 나아간다.
一1907년, 커즌 경

인권과 기본적 자유, 경제적 자유를 통한 번영, 사회 정의, 평등한
안보와 안정에 기반한 유럽 통합 과정의 일부로서 지역 협력의 공통
비전을 공유하며……
一1998년 얄타, 흑해경제협력기구 헌장

민족 음식을 드셔보세요! 민족 음식을 먹는 게 좋아요!
一2000년 크림반도 추푸트칼레, 타타르 과자를 파는 여성

페르낭 브로델은 모든 항구는 양쪽을 향한다고 썼다. 밖으로는 바다와 물 위로 떠밀려오는 다양한 영향을 대하고, 안으로는 내륙과 항구를 특정한 장소에 정박시키는 육지의 문화를 대한다. 19세기 중반부터 흑해 주변의 많은 행위자는 양쪽을 향하던 얼굴을 육지 쪽으로 돌리고, 해안가의 삶을 특징지었던 다양한 정체성을 제거하고, 연안 지역을 젊은 민족의 유산이자 더욱 젊은 국가의 재산으로 주장하기 위해 체계적으로 노력했다. 냉전 시대에 바다는 경쟁하는 국가와 사회 체제 사이의 장벽이 됐다. 각 국가는 바다 건너편 상대와의 차별화를 꾀했고, 그들의 이념은 해안과 바다 자체를 국가 주도 개발의 대상으로 만들었다.

공산주의가 종식되고 소비에트연맹이 붕괴한 이후에도 비슷한 과정들이 계속됐다. 연안에는 새로운 국가들, 즉 1991년에 독립한 우크라이나, 러시아, 조지아가 등장했다. 가까운 이웃과 거리를 두는 습관은 NATO와 EU 같은 기관에 가입하려는 경쟁으로 이어졌다. 자국을 외국 투자자에게 더 매력적이고, 정치적으로 더 안정적이며, 심지어 해안 바로 아래에 이웃한 나라보다 더 문명화됐다고 묘사하는 것이 일반적인 담론 방식이었다. 오늘날 세계에 흑해 주변만큼 정치 엘리트와 평범한 시민이 자기 이웃에 관해 모르는 곳은 없다. 이는 민족을 시간을 초월한 것으로, 국가를 예정된 것으로, 지역을 일시적인 것으로 보는 역사관이 부추긴 의도적인 무지이다. 멀지 않은 과거에는 어부, 상인, 항구 관리, 심지어 바다 건너편의 친척과 긴밀한 관계를 맺는 것이 특별하지 않았을 것이다. 이제 이런 관계를 상상하기가 더 어렵게 여겨지는 것은 역사,

정치, 사회관계를 이해하는 특정한 방식이 승리했음을 증명한다.

오늘날 환경 악화, 이주, 경제 발전, 기타 정책 분야는 모두 민족에 대한 배타적인 정의定義와 패권적인 국가 구상 모두를 초월할 것을 요구한다. 흑해 지역이 직면한 문제는 본질적으로 상충하는 것처럼 보이는 두 가지를 요구한다. 한편으로는 강하고 유능한 국가를 요구하고, 다른 한편으로는 자신의 주권 일부를 내어주면서 이웃들과 협력하려는 의지를 지닌 국가를 요구한다. 그러나 1990년대가 보여주었듯이, 국가를 건설하는 동시에 해체하는 것은 쉬운 일이 아니다.

1920년대 그리스와 튀르키예 사이의 인구 교환 직후, 아널드 토인비Arnold Toynbee는 "모든 근동 민족의 근본적이고 일치되는 이익은 평화, 강대국의 음모와 야망과 거리를 두는 것, 그리고 국제 조직의 도덕적·경제적 지원에 있다"라고 썼다.[1] 그것은 유럽 외교관들이 세대를 거듭하며 권한 해법이었다. 바다와 그 출구, 즉 다뉴브강과 해협의 지위를 국제화해서 어떤 지역 강국도, 특히 민족 해방 같은 구호를 내세우며 독점하지 못하게 하라는 것이었다.

어떤 면에서 토인비의 전략은 상당히 성공적이었다. 공산주의 이전과 공산주의 시대의 유산인 많은 영토 분쟁과 상호 불신에도 불구하고, 흑해 지역 국가 사이의 무력 충돌은 이제 거의 상상하기 어렵다. 단 한 경우, 1994년 휴전으로 끝난 나고르노카라바흐 영토를 둘러싼 아르메니아-아제르바이잔 분쟁에서만 두 나라 사이의 영토 분쟁이 전쟁으로 번졌다. 국제적 분쟁이 될 뻔한 다른 유일한 주요 사례는 옛 소련 흑해 함대의 지위에 관한 것이었으며, 독립 우크라이나와 러시아연방이 모두 그 선박과 선원을 차지하려 했다. 그러나 이러한 대치 상황은 1997년 두 정부가 해군 자산을 분할하기로 합의하면서 원만하게 해결됐는데, 대다수 선박이 러시아로 갔다. 더 나아가 우크라이나는 러시아 해군에 항구 시설을 임대하기로 합의했고, 두 나라는 이제 함대의 전통적인 본거지인 세바스토폴에서 부두 공간을 공유한다. 물론 이 모든 것은 카라바흐 분쟁의 희생자와 아제르바이잔의 고향으로 아직 돌아가지 못한 이재민 수십만 명에게, 또는 실제로 이 지역의 다른 여러 내전에 휘말린 많은 사람에게 큰 위로가 되지 않는다. 그러나 토인비의 시대와 지난 세기의 대부분 동안 화약고로 여겨지던 세계의 한 지역에서 국제 분쟁이 거의 없다는 것은 주목할 만하다.[*]

2000년대 초에 이 지역의 평화와 안정이 위협받는 것은 국가가 강해서가 아니라 오히려 약해서다. 많은 지역에서 빈곤은 고질적이다. 단순히 공산주의 중앙 계획에서 '전환'한 결과가 아니라 지역 경제가 장기적이고 구조적으로 지닌 특징이다. 정부 기관들은 제 구실을 하는 경우조차도, 이따금씩 공직자들에게 소액의 뇌물과 대규모 리베이트 형태로 수익을 제공하기 때문에 기능할 따름이다. 사회 서비스의 부재는 일상적 생존을 각자도생의 게임으로 만들고, 가족·씨족·종족 집단과 같은 오래된 사회적 네트워크

---

[*]　이 책에서 다루는 2000년대 이후, 이 지역에서 일어난 근년의 국제 분쟁에 관해서는 옮긴이의 말에서 일부 부연했다.

에 대한 의존은 개인들이 현대 국가의 평등한 시민임을 자각하지 못하게 방해한다. 더욱 불길한 것은 치안이 제대로 유지되지 않아서 무기에서 마약, 인신매매에 이르기까지 모든 것을 거래하는 초국가적인 범죄 조직들이 사실상 처벌받지 않고 활동할 수 있다는 점이다. 환경 악화와 생태적 재난이 일어날 가능성은, 한편으로는 공산주의 시대의 유산이고 다른 한편으로는 후속 정부들이 잘못 설계한 산업 및 농업 정책의 산물이다. 이는 현세대와 미래 세대 모두를 위협하고 있다. 이 지역을 경유하는 이주민과 망명 신청자는 점점 더 튀르키예와 탈공산주의 국가를 합법이든 불법이든 결국 EU로 이주하기 위한 경유지로 간주한다. 발칸반도와 카프카즈의 무력 충돌에서 비롯한 난민은 자국 시민을 돌보기도 버거운, 하물며 이웃 국가의 시민들을 위하기는 더 어려운 국가에 추가적인 부담을 안겼다. 1990년대와 2000년대 초의 인구 이동, 즉 경제 이주민, 망명 신청자, 경유 이주민, 난민의 흐름이 1860년대부터 1920년대까지의 대규모 인구 제거만큼이나 이 지역의 인구 구조를 심대하게 변화시킬 수 있다고 말하는 것은 과장이 아니다.

약소국이 겪는 특유의 문제는 지역의 분리주의 운동과 내전의 결과에서 가장 뚜렷하게 드러난다. 1990년대 초반에 여러 작은 전쟁과 반란이 더 넓은 동남부 유럽 전역에서 격렬히 일어났으나, 1990년대 중반이 되면 대부분은 상대적으로 안정을 찾았다. 발칸반도와 탈소비에트 분쟁들에서는 전면적인 평화 협정이나 임시 휴전이 체결됐다. 일부 경우에는 국제적인 재건 활동을 시작하고 외국 평화 유지군을 배치했다. 1999년 튀르키예는 쿠르드 지도자

압둘라 외잘란^{Abdullah Öcalan}을 체포하면서 자국 동남부의 반군 운동을 대체로 무력화시켰다. 그러나 중요한 네 곳에서는 전면전이 끝났지만 분쟁을 진정으로 해결하지는 못했다. 대신 옛 분쟁 지역에 승인되지는 않았지만 실질적으로 기능하는 국가들이 생겨났는데, 이들은 주권의 외형을 은밀히 획득하는 데 탁월한 성과를 거둔 사실상의 국가들이었다.

남오세티야, 압하지야, 나고르노카라바흐, 트란스니스트리아는 더 넓은 세상에 거의 알려지지 않았으나, 흑해 지역에서 실체로서 존재한 지 10년이 더 지났다. 이들을 영토 안에 두고 있는 국제적으로 인정받은 정부, 즉 조지아, 아제르바이잔, 몰도바는 분쟁을 해결하기 위해 외부의 도움을 지속적으로 요청했고, 국제연합^{United Nations, UN} 대표단과 다른 국제 중재자들이 바로 그 목적으로 현지에 파견되어 활동했다. 협상은 이런저런 형태로 수년간 지속됐으나 최종 합의에는 이르지 못하고 있다. 그러나 전쟁도 평화도 아닌 이 애매한 상태 속에서도, 유라시아의 미승인 국가들은 실질적으로 작동하는 제도를 구축했으며, 경우에 따라서는 명목상 자신들이 속해 있다고 간주하는 국가들의 제도 못지않게 효과적으로 기능하고 있다. 이들은 모두 통치의 기본 구조와 주권의 상징을 갖추었다. 모두 군사력을 보유하고 있고, 가난하지만 작동하는 경제가 있다. 모두 아무리 비민주적이더라도 정치 지도자를 뽑는 선거를 실시해왔다. 모두 승인된 국가와는 별개의 통화 체계, 국경 체제, 교육 제도를 수립했다. 이 네 나라는 심지어 서로 협력하며, 정기적인 정상 회담과 장관 회의에 대표를 보냈다. 대부분의 지도는 흑해 주변에 단 여섯 개의 국가만을 표시하지만, '국가'를 판단하는 기준이 단순히 정의된 영토를 통제하는 능력이라면, 실제로는 훨씬 더 많은 국가가 존재한다. 즉, 누가 세느냐에 따라 그 수는 달라진다.*

부분적으로는 약소국이 겪는 문제를 다루고 내부 분쟁이 국제 전쟁으로 번지지 않도록 보장하기 위해 연안 국가와 이웃이 1990년대 초 지역 협력 계획을 시작했다. 새로운 협의체인 흑해경제협력기구, 즉 BSEC가 튀르키예 정부의 주도하에 설립됐다. 이 협의체는 냉전 종식 후 튀르키예가 새로 발견한, 이 지역의 리더라는 소명의 산물이었다. 그러나 그것은 또한 이 지역의 많은 신생 국가의 주권을 강화하는 방법이기도 했는데, 그들 중 일부는 처음으로 진정한 독립을 경험하고 있었다.

1992년 6월 모든 흑해 연안 국가와 다른 이웃 지역의 정상들이 이스탄불에서 만나 광범위한 협력 계획을 시작한다고 선포했다. 이는 환경, 범죄와 부패, 투자, 조세, 교육 등의 정책 분야를 포괄하는 일련의 계획으로 발전했다. 6년 후 11개 회원국, 즉 러시아, 우크라이나, 튀르키예, 조지아, 루마니아, 불가리아, 알바니아, 아르메니아, 아제르바이잔, 몰도바, 그리스가 BSEC를 국제기구 지

---

* 나고르노카라바흐(아르차흐공화국)는 2023년 9월 아제르바이잔의 군사 공세로 사실상 소멸했다. 약 12만 명에 달하는 아르메니아계 주민 거의 전원이 아르메니아로 피난했으며, 같은 해 12월 말 아르차흐공화국은 공식 해체를 선언했다. 남오세티야와 압하지야는 2008년 러시아-조지아 전쟁 이후 러시아를 비롯한 소수 국가(베네수엘라, 니카라과, 나우루, 시리아)의 승인을 받았으며, 러시아의 군사적·경제적 지원 아래 현재까지 사실상의 독립 상태를 유지하고 있다. 트란스니스트리아는 2025년 1월 우크라이나를 경유하던 러시아 가스 공급이 중단되면서 심각한 에너지·경제 위기에 봉착했다.

위로 격상시키고 상설 사무국을 설립하는 헌장에 서명했다. 현재 이 사무국은 이스탄불 중심부에서 보스포루스해협을 따라 조금 올라간 곳에 위치한 멋드러진 저택에 자리 잡고 있다. 흑해 의회, 투자 은행, 다국적 해군 부대, 하계 대학, 정책 연구 센터도 설립됐다. 사상 처음으로 흑해 해안이 정복이나 비공식적인 교역망이 아니라, 바다를 중심으로 안전하고 협력적인 지역을 만들려는 정치 지도자의 의식적인 노력에 의해 하나로 묶이게 됐다.

분명히 가장 긴급한 문제는 바다 자체의 환경이 악화하는 것이었고, BSEC는 여기에 관심을 집중해왔다. 일찍이 1992년 4월에 6개 연안 국가가 환경 보호에 관한 부쿠레슈티 협약에 서명했다. 1년 후 오데사 회의에서는 각국 연안 지역에 보존 구역을 설립하고, 바다로 흘러드는 수계의 오염 방지 정책을 조정하고, 오염과 생물다양성에 관한 중요한 과학적 정보를 공유하기로 합의했다. 1996년 UN과 다른 국제 조직의 지원을 받아 BSEC의 주관 아래 흑해 오염 원인에 대한 최초의 다국적 분석을 완료했다. 이제 5년마다 모든 연안 국가의 과학자가 함께 '해양 현황' 보고서를 발행한다. 이는 냉전 시대에 그러한 노력을 가로막았던 서로 간의 불신을 극복한 진정으로 거대한 도약이다.

이미 희망의 신호가 있다. 1990년대를 거치며 영양분 농도가 감소했고, 그로 인해 산소를 고갈시키고 번식력이 강한 해파리를 키웠던 플랑크톤과 조류가 번성하는 속도도 다시 느려졌다. 산업 오염이 다소 완화됐고, 남획도 축소됐다. 그러나 이러한 변화 중 일부는 단지 우연일 뿐이다. 옛 공산주의 국가의 비참한 농업 상태, 즉 생산이 전반적으로 감소하고 따라서 화학 비료 사용도 줄어든 것이 바다로 영양분이 유출되는 것을 줄이는 유익한 효과를 낳았다. 연안 국가의 어선들이 급격히 감소한 것은 1960년대 이후의 남획과 1980년대 후반부터 공산주의 국가가 겪은 경제 위기의 결과였다. 그러나 산업적 어업이 줄어든 덕분에 이제 어족 자원이 회복될 수 있을지도 모른다. (옛 공산주의 국가들이 경제난으로 어선 운영을 중단하고 배들을 항구에 묶어둔 결과, 연간 어획량의 약 90퍼센트가 이제 튀르키예 선박에서만 잡힌다. 믿기지 않는다면 루마니아 해안의 식당에서 생선 요리를 주문해보면 알 것이다.) 일부 지역에서는 여전히 산업적 오염이 심각하지만, 불가리아에서 조지아에 이르는 대규모 산업 중심지들이 폐쇄되면서 바다 전체로서는 덜한 문제가 됐다. 그러나 연안 국가들의 경제가 회복되기 시작하면 의심할 여지 없이 가장 심각한 환경 문제가 돌아올 것이다. 과거의 경제적 안정을 되찾는 것이 단기적으로는 해안 주민들에게 좋은 일일 수 있지만, 환경을 적절히 관리하지 않으면 장기적으로는 바다에 더 큰 해를 끼칠 수 있다.

환경 이외의 분야에서 BSEC는 본래의 원대한 구상에 부응하지 못했다. 사실 거의 모든 주요 지표에서 흑해 지역은 오늘날 정치적·경제적 실체로서 그 존재감을 찾기 어렵다. 평균적으로 BSEC 회원국은 자국 무역의 약 12퍼센트만을 다른 회원국과 수행한다. 각국의 국영 항공사는 자국 수도를 인근 국가보다 유럽과 북미의 중심지들과 연결할 가능성이 훨씬 높다. 이 지역이 뚜렷이 드러나는 몇 안 되는 장소 중 하나는 해변이다. 흑해 국가 출신의 관광객이 해외로 휴가를 간다면, 이웃인 튀르키예를 방문할 가능성이 가장 높다.[2] 국가 원수가 정상 회담에서 만나고, 장관이 회의에 참석하며, 비정부 기구가 때때로 공통의 관심사에 관한 사업 계획을 수립한다. 그러나 그리스에서 아제르바이잔까지 뻗은 진정으로 활기차고 협력적인 지역이 출현하려면 여전히 갈 길이 멀다.

BSEC가 어려움을 겪는 이유는 가늠하기 어렵지 않다. 러시아, 튀르키예, 그리스, 즉 서로 다른 이익과 목표를 지닌 세 개의 중견 강국을 포함하는 지역 조직은 문제를 겪을 수밖에 없었다. 이 핵심 국가들은 각자 지역 내 외교 정책에서 어떤 역할을 할지 독자적인 구상이 있으나, 그 구상을 현실로 만들 계획에 재정을 지원할 만큼 충분히 부유하지는 않다. 게다가 BSEC가 등장한 것은 지역적 협력에 대한 진정한 헌신 때문이라기보다 지정학적 이익이 독특하게 맞물린 결과였다. 1990년대 초 튀르키예는 이 지역에서 새로운 역할을 추구했는데, EU에 안정을 가져올 세력으로서 자신의 잠재력을 보여주기 위함이었을 것이다. 유라시아의 여러 신생 독립국은 자신을 받아줄 국제기구라면 어디든 가입하기를 열망했다. 그리스와 러시아는 튀르키예가 자신들을 빼놓고 새로운 '흑해 지역'을 정의하도록 놔둘 수 없었다. 1992년 BSEC의 초기 주창자인 튀르키예의 투르구트 외잘Turgut Özal 대통령은 기구를 만들어놓으면 그들이 올 것이라고 생각했을지도 모른다. 그리고 그들은 실제로 정상회담, 실무 그룹 회의, 특별 회의, 바다의 미래를 논의하기 위한 다른 협의체들에 참석했다. 그러나 훨씬 더 까다로운 문제는 회원국 명단이 작성된 뒤, 이 새로운 모임이 정확히 무엇을 해야 하는지를 파악하는 것이었다.*

오늘날 흑해 주변의 어떤 정치인도 BSEC가 진정으로 중요한 형태의 지역주의, 즉 NATO와 EU 회원국이 되는 것을 대체해야 한다고 믿지 않는다. 루마니아와 불가리아는 2002년 NATO에 가입하도록 초청받았고, 대략 2007년까지 EU에 가입하기 위한 협상을 진행 중이다.** 튀르키예는 NATO가 창설되고 얼마 지나지 않아 회원국이 되었으나, EU 회원국 자격을 얻는 것은 여전히 요원하다. 그래도 유럽 국가들은 향후 튀르키예의 가입을 고려할 의향을 밝혔다.*** 대통령과 총리가 흑해 지역 건설에 헌신하겠다고 거듭 말하지만, 실제로는 NATO나 EU에 가입할 가능성이 자국보다 훨씬 낮은 나라와 협력할 유인은 거의 없다. BSEC를 특징지어온 활기찬 모든 정상 회담에도 불구하고, 오늘날 흑해 지역의 국제 정치를 이끄는 원동력은 NATO와 EU의 정책이다.

세기가 진행되면서 에너지 정치도 BSEC의 국가와 민족을 새로운 방식으로 결집시킬 것이고, 다른 측면에서는 경쟁의 원천으로 남을 것이다. 1990년대 초 중동 밖에서 가장 큰 시장성을 지닌

---

* BSEC는 1992년 창립 당시 11개국으로 시작해, 2004년 세르비아와 2020년 북마케도니아가 가입하면서 현재 13개 회원국(그리스, 러시아, 루마니아, 몰도바, 북마케도니아, 불가리아, 세르비아, 아르메니아, 아제르바이잔, 알바니아, 우크라이나, 조지아, 튀르키예)을 두고 있다. 그러나 2022년 러시아의 우크라이나 침공으로 조직 운영이 일시 중단되었으며, 2023년 활동을 재개했으나 실질적 기능은 크게 제약받고 있다.

** 루마니아와 불가리아는 2004년 NATO에, 2007년 1월 1일 EU에 각각 가입했다. 두 나라는 현재까지 NATO와 EU의 정회원국으로 활동하고 있으며, 흑해 지역에서 NATO와 EU의 전략적 거점 역할을 수행하고 있다.

*** 튀르키예는 2005년 EU 가입 협상을 시작했으나 2010년 이후 진전이 없었고, 2018년 공식 동결됐다. 2025년 현재 민주주의 후퇴를 이유로 협상 재개 전망은 매우 불투명하며, EU 회원국들은 튀르키예의 전략적 중요성에도 불구하고 협상 대상이 아니라고 못 박고 있다.

탄화수소 공급원 중 하나인 카스피해 주변 유전의 석유와 가스가 개별 국가와 다국적 기업 사이의 경쟁을 촉발했다. 10여 년 동안 카스피해 석유가 어떤 경로를 취할지를 두고 광범위한 논쟁이 벌어졌다. 일부 회사와 정부는 흑해 동부 해안의 항구로 가는 전통적인 경로를 거쳐, 이후에는 유조선을 이용해 지중해로 가는 것을 옹호했다. 튀르키예 정부는 보스포루스를 통한 교통량이 늘면 이스탄불 중심부의 인구가 밀집한 해안을 따라 기름이 유출되는 것 같은 환경 재해가 분명히 일어날 것이라며 반대했다. 다른 이는 흑해 지역을 완전히 우회해서 이란을 통해 남쪽으로 향하는 새로운 파이프라인을 주장했는데, 이는 미국이 정치적으로 받아들일 수 없다며 거부한 제안이었다.

파이프라인을 둘러싼 정치는 마침내 남부 카프카즈에서 동부 지중해로 가는 지하 운송 체계를 건설하기로 합의하면서 끝났다. 2003년 초 BP(옛 영국석유ᐟBritish Petroleum)가 이끄는 국제 컨소시엄이 새 파이프라인 공사를 시작했는데, 바쿠에서 트빌리시를 거쳐 지중해의 튀르키예 항구 제이한Ceyhan으로 가는 것이었다. 흑해 항구를 우회하는 파이프라인은 카스피해에서 생산된 물량을 처리하기 위해 유조선이 보스포루스를 오가는 횟수를 줄일 것이다. 2009년까지 이 파이프라인으로 하루 100만 배럴의 석유가 운반될 것으로 예상된다. 1880년대 카프카즈 횡단 철도가 완공되면서 동남부 해안의 지역 경제와, 실제로 흑해 전체의 국제 무역을 재편했다. 바쿠-트빌리시-제이한 파이프라인은 21세기 초에 그에 맞먹는 것으로 환영받았다. 그러나 종점이 흑해에서 멀리 떨어진 튀르키예

남부에 있기 때문에, 이토록 많은 찬사를 받은 파이프라인이 바다 전체에 실제로 어떤 영향을 미칠지는 불분명하다. 이는 항구도시를 이전보다 훨씬 더 주변적으로 만들 수 있다.[*]

그러나 흑해를 고위급 정치인의 관점에서만 보는 것은 이 지역에 대한 너무나 협소한 시각이다. 바다는 여전히 사람들을 연결하지만, 때때로 예상치 못한 방식으로 연결한다. 수 세기 전 연안 상인의 후계자인 왕복 무역상은 이제 비잔티움이나 오스만 관리의 통행증 대신 항공권을 들고 튀르키예 제품을 오데사, 키예프, 모스크바로 운반해 되판다. 북부 출신 육체노동자가 남부의 건설현장에서 일하는 한편, 튀르키예 건설사들이 구소련 전역에서 주택과 상업 시설을 설계하고 건설한다. 이주 성노동자(튀르키예 속어로 '나타샤Natasha')들은 이스탄불과 앙카라Ankara에서 고객을 찾는데, 이는 체르케스인을 세랄리오로 이끈 것과 같은 강압, 비극적 필요성, 잘못된 낙관주의가 뒤섞여 일어나는 여성들의 이동이다. 이러한 종류의 지역적 연결망은 물론 거시경제가 어떻게 돌아가느냐에 좌우된다. 1990년대 후반 러시아 루블화가 폭락하면서 이스탄불과의 활발한 '가방 무역'이 둔화됐고, 옛 소비에트 공화국에서 온 성노동자의 이동도 줄어든 듯하다. 그러나 연결은 여전히 존재한다. 이스탄불의 랄렐리Laleli 지구나 트라브존의 호텔 로비만 가

---

[*]　바쿠-트빌리시-제이한 파이프라인, 줄여서 BTC 파이프라인은 2006년 운영을 시작해서 2025년 현재까지 46억 배럴 이상을 수송하며 카스피해 석유의 주요 수출 경로로 자리 잡았다. 그러나 흑해를 우회하는 특성상 흑해 항구도시들의 경제적 역할은 더욱 축소됐으며, 쿠르디스탄노동자당의 공격(2008)과 러시아 개입 의혹 사건(2025) 등 지정학적 안보 위협에 지속적으로 노출돼 있다.

봐도 20세기 말에 되살아난 민간 차원의 유대를 확인할 수 있다. 랄렐리는 튀르키예와 옛 소비에트 국가 사이 비공식 무역의 중심지다.

해안의 오래된 다문화적 정체성에 대한 인식이 점점 더 커지고 있다는 증거도 있다. 때때로 서유럽과 미국 학자와 협력해서 진행되는 고고학적 조사는 고대 유적지를 발굴하고 고대인들이 어떻게 서로 영향을 주고받았는지 밝혀낸다. 콘스탄차, 바르나, 심페로폴의 지역 박물관은 해안의 여러 문화를 다루는데, 이는 수도의 '국가' 박물관이 보여주는 이미지와 종종 충돌한다. 튀르키예에서는 이제 헴신인, 라즈인, 폰토스 해안의 다른 사람들에 관한 책들을 구입할 수 있다. 이는 소수민족에 관한 문헌이 사실상 존재하지 않았던 불과 몇 년 전에는 생각할 수 없었던 일이다. 그러나 이 모든 것이 연안 지역 중 어느 곳이라도 곧 르네상스를 맞이하리라는 뜻은 아니다. 거의 모든 해안 지역에서 인구 유출은 여전히 높은 수준을 유지하고 있다. 지역 경제는 침체되어 있다. 문화적 정체성을 되찾으려는 움직임은 때때로 갈등으로 이어졌다. 타타르인이 크림으로 돌아오면서 토지 소유권을 둘러싼 분쟁과 사회 통합 문제를 촉발했고, 트란스니스트리아에서 카라바흐까지 지역의 여러 준국가들은 국제적으로 인정받은 정부와 불안한 휴전 상태에 있다. 휴가객은 이제 불가리아의 멋진 해변과 휴양지를 즐길 수 있으나, 여전히 바다의 많은 다른 지역은 확실히 환영받지 못하는 상태다.

아널드 토인비는 제1차 세계대전의 후폭풍에 관한 역작인 『그리스와 튀르키예의 서방 문제The Western Question in Greece and Turkey』에서 동부 지중해와 흑해를 바라보는 서양인 대부분의 머릿속에 박힌 잘못된 이분법 세 가지를 지적했다.[3] 첫째는 기독교와 이슬람 사이의 이분법이고, 둘째는 유럽과 아시아 사이의 이분법이며, 셋째는 문명과 야만 사이의 이분법이다. 이렇게 대립하는 범주 사이의 경계는 멀리서 보면 충분히 명확해 보일 수 있으나, 토인비는 이스탄불이나 오데사나 바투미에 도착해 배에서 내리거나 기차에서 내리자마자 그 범주는 그야말로 우스꽝스럽게 보이기 시작한다고 말했다.

흑해가 NATO와 EU의 동부 변경이 되고, 서로 다른 이민 정책, 무역 제한, 안보 정책이 흑해를 양분하는 가운데, 이런 경계가 토인비가 말한 이분법 사이의 경계처럼 굳어질지 궁금하다. 이는 차르나 술탄 혹은 냉전을 정의했던 사회 체제가 세운 것과는 다르지만, 그럼에도 그것을 넘으려고 시도하는 누구에게나 실재하는 경계가 될 것이다. 21세기에는 비자 담당관과 세관 직원이 19세기의 검역 의사와 같은 역할을 할 수 있다. 그러나 수 세기 동안 전임자가 그랬던 것처럼, 비자 담당관과 세관 직원의 노력도 의심할 여지 없이 실패할 것이다. 제국과 국가의 치밀한 계획을 무시하고 오랫동안 흑해 세계를 함께 연결하는, 숙련된 경계 횡단자들이 활동하기 때문이다. 그러나 젊은 남녀가 내륙 도시로 이주하고, 일부 선택받은 소수는 런던, 베를린, 뉴욕 같은 훨씬 더 먼 곳으로 떠나 더 나은 삶을 찾으면서, 이렇게 해안을 따라 생긴 새로운 변경에는 점점 더 적은 인구가 살게 될 수도 있다. 이번 세기에 옛 흑해의 모습은 유럽 동부 전역의 많은 잃어버린 문명처럼, 주로 그 지역 출신 사람들의 기억 속에서만 살아남을 뿐, 더 이상 그곳에는 존재하지 않게 될 수도 있다.

그러나 지역에는 다리脚도 있다. 활기찬 흑해 공동체를 바다에서 멀리 떨어진 곳에서도 찾을 수 있다. 아테네와 테살로니키Thessaloniki의 폰토스 그리스인 후손 사이에서, 뉴욕의 튀르키예인과 라즈인 제빵사, 건설 노동자, 기업가 사이에서, 파리, 로스앤젤레스, 텔아비브의 유대인, 루마니아인, 러시아인, 우크라이나인, 아르메니아인, 조지아인, 그리고 사실상 이 범주들의 모든 조합 사이에서 말이다. 바다에서 한참 떨어진 곳에서도 지역적 유대감의 인력引力을 여전히 느낄 수 있다. 아나톨리아 해안 출신 이민자가 해외로 이주할 때, 자기 종족의 친척들 사이보다 고향 마을과 촌락에서 알고 지내던 나양한 공동체들과 같은 다민족 환경에 다시 정착할 가능성이 더 크다.[4] 특히 1세대 이주민에게는 같은 마을, 산비탈이나 해안선 출신인 지역 이웃(튀르키예어로 헴셰리hemşeri)이 여전히 민족이나 종교 같은 상상된 공동체의 구성원보다 훨씬 더 가까운 동료가 될 수 있다. 외부인들이 사용하는 획일적인 범주들―문명과 야만, 토착민과 외국인, 순수한 것과 혼합된 것―에도 불구하고, 바다를 마주하고 그 다양성을 포용하는 것은 여전히 일생을 살아가는 어엿한 방식일 것이다.

옮긴이의 말

흑해와 『흑해』를 만나다

내가 흑해를 처음 본 것은 2018년으로 거슬러 올라간다. 당시 미국에서 박사 과정을 밟던 도중 여름에 러시아 모스크바로 문서고 작업을 가는 길에 불가리아의 항구도시 바르나에서 비행기를 갈아타야 했기 때문이다. 비행기가 이착륙하는 과정에서 창문 너머로 이 바다를 구경할 수 있었다. 일견 다른 바다와 크게 달라 보이지는 않았지만, 그래도 세계사 속에 무수히 등장하는 그 유명한 바다를 처음 본다고 생각하니 두근거렸다.

그다음 해에는 더 특별한 경험을 했다. 2019년 여름에 나는 일행과 함께 아르메니아에서 조지아를 거쳐 페리를 타고 흑해를 건너 우크라이나로 가는 여행을 떠났다. 처음으로 땅을 밟고 맨눈으로 흑해를 바라본 도시는 조지아 아자라자치공화국의 수도 바투미였다. 숙소 앞 담벼락에 스프레이로 'BTS'와 'EXO'가 적힌 것을 보면서 케이팝의 위용도 느낄 수 있었다. 구소련권에서는 보기 드물었던 고딕 복고 양식으로 지은 성모성당의 모습이 다른 지역과 지속적으로 교류한 바투미의 역사를 잘 드러내는 듯했다. 몇 년 전에 폐쇄된 스탈린박물관도 아쉬운 나머지 그 주소를 방문해서 흔적이라도 찾아보았다. 흑해 해변에서는 필시 대부분 러시아 관광객이지 않을까 싶은 사람들이 해수욕을 즐기고 있었다.

지금은 전쟁으로 중단됐지만, 그 당시에는 우크라이나 선사의 페리가 바투미와 우크라이나 오데사를 연결했다. 흑해를 가로지르는 여행은 48시간이 소요됐는데, 아침 8시, 오후 1시, 저녁 6시 반, 하루에 세 번씩 식사하는 것 외에는 정말 할 일이 없었다. 마치 사육당하는 듯한 느낌이 들기도 했지만 그나마 식사를 하는 것이 유일하게 기분 전환을 할 수 있는 일이라서 한 끼도 거르지 않았다. 때때로 갑판에 나가서 바닷바람을 맞으며 평화로운 바다를 쳐다보곤 했다. 원래는 오후에 입항할 예정이었지만, 출항 자체가 늦었기 때문에 입항도 늦어져서 입국 심사를 거치고 나니 밤 11시 반이었다. 이 항구는 사실 오데사가 아니라 오데사의 위성도시인 초르노모르스크(체르노모르스크)*라는 도시였다. 너무 늦은 시간이라 교통편이 없었지만 다행히 모르는 사람에게 신세를 져서 새벽에 오데사 숙소에 도착할 수 있었다.

오데사는 볼 것이 많은 도시였다. 오데사의 랜드마크인 포톰

---

* 이하에서도 몇몇 경우 우크라이나식으로 지명을 표기하고, 러시아식 지명을 괄호로 병기했다.

킨 계단을 비롯해서 오페라 발레 극장 등 시내의 여러 명소를 즐겼다. 시외에서는 제2차 세계대전 당시 대^對독일 파르티잔 활동의 본거지로 사용된 '파르티잔의 영광 박물관'을 둘러보며 깊은 인상을 받았다. 예카테리나 2세와 총신들이 주인공인 '오데사의 창건자들' 기념비도 감명 깊게 봤는데, 이후 러시아와의 전쟁이 시작된 2022년 12월에 철거됐다고 한다. 이 동상은 원래 1900년에 세워졌다가 볼셰비키 혁명 이후에 철거되었고, 2007년에 오데사의 역사를 되살리겠다는 이유로 재건한 것을 이번에 다시 철거했다.

박사 학위 논문을 쓰기 위한 장기 연구로 우크라이나 드니프로페트로우스크(드네프로페트로프스크)에 2020년 가을부터 2021년 여름까지 거의 1년 가까이 머무르면서 흑해의 중요한 도시인 헤르손과 미콜라이우(니콜라예프)를 방문할 기회도 얻었다. 2021년 5월 초에 드니프로페트로우스크에서 미콜라이우로 가는 야간 기차를 탔다. 미콜라이우는 남^南부흐(부그)강과 인훌(인굴)강이 도시의 삼면을 둘러싸고 흐르는 도시이다. 강변 식당에서 맥주 한잔을 마시며 강을 바라보면 그만한 풍경이 없었다. 미콜라이우 남쪽 파루티네라는 도시로 버스를 타고 가서 조금 걸으면 옛 그리스 식민지인 올비아 유적지를 볼 수 있었다. 그 밖에 혁명가 레프 트로츠키^{Lev Trotskii}가 1896년부터 1898년까지 지하 활동을 하며 살았던 집이 아직 남아 있었다. 뜻밖에도 숙소 근처에 '소비에트 권력을 위해 싸운 전사들에게'라는 기념비가 탈공산주의법의 광풍을 이겨내고 남아 있는 것을 발견했는데, 놀랍게도 지금까지 철거되지 않았다고 한다. 물론 철거를 준비하고 있다고 검색되지만 말이다.

헤르손은 미콜라이우에서 한 시간밖에 걸리지 않는 도시였다. 드니프로(드네프르)강의 최하류에 위치한 헤르손에는 무엇보다도 성 예카테리나 성당에 그리고리 포툠킨의 무덤이 있었고, 2003년에 복원한 포툠킨의 동상도 있었다. 이 무덤과 동상은 2022년 10월 러시아군이 헤르손시에서 철군하면서 가져갔다. 감옥 개혁가 존 하워드의 기념비도 있었고, 1783년 흑해 함대의 첫 전함이 건설된 것을 기념하는 '예카테리나의 영광' 기념비도 있었다. 특이한 점은 도시의 주요 도로가 소련의 다른 도시와 다르게 카를 마르크스^{Karl Marx}나 블라디미르 레닌^{Vladimir Lenin}의 이름이 아닌 표도르 우샤코프^{Fedor Ushakov}의 이름을 땄다는 점이었다. 우샤코프는 러시아제국 흑해 함대의 사령관이자 러시아-튀르크 전쟁과 프랑스 혁명 전쟁에서 활약한 장군이었는데, 오데사, 미콜라이우, 헤르손 등 흑해 지역의 도시들 대부분이 러시아-튀르크 전쟁 이후 새로 획득한 영토에 예카테리나 시절 세워진 도시들이리, 아무리 반反러시아 정서가 있다고 해도 그 시절 러시아인 장군이나 제독의 흔적을 지우는 것은 불가능하지 않았겠는가 하는 생각을 했다. 그러나 2023년 결국 우샤코프 대로는 독립 대로라는 이름으로 명칭이 바뀌었다.

이렇듯 한국인으로서는 나름대로 흑해와 맺은 인연이 없다고는 할 수 없는 가운데, 정말 우연히도 이 책을 번역할 기회를 얻었다. 이 책을 번역하면서 그동안 자세히는 알지 못했던 흑해를 둘러싼 역사 이야기에 푹 빠져들었다. 저자의 문장을 하나하나 읽으며 마치 실제로 내가 그 순간에 휘감기는 듯한 느낌을 받았다. 특히 내가 방문했던 도시의 경우에는 내가 본 21세기 도시의 모습과 저자가 묘사하는 옛 도시의 모습이 한데 어우러지면서 풍부한 상상력과 깊은 공감의 바다에서 수영할 수 있었다.

찰스 킹Charles King은 조지타운대학교 국제관계학 교수로, 동유럽과 유라시아 지역 연구의 권위자이다. 찰스 킹은 아칸소대학교에서 역사와 철학을 전공한 뒤 옥스퍼드대학교에서 러시아 및 동유럽 연구로 석사 학위를, 정치학으로 박사 학위를 취득했다. 대표작으로는 『뉴욕 타임스』 베스트셀러에 오르고 프랜시스 파크먼 상Francis Parkman Prize과 애니스필드울프 상Anisfield-Wolf Award을 수상한 『문화의 수수께끼를 풀다Gods of the Upper Air』(2019), 전미유대도서상National Jewish Book Award을 받은 『오데사: 꿈의 도시에서의 천재와 죽음Odessa: Genius and Death in a City of Dreams』(2011), 넷플릭스 시리즈로 제작된 『페라 팔라스의 밤: 현대 이스탄불의 탄생Midnight at the Pera Palace: The Birth of Modern Istanbul』(2014), 그리고 바버라 옐라비치 상Barbara Jelavich Prize 가작으로 선정된 이 책 『흑해: 세상의 중심이 된 바다의 역사The Black Sea: A History』(2004) 등이 있다.

찰스 킹의 『흑해』는 흑해 지역의 2,700여 년 역사를 책 한 권 분량에 간결하게 담아낸 야심 찬 저작이다. 방대한 범위를 다루면서도 저자의 논지에 흔들림이 없고 놀라운 통찰을 제공한다. 사료에 기반을 둔 광범위한 연구와 명쾌한 문장, 유머와 통찰력이 어우러진 서술은 지역사가 흔히 빠지기 쉬운 정보의 과밀이나 피상성의 함정을 피하면서 일반 교양 독자와 전문가 모두에게 즐거움과 유익함을 동시에 준다. 특히 저자는 흑해 지역을 전통적인 '문명 충돌의 경계선'이 아니라 종교 공동체, 언어 집단, 제국들을 연결하는 '다리'로 재해석함으로써 페르낭 브로델의 지중해 연구에서 영감을 받은 새로운 지역사 방법론을 성공적으로 적용했다. 저자는 민족주의적 신화를 비판적으로 바라보고 역사의 희생자들에 대한 예리한 시선을 유지하며, 이 지역의 역사적 맥락을 구성하는 여러 에피소드를 자세하게 되살려낸다. 지리, 군사·정치사, 경제와 무역, 인구, 종교, 문화를 모두 아우르는 포괄적 서술은 학술적이면서도 생생하고 흥미로운 경험을 선사한다.

물론 이 책도 한계가 없는 것은 아니다. 모든 통사가 지닌 서술의 한계를 이 책도 비슷하게 지닌다. 무엇보다도 현대로 갈수록 분량이 많아지는 일반 역사책과는 달리 제1차 세계대전과 러시아 혁명 이후, 무엇보다도 냉전 시기에 관한 설명이 상대적으로 약하며, 환경 문제에만 주로 초점을 맞춘 점은 아쉽다. 그러나 이 또한 환경사가 대두되는 21세기 현대 역사학 분과의 연구 경향을 반영하는 시도라고 평가할 수 있을 것이다. 2,700년의 역사를 압축하다 보니 개별 주제에 대한 깊이 있는 분석이 부족할 수밖에 없다는 구조적 한계도 존재한다. 그럼에도 이 책은 그동안 서양 학계에서 소홀히 다뤄졌던 흑해 지역 연구의 중요한 이정표이며, 후속 연구자들에게 영감을 주는 저작일 것이다.

킹의 책은 독창적인 구성을 통해 흑해 역사의 중층성을 드러낸다. 각 장의 제목은 그 시대 흑해 지역을 지배했던 세력의 언어로 표기된다. 2장의 '폰투스 에욱시누스Pontus Euxinus'는 라틴어로 '환대하는 바다'를 의미한다. 기원전 700년부터 기원후 500년까지를 다루는 2장은 그리스 식민 도시들이 흑해 연안을 장악하고 스키타

이인과 교역하던 고대를 다룬다. 3장의 '마레 마조레^{Mare Maggiore}'는
이탈리아어로 '큰 바다'를 뜻한다. 이 장은 500~1500년에 걸쳐 비
잔티움제국과 제노바·베네치아 상인들이 활약하던 중세 시대를
조명한다. 4장의 '카라 데니즈^{Kara Deniz}'는 튀르크어로 '검은 또는 어
두운 바다'이다. 4장은 오스만제국이 흑해를 사실상 내해로 장악
하고 노예 무역이 번성하던 1500~1700년의 시기를 서술한다. 5장
의 '초르노예 모레^{Chernoe More}'는 마찬가지로 '검은 바다'를 의미하
는 러시아어이다. 5장은 러시아제국이 남진 정책을 통해 오스만을
밀어내고 오데사를 건설하며 흑해의 새로운 패권국으로 부상하는
1700~1860년의 과정을 그린다. 그리고 6장에 이르러, 우리에게
익숙한 영어 단어인 '흑해^{Black Sea}'가 등장한다. 6장에서는 증기선과
철도, 석유와 밀 수출로 국제화되던 근대화 시기부터 두 차례의 세
계대전, 냉전, 소련 해체까지를 포괄한다. 책은 탈냉전 이후 흑해
의 미래를 전망하는 7장을 끝으로 막을 내린다. 이처럼 '흑해'를 지
칭하던 여러 언어들로 목차를 꾸린 것은, 그 자체로 흑해가 단일한
정체성을 지닌 공간이 아니었고, 시대마다 다른 다양한 문명권의
중심 무대였음을 상징적으로 보여주는 장치이다.

21세기 흑해의 지정학과 갈등: 2010년 이후

러시아의 소치 올림픽

소련 해체 이후 흑해는 새로운 지정학적 공간으로 재편됐다. 1990년대 초 튀르키예는 탈냉전 시대의 기회를 포착하며 흑해 지역에서 주도적 역할을 추구했다. 튀르키예는 몽트뢰 협약에 따른 해협 통제권을 바탕으로 흑해 연안 국가들과의 경제·문화 협력을 확대했다. 1992년 흑해경제협력기구Black Sea Economic Cooperation, BSEC 설립을 주도하면서 1995년까지 튀르키예 전체 수출의 2퍼센트에 불과했던 흑해 국가들과의 무역이 2008년에는 12퍼센트로 급증했다. 특히 러시아, 루마니아, 우크라이나, 조지아와의 교역이 확대되면서 튀르키예는 에너지, 곡물, 관광을 연결하는 물류 거점으로 부상했다. 이스탄불과 보스포루스해협은 흑해와 지중해를 잇는 전략적 요충지로서 해마다 수만 척의 화물선이 통과하는 세계적 물류 통로가 됐다. 또한 튀르키예는 전체 천연가스 소비량의 절반 가량을 러시아로부터의 수입에 의존하며 에너지 의존도가 높았지만, 이를 역으로 활용하여 러시아와 서방 사이에서 균형 외교를 펼치는 전략적 자산으로 삼았다.

그러나 1990년대 흑해 연안은 극심한 정치적 불안에 시달렸다. 압하지야부터 다게스탄, 체첸, 마하치칼라에 이르는 남북 카프카즈 지역에서는 분리주의 무장 투쟁과 내전이 끊이지 않았다. 1992~1993년 압하지야-조지아 내전, 1994~1996년과

1999~2009년 두 차례의 체첸 전쟁, 그리고 2008년 8월 남오세티야 전쟁은 이 지역이 얼마나 불안정한지를 보여주었다. 2008년 8월 8일 조지아군이 남오세티야 수도 츠힌발리를 공격하자 러시아는 즉각 개입하여 5일간의 전쟁 끝에 조지아군을 격퇴했다. 러시아는 이후 남오세티야와 압하지야를 독립국으로 승인했고, 조지아 해안선의 3분의 2를 사실상 통제하게 됐다. 이 전쟁은 러시아가 냉전 이후 처음으로 대규모 군사력을 동원한 사례로, 서방의 미온적 대응은 러시아에게 중요한 교훈을 남겼다.

이러한 배경 속에서 러시아는 2007년 7월 과테말라시티에서 열린 국제올림픽위원회 총회에서 2014년 동계올림픽을 소치에 유치하는 데 성공했다. 소치는 흑해 최대의 휴양 도시로, 블라디미르 푸틴 대통령은 이를 세계에 알리고 흑해와 북카프카즈를 통합하는 주요 전략 거점으로 만들고자 했다. 그러나 소치 올림픽 준비 기간은 러시아의 국가 전략이 서방과의 대립으로 전환되는 시기와 겹쳤다. 2013년 11월 유로마이단 시위가 시작되면서 우크라이나는 다시 러시아와 서방 사이의 쟁점으로 부상했다. 2014년 2월, 소치 동계올림픽이 한창 진행되던 중 키이우(키예프)에서는 마이단 광장의 시위대와 정부 간 유혈 충돌이 발생했다. 2월 18일부터 2월 20일까지 우크라이나에서는 '존엄 혁명'이라 부르는 기간 동안 100명 이상이 사망했고, 2월 22일 빅토르 야누코비치 대통령은 러시아로 도피했다. 우크라이나 선수 중 일부는 시위 희생자들을 추모하며 검은 완장을 착용하려 했으나 거부당했고, 알파인 스키 선수 보흐다나 마초츠카는 항의의 표시로 올림픽 출전을 거부했다.

소치 올림픽은 2월 23일 폐막했고, 불과 며칠 후에 러시아군은 크림반도를 장악하기 시작했다.

소치 올림픽은 역대 최고 비용인 510억 달러가 투입된 대규모 인프라 기획이었다. 러시아는 소치와 인근 지역에 550킬로미터 이상의 도로와 철도, 수십 개의 호텔, 여러 스키 리조트, 여섯 개의 올림픽 경기장을 건설했다. 이는 단순한 스포츠 행사가 아니라 흑해와 북카프카즈, 남부 러시아를 통합하는 전략적 투자였다. 소치는 아조프해에서 압하지야까지 이어지는 러시아 남부 해안의 핵심 거점이 됐고, 올림픽 이후에도 정상회담과 문화 행사가 끊임없이 개최되는 푸틴 체제의 상징적 공간으로 자리 잡았다.

흑해 연안의 전쟁과 평화

조지아의 흑해 연안에서는 전쟁과 평화가 극명하게 대조됐다. 1992년 8월부터 1993년 9월까지 압하지야-조지아 내전이 벌어졌다. 조지아 국가방위군이 압하지야에 진입하면서 시작된 전쟁은 러시아의 은밀한 지원을 받은 압하지야 분리주의 세력과 북카프카즈 의용군의 반격으로 전세가 역전됐다. 1993년 9월 27일 압하지야 세력이 수후미를 점령하면서 전쟁은 끝났고, 25만 명의 조지아인이 추방되거나 피난을 떠났다. 한때 흑해의 아름다운 휴양 도시였던 수후미는 분쟁 지역이 되어 국제적 고립 속에 남겨졌고, 러시아를 제외한 대부분의 국가는 압하지야를 조지아 영토로 간주했다. 반면 남쪽의 바투미는 2004년 장미 혁명 이후 극적인 변화를 겪었다. 미하일 사카슈빌리 정부는 대규모 도시 재개발 사업을 추진했고, 바투미는 외국인 투자와 현대적 호텔, 카지노, 해안 산책로 조성으로 '흑해의 라스베이거스'라 불리는 국제 관광지로 탈바꿈했다. 2005년 15만 명 수준이던 아자라 지역의 관광객은 2012년까지 100만 명 이상으로 급증했고, 연간 경제성장률은 7퍼센트에 달했다. 수후미와 바투미의 엇갈린 운명은 흑해 연안 도시들이 지정학적 선택에 따라 얼마나 상이한 경로를 걷게 되는지를 보여주는 사례였다.

소련 해체 이후 흑해는 19세기의 역사를 부활시키며 다시 세계의 주요 곡물 운송 통로가 됐다. 19세기 러시아제국 시절, 오데사항을 통해 러시아 밀 수출의 90퍼센트가 이루어지며 유럽을 먹여 살렸고, 1860년대까지 연간 200만 톤 이상의 곡물이 흑해 항구들을 통해 수출됐다. 20세기 후반 소련의 집단 농장 체제가 붕괴한 후, 우크라이나와 러시아는 농업 현대화를 이루었다. 2010년대 우크라이나는 세계 5위의 밀 수출국으로 부상했고, 러시아는 2015~2016년 연간 2,500만 톤을 수출하며 세계 최대 밀 수출국이 됐다. 2022년 전쟁 직전 우크라이나는 전 세계 밀의 10퍼센트, 옥수수의 14퍼센트, 보리의 17퍼센트를 수출했다. 그러나 이러한 공급의 집중은 취약성을 낳았다. 2010년 러시아와 우크라이나의 극심한 가뭄으로 러시아 정부는 곡물 수출을 금지했고, 이는 밀 가격을 급등시켰다. 중동과 북아프리카 국가들, 특히 세계 최대 밀 수입국인 이집트는 심각한 식량 가격 압박을 받았다. 2011년 초 세계 식량 가격 지수는 1년 전보다 32퍼센트 상승했고, 이는 아랍의 봄을 촉발한 결정적 요인 중 하나였다. 흑해가 다시 한번 국제 정치의 운명을 좌우하는 곡물 수출 통로로 기능하게 된 것이다.

크림 분쟁과 흑해의 군사화

2014년 3월, 러시아는 크림반도를 병합하면서 흑해 지역의 군사·전략적 균형을 급격히 변화시켰다. 러시아의 흑해 해안선은 420킬로미터에서 1,200킬로미터로 확장됐고, 러시아는 세바스토폴의 흑해 함대 기지에 대한 완전한 통제권을 확보했다. 서방은 이를 국제법 위반으로 규정하고 경제 제재를 부과했지만, 러시아는 1783년 이래 크림반도가 러시아 영토였으며 1954년 흐루쇼프가 우크라이나로 행정적 이관을 한 것이 역사적 오류였다고 주장했다. 2014년 3월 16일 실시된 주민투표에서 투표율 83퍼센트, 찬성률 96.77퍼센트로 러시아 편입을 결정했으나, 서방은 이를 러시아 군사 점령하에서 조작된 투표로 간주했다.

크림반도의 지위를 둘러싼 논란은 1990년대까지 거슬러 올라간다. 1991년 1월 우크라이나가 아직 소련의 일부였을 때 크림 주민들은 자치 확대에 대한 투표에서 93퍼센트의 찬성으로 이를 승인했다. 같은 해 12월 우크라이나 독립 투표에서는 크림반도에서 54퍼센트만이 찬성한 반면, 우크라이나의 다른 지역에서는 90퍼센트 이상이 찬성했다. 1992년 크림 의회는 독립 선언을 시도했으나 우크라이나 정부는 이를 불법으로 규정했다. 1994년 3월에는 세 차례의 투표를 실시하면서 크림의 자치권 확대, 이중국적 허용, 대통령령의 법적 지위가 모두 승인됐고, 친親러시아 성향의 유리 메시코프가 크림 대통령으로 선출됐다. 그러나 1995년 우크라이나 정부는 크림 헌법과 대통령직을 폐지하며 크림의 정치 구조를 강제로 재편했다.

2014년 크림 병합 이후부터 2022년 전면 침공 전까지, 흑해는 점진적 군사화를 경험했다. 러시아는 흑해 함대 현대화를 추진했는데, 2010년 개편 계획을 발표한 이후 잠수함 여섯 척을 추가 배치했다. 크림반도에는 러시아군 2만 8,000명이 주둔했고, 각종 방공 체계와 대함 미사일 체계를 배치했다. 2017년 러시아 총참모장 발레리 게라시모프는 크림이 '자급자족적' 군사력을 갖추었다고 선언했다. 이에 대응하여 북대서양조약기구North Atlantic Treaty Organization, NATO는 동유럽 방어를 강화했고, 2016년 바르샤바 정상회담에서 발트 3국(에스토니아, 라트비아, 리투아니아)과 폴란드에 전투단 배치를 결정했다.

러시아-우크라이나 전쟁 이후

같은 시기에 러시아는 크림반도와 본토를 연결하는 대규모 인프라 사업에 착수했다. 케르치 대교는 2016년 2월 건설이 시작되어 2018년 5월 도로 부분이, 2019년 12월 철도 부분이 개통됐다. 총길이 19킬로미터의 이 대교는 유럽에서 가장 긴 교량이었으며, 러시아는 건설 비용으로 2,279억 루블(한화 약 4.5조 원)을 투입했다. 우크라이나 정부는 이 건설을 자국 동의 없이 진행된 불법 행위로 규정하고 철거를 요구했으며, 미국과 유럽연합European Union, EU은 건설 참여 기업들에 제재를 부과했다. 2018년 11월에는 케르치해협에서 러시아 해안경비대가 우크라이나 해군 함정 세 척을 나포하는 사건이 발생하면서 양국 간 긴장이 고조됐다. 대교는 이후 크림반도로 향하는 주요 군수 보급로가 됐고, 2022년 10월과 2023년 7월 우크라이나의 공격을 받아 일부 구간이 파손되기도 했다.

흑해의 에너지 지정학도 새로운 국면을 맞았다. 2020년 1월 개통된 튀르크스트림Turkstream 가스관은 러시아 아나파에서 출발하여 흑해 해저 930킬로미터를 거쳐 튀르키예 크이으쾨이Kıyıköy에 도달하는 천연가스 수송관이다. 총 용량은 연간 315억 입방미터로, 두 개의 라인으로 구성되어 있다. 첫 번째 라인은 튀르키예 국내 공급용, 두 번째 라인은 불가리아, 세르비아, 헝가리 등 동남유럽 공급용이다. 이 프로젝트는 2014년 취소된 사우스스트림을 대체하는 것으로, 우크라이나를 경유하던 기존 가스 공급 경로를 우회한다. 2022년 러시아-우크라이나 전쟁 이후 북해를 경유하는 노르드스트림이 파괴되면서 이제 튀르크스트림은 러시아가 유럽에 가스를 직접 공급할 수 있는 유일한 경로이다. 튀르키예는 이를 통해 에너지 허브로서의 입지를 강화하려 하고 있으며, 2023년 러시아의 가스 공급량은 전년 대비 23퍼센트 증가한 167억 입방미터에 달했다.

2022년 2월 러시아의 전면 침공이 시작되자 흑해는 즉각 봉쇄됐다. 러시아는 아조프해의 항해를 전면 정지시켰고, 흑해 서북부의 광대한 지역을 항해 금지 구역으로 선포했다. 우크라이나 해군은 사실상 전무했다. 유일한 전투함 헤트만 사하이다치니함은 개전 직전 자침했다. 그러나 튀르키예가 몽트뢰 협약을 발동하여 보스포루스와 다르다넬스해협을 전투함에 폐쇄함으로써 러시아의 해군 증강을 차단했다. 튀르키예는 NATO 회원국이면서도 러시아와의 경제 관계를 유지하는 복잡한 줄타기 외교를 펼쳤다. 2022년 러시아에 대한 제재가 본격화된 이후에도 튀르키예와 러시아 흑해 항구들, 특히 노보로시스크 간의 물류 교역은 러시아의 경제적 생명선이 됐다. 2022년 첫 8개월 동안 튀르키예에 설립된 러시아 자본 기업은 네 배로 증가했고, 튀르키예의 대^對러시아 수출은 43퍼센트, 러시아로부터의 수입은 125퍼센트 증가했다. 튀르키예 항구들은 서방 제재를 우회하는 중요한 환적 거점이 됐다. 매달 노보로시스크에서 250척의 선박이 하역되어 약 3,000대의 트럭에 실려 튀르키예 메르신항을 통해 운송됐다. 일부 낡은 튀르키예 선박들이 탄자니아, 적도기니, 몰타, 카메룬 등의 편의치적을 받아 노보로시스크에서 활동하는 것이 목격됐다. 튀르키예는 공식적으로 러시아의 침공을 비난했지만, 제재에는 참여하지 않았고 중립적 중재자로서의 입장을 유지하며 양측 모두와 경제 관계를 지속했다.

2022년 7월 국제연합^{United Nations, UN}과 튀르키예의 중재로 체결된 흑해 곡물 협정은 전시 국제 협력의 독특한 사례였다. 러시아와 우크라이나는 각각 튀르키예·UN과 별도의 거울 협정을 맺었고, 이를 통해 우크라이나는 세 개 항구에서 곡물 수출을 재개할 수 있었다. 우크라이나 곡물은 세계 식량 공급에서 결정적 비중을 차지하는데, 전쟁 직전인 2021년 기준 전 세계 밀 수출의 10퍼센트, 옥수수의 14퍼센트, 보리의 17퍼센트를 담당하며 총 278억 달러 규모의 농산물을 수출했다. 그러나 2023년 7월 러시아는 자국에 대한 제재 해제를 요구하며 협정 연장을 거부했다. 우크라이나는 루마니아와 불가리아 해안을 따라 새로운 수출 통로를 개척했고, 튀르키예는 몽트뢰 협약의 유연한 운용을 통해 NATO 회원국이면서도 러시아와의 경제적 관계를 유지하는 전략적 위치를 고수했다.

흑해를 마주하며

21세기 흑해는 19세기 제국주의 시대와 20세기 냉전 시대의 지정학이 중첩되는 복잡한 공간으로 변모했다. 튀르키예는 몽트뢰 협약의 수호자로서 해협 통제권을 행사하면서도 러시아, 우크라이나, 조지아, 그리고 서방 사이에서 실용적 균형 외교를 펼치고 있다. 러시아에 흑해는 지중해와 중동으로 진출하는 전략적 관문이자 남부 국경을 방어하는 완충 지대이며, 크림반도와 북카프카즈를 통합하는 핵심 거점이다. 우크라이나에는 경제적 생존과 유럽 통합의 필수 통로이고, 조지아에는 여전히 미완의 영토 회복 과제를 안고 있는 분쟁의 바다다. 루마니아와 불가리아는 NATO와 EU 회원국으로서 서방의 흑해 전략을 구현하는 전초기지 역할을 하고 있다. 에너지, 곡물, 관광, 군사 안보가 얽힌 흑해는 더 이상 주변부가 아니라 유럽 안보와 세계 식량 공급의 핵심 무대가 됐다. 2022년 이후 흑해의 미래는 러시아-우크라이나 전쟁의 결과, 러시아와 서방의 장기적 관계, 튀르키예의 전략적 선택, 그리고 흑해 연안 국가들의 통합 또는 분열에 달려 있다. 한 가지 분명한 것은,

흑해가 앞으로도 국제 정치의 주요 갈등 지점이자 협력의 가능성이 공존하는 역동적 공간으로 남을 것이라는 점이다.

2022년 러시아의 우크라이나 침공 이후 흑해는 더 이상 먼 곳의 이야기가 아니다. 튀르크스트림 가스관을 통한 유럽의 에너지 공급, 러시아 및 우크라이나 곡물의 해상 운송, 케르치 대교와 세바스토폴 해군 기지를 둘러싼 군사적 긴장, 이 모든 것이 흑해에서 벌어지고 있으며, 그 여파는 곧바로 한국을 포함한 전 세계의 식량 가격 및 에너지 안보와 직결된다. 그러나 현재의 갈등을 단순히 러시아의 제국주의적 야욕이나 서방의 확장 정책으로만 이해한다면, 우리는 이 지역이 품고 있는 수천 년의 역사적 복잡성을 놓치게 된다. 킹의 『흑해』는 그리스 식민 도시부터 오스만제국, 러시아제국, 소련을 거쳐 오늘날까지 이어지는 장기지속의 역사 속에서 흑해가 어떻게 문명의 '경계선'이 아니라 '연결 고리'로 기능해왔는지를 보여준다. 크림반도를 둘러싼 러시아의 집착, 오데사의 상징적 의미, 튀르키예의 중재자 역할, 조지아와 루마니아의 전략적 선택, 이 모든 것은 역사적 맥락 없이는 결코 온전히 이해할 수 없다. 국제 공급망과 식량 안보, 에너지 위기가 일상을 흔드는 지금, 한국 독자들에게 흑해의 역사는 국제 정세를 읽는 필수적인 나침반이자, 단순한 진영 논리를 넘어 지역의 복합적 이해관계를 파악할 수 있는 통찰을 제공한다. 특히 단일 민족 신화와 고정된 국경 안에서의 국민국가 개념에 익숙한 한국 사회에, 흑해는 민족과 언어, 종교가 끊임없이 뒤섞이고 국경이 유동하며 정체성이 중첩되는 역사의 또 다른 가능성을 보여준다.

마지막으로 조지아 바투미에서 흑해를 건너 우크라이나 오데사로 들어가는 여정을 함께했으며 이번 번역 원고의 일부를 읽고 평을 해주신 임명묵 선생님과, 몇몇 번역 용어에 대해 전문가적 조언을 해주신 김화니 선생님, 번역 원고를 전부 꼼꼼하게 읽고 의견을 개진해주신 김용우 님께 깊은 감사를 표한다. 그러나 번역 과정에서의 오류는 오롯이 역자의 몫이다. 책을 번역하는 동안 종종 융숭한 대접을 제공해준 녹천의 임용빈과 중화의 지성현과 전농의 오민혁에게도 감사하다는 말을 전하고 싶다. 무엇보다도 이역만리에서 항상 응원해주고 힘이 되어준 이윤주에게도 따뜻한 고마움을 보낸다. 이런 좋은 책을 번역할 수 있는 기회를 주신 사계절출판사와 인문팀 편집자분들께도 감사드린다.

2026년 1월

고광열

주

1장

1   Mark Twain, *Life on the Mississippi* (New York: Harper and Brothers, 1923), p. 4.

2   Fernand Braudel, *The Mediterranean and the Mediterranean World in the Age of Philip II,* trans. Siân Reynolds, 2 vols. (London: Collins, 1972).

3   수로의 관련성에 관한 일반적인 논증은 다음을 보라. Martin W. Lewis and Kären E. Wigen, *The Myth of Continents: A Critique of Metageography* (Berkeley: University of California Press, 1997). 다양한 바다에 관해서는 다음을 보라. Peregrine Horden and Nicholas Purcell, *The Corrupting Sea: A Study of Mediterranean History* (Oxford: Blackwell, 2000); K. N. Chaudhuri, *Trade and Civilisation in the Indian Ocean: An Economic History from the Rise of Islam to 1750* (Cambridge: Cambridge University Press, 1985); Kenneth McPherson, *The Indian Ocean: A History of the People and the Sea* (Oxford: Oxford University Press, 1993); O. H. K. Spate, *The Pacific since Magellan,* 3 vols. (Minneapolis: University of Minnesota Press, 1979, 1983, 1988); Walter A. McDougal, *Let the Sea Make a Noise: A History of the North Pacific from Magellan to MacArthur* (New York: BasicBooks, 1993); Barry Cunliffe, *Facing the Ocean: The Atlantic and Its People, 8000 BC–AD 1500* (Oxford: Oxford University Press, 2001).

4   래리 울프는 저개발되고 문명화되지 않은 국경 지대로서의 '동유럽'이라는 틀이 계몽주의에서 비롯됐다고 설득력 있게 주장한다. 그러나 계몽주의 사상가들이 유럽의 동쪽 지역을 특정한 방식으로 생각하게 된 것은 분명 맞지만, 그들이 냉전 기간에 동유럽이라는 명칭이 획득한 일관된 정치적 의미로 '동유럽'을 생각했는지는 의문이다. Larry Wolf, *Inventing Eastern Europe: The Map of Civilization on the Mind of the Enlightenment* (Stanford: Stanford University Press, 1994)를 보라.

5   Carnegie Endowment for International Peace, *The Other Balkan Wars* (Washington: Carnegie Endownment, 1993), p. 11.

6   Owen Lattimore, *Inner Asian Frontiers of China* (New York: American Geographical Society, 1951), chapter 8.

7   Frederick Jackson Turner, *Rereading Frederick Jackson Turner: "The Significance of the Frontier in American History" and Other Essays* (New York: Henry Holt, 1994), p. 33.

8　Stanley Washburn, *The Cable Game: The Adventures of an American Press-Boat in Turkish Waters During the Russian Revolution* (Boston: Sherman, French, and Co., 1912), pp. 73-4.

9　W. S. Allen, "The Name of the Black Sea in Greek," *Classical Quarterly*, Vol. 41, Nos. 3-4 (July-October 1947): 86-8.

10　Diodorus Siculus, *The Library of History*, 5.47.

11　Strabo, *Geography*, 1.3.6, 7.3.18.

12　Flavius Arrianus, *Arrian's Voyage Round the Euxine Sea* (Oxford: J. Cooke, 1805), p. 7.

13　Procopius, *History of the Wars*, 8.6.25-28.

14　Joseph Pitton de Tournefort, *A Voyage into the Levant*, trans. John Ozell, Vol. 2 (London: D. Browne, A. Bell, J. Darby et al., 1718), pp. 95-6. 투르네포르 외에도 흑해에 대한 또 다른 중요한 초기 지질학 연구는 Peter Simon Pallas, *Travels Through the Southern Provinces of the Russian Empire, in the Years of 1793 and 1794*, 2 vols. (London: T. N. Longman and O. Rees et al., 1802-3).

15　네오에욱시네호수의 갑작스러운 범람에 대한 논쟁을 촉발한 논문은 W. B. F. Ryan et al., "An Abrupt Drowning of the Black Sea Shelf," *Marine Geology*, No. 138 (1997): 119-26이다. 반론에 대해서는 Naci Görür et al., "Is the Abrupt Drowning of the Black Sea Shelf at 7150 yr BP a Myth?," *Marine Geology*, No. 176 (2001): 65-73을 보라.

16　William Ryan and Walter Pitman, *Noah's Flood: The New Scientific Discoveries about the Event that Changed History* (New York: Simon and Schuster, 1998), pp. 234-5.

17　Robert D. Ballard, D. F. Coleman and G. D. Rosenberg, "Further Evidence of Abrupt Holocene Drowning of the Black Sea Shelf," *Marine Geology*, Vol. 170, Nos. 3-4 (November 2000): 253-61.

18　Strabo, *Geography*, 7.4.3.

19　Strabo, *Geography*, 2.5.22; Ammianus Marcellinus, *Res Gestae*, 21.8.10.

20　George Matthew Jones, *Travels in Norway, Sweden, Finland, Russia, and Turkey: Also on the Coasts of the Sea of Azov and of the Black Sea*, Vol. 2 (London: John Murray, 1827), pp. 393-4.

21　Jamie Morton, *The Role of the Physical Environment in Ancient Greek Seafaring* (Leiden: Brill, 2001), p. 164, note 28.

22　Strabo, *Geography*, 2.5.22.

23　*Black Sea Pilot*, 2nd edn. (London: Hydrographic Office, Admiralty, 1871), p. 3.

24　Willard Bascom, "Deep-Water Archaeology," *Science*, Vol. 174 (October 15, 1971): 216-9. 배스컴은 해저에서 난파선을 인양할 수 있는 알코아 시프로브Alcoa Seaprobe라는 배를 개발했다.

CIA가 1975년에 침몰한 소련 잠수함을 비밀리에 인양한 배를 건조하는 데 사용한 것도 배스컴의 설계였다. 배스컴은 특허 위반으로 소송을 제기했지만 실패했다. Willard Bascom, *The Crest of the Wave: Adventures in Oceanography* (New York: Harper and Row, 1988), pp. 266-9.

25   Robert D. Ballard et al., "Deepwater Archaeology of the Black Sea: The 2000 Season at Sinop, Turkey," *American Journal of Archaeology*, Vol. 105, No. 4 (October 2001): 607-23.

26   Robert D. Ballard, "Deep Black Sea," *National Geographic* (May 2001): 68.

27   Frederick Hiebert et al., "From Mountaintop to Ocean Bottom: A Holistic Approach to Archaeological Survey along the Turkish Black Sea Coast," in J. Tancredi (ed.) *Ocean Pulse* (New York: Plenum, 1997), pp. 93-108; and Ballard et al., "Deepwater Archaeology," p. 608을 보라.

28   Frederik T. Hiebert, "Black Sea Coastal Cultures: Trade and Interaction," *Expedition*, Vol. 43, No. 1 (2001): 12.

2장

1   Xenophon, *Anabasis*, 7.1.29.

2   초기 그리스 원정의 연대 측정의 어려움에 대해서는 Thomas S. Noonan, "The Grain Trade of the Northern Black Sea in Antiquity," *American Journal of Philology*, Vol. 94, No. 3 (1973): 231-42; Stephen Hiller, "The Mycenaeans and the Black Sea," in Robert Laffineur and Lucien Busch (eds.) *Thalassa: L'Egée préhistorique et la mer* (Liège: Université de Liège, 1991), pp. 207-16을 보라.

3   Plato, *Phaedo*, 109b.

4   Xenophon, *Anabasis*, 5.4.

5   Pierre Gilles, *The Antiquities of Constantinople*, ed. Ronald G. Musto, trans. John Bell, 2nd edn. (New York: Italica Press, 1988), p. xlv.

6   Strabo, *Geography*, 11.2.12.

7   Pliny the Elder, *Natural History*, 4.9.44.

8   Strabo, *Geography*, 11.2.1; Pliny the Elder, *Natural History*, 7.1.10, 7.2.17; Herodotus, *Histories*, 3.116, 4.24, 4.106.

9   David Braund, *Georgia in Antiquity: A History of Colchis and Transcaucasian Iberia, 550 BC-AD 562* (Oxford: Clarendon Press, 1994), pp. 50, 90.

10   Herodotus, *Histories*, 2.104-105.

11 킴메르인에 관한 현재의 연구 성과는 A. I. Ivanchik, *Kimmeriitsy: Drevnevostochnye tsivilizatsii i stepnye kochevniki v VIII-VII vekakh do n. e.* (Moscow: Russian Academy of Science, 1996)에 정리되어 있다.

12 Gocha R. Tsetskhladze, "Greek Colonisation of the Black Sea Area: Stages, Models, and Native Population," in Gocha R. Tsetskhladze (ed.) *The Greek Colonisation of the Black Sea Area: Historical Interpretation of Archaeology* (Stuttgart: Franz Steiner, 1998), pp. 8-68.

13 Plato, *Phaedo*, 109b.

14 Strabo, *Geography*, 12.3.11.

15 Strabo, *Geography*, 11.2.17.

16 Pliny the Elder, *Natural History*, 6.4.13. Cf. Strabo, *Geography*, 11.2.16. 스트라본은 이 수치를 과대평가된 것으로 보면서도, 그럼에도 70개가량의 부족이 있었을 것이라고 말한다.

17 Strabo, *Geography*, 11.3.11; Pliny the Elder, *Natural History*, 6.4.13.

18 Strabo, *Geography*, 7.4.4.

19 Herodotus, *Histories*, 4.53.

20 Michael Grant, *The Rise of the Greeks* (New York: Scribner's, 1988), p. 273.

21 서쪽 도시들의 발전에 관한 가장 좋은 사료는 Krzysztof Nawotka, *The Western Pontic Cities: History and Political Orgazniation* (Amsterdam: Adolf M. Hakkert, 1997)이다.

22 Chris Scarre, *The Penguin Historical Atlas of Ancient Rome* (London: Penguin, 1995), p. 81.

23 페리클레스의 원정으로 많은 도시와 중계 거점이 아테네의 실질적 지배하에 들어갔다. 기원전 425년에 이르면 흑해 도시 약 50곳이 아테네에 조공을 바치고 있었다. Braund, *Georgia in Antiquity*, p. 125.

24 Anthony Bryer and David Winfield, *The Byzantine Monuments and Topography of the Pontos*, Vol. 1 (Washington: Dumbarton Oaks Research Library and Collection, 1985), p. 128, note 35.

25 Virgil, *Georgics*, 1.58, 2.440-445.

26 Xenophon, *Anabasis*, 4.8. Cf. Pliny the Elder, *Natural History*, 21.45.77. 폰토스 해안 진달래속 꽃의 수분을 담당하는 벌들은 지금도 환각 효과가 있는 꿀을 만드는 것으로 알려졌는데, 튀르키예인은 이를 델리 발deli bal, 즉 미친 꿀이라고 부른다.

27 Diodorus Siculus, *Library of History*, 31.2.4.

28 Pliny, *Natural History*, 9.18.48.

29 Strabo, *Geography*, 7.6.2.

30   Peter Simon Pallas, *Travels Through the Southern Provinces of the Russian Empire, in the Year 1793 and 1794*, Vol. 2 (London: T. N. Longman and O. Rees et al., 1802-3), p. 289.

31   Mikhail Rostovtzeff, *Iranians and Greeks in South Russia* (1922; reprint New York: Russell and Russell, 1969), p. 11.

32   5세기 문헌에 나타난 야만인의 묘사에 대해서는 Edith Hall, *Inventing the Barbarian: Greek Self-Definition Through Tragedy* (Oxford: Clarendon Press, 1989)를 보라.

33   S. L. Solovyov, *Ancient Berezan: The Architecture, History and Culture of the First Greek Colony in the Northern Black Sea* (Leiden: Brill, 1999)를 보라.

34   Herodotus, *Histories*, 4.108.

35   Timothy Taylor, "Thracians, Scythians, and Dacians, 800 DC-AD 300," in Barry Cunliffe (ed.) *The Oxford Illustrated Prehistory of Europe* (Oxford: Oxford University Press, 1994), p. 389.

36   Pausanias, *Description of Greece*, 1.31.2.

37   Herodotus, *Histories*, 4.5.

38   Herodotus, *Histories*, 4.75.

39   Herodotus, *Histories*, 1.105.

40   Herodotus, *Histories*, 4.46.

41   다음을 보라. Sergei I. Rudenko, *Frozen Tombs of Siberia: The Pazyryk Burials of Iron Age Horsemen*, trans. M. W. Thompson (Berkeley: University of California Press, 1970); Rostovtzeff, *Iranians and Greeks*; Ellis H. Minns, *Scythians and Greeks: A Survey of Ancient History and Archaeology on the North Coast of the Euxine from the Danube to the Caucasus* (Cambridge: Cambridge Universitry Press, 1913); Renate Rolle, *The World of the Scythians*, trans. F. G. Walls (Berkeley: University of California Press, 1989).

42   Rolle, *The World of the Schythians*, p. 128.

43   Diogenes Laertius, *Lives of the Eminent Philosophers*, 1.103.

44   Herodotus, *Histories*, 4.76-77.

45   Plato, *The Republic*, 10.600; Aristotle, *Posterior Analytics*, 1.13; Strabo, *Geography*, 7.3.8; Pliny the Elder, *Natural History*, 7.56.198. 다시 말해 평범한 돌판이 아니라 갈고리가 있는 닻이다.

46   Jan Fredrik Kindstrand, *Anacharsis: The Legend and the Apophthegmata* (Uppsala: University of Uppsala, 1981), pp. 3-10.

47   Plutarch, *The Dinner of the Seven Wise Men*, 148c-e.

48   Jean-Jacques Barthélemy, *Travels of Anacharsis the Younger in Greece, During the Middle of the Fourth Century Before the Christian Aera*, trans. William Beaumont, Vol. 1 (London: J. Mawman, F. C. and J. Rivington et al., 1817), p. i.

49   예를 들어 다음을 보라. Marie Guthrie, *A Tour, Performed in the Years 1795-6, Through the Taurida, or Crimea, the Antient Kingdom of Bosphorus, the Once-Powerful Republic of Tauric Cherson, and All the Other Countries on the North Shore of the Euxine, Ceded to Russia by the Peace of Kainardgi and Jassy* (London: T. Cadell, Jr. and W. Davies, 1802), p. 29; Henry A. S. Dearborn, *A Memoir of the Commerce and Navigation of the Black Sea, and the Trade and Maritime Geography of Turkey and Egypt*, Vol. 1 (Boston: Wells and Lilly, 1819), p. 313; Jean Baron de Reuilly, *Travels in the Crimea, and Along the Shores of the Black Sea, Performed During the Year 1803* (London: Richard Phillips, 1807), bound in *A Collection of Modern and Contemporary Voyages and Travels*, Vol. 5 (London: Richard Phillips, 1807), p. 53; Edward Daniel Clarke, *Travels to Russia, Tartary, and Turkey* (New York: Arno Press, 1970) [reprint of Vol. 1 of his *Travels in Various Countries of Europe, Asia, and Africa*, London, 1811], p. 348.

50   Tim Severin, *The Jason Voyage* (New York: Simon and Schuster, 1985).

51   Strabo, *Geography*, 1.2.10.

52   Strabo, *Geography*, 1.2.10, 11.2.19. 현대 여행자들은 조지아 중북부의 산악 지역에 사는 스반인(Svans, 스트라본이 말하는 '소아네스인Soanes'?) 사이에서도 같은 관습을 발견했지만, 파시스강 유역의 저지대 조지아인 고대 콜키스와는 구체적인 연관성이 없다. 예컨대 다음을 보라. Edmund Spencer, *Travels in the Western Caucasus*, Vol. 1 (London: Henry Colburn, 1838), p. 341. 루마니아 집시 사이에서의 비슷한 관행으로는 James Henry Skene, *The Frontier Lands of the Christian and the Turk*, Vol. 1, 2nd edn. (London: Richard Bentley, 1853), p. 323을 보라.

53   Alexandre Baschmakoff, *La synthèse des périples pontiques: Méthode de précision en paléoethnologie* (Paris: Librairie Orientaliste Paul Geuthner, 1948), pp. 14-16. 브론드는 가장 오래된 '페리플루스' 몇 편이 4세기 것으로 보이나 아마 6세기 자료들에 기초했을 가능성이 있다고 말한다. Braund, *Georgia in Antiquity*, p. 17을 보라.

54   Bryer and Winfield, *The Byzantine Monuments*, Vol. 1, p. 119.

55   Thucydides, *History of the Peloponnesian War*, 2.97.

56   Sergei Saprykin, "Bosporus on the Verge of the Christian Era (Outlines of Economic Development)," *Talanta: Proceedings of the Dutch Archaeological and Historical Society*, Vols. 32-3 (2000-1): 96. 카프카즈 도시들의 몰락에 관해서는 Braund, *Georgia in Antiquity*, p. 63을 보라.

57   Gocha R. Tsetskhladze, "Black Sea Piracy," *Talanta: Proceedings of the Dutch Archaeological and Historical Society*, Vols. 32-3 (2000-1): 13-14.

58 Dio Chrysostom, "Borysthenitic Discourse," 36.4. 디온이 실제로 올비아를 방문했는지에 대해서는 논란이 있다.

59 Dio Chrysostom, "Borysthenitic Discourse," 36.24.

60 Dio Chrysostom, "Borysthenitic Discourse," 36.7-8.

61 Ovid, *Tristia*, 3.13.28.

62 이 묘사는 Appian, "Mithridatic Wars,' 116-17, 그리고 Plutarch, "Pompey," 45에 근거를 둔 것이다. 새로 정복한 지역 목록은 분명히 부풀려졌다. 폼페이우스는 그중 대부분에 발을 들여놓지 않았기 때문이다.

63 Peter S. Wells, *The Barbarians Speak: How the Conquered Peoples Shaped Roman Europe* (Princeton: Princeton University Press, 1999), p. 94.

64 David Magie, *Roman Rule in Asia Minor to the End of the Third Century after Christ* (New York: Arno Press, 1975), p. 217.

65 Plutarch, "Pompey," 42.

66 Plutarch, "Pompey," 32.

67 Ovid, *Tristia*, 4.6.47.

68 Cassius Dio, *Roman History*, 68.13-15.

69 Claudius Ptolemy, *The Geography*, trans. and ed. Edward Luther Stevenson (New York: Dover, 1991), p. 82.

70 Flavius Arrianus, *Arrian's Voyage Round the Euxine Sea, Translated; and Accompanied with a Geographical Dissertation, and Maps* (Oxford: J. Cooke, 1805), p. 3.

71 Arrianus, *Arrian's Voyage*, p. 1.

72 Arrianus, *Arrian's Voyage*, p. 9.

73 Arrianus, *Arrian's Voyage*, pp. 14-15.

74 Lucian, "Alexander the False Prophet," 16.

75 H. F. Pelham, "Arrian as Legate of Cappadocia," *English Historical Review*, Vol. 11, No. 44 (October 1896): 637.

76 Quoted in Pelham, "Arrian as Legate," 640.

3장

1 Procopius, *Wars*, 7.29.16.

2 Herodotus, *Histories*, 4.144.

3 Hélène Ahrweiler, "Byzantine Concepts of the Foreigner: The Case of the Nomads," in Hélène Ahrweiler and Angeliki E. Laiou (eds.) *Studies on the Internal Diaspora of the Byzantine Empire* (Washington: Dumbarton Oaks Research Library and Collection, 1998), pp. 1-15를 보라.

4 Walter Goffart, "Rome, Constantinople, and the Barbarians," *American Historical Review*, Vol. 86, No. 2 (April 1981): 284.

5 Maurice, *Treatise on Strategy*, 11.2. Michael Maas (ed.) *Readings in Late Antiquity* (London: Routledge, 2000), p. 328에서 재인용.

6 Herodotus, *Histories*, 4.110-117.

7 Josafa Barbaro, *Travels of Barbaro*, in Josafa Barbaro and Ambrogio Contarini, *Travels to Tana and Persia*, trans. William Thomas and S. A. Roy (London: Hakluyt Society, 1873), p. 30.

8 Procopius, *Wars*, 8.5.31-33.

9 Procopius, *Buildings*, 3.7.1-10.

10 Constantine VII Porphyrogenitus, *De administrando imperio*, trans. R. J. H. Jenkins, new rev. edn. (Washington: Dumbarton Oaks Center for Byzantine Studies, 1967), pp. 6, 53.

11 Speros Vryonis, Jr., *The Decline of Medieval Hellenism in Asia Minor and the Process of Islamization from the Eleventh Through the Fifteenth Century* (Berkeley: University of California Press, 1971), p. 17.

12 Constantine VII Porphyrogenitus, *De administrando imperio*, 7.

13 Constantine VII Porphyrogenitus, *De administrando imperio*, 13.

14 Lionel Casson, *Ships and Seamanship in the Ancient World*, rev. edn. (Baltimore: Johns Hopkins University Press, 1995), pp. 148-51.

15 J. R. Partington, *A History of Greek Fire and Gunpowder* (Baltimore: Johns Hopkins University Press, 1999), p. 15.

16 Alexander Alexandrovich Vasiliev, *Byzance et les Arabes*, eds. Henri Grégoire and Marius Canard, Vol. 2, Part 2 (Brussels: Editions de l'Institut de philologie et d'histoire orientales et slaves, 1950), p. 150.

17   Peter Simon Pallas, *Travels Through the Southern Provinces of the Russian Empire, in the Years 1793 and 1794*, Vol. 2 (London: T. N. Longman and O. Rees et al., 1802-3), pp. 290, 297.

18   Robert Browning, "The City and the Sea," in Speros Vryonis, Jr. (ed.) *The Greeks and the Sea* (New Rochelle, NY: Aristide D. Caratzas, 1993), pp. 98-9.

19   Ahmad Ibn Fadlan, *Puteshestvie Akhmeda Ibn-Fadlana na reku Itil' i priniatie v Bulgarii Islama*, ed. Sultan Shamsi (Moscow: Mifi-Servis, 1992).

20   하자르인과 크림반도의 유대계 '카라이트Karaites'라는 후대 튀르크어 사용 공동체들 사이의 연관성은 거의 확실히 거짓이다. 하자르-카라이트 혈연 이론에 동조하는 견해에 대해서는 Arthur Koestler, *The Thirteenth Tribe: The Khazar Empire and Its Heritage* (New York: Random House, 1976)을 보라. 학술적 반박으로 Zvi Ankori, *Karaites in Byzantium: The Formative Years, 970-1100* (New York: AMS Press, 1968)을 보라.

21   Constantine VII Porphyrogenitus, *De administrando imperio*, 4.

22   *Povest' vremennykh let*. Basil Dmytryshyn (ed.) *Medieval Russia: A Source Book, 850-1700* (Gulf Breeze, FL: Academic International Press, 2000), p. 10에서 재인용.

23   Alexander Alexandrovich Vasiliev, *The Goths in the Crimea* (Cambridge, MA: Mediaeval Academy of America, 1936), pp. 111-12에서 재인용.

24   Marco Polo, *The Travels of Marco Polo*, trans. Ronald Latham (Harmondsworth: Penguin, 1958), p. 344.

25   Gheorghe Ioan Brătianu, *La mer Noire: Des origines è la conquête ottomane* (Munich: Romanian Academic Society, 1969), pp. 44-5.

26   Michel Balard, *La Romanie génoise (XIIe-début du XVe siècle)*, Vol. 2 (Rome: Ecole Française de Rome, 1978), p. 501에서 재인용.

27   G. I. Brătianu, *Recherches sur le commerce génois dan la Mer Noire au XIIIe siècle* (Paris: Librairie Orientaliste Paul Geuthner, 1929), p. 157.

28   G. I. Brătianu, *Actes des notaires génois de Péra et de Caffa de la fin du treizième siècle (1281-1290)* (Bucharest: Cultura Națională, 1927)을 보라.

29   Balard, *La Romanie génoise*, Vol. 1, pp. 142, 373.

30   Pero Tafur, *Travels and Adventures, 1435-1439*, trans. Malcolm Letts (New York: Harper and Brothers, 1926), p. 133.

31   Ibn Battuta, *Travels in Asia and Africa, 1325-1354*, trans. H. A. R. Gibb (New York: Robert M. McBride and Co., 1929), p. 143.

32　Tafur, *Travels and Adventures*, pp. 132, 134-5.

33　Tafur, *Travels and Adventures*, pp. 134, 137.

34　*The Journal of Friar William of Rubruck*, in Manuel Komroff (ed.) *Contemporaries of Marco Polo* (New York: Dorset Press, 1989), p. 55.

35　Anthony Bryer and David Winfield, *The Byzantine Monuments and Topography of the Pontos*, Vol. 1 (Washington: Dumbarton Oaks Research Library and Collection, 1985), p. 18.

36　*The Journal of Friar William of Rubruck*, pp. 88, 134-6.

37　Brătianu, *La mer Noire*, p. 230.

38　Francesco Balducci Pegolotti, *La pratica della mercatura*, Allen Evans (ed.) (Cambridge, MA: Mediaeval Academy of America, 1936), pp. 21-2

39　*The Journal of Friar William of Rubruck*, p. 59.

40　Josafa Barbaro, *Travels of Barbaro*, in *Travels to Tana and Persia*, trans. William Thomas and S. A. Roy (London: Hakluyt Society, 1873), pp. 11-12.

41　Gilles Veinstein, "From the Italians to the Ottomans: The Case of the Northern Black Sea Coast in the Sixteenth Century," *Mediterranean Historical Review*, Vol. 1, No. 2 (December 1986): 223.

42　Brătianu, *La mer Noire*, pp. 243-4.

43　Gabriele de' Mussi, *Ystoria de morbo seu mortalitate qui fuit a. 1348*. Francis Aidan Gasquet, *The Black Death of 1348 and 1349*, 2nd edn. (London: George Bell and Sons, 1908), p. 20에서 재인용.

44　Gasquet, *The Black Death*, p. 12에서 재인용.

45　Alexander Alexandrovich Vasiliev, "The Foundation of the Empire of Trebizond (1204-1222)," *Speculum*, Vol. 11, No. 1 (January 1936): 7-8.

46　Vasiliev, "The Foundation," p. 19.

47　William Miller, *Trebizond: The Last Greek Empire of the Byzantine Era, 1204-1461*, new enlarged edn. (Chicago: Argonaut, 1969), p. 31.

48　이 묘사는 Bryer and Winfield, *The Byzantine Monuments*, Vol. 1, pp. 178-9에 실린 생생한 그림을 바탕으로 작성했다.

49　이 교회는 1880년대에 모스크로 개조됐고 프레스코화들은 회반죽으로 덮였다. 회반죽이 달라붙도록 벽을 쪼아냈을 때 그림들이 손상되기는 했지만, 그럼에도 어디서나 찾아볼 수 있는 비잔티움 시대 프레스코화의 가장 위대한 보물을 보여준다. 본격적인 복원 작업은 1950년대 후반에

시작했다. David Talbot Rice (ed.) *The Church of Haghia Sophia of Trebizond* (Edinburgh: Edinburgh University Press, 1968)을 보라.

50 Bryer and Winfield, *The Byzantine Monuments*, Vol. 1, pp. 185-6.

51 안타깝게도 이 수도원은 오랫동안 방치돼서 쇠락하도록 내버려졌지만, 튀르키예 정부의 지원을 받는 야심 찬 복원 프로그램이 2000년에 시작됐다.

52 Ruy González de Clavijo, *Embassy to Tamerlane, 1403-1406*, trans. Guy Le Strange (London: George Routledge and Sons, 1928), pp. 111-13.

53 Bryer and Winfield, *The Byzantine Monuments*, Vol. 1, p. 251.

54 Miller, *Trebizond*, p. 69.

55 Balard, *La Romanie génoise*, Vol. 1, p. 6.

56 이 점에 관해서는 Rudi Paul Lindner, *Nomads and Ottomans in Medieval Anatolia* (Bloomington: Research Institute for Inner Asian Studies, Indiana University, 1983)를 보라.

57 Anthony Bryer, "Greek Historians on the Turks: The Case of the First Byzantine-Ottoman Marriage," in his *Peoples and Settlement in Anatolia and the Caucasus, 800-1900* (London: Variorum Reprints, 1988), p. 481.

58 George Makris, "Ships," in Angeliki E. Laiou (ed.) *The Economic History of Byzantium: From the Seventh Through the Fifteenth Century*, Vol. 1 (Washington: Dumbarton Oaks, 2002), p. 99.

59 루도비코에 대한 이 증언은 Anthony Bryer, "Ludovico da Bologna and the Georgian and Anatolian Embassy of 1460-1461," in his *The Empire of Trebizond and the Pontos* (London: Variorum Reprints, 1980), chapter 10을 바탕으로 작성했다.

60 Bryer, "Ludovico da Bologna," p. 195에서 재인용.

61 Bryer, "Ludovico da Bologna," p. 186.

4장

1 "Kara Deniz," *Encyclopedia of Islam*, Vol. 4, pp. 575-7.

2 Halil İnalcık, "The Question of the Closing of the Black Sea Under the Ottomans," *Archeion Pontou*, Vol. 35 (1979): 108.

3 Elizabeth Zachariadou, "The Ottoman World," in Christopher Allmand (ed.) *The New*

Cambridge Medieval History of Europe, Vol. 7 (Cambridge: Cambridge University Press, 1998), p. 829에서 재인용.

4 "Istanbul," *Encyclopedia of Islam*, Vol. 4, p. 244.

5 '킵차크'는 스텝의 유목민을 가리키며, 그 언어는 튀르크어족 중에서도 독립된 킵차크어파에 속했다. 튀르키예어는 오구즈Oghuz어파에 속한다.

6 Victor Ostapchuk, "The Human Landscape of the Ottoman Black Sea in the Face of the Cossack Naval Raids," *Oriente Moderno*, Vol. 20, No. 1 (2001): 28-9.

7 Ostapchuk, "The Human Landscape," p. 33에서 재인용.

8 Halil İnalcık, with Donald Quataert (eds.) *An Economic and Social History of the Ottoman Empire*, Vol. 1 (Cambridge: Cambridge University Press, 1997), p. 271. 또한 Gilles Veinstein, "From the Italians to the Ottomans: The Case of the Northern Black Sea Coast in the Sixteenth Century," *Mediterranean Historical Review*, Vol. 1, No. 2 (December 1986): 221-37도 보라.

9 동북부 해안의 다른 소도시 대부분에서는 정교회 기독교인이 대다수를 차지했다. Veinstein, "From the Italians to the Ottomans," p. 224.

10 Halil İnalcık, *Sources and Studies on the Ottoman Black Sea. Vol. 1: The Customs Register of Caffa, 1487-1490* (Cambridge, MA: Ukrainian Research Institute, Harvard University Press, 1996).

11 Veinstein, "From the Italians to the Ottomans," p. 223.

12 이 부분의 연구와 집필에 도움을 준 펠리시아 로슈Felicia Roşu에게 감사를 표한다. 고대에 흑해에서 온 노예의 수는 지중해의 다른 중심지에서 온 노예의 수보다 적었을 것이다. David C. Braund and Gocha R. Tsetskhladze, "The Export of Slaves from Colchis," *Classical Quarterly*, Vol. 39, No. 1 (1989): 114-25를 보라. 오스만제국의 흑해 노예 무역에 관한 고전적 논문은 Alan Fisher, "Muscovy and the Black Sea Slave Trade," *Canadian-American Slavic Studies*, Vol. 6 (1972): 575-94.

13 M. I. Finley, "The Black Sea and Danubian Regions and the Slave Trade in Antiquity," *Klio*, No. 40 (1962): 53.

14 Pero Tafur, *Travels and Adventures, 1435-1439*, trans. Malcolm Letts (New York: Harper and Brothers, 1926), p. 133.

15 İnalcık and Quataert, *An Economic and Social History*, Vol. 1, p. 283.

16 İnalcık and Quataert, *An Economic and Social History*, Vol. 1, p. 285. 호다르코프스키의 추정에 따르면, 17세기 전반기만 해도 타타르의 모스크바공국 영토 침략으로 15만에서 20만 명이 포로로 잡혔다. Michael Khodarkovsky, *Russia's Steppe Frontier: The Making of a Colonial Empire, 1500-1800* (Bloomington: Indiana University Press, 2002), p. 22.

17   Halil İnalcık, "Servile Labor in the Ottoman Empire," in Abraham Ascher, Tibor Halasi-Kun, and Béla K. Király (eds.) *The Mutual Effects of the Islamic and Judeo-Christian Worlds: The East European Pattern* (New York: Brooklyn College Press, 1979), p. 34.

18   Nicolae Iorga, *Studii istorice asupra Chiliei și Cetății Albe* (Bucharest: Institutul de Arte Grafice Carol Göbl, 1899), p. 161.

19   국가가 보유한 노예의 보조적 공급원은 데브시르메Devşirme, 즉 소년세 제도였는데, 이 제도하에서 아이들은 이스탄불로 끌려가 이슬람으로 개종되고 오스만 국가 기구와 군대에 고용됐다. 데브시르메는 14세기부터 17세기까지 시행됐으며 주로 남부 발칸 지역의 슬라브인 정교회 주민에게 적용됐다.

20   Evliya Çelebi, *Narrative of Travels in Europe, Asia, and Africa, in the Seventeenth Century*, trans. Joseph von Hammer, Vol. 2 (London: Oriental Translation Fund of Great Britain and Ireland, 1834), p. 58.

21   Marie Guthrie, *A Tour, Performed in the Years 1795-6, Through the Taurida, or Crimea, the Ancient Kingdom of Bosphorus, the Once-Powerful Republic of Tauric Cherson, and All the Other Countries on the North Shore of the Euxine, Ceded to Russia by the Peace of Kainardgi and Jassy* (London: T. Cadell, Jr., and W. Davies, 1802), p. 154.

22   August von Haxthausen, *Transcaucasia: Sketches of the Nations and Races Between the Black Sea and the Caspian* (London: Chapman and Hall, 1854), p. 8.

23   İnalcık and Quataert, *An Economic and Social History*, Vol. 1, p. 284.

24   Şerban Papacostea, "La pénétration du commerce génois en Europe Centrale: Maurocastrum (Moncastro) et la route moldave," *Il Mar Nero*, Vol. 3 (1997-8): 149-58을 보라.

25   Ostapchuk, "The Human Landscape," p. 28에서 재인용.

26   Palmira Brummett, *Ottoman Sea Power and Levantine Diplomacy in the Age of Discovery* (Albany: State University of New York Press, 1994), pp. 95-8.

27   Nikolai Ovcharov, *Ships and Shipping in the Black Sea: XIV-XIX Centuries*, trans. Elena Vatashka (Sofia: St. Kliment Ohridski University Press, 1993), pp. 19-23.

28   이 그림에 대한 주요 연구는 Ovcharov, *Ships and Shipping in the Black Sea*로, 내 논의의 기반이 되는 책이다.

29   Ostapchuk, "The Human Landscape," p. 39.

30   Ahmed Hasanbegzade, *Tarih-i al-i 'Osman*. Ostapchuk, "The Human Landscape," p. 46에서 재인용.

31   Evliya Çelebi, *Narrative of Travels*, Vol. 2, p. 39.

32 Ostapchuk, "The Human Landscape," pp. 41-3.

33 Guillaume Le Vasseur, sieur de Beauplan, *A Description of Ukraine*, trans. Andrew B. Pernal and Dennis F. Essar (Cambridge, MA: Harvard Ukrainian Research Institute, 1993), pp. 67-8.

34 Evliya Çelebi, *Narrative of Travels*, Vol. 2, pp. 59-64.

35 Beauplan, *Description of Ukraine*, p. 69.

36 Ostapchuk, "The Human Landscape," p. 35.

5장

1 Denis Diderot, *Encyclopédie, ou Dictionnaire raisonné des sciences, des arts et des métiers* (1751-80; Stuttgart: Friedrich Fromman Verlag, 1966), "Pont-Euxin."

2 Michael Khodarkovsky, *Russia's Steppe Frontier: The Making of a Colonial Empire, 1500-1800* (Bloomington: Indiana University Press, 2002), p. 8.

3 Khodarkovsky, *Russia's Steppe Frontier*, p. 17.

4 Khodarkovsky, *Russia's Steppe Frontier*, p. 22.

5 Khodarkovsky, *Russia's Steppe Frontier*, p. 223.

6 R. C. Anderson, *Naval Wars in the Levant, 1559-1853* (Liverpool: Liverpool University Press, 1952), pp. 238-9.

7 Anderson, *Naval Wars*, pp. 240-2.

8 볼가-돈 운하 계획에 대한 대표적인 기록은 John Perry, *The State of Russia Under the Present Czar* (London: Benjamin Tooke, 1716; reprint New York: Da Capo Press, 1968)이다. 영국 왕립 해군 대령이었던 페리는 이 계획의 수석 자문관이었다.

9 Louis-Philippe, comte de Ségur, *Memoirs and Recollections of Count Ségur, Ambassador from France to the Courts of Russia and Prussia*, 3 vols. (London: H. Colburn, 1825-7).

10 Ségur, *Memoirs and Recollections*, Vol. 3, pp. 2-3.

11 Ségur, *Memoirs and Recollections*, Vol. 3, pp. 18-19.

12 Ségur, *Memoirs and Recollectionss*, Vol. 3, pp. 91-2.

13 Ségur, *Memoirs and Recollections*, Vol. 3, p. 45.

14   Ségur, *Memoirs and Recollections*, Vol. 3, p. 104.

15   Ségur, *Memoirs and Recollections*, Vol. 3, p. 192.

16   Ségur, *Memoirs and Recollectionss*, Vol. 3, pp. 45, 230-1.

17   초기 칼미크 이주에 대한 나의 설명은 Michael Khodarkovsky, *Where Two Worlds Met: The Russian State and the Kalmyk Nomads, 1600-1771* (Ithaca: Cornell University Press, 1992)를 기반으로 한다.

18   Khodarkovsky, *Where Two Worlds Met*, p. 225.

19   Peter Simon Pallas, *Travels Through the Southern Provinces of the Russian Empire, in the Years 1793 and 1794*, Vol. 1 (London: T. N. Longman and O. Rees et al., 1802-3), p. 117.

20   Henry A. S. Dearborn, *A Memoir of the Commerce and Navigation of the Black Sea, and the Trade and Maritime Geography of Turkey and Egypt*, Vol. 1 (Boston: Wells and Lilly, 1819), pp. 337-9.

21   Henry Augustus Zwick, *Calmuc Tartary; or a Journey from Sarepta to Several Calmuc Hordes of the Astracan Government; from May 26 to August 21, 1823* (London: Holdsworth and Ball, 1831), p. 87.

22   다양한 인구 추산에 관해서는 Khodarkovsky, *Where Two Worlds Met*, pp. 32-3, 232; "Kalmuk," *Encyclopaedia of Islam*; Benjamin von Bergmann, *Voyage de Benjamin Bergmann chez les Kalmuks*, trans. M. Moris (Châtillon-sur-Seine: C. Cornillac, 1825), pp. 21, 336-7, 400을 보라.

23   이 설명은 칼미크의 이동에 관한 나중의 기록인 Zwick, *Calmuc Tartary*, pp. 95-7을 바탕으로 한 것이다.

24   Thomas De Quincey, *Revolt of the Tartars* (New York: Longmans, Green, and Co., 1896), p. 3.

25   Khodarkovsky, *Where Two Worlds Met*, p. 233.

26   Le père Amiot, "Monument de la transmigration des Tourgouths, à Pe-king, le 8 novembre 1772," in *Mémoires concernant l'histoire, les sciences, les arts, les moeurs, les usages, etc., des Chinois, par les missionnaires de Pekin*, Vol. 1 (Paris: Chez Nyon, 1776), pp. 405-18.

27   Khodarkovsky, *Where Two Worlds Met*, p. 234.

28   Le père Amiot, "Extrait d'une lettre du P. Amoit, missionaire en Chine, à M. Betin, Ministre et Secrétaire d'état, de Pe-king, le 15 octobre 1773," in *Mémoires concernant l'histoire, les sciences, les arts, les moeurs, les usages, etc., des Chinois, par les missionnaires de Pekin*, Vol. 1 (Paris: Chez Nyon, 1776), p. 422.

29   Pallas, *Travels*, Vol. 1, p. 115.

30   Ségur, *Memoirs and Recollections*, Vol. 3, pp. 166-7.

31   "Intelligence Relative to the Russian Naval Force in the Black Sea," (n.d.), Public Record Office, London (hereafter PRO) FO 95/8/9, ff. 485-6.

32   William Coxe, *Travels in Russia,* from his *Travels in the Northern Countries of Europe* (London, 1802), bound in John Pinkerton (ed.) *A General Collection of the Best and Most Interesting Voyages and Travels in All Parts of the World,* Vol. 6 (London: Longman, Hurst, Rees, and Orme, 1808-14), p. 890.

33   Georges Dioque, *Un Haut-Alpin à Marseille: Le Baron Anthoine, 1749-1626, du grand négoce à la mairie* (Paris: Société d'Etudes des Hautes-Alpes, 1991)을 보라.

34   Antoine-Ignace Anthoine de Saint-Joseph, *Essai historique sur le commerce et la navigation de la Mer-Noire,* 2nd edn. (Paris: L'Imprimerie de Mme. Veuve Agasse, 1820), pp. 30, 228-9.

35   예를 들어 벨렝Jacques-Nicolas Bellin의 "Carte réduite de la mer Noire"(1772)와 새뮤얼 던Samuel Dunn의 "First Part of Turkey in Europe"(1774)을 보라. 벨랭 지도는 앙투안이 분명히 알고 있었을 것이다. 이 지도는 여전히 헤르손 주변 지역을 '황량한 평원plaines desertes'으로 묘사했고, 크림반도 동남 해안을 따라서만 수심을 표시했다. 던 지도는 헤르손을 아예 빼놓았다. 드네프르강 여울을 포함해서 제국의 수로를 정확하게 그린 최초의 러시아 지도는 1801년에야 출판됐다.

36   Jean Denis Barbié de Bocage, *Recueil de cartes géographiques, plans, vues et médailles de l'ancienne Grèce, relatifs au voyage du jeune Anacharsis, précédé d'une analyse critique des cartes* (Paris: Imprimerie de Isidore Jacob, 1817).

37   Anderson, *Naval Wars,* p. 319.

38   Anderson, *Naval Wars,* p. 327.

39   Sebag Montefiore, *Prince of Princes: The Life of Potemkin* (New York: Thomas Dunne Books, 2001), p. 414.

40   John Paul Jones, *Life of Rear-Admiral John Paul Jones* (Philadelphia: Grigg and Elliot, 1846), pp. 274-5.

41   Samuel Eliot Morison, *John Paul Jones: A Sailor's Biography,* new edn. (Annapolis: Naval Institute Press, 1989), p. 454에서 재인용.

42   포툠킨이 심페로폴을 크림 행정부 소재지로 선택했을 때, 친구들에게 아크메체트와 바흐치사라이 중 하나를 고르되 장미 꽃잎을 투표용지처럼 던지게 했다고 한다. Coxe, *Travels in Russia,* Vol. 6, p. 766을 보라.

43   Patricia Herlihy, *Odessa: A History, 1794-1914* (Cambridge, MA: Harvard Ukrainian Research Institute, 1986), pp. 37-44.

44   William Symonds, *Extracts from Journal in the Black Sea in 1841* (London: George Pierce, 1841),

p. 19.

45 Herlihy, *Odessa*, pp. 120-1.

46 Pallas, *Travels*를 보라. 목재 천공 벌레 문제는 수십 년 동안 계속됐고, 결국 선체에 구리판을 덧대고 나서야 해결됐다.

47 흑해 스텝을 '역참 제도'로 여행하는 것에 대한 생생한 묘사는 Laurence Oliphant, *The Russian Shores of the Black Sea in the Autumn of 1852*, 3rd edn. (London: Redfield, 1854; reprint Arno Press, 1970), pp. 104-9, 118-20을 보라.

48 George Matthew Jones, *Travels in Norway, Sweden, Finland, Russia, and Turkey; Also on the Coasts of the Sea of Azov and of the Black Sea*, Vol. 2 (London: John Murray, 1827), p. 142. 아조프해가 극도로 얕아서 타간로그는 주요 항구가 될 수 없었다. 흘수가 3.7미터가 넘는 선박은 좌초 걱정 없이 항해할 수 없었고, 동북풍이 불면 곳곳에서 수심이 1미터도 안 되게 줄어들 수 있었다.

49 Jean, Baron de Reuilly, *Travels in the Crimea, and Along the Shores of the Black Sea, Performed During the Year 1803* (London: Richard Phillips, 1807), bound in *A Collection of Modern and Contemporary Voyages and Travels*, Vol. 5 (London: Richard Phillips, 1807), p. 26.

50 Jones, *Travels*, Vol. 2, pp. 219, 223.

51 Jones, *Travels*, Vol. 2, pp. 295-300.

52 Dioque, *Un Haut-Alpin*, p. 185.

53 Coxe, *Travels in Russia*, Vol. 6, p. 880.

54 Jones, *Travels*, Vol. 2, p. 311.

55 Willard Sunderland, "Peasants on the Move: State Peasant Resettlement in Imperial Russia, 1805-1830s," *Russian Review*, Vol. 52, No. 4 (October 1993): 472-85를 보라.

56 Oliphant, *The Russian Shores*, p. 94. 또한 Anatole de Demidoff, *Travels in Southern Russia, and the Crimea; Through Hungary, Wallachia, and Moldavia, During the Year 1837*, Vol. 1 (London: John Mitchell, 1853), pp. 350-1과 Xavier Hommaire de Hell, *Travels in the Steppes of the Caspian Sea, the Crimea, the Caucasus, &c.* (London: Chapman and Hall, 1847), pp. 76-81도 보라.

57 Herlihy, *Odessa*, p. 34.

58 Mose Lofley Harvey, "The Development of Russian Commerce on the Black Sea and Its Significance" (PhD dissertation, University of California, Berkeley, 1938), pp. 100-1, 110, 124-6. 발트해나 육로를 통한 수입에 비해 매우 적었다. 수치는 금액 기준이다.

59 Reuilly, *Travels*, p. 72; Symonds, *Extracts from Journal*, pp. 13-14; Edmund Spencer, *Travels in Circassia, Krim-Tartary, &c.*, Vol. 1, 3rd edn. (London: Henry Colburn, 1839), p. 222.

60 세계사에서 페스트 발생의 차이점에 대한 독창적 분석은 Samuel K. Cohn, Jr., "The Black Death: End of a Paradigm," *American Historical Review*, Vol. 107, No. 3 (June 2002) www. historycooperative.org/journals/ahr/107.3/aho302000703.html (May 27, 2003)를 보라.

61 Daniel Panzac, *Quarantaines et lazarets: L'Europe et la peste d'Orient (XVIIe-XXe siècles)* (Aix-en-Provence: Edisud, 1986)을 보라.

62 하워드는 헤르손 근처에 묻혔지만, 런던 세인트 폴 대성당에 하워드를 기리는 기념비가 있다. 리슐리외 공작은 오데사에서 페스트가 발생했을 때 유대인을 도시에서 추방하라고 명령했다고 한다. Adolphus Slade, *Records of Travels in Turkey, Greece, etc., and of a Cruise in the Black Sea, with the Capitan Pasha, in the Years 1829, 1830, and 1831*, Vol. 1 (Philadelphia: E. L. Carey and A. Hart, 1833), p. 252.

63 이 묘사는 Christian Augustus Fischer, *Travels to Hyères, in the South of France, Performed in the Spring of 1806* (London: Richard Phillips, 1806), bound in *A Collection of Modern and Contemporary Voyages and Travels*, Vol. 5 (London: Richard Phillips, 1807), pp. 68-76을 기반으로 한다.

64 Edmund Spencer, *Travels in the Western Caucasus*, Vol. 2 (London: Henry Colburn, 1838), p. 197. 남부 카프카즈 러시아-페르시아 국경의 체계 설명은 G. Poulett Cameron, *Personal Adventures and Excursions in Georgia, Circassia, and Russia*, Vol. 1 (London: Henry Colburn, 1845), pp. 4-8을 보라.

65 Demidoff, *Travels in Southern Russia*, Vol. 1, pp. 279-80.

66 Slade, *Records of Travels*, Vol. 1, p. 252.

67 1841년 오데사 라자레토에 대한 설명은 Symonds, *Extracts from Journal*, pp. 15-16을 보라.

68 Conte Terristori, *A Geographical, Statistical, and Commercial Account of the Russian Ports of the Black Sea, the Sea of Asoph, and the Danube* (London: A. Schloss and P. Richardson, 1837), pp. 22-3; and Reuilly, *Travels in the Crimea*, Vol. 5, p. 83.

69 Oliphant, *Russian Shores*, p. 230.

70 Spencer, *Travels in the Western Caucasus*, Vol. 2, p. 197.

71 Daniel Panzac, *La peste dans l'Empire ottoman, 1700-1850* (Louvain: Editions Peeters, 1985), p. 507.

72 하르코프Kharkov에 관해서는 Cameron, *Personal Adventures*, Vol. 2, p. 47을 보라.

73 Slade, *Records of Travels*, Vol. 1, p. 251. 등대 11개가 다음 지도에 아름답게 그려져 있다. T. Gonzalez, "Carta particular de la costa setentrional del Mar Negro, comprehendida entre la embocadura del Rio Dniester al O. y Kerson al E." (Madrid, 1821).

74   James Henry Skene, *The Frontier Lands of the Christian and the Turk; Comprising Travels in the Regions of the Lower Danube in 1850 and 1851*, Vol. 1, 2nd edn. (London: Richard Bentley, 1853), p. 276.

75   Demidoff, *Travels in Southern Russia*, Vol. 2, p. 16.

76   "Chart of the Black Sea and Surrounding Countries, Shewing the Telegraphic Lines Now Actually in Existence and Working and Those Contemplated" (February 20, 1856), PRO FO 925/3556.

77   Slade, *Records of Travels*, Vol. 1, p. 247n.

78   카프카즈 경로는 실제로 오데사와 티플리스를 거쳐 라이프치히에서 타브리즈까지 쭉 이어졌고, 1820년대와 1830년대에는 아르메니아 상인이 대부분 장악했다. Hommaire de Hell, *Travels in the Steppes*, p. 17.

79   "Trebizond and the Persian Transit Route," PRO FO/195/2474, f. 2.

80   Sir Robert Gordon to Brant (August 5, 1830), James Brant Papers, British Library, Add. 42512, ff. 1-2 verso.

81   James Brant, "Report on the Trade at Trebizond" (February 15, 1832), PRO FO 195/101.

82   "Report on the Trade of Trebizond for the Year 1835" (December 31, 1835), PRO FO 195/101, n.p.

83   "Trebizond and the Persian Transit Route," PRO FO/195/2474, f. 2.

84   "Report on the Trade of Trebizond for the Year 1835" (December 31, 1835), PRO FO 195/101, n.p.

85   John McNeill to James Brant (November 1, 1837), James Brant Papers, British Library, Add. 42512, ff. 47-8.

86   Anderson, *Naval Wars*, p. 580.

87   Edmund Spencer, *Turkey, Russia, the Black Sea, and Circassia* (London: George Routledge, 1854), p. 233.

88   "Sebastopol in August 1855," in Leo Tolstoy, *Sebastopol* (Ann Arbor: Unwersity of Michigan Press, 1961), p. 226.

6장

1   Mark Twain, *The Innocents Abroad, in The Complete Travel Books of Mark Twain*, Vol. 1 (Garden City, NY: Doubleday, 1966-7), p. 253.

2   Adolphus Slade, *Records of Travels in Turkey, Greece, etc., and of a Cruise in the Black Sea, with the Capitan Pasha, in the Years 1829, 1830, and 1831*, Vol. 2 (Philadelphia: E. L. Carey and A. Hart, 1833), p. 155.

3   Henry C. Barkley, *A Ride Through Asia Minor and Armenia: Giving a Sketch of the Characters, Manners, and Customs of Both the Mussulman and Christian Inhabitants* (London: John Murray, 1891), p. 146. 바클리는 특히 아르메니아인들을 지칭하고 있었다.

4   Edith Durham, *High Albania*, reprint edn. (London: Phoenix Press, 2000), p. 1.

5   F. N. Gromov et al., *Tri veka rossiiskogo flota*, Vol. 1 (St. Petersburg: Logos, 1996), p. 210.

6   Gromov et al., *Tri veka rossiiskogo flota*, Vol. 1, p. 218.

7   Bernd Langensiepen and Ahmet Güleryüz, *The Ottoman Steam Navy, 1828-1923*, trans. James Cooper (Annapolis: Naval Institute Press, 1995), p. 3.

8   Slade, *Records of Travels*를 보라. 슬레이드는 오스만의 영국 해군 고문관이었고, 1828~1829년 전쟁 중 흑해에서 해전의 전모를 목격했다.

9   Gromov et al., *Tri veka rossiiskogo flota*, Vol. 1, p. 242.

10   Gromov et al., *Tri veka rossiiskogo flota*, Vol. 1, p. 242.

11   Langensiepen and Güeryüz, *The Ottoman Steam Navy*, p. 6.

12   미드하트 파샤는 나중에 두 차례 재상으로 임명됐으나, 술탄 압뒬하미트 2세 치하에서 반역죄로 아라비아로 추방당했다. 미드하트 파샤는 감옥에 있는 동안 교살당했다. 미드하트 파샤 치하의 도브루자에 관해서는 아들 알리 하이다르 미드하트가 쓴 표준 전기를 보라. Ali Haydar Midhat, *The Life of Midhat Pasha* (London: John Murray, 1903; reprint New York: Arno Press, 1973)과 Georgi Pletn'ov, *Midkhat Pasha i upravlenieto na Dunavskiia vilaet* (Veliko Turnovo: Vital, 1994).

13   Mose Lofley Harvey, "The Development of Russian Commerce on the Black Sea and Its Significance" (Ph.D, dissertation, University of California, Berkeley, 1938), p. 130.

14   Harvey, "The Development of Russian Commerce," pp. 158, 163, 171.

15   Karl Baedeker, *Russia, with Teheran, Port Arthur, and Peking*, 1st English edn. (London: T. Fisher Unwin, 1914), p. xviii.

16   Nikolai Nikolaevich Reikhel't, *Po Chernomu moriu* (St. Petersburg: A. S. Suvorin, 1891), pp. 230-1.

17   Harvey, "The Development of Russian Commerce," p. 104.

18   Harvey, "The Development of Russian Commerce," p. 147.

19   Harvey, "The Development of Russian Commerce," p. 181.

20   William Eleroy Curtis, *Around the Black Sea: Asia Minor, Armenia, Caucasus, Circassia, Daghestan, the Crimea, Roumania* (New York: Hodder and Stoughton, 1911), p. 57.

21   *A Hand-Book for Travellers in the Ionian Islands, Greece, Turkey, Asia Minor, and Constantinople, Including a Description of Malta; With Maxims and Hints for Travellers in the East* (London: John Murray, 1840); *A Handbook for Travellers in Turkey*, 3rd rev. edn. (London: John Murray, 1854).

22   Baedeker, *Russia, with Teheran*, pp. xvi, 445.

23   Thomas Forester, *The Danube and the Black Sea; Memoir on their Junction by a Railway Between Tchernavoda and a Free Port at Kustendjie* (London: Edward Stanford, 1857), pp. 210-11.

24   Twain, *The Innocents Abroad*, pp. 255-6.

25   R. Arthur Arnold, *From the Levant, the Black Sea, and the Danube*, Vol. 2 (London: Chapman and Hall, 1868), pp. 193-4.

26   Vasilii Sidorov, *Okol'noi dorogoi: Putevyia zametki i vpechatleniia* (St. Petersburg: Tipografiia A. Katanskago, 1891), p. 259.

27   N. Begicheva, *Ot Odessy do Ierusalima: Putevyia pis'ma* (St. Petersburg: Tipografiia Glavnago upravleniia udelov, 1898), p. 10.

28   Sidorov, *Okol'noi dorogoi*, p. 79.

29   Reikhel't, *Po Chernomu moriu*, p. 59.

30   Henry C. Barkley, *Between the Danube and the Black Sea, or Five Years in Bulgaria* (London: John Murray, 1876), p. 263.

31   Barkley, *Between the Danube and the Black Sea*, pp. 228-9.

32   Mark Pinson, "Ottoman Colonization of the Circassians in Rumili After the Crimean War," *Etudes balkaniques*, Vol. 8, No. 3 (1972): 76.

33   Alan W. Fisher, "Emigration of Muslims from the Russian Empire in the Years after the Crimean War," *Jahrbücher für Geschichte Osteuropas*, Vol. 35, No. 3 (1987): 356.

34 Justin McCarthy, *Death and Exile: The Ethnic Cleansing of Ottoman Muslims, 1821-1922* (Princeton: Darwin Press, 1995), p. 339.

35 Mark Levene, "Creating a Modern 'Zone of Genocide': The Impact of Nation- and State-Formation on Eastern Anatolia, 1878-1923," *Holocaust and Genocide Studies*, Vol. 12, No. 3 (Winter 1998): 396; Ronald Grigor Suny, *Looking Toward Ararat: Armenia in Modern History* (Bloomington: Indiana University Press, 1993), p. 99.

36 Kaori Komatsu, "Financial Problems of the Navy During the Reign of Abdülhamid II," *Oriente Moderno*, Vol. 20, No. 1 (2001): 218.

37 "Trebizond: Extracts from an Interview with Comm. G. Gorrini, Late Italian Consul-General at Trebizond, Published in the Journal 'Il Messaggero,' of Rome, 25th August 1915," in Arnold J. Toynbee (ed.) *The Treatment of Armenians in the Ottoman Empire, 1915-1916* (London: HMSO, 1916), pp. 291-2.

38 엄밀히 말하면 이 조약은 지난 1월 튀르키예와 그리스 간에 체결된 별도의 협약을 승인한 것에 불과하다.

39 Stephen P. Ladas, *The Exchange of Minorities: Bulgaria, Greece and Turkey* (New York: Macmillan, 1932), p. 341에서 재인용.

40 Nicolae Bîrdeanu and Dan Nicolaescu, *Contribuții la istoria marinei române*, Vol. 1 (Bucharest: Editura ștințifică și enciclopedică, 1979), p. 164에서 재인용.

41 S. M. Solov'ev, *History of Russia*, Vol. 3 (Gulf Breeze, FL: Academic International Press, 1976-2002), p. 164.

42 V. P. Vradii, *Negry Batumskoi oblasti* (Batumi: G. Tavartkiladze, 1914). 또한 Allison Blakely, *Russia and the Negro: Blacks in Russian History and Thought* (Washington: Howard University Press, 1986), chapter 1도 보라.

43 Nicolae Iorga, "Poporul românesc și marea," *Revista istorică: Dări de samă, documente și notițe*, Vol. 24, Nos. 4-6 (April-June 1938): 100.

44 Mykhailo Hrushevs'kyi, *Na porozi Novoï Ukrainy* (Kyiv: Naukova dumka, 1991), p. 16.

45 이 절의 일부는 Adam Tolnay, "From the Water System to the Ecosystem: The Black Sea in the Development of Oceanography," unpublished manuscript (Georgetown University, 2002)에 의존한다.

46 마르실리에 관해서는 Margaret Deacon, *Scientists and the Sea, 1650-1900* (Ashgate: Aldershot, 1997), pp. 148-9를 보라.

47 Peter Simon Pallas, *Travels Through the Southern Provinces of the Russian Empire, in the Years*

1793 and 1794, 2 vols. (London: T. N. Longman and O. Rees et al., 1802-3); August von Haxthausen, *Transcaucasia: Sketches of the Nations and Races Between the Black Sea and the Caspian* (London: Chapman and Hall, 1854).

48   Egor Manganari, *Atlas Chernago moria* (Nikolaev: Gidrograficheskii chernomorskoi depo, 1841). 의회 도서관에 있는 사본은 차르 니콜라이 2세의 소유였다.

49   Bîrdeanu and Nicolaescu, *Contribuţii la istoria marinei române*, Vol. 1, p. 228.

50   Grigore Antipa, *Marea Neagră* (Bucharest: Academia Română, 1941), Vol. 1, pp. 16-17.

51   Charles Warren Hostler, *Turkism and the Soviets* (London: George Allen and Unwin, 1957), pp. 157-8. 또한 Etienne Copeaux, "Le mouvement 'prométhéen'," *Cahiers d'études sur la Mediterranée orientale et le monde turco-iranien*, No. 16 (July-December 1993): 9-45도 보라.

52   이 단체들의 튀르키예 내 활동에 관해서는 Lowell Bezanis, "Soviet Muslim Emigrés in the Republic of Turkey," *Central Asian Survey*, Vol. 13, No. 1 (1994): 59-180을 보라.

53   Untitled editor's note, *Prométhée*, Vol. 1, No. 1 (November 1926): 1-2.

54   I. Schätzl, "Polish Group 'Prometheus' in London," MS dated March 19, 1951, Archives of the Piłsudski Institute of America, New York (hereafter "APIA"), Apolinary Kiełczyński Papers, II/2/A-B, Teka I/2, File "Materiały balkanskie," p. 2.

55   "La Mer Noire," *Prométhée*, No. 24 (November 1928): 1-3.

56   Dmytro Boug, "La Mer Noire," *Prométhée*, No. 73 (December 1932): 22.

57   "Kommunikat Prometeiskoi Ligi Atlanticheskoi Khartii," March 1949, APIA, Jerzy Ponikiewski Papers, Sz.D/4, T. 1, file "Prometeusz," pp. 3-6.

58   Letter from Edmund Charaszkiewicz to Ali Akish, November 4, 1969, APIA, Charaszkiewicz Papers, II/3/D, T. 1, file "Sprawy ogólno-prometejskie," p. 65.

59   스트루마호 이야기는 Douglas Frantz and Catherine Collins, *Death on the Black Sea: The Untold Story of the Struma and World War II's Holocaust at Sea* (New York: Ecco, 2003)에서 찾아볼 수 있다.

60   Norman M. Naimark, *Fires of Hatred: Ethnic Cleansing in Twentieth-Century Europe* (Cambridge, MA: Harvard University Press, 2001), pp. 101-4.

61   냉전 전략에서의 흑해에 관해서는 Harry N. Howard, *Turkey, the Straits, and U.S. Policy* (Baltimore: Johns Hopkins Unwversity Press, 1974)를 보라.

62   Yu. Zaitsev and V. Mamaev, *Marine Biological Diversity in the Black Sea: A Study of Change and Decline* (New York: United Nations Development Program, 1997), p. 15.

63 "Bleak Story of the Black Sea Highlighted in Global Assessment of World's Waters," United Nations Environment Programme Press Release, October 12, 2001.

64 Laurence David Mee, "Protecting the Black Sea Environment: A Challenge for Co-operation and Sustainable Development in Europe," Centre for European Policy Studies (Brussels) and International Centre for Black Sea Studies (Athens), 2002, p. 4. 1993년부터 1998년까지 로런스 미는 이스탄불에서 흑해 환경 사업을 조정했다.

7장

1 Arnold J. Toynbee, "The East After Lausanne," Foreign Affairs, Vol. 2, No. 1 (September 1923): 86.

2 이 자료는 불완전하며 일반적 추세만을 시사한다. 이것을 편집해준 애덤 톨네이Adam Tolnay에게 감사한다.

3 Arnold J. Toynbee, The Western Question in Greece and Turkey, 2nd edn. (New York: Howard Fertig, 1970 [1923]), p. 328.

4 Lisa DiCarlo, "Migration and Identity Among Black Sea Turks" (Ph.D, dissertation, Brown University, 2001), p. 23.

제사 출처

조제프 피통 드 투르네포르 Joseph Pitton de Tournefort, *A Voyage into the Levant*, trans. John Ozell, Vol. 2, (London: D, Browne, A. Bell, J. Darby et al., 1718), p. 124.

조지 고든 바이런 Byron, *Don Juan*, Canto 5, v.

W. H. 오든 Auden, "Archaeology," *Selected Poems: New Edition*, ed. Edward Mendelson (New York: Vintage International, 1979), p. 302.

헤로도토스 Herodotus, *The Histories*, 4.46.

크세노폰 Xenophon, *Anabasis*, 4.7.

오비디우스 Ovid, Tristia, 3.3.1-14, in Ovid, *Poems of Exile*, trans. Peter Green (New York: Penguin, 1994).

프로코피우스 Procopius, *History of the Wars*, 3.1.10-11.

기욤 드 뤼브루크 *The Journal of Friar William of Rubruck, Contemporaries of Marco Polo*, ed. Manuel Komroff (New York: Dorset Press, 1989), pp. 58-9.

클로드 샤를 드 페이소넬 Claude Charles de Peyssonnel, *Observations historiques et géographiques sur les peoples barbares qui ont habité les bords du Danube et du Pont-Euxin* (Paris: N. M. Tilliard, 1765), p. 7.

피리 레이스 Pirî Reis, *Kitab-ı bahriye*, trans. Robert Bragner, Vol. 1, (Istanbul: Historical Research Foundation, 1988), p. 57.

피에르 질 Pierre Gilles, *The Antiquities of Constantinople*, trans. Ronald G. Musto, ed. John Bell, 2nd edn. (New York: Italica Press, 1988), p. xxxviii.

에블리야 첼레비 Evliya Çelebi, *Narrative of Travels in Europe, Asia, and Africa, in the Seventeenth Century*, trans. Joseph von Hammer, Vol. 2, (London: Oriental Translation Fund of Great Britain and Ireland, 1834), pp. 67, 74.

새뮤얼 존슨 Samuel Johnson, *The History of Rasselas, Prince of Abissinia* (Oxford:

Oxford University Press, 1988), p. 123.

루이필리프 드 세귀르　Louis-Philippe, comte de Ségur, *Memoirs and Recollections of Count Ségur, Ambassador from France to the Courts of Russia and Prussia*, Vol. 3, (London: H. Colburn, 1825-7), p. 84.

허먼 멜빌　Herman Melville, *Journal of a Visit to Europe and the Levant*, October 11, 1856-May 6, 1857 ed. Howard C. Horsford (Princeton: Princeton University Press, 1955), p. 94.

마크 트웨인　Mark Twain, *The Innocents Abroad, in The Complete Travel Books of Mark Twain*, Vol. 1, (Garden City, NY: Doubleday, 1966-7), pp. 291-2.

윌리엄 엘러로이 커티스　William Eleroy Curtis, *Around the Black Sea: Asia Minor, Armenia, Caucasus, Circassia, Daghestan, the Crimea, Roumania* (New York: Hodder and Stoughton, 1911), pp. 3-4.

게오르게 호수　Gheorghe Hossu, *Importanţa canalului Dunăre-Marea Neagră în construirea socialismului în R. P. R.* (Bucharest: Editura de Stat, 1950), p. 3.

조지 너새니얼 커즌　Lord Curzon of Kedleston, *Frontiers: The Romanes Lecture, 1907* (Oxford: Clarendon Press, 1907), p. 5.

흑해의 역사, 사회, 정치에 관한 저작은 여러 경계를 넘을 수밖에 없다. 역사와 사회과학 사이의 학문적 경계, 그리고 중부 및 동부 유럽, 러시아제국/옛 소비에트연맹, 오스만제국/튀르키예 사이의 지역적 경계다. 이 지면의 목적은 독자에게 내가 이러한 분야 중 여러 분야에서 사용한 자료에 관한 대략적인 정보를 제공하고, 흑해 세계를 더 깊이 탐구하는 데 관심 있는 누구에게나 몇 가지 이정표를 제공하는 것이다. 영어 이외의 언어로 된 것들을 포함한 더 상세한 참고문헌은 각 장의 주석에서 찾을 수 있다.

일반 저작

바다, 변경, 지역에 관한 어떤 책이든 두 거인, 오언 래티모어Owen Lattimore와 페르낭 브로델Fernand Braudel의 뒤를 따라간다. 래티모어의 *Inner Asian Frontiers of China*(New York, 1951)와 브로델의 *The Mediterranean and the Mediterranean World in the Age of Philip II*(London, 1972)는 필수 저작이다. 래티모어의 전통을 이어받고 응답하는 영향력 있는 연구는 근대성의 전야에 있던 동남부 유럽에 관한 윌리엄 맥닐William McNeill의 책 *Europe's Steppe Frontier, 1500–1800*(Chicago, 1964)이다. 지역의 의미에 관해서는 여전히 오스카 할레키Oscar Halecki의 *The Limits and Divisions of European History*(London, 1950)보다 사려 깊

은 입문서가 없다. 유럽에서 지역 명칭의 가변성에 관해서는 Larry Wolff, *Inventing Eastern Europe*(Stanford, 1996)과 Maria Todorova, *Imagining the Balkans*(Oxford, 1997)가 훌륭한 안내서다.

바다의 역사는 학술 분야로서 아직 정식 명칭은 없지만(원양 역사? 해저학?), 급성장하고 있는 분야다. 마틴 루이스Martin Lewis와 카렌 E. 위겐Kären E. Wigen은 *The Myth of Continents*(Berkeley, 1997)에서 수역에 더 많은 관심을 기울여야 한다고 주장한다. 바다를 중심으로 한 저작 중 내가 유용하게 본 자료는 지중해에 관해서는 페레그린 호든Peregrine Horden과 니콜라스 퍼셀Nicholas Purcell의 *The Corrupting Sea*(Oxford, 2000), 인도양에 관해서는 K. N. 차우두리K. N. Chaudhuri의 고전 *Trade and Civilisation in the Indian Ocean*(Cambridge, 1985)과 리처드 홀Richard Hall의 읽기 쉽고 뛰어난 *Empires of the Monsoon*(London, 1996), 태평양에 관해서는 O. H. K. 스페이트O.H.K.Spate의 방대한 3권짜리 *The Pacific Since Magellan*(Minneapolis, 1979, 1983, 1988)과 월터 A. 맥두걸Walter A. McDougall의 매력적이지만 때때로 완전히 괴짜 같은 *Let the Sea Make a Noise*(New York, 1993), 그리고 대서양에 관해서는 배리 컨리프Barry Cunliffe의 아름다운 *Facing the Ocean*(Oxford, 2001)이다.

특히 흑해에 관해서는 나의 책에 영감을 준 책이 두 권 있다. Gheorghe Ioan Brătianu, *La Mer Noire: Des origines à la conquête ottomane*(Munich, 1969)과 Neal Ascherson, *Black Sea*(London, 1995)다. 전자는 주요 루마니아 역사가의 해석사에 관한 역작이다. 계획했던 2권은 저자가 공산주의 정권 치하에서 옥사하면서 나오지 못했다. 후자는 부분적으로 여행기인 동시에 역사 에세이인데, 문명과 야만의 의미에 관해 아름답게 쓰인 사색록이다. 다른 출판된 저작을 자유롭게 활용한 오래된 종합서는 Henry A. S. Dearborn, *A Memoir of the Commerce and Navigation of the Black Sea, and the Trade and Maritime Geography of Turkey and Egypt*(Boston, 1819)다. 앤서니 브라이어Anthony Bryer와 데이비드 윈필드David Winfield의 두 권짜리 *The Byzantine Monuments and Topography of the Pontos*(Washington, 1985)는 동남부 연안의 지리, 고고학, 건축, 역사에 관한 놀라운 분석이다. 저자들이 목록화한 유적지 중 일부가 그 이후 도시 계획가와 고속도로 기술자에 의해 파괴된 탓에 이 책은 대체할 수 없는 기록이 됐다.

바다 주변 땅과 사람들의 과거는 여러 이질적인 역사 서술 전통으로 나뉘었다. 마크 마조워Mark Mazower의 장편 에세이 *The Balkans: A Short History*(New York, 2000)는 그 지역에 관해 쓰인 최고의 200쪽이다. 최고의 1,000쪽은 아마도 L. S. 스타브리아노스L. S. Stavrianos의 *The Balkans Since 1453*(New York, 2000)일 것이다. 많은 우크라이나 역사 서술이 무비판적 민족주의로 훼손됐으나, 균형을 잡기 위해서는 오레스트 수브텔니Orest Subtelny의 *Ukraine: A History*, 2nd edn. (Toronto, 1994)를 읽고 그다음 앤드루 윌슨Andrew Wilson의 *The Ukrainians*(New Haven, 2000)를 읽는 것이 좋다. 러시아, 스텝, 바다에 관해서는 읽을 것이 정말 많지만, 시작하기에 가장 좋은 것은 두 중요 저작이다. 제목으로 맥닐(위 참조)에게 경의를 표한 Michael Khodarkovsky, *Russia's Steppe Frontier*(Bloomington, 2002)와 Willard Sunderland, *Taming the Wild Field*(Ithaca, 2004)가 그것이다.

카프카즈는 불행히도 러시아나 발칸반도에 비해 여전히 연구가 부족하나, 요아브 카르니Yo'av Karny의 *Highlanders*(New York, 2000)는 지역과 그 역사에 관한 예리한 저널리즘적 작품이다. 더 학문적인 분석을 위해서는 W. E. D. 앨런W.E.D.Allen과 폴 무라토프Paul Muratoff의 더 오래된 *Caucasian Battlefields*(Cambridge, 1953)가 좋은 출발점이다. 오스만제국과 현대 튀르키예에 관해서는 할릴 이날즉Halil İnalcık, 수라이야 파로키Suraiya Faroqhi, 버나드 루이스Bernard Lewis, 스탠퍼드 쇼Stanford Shaw의 저작이 기준을 세웠다. 에릭 J. 쥐르허Erik J. Zürcher의 *Turkey: A Modern History*, rev. edn.(New York, 1998)는 매우 유용한 개괄서다. 불가리아와 루마니아에 관한 기본적인 저작은 Richard Crampton, *A Concise History of Bulgaria*(Cambridge, 1997)와 키스 히친스Keith Hitchins의 *The Romanians: 1774–1866*(Oxford, 1996)와 *Rumania: 1866–1947*(Oxford, 1994)이다.

스탠퍼드대학교의 후버연구소출판부Hoover Institution Press에서 출판한 민족 연구 총서는 바다 주변의 여러 사람들에 관한 심도 있는 저작을 위한 최고의 자료다. 조지아인과 아르메니아인에 관해서는 로널드 그리고르 수니Ronald Grigor Suny의 *The Making of the Georgian Nation*(1988)과 *Looking Toward Ararat*(1993), 앨런 피셔Alan Fisher의 *The Crimean Tatars*(1978), 그리고 내가 쓴 *The Moldovans*(2000)가 있다. 다른 두 총서, 하나는 팰그레이브 맥밀런Palgrave Macmillan에서, 다른 하나는 커즌 프레스Curzon Press에서 출판한 연구에 압하지야인, 체르케스인, 라즈인, 다른 이들 등 여러 종족의 개요가 있다.

이러한 일반 연구를 넘어서, 나는 문서고, 고대부터 현재까지의 여행자들이 남긴 1차 증언, 전문 분야의 방대한 2차 문헌을 사용했다.

주요 자료 중 일부를 아래에서 논의한다.

문서고와 개인 문서

문서고 사료에 근거한 흑해의 역사를 쓰는 것은 여러 세대에 걸친 노력이 필요할 것이다. 여러 국가에서 여러 언어로 나온 자료들에 대한 상세한 조사를 요구할 것이고, 그중 일부는 지금도 쉽게 접근할 수 없기 때문이다. 나는 그중 일부만 표본으로 추출했다.

　　스탠퍼드대학교의 후버연구소문서고Hoover Institution Archives는 미국 구호청American Relief Administration의 문서들을 보유하고 있는데, 제1차 세계대전과 이후 남부 러시아에서의 인도주의적 노력들에 관한 극히 귀중한 자료이다. 나는 또한 전쟁 중 러시아인들의 발칸반도로의 대피에 관한 S. N. 팔레올로고스 문서S. N. Paleologue Papers와 함께 미하일 N. 기르스Mikhail N. Girs(콘스탄티노폴리스 주재 러시아 공사)와 프랭크 A. 골더Frank A. Golder(미국 구호청 위원)의 개인 문서들을 사용했다. 1919년 아르메니아로 파견된 미국 군사 사절단의 기록들은 전쟁 종식 후 동부 아나톨리아에서의 인간 고난에 관한 놀라운 초상을 제공한다.

　　미국 의회도서관에서 로저 펜튼 크림 전쟁 사진 컬렉션Roger Fenton Crimean War Photograph Collection(현재 온라인에서 이용 가능)은 전쟁에 관한 귀중한 사진 연대기다. 도서관의 지리·지도 열람실은 1841년 예고르 만가나리Egor Manganari의 극히 중요한 도첩을 포함한 유용한 배열의 역사적 흑해 지도들을 소장하고 있다.

　　뉴욕에 있는 미국 피우수츠키연구소Piłsudski Institute of America 기록 보관소에서 나는 에드문트 하라슈키에비치Edmund Charaszkiewicz, 예지 포니키에브스키Jerzy Ponikiewski, 아폴리나리 키엘친스키Apolinary Kielczyński의 문서들을 열람했다. 이 개인 문서들은 1920~1930년대 파리에서 출판된 저널 *Prométhée*와 함께 프로메테우스 운동의 역사에 관한 기본 자료들 중 일부다.

런던의 공문서보관소Public Record Office는 19세기 흑해 상업에 관한 귀중한 정보를 담고 있는데, 이 정보들은 바다 주변 영국 영사 사무소들의 연례 보고서들에 있으며, 모두 외무부Foreign Office 파일들에 있다. 해군부Admiralty와 전쟁부War Office 파일들은 그보다 양이 적지만 특히 제2차 세계대전에 관해 여전히 시사하는 바가 큰 문건들을 제공한다.

트라브존 주재 첫 영국 영사인 제임스 브랜트James Brant는 1830년대 바다의 예리한 관찰자였다. 그의 개인 문서들은 영국도서관British Library에서 이용할 수 있다. 그 도서관에서 나는 또한 헨리 엘리스Henry Ellis와 A. H. 레이어드A.H.Layard의 문서들을 열람했는데, 그것들은 브랜트의 경력과 관련된 서신들을 담고 있다.

루마니아에서 나는 부쿠레슈티의 루마니아 국립기록보관소National Archives of Romania의 중앙역사기록보관소Central Historical Archive에 위치한 교육부Ministry of Education, 국가식민청National Office of Colonization, 마케도니아-루마니아 문화 협회Society for Macedo-Romanian Culture 등의 파일들을 통해 도브루자에서의 블라흐 식민화 프로그램의 역사를 연구했다. 사실 이 연구의 거의 대부분은 이 책의 최종판에 들어가지 않았으나, 용감한 박사과정 학생에게는 매혹적일, 잃어버린 형제들을 찾고 그들을 조국으로 데려오는 문제들에 관한 이야기를 담고 있다.

여행자들의 기록과 기타 1차 사료

여러 시대의 흑해 지역 여행자들에 관한 세심한 서지 목록들은 저널 *Archeion Pontou*, Vol. 32(1973 - 4)와 Vol. 33(1975 - 6), 그리고 브라이어와 윈필드(위 참조)에서 찾을 수 있다.

고대의 경우 기본적인 문헌들은 잘 알려져 있다. 항상 냉철한 안내자는 아닌 헤로도토스Herodotos, 군사 모험가 크세노폰Xenophon, 신중한 지리학자 스트라본Strabon, 그리고 우리의 가장 초기 엽서 작가들 중 하나인 불평 많은 오비디우스Ovidius가 있다. 기원전 3세기 아폴로니오스Apollonios의 *Argonautica*는 이아손 전설의 주요 자료다. 디온 크리소스토모스Dion Chrysostomos의 "Borysthenitic Discourse"는 서기 1세기 흑해의 주요 식민지에 관한 매혹적이지만 오염된 기록이다. 2세기 아리아누스Lucius Flavius Arrianus의 중요한 페리플루스는 동부와 남부 해안들의 로마 군사에 관해 많은 것을 드러낸다. 후기 로마제국의 역사가인 암미아누스 마르켈리누스Ammianus Marcellinus가 흑해에 관해 상당히 자세히 논의하나, 진실에 대한 그의 매우 괴팍한 해석은 작가로서 제각기 결점을 가진 헤로도토스와 대大플리니우스Gaius Plinius Secundus에게 많은 빚을 지고 있다. 둘 다 바다에 대한 간헐적 언급들과 주변 민족들에 관한 흥미로운 잡다한 정보는 다른 많은 고대 작가들에게서 찾을 수 있으나, 그들이 말하는 것의 대부분은 더 이른 기록들의 파생물이다.

비잔티움 시대에는 두 명의 주요 작가가 두드러진다. 유스티니아누스 황제 치세의 역사가인 프로코피우스Procopius가 해안 너머 다루기 힘든 변경에 관한 다양한 견해들을 제공한다. 콘스탄티노스 포르피로예니토스^{Konstantinos Porphyrogennetos} 황제는 제국의 통치에 관한 지침서(*De administrando imperio*)를 썼고, 그중 일부는 북부 해안의 야만인들과의 관계에 초점을 맞춘다. 후기 비잔티움 시대에 여러 여행자들이 바다, 특히 제노바와 베네치아 무역 식민지들에 관한 기록들을 남겼다. 한 모음집은 Manuel Komroff (ed.) *Contemporaries of Marco Polo*(New York, 1989)다. 다른 중요한 기록들은 조사파 바바로^{Josafa Barbaro}와 암브로지오 콘타리니^{Ambrogio Contarini} (*Travels to Tana and Persia* [London, 1873]), 페로 타푸르^{Pero Tafur} (*Travels and Adventures, 1435–1439* [New York, 1926]), 이븐 바투타^{Ibn Battuta} (*Travels in Asia and Africa, 1325–1354* [New York, 1929]), 루이 곤살레스 데 클라비호^{Ruy González de Clavijo} (*Embassy to Tamerlane, 1403–1406* [London, 1928])의 것이다. 동양의 이탈리아 상인들을 위한 프란세스코 발두치 페골로티^{Francesco Balducci Pegolotti}의 14세기 인내서는 *La pratica della mercatura*, Allen Evans(ed.)(Cambridge, MA, 1936)를 이용할 수 있다. 중세부터 흑해에 관한 슬라브/러시아 기록들을 추적한다면, 최고의 안내서는 Theofanis G. Stavrou and Peter R. Weisensel, *Russian Travelers to the Christian East from the Twelfth to the Twentieth Century*(Columbus, 1985)이다.

오스만 여행자들 중에는 17세기 작가 에블리야 첼레비^{Evliya Çelebi}에 필적할 사람이 없다. 그는 크림 해안에서 난파를 겪었고 오스만이 아조프 요새 공격에 실패한 것을 목격했다. 그가 쓴 *Seyahatname*의 축약판은 *Narrative of Travels in Europe, Asia, and Africa, in the Seventeenth Century*(London, 1834)이다. 바다에서 오스만과 코사크 사이에 일어난 만남들에 관해서는 Guillaume Le Vasseur, sieur de Beauplan,

A Description of Ukraine(Cambridge, MA, 1993)가 주요 자료이다.

여행자들의 기록은 18세기 후반 바다가 외국 상선들에게 재개방 되었을 때부터 풍부해지며, 그중 몇몇은 다른 것보다 더 유익하고 신뢰할 만하다. 1787년 예카테리나 대제의 크림 여행에 동행한 루이필리프 드 세귀르 백작Louis-Philippe, comte de Ségur이 *Memoirs and Recollections of Count Ségur*(London, 1825-7)에 재미있는 기록을 남겼다. 18세기 후반 무역의 어려움에 관한 1차 기록으로는 앙투안이냐스 앙투안 드 생조제프Antoine-Ignace Anthoine de Saint-Joseph의 *Essai historique sur le commerce et la navigation de la Mer-Noire*, 2nd edn.(Paris, 1820)보다 나은 것이 없다. 또 다른 프랑스인 E. 테부 드 마히니E. Taitbout de Marigny가 19세기 초 카프카즈 해안과의 무역에 손을 대봤고, 자신이 겪은 고난을 *Three Voyages in the Black Sea to the Coast of Circassia*(London, 1837)에 기록했다. 19세기 오스만 사회의 생활과 이스탄불에 관한 가장 정확한 서양의 묘사는 Charles White, *Three Years in Constantinople; or, Domestic Manners of the Turks in 1844*(London, 1845)다. 오스만 해군에 관해서는 영국 고문 아돌푸스 슬레이드Adolphus Slade의 기록이 있으며, 이는 *Records of Travels in Turkey, Greece, etc., and of a Cruise in the Black Sea, with the Capitan Pasha, in the Years 1829, 1830, and 1831*(Philadelphia, 1833)으로 출판됐다. 북카프카즈를 여행한 관찰력이 뛰어나고 애국적인 여행자였던 J. A. 롱워스J.A. Longworth는 자신의 여행을 *A Year Among the Circassians*(London, 1840)에 기록했다.

18~19세기 남부 러시아제국에 관한 탁월한 묘사들은 Peter Simon Pallas, *Travels Through the Southern Provinces of the Russian*

Empire(London, 1802‒3)와 Anatole de Demidoff, *Travels in Southern Russia, and the Crimea*(London, 1853)이다. 아나톨리아와 카프카즈 해안들에 해당하는 것은 William Hamilton, *Researches in Asia Minor, Pontus, and Armenia*(London, 1842)와 August von Haxthausen, *Transcaucasia: Sketches of the Nations and Races Between the Black Sea and the Caspian*(London, 1854)이다. 에드문드 스펜서Edmund Spencer는 19세기 중반 바다에 관해 가장 많은 글을 쓴 통찰력 있는 작가들 중 한 명이었다. 그의 기록들이 러시아적인 것에 강하게 편향되어 있기는 하지만 말이다. 그의 *Travels in the Western Caucasus*(London, 1838)와 *Turkey, Russia, the Black Sea, and Circassia*(London, 1854)를 보라.

여성들의 여행 기록 중 특히 크림반도를 다룬 훌륭한 작품들이 여럿 있다. Elizabeth, Lady Craven, *A Journey Through the Crimea to Constantinople*(Dublin, 1789), Marie Guthrie, *A Tour, Performed in the Years 1795‒6, Through the Taurida, or Crimea*(London, 1802), Mary Holderness, *New Russia: Journey from Riga to the Crimea, by Way of Kiev*(London, 1823)를 보라.

헨리 바클리Henry Barkley는 서부 해안에서 철도 기술자로서 겪은 경험을 *Between the Danube and the Black Sea, or Five Years in Bulgaria*(London, 1876)에 기록했다. 바클리는 크림에서 불가리아로 탈출하는 타타르인들을 목격했고, 수년 후 아나톨리아에 재정착해 근근이 생계를 꾸려가는 타타르인, 체르케스인, 기타 무슬림 난민들을 보았다. 그는 그 내용을 *A Ride Through Asia Minor and Armenia*(London, 1891)에 기록했다.

그랜드 투어grand tour의 소멸은 동양의 이국주의를 놀란 눈으로 바라보는 기록들에 대한 수요가 줄었다는 것을 의미했다(불행히도 1990년대 로버트 캐플런Robert Kaplan과 다른 이들의 책들에 의해 부활했지만). 그러나 여전히 읽을 가치가 있는 몇몇 20세기 여행기들이 있다. 제임스 코쿤James Colquhoun은 운영하던 카프카즈의 동광산이 볼셰비키들의 희생양이 된 영국 사업가였다. 그는 자신의 이야기를 *Adventures in Red Russia*(London, 1926)에서 들려준다. 시카고 기자인 윌리엄 엘러로이 커티스William Eleroy Curtis가 자신의 여행을 *Around the Black Sea*(New York, 1911)에 기록했다. 또 다른 시카고 언론인 스탠리 워시번Stanley Washburn은 1917년 러시아 혁명 한복판에 바다를 왔다 갔다 하며 *The Cable Game*(Boston, 1912)이라는 기록을 남겼다. 폰토스 해안을 따라 이루어진 상호 문화적 영향들과 1920년대 추방들에 관한 감동적인 회고록으로는 Thea Halo, *Not Even My Name*(New York, 2001)이 있다.

다른 2차 사료

환경과 생태

바다의 물리적 특징들에 대한 입문으로는 영국 해군부British Admiralty에서 출판한 여러 판의 *Black Sea Pilot*을 능가하는 자료가 없다. 바다의 기원에 관한 홍수 이론은 William Ryan and Walter Pitman, *Noah's Flood*(New York, 1998)에서 대중적 형태로 제시된다. 해안 지대의 극적인 침수라는 일반적 개념은 과학 저널 문헌에서 논쟁되고 있다. '찬성' 진영에는 Robert D. Ballard et al., "Further Evidence of Abrupt

Holocene Drowning of the Black Sea Shelf," *Marine Geology*, Vol. 170 (2000): 253-61이 있다. '반대' 진영에는 Naci Görür et al., "Is the Abrupt Drowning of the Black Sea Shelf at 7150 yr BP a Myth?" *Marine Geology*, Vol. 176 (2001): 65-73이 있다. 해양고고학의 흥미진진한 가능성들에 관한 보고서는 Robert D. Ballard et al., "Deepwater Archaeology of the Black Sea: The 2000 Season at Sinop, Turkey," *American Journal of Archaeology*, Vol. 105 (2001): 607-23이다. 바다의 생태학에 관한 좋은 개관은 Yu. Zaitsev and V. Mamaev, *Marine Biological Diversity in the Black Sea*(New York, 1997)이다.

역사

기원전 700~기원후 500년

흑해는 적어도 서양 언어로 글을 쓰는 학자들에게는 그리스 - 로마 세계의 중심지에 더 가까운 지역들과 비교해 연구 대상으로서 불쌍한 사촌 정도로 취급됐다. 그러나 1990년대 후반 이래 바다와 그리스인의 조우에 관한 연구가 급증하며 상황이 바뀔 조짐을 보이고 있다. 고차 체츠흘라제Gocha Tsetskhladze가 편집한 두 책, *The Greek Colonisation of the Black Sea Area*(Stuttgart, 1998)와 *North Pontic Archaeology*(Leiden, 2001)가 이 분야의 현황에 대한 개요를 제공한다. 네덜란드의 브릴Brill에서 출판된 '콜로퀴아 폰티카Colloquia Pontica' 총서는 이 지역의 새로운 고고학에 관한 가장 중요한 단행본들을 제시한다. 펜실베이니아대학교에 기반을 두고 프레드릭 히버트Fredrik Hiebert가 이끄는 흑해 무역 프로젝트Black Sea Trade Project는 이 해역을 독특한 상호작용의 공간으로 논의하는 주요 포럼이었다. 이 프로젝트의 웹사이트는 www.museum.up-enn.edu/Sinop/SinopIntro.htm이다. 영국 학술원British Academy도 흑해 연구 프로그램을 시작했다. 이곳의 웹사이트 www.biaa.ac.uk/babsi 는 흑해에 관심 있는 전 세계 학자들, 특히 고고학자, 고전학자, 비잔티움 전문가를 찾는 데 가장 유용한 포털이다.

일반적으로 그리스 식민지화에 대한 최고의 입문서는 John Boardman, *The Greeks Overseas*(London, 1980)이다. 조너선 홀Jonathan Hall은 고대 세계에서 '그리스다움'의 의미를 *Hellenicity*(Chicago, 2002) 에서 탐구한다. 레나타 롤Renata Rolle의 *The World of the Scythians*(Berkeley, 1989)는 북부 스텝의 고대 유목민들을 이해하려는 시도다. 두 권의 오래된 저작, Ellis Minns, *Scythians and Greeks*(Cambridge, 1913)와 Mikhail Rostovtzeff, *Iranians and Greeks in South Russia*(New York, 1969)는 목축 민족들의 물질문화에 관한 정보의 보고다. 서부 해안에 해당하는 것은 바실레 파르반Vasile Pârvan의 *Getica*(Bucharest, 1926)이다. 데이비드 브라운드David Braund의 *Georgia in Antiquity*(Oxford, 1994)는 지중해 세계와의 활발한 교류의 첫 1,000년 동안 동부 흑해에 관한 훌륭한 해석이다. 로마인들과 야만인들이라는 일반 주제에 관해서는 Peter Wells, *The Barbarians Speak*(Princeton, 1999)가 특히 계몽적이었다. 신출귀몰하는 미트리다테스에 관해서는 B. C. McGing, *The Foreign Policy of Mithridates VI Eupator, King of Pontus*(Leiden, 1986)가 가장 뛰어난 연구이다.

고대 항해의 기술적 측면에 관한 나의 지식 대부분은 두 연구에서 나온다. 라이오넬 카슨Lionel Casson의 *Ships and Seamanship in the Ancient*

World, rev. edn.(Baltimore, 1995)과 제이미 모턴Jamie Morton의 *The Role of the Physical Environment in Ancient Greek Seafaring*(Leiden, 2001)인데, 겸손한 제목과는 달리 그 안에 탁월하고 폭넓은 논고들을 감추고 있다. 고트인과 하자르인에 관해서는 여전히 A. A. Vasiliev, *The Goths in the Crimea*(Cambridge, MA, 1936)와 D. M. Dunlop, *The History of the Jewish Khazars*(New York, 1967) 같은 고전들에서 시작해야 한다. 박물관 전시회들을 수반한 스키타이와 사르마티아 예술에 관한 최근의 아름답게 삽화된 여러 저작들이 있는데, 예를 들면 Joan Aruz et al. (eds.) *The Golden Deer of Eurasia*(New York and New Haven, 2000)가 있다.

500~1500년

비잔티움인들에 관한 가장 읽기 쉬운 일반 저작은, 때때로 가장 공정하지는 않지만, John Julius Norwich, *A Short History of Byzantium*(New York, 1997)이다. 그보다 균형 잡힌 대안은 Warren Treadgold, *A History of the Byzantine State and Society*(Stanford, 1997)이다. 흑해 상업을 포함한 비잔티움 경제에 관한 여러 권으로 된 주요 분석은 안젤리키 라이우Angeliki Laiou가 편집한 *The Economic History of Byzantium: From the Seventh Through the Fifteenth Century*(Washington, 2002)이다.

트라페준타제국의 고전적 정치사 연구로는 William Miller, *Trebizond: The Last Greek Empire of the Byzantine Era, 1204–1461*, new edn.(Chicago, 1969)이 있다. 트라페준타와 동부 해역에 관해 현존하는 가장 탁월한 역사가는 앤서니 브라이어인데, 그의 많은 글이 여러 권의 재판본들로 묶여 출간되었다. 제노바 식민지들에 관해서는 Michel Balard, *La Romanie génoise (XIIe–début du XVe siècle)*(Rome, 1978)가 필수적인 문헌인데, 무섭도록 상세하면서도 명료하게 쓰인 보기 드 문 장점을 지녔다. 비잔티움 해군에 관해서는 아직 Hélène Ahrweiler, *Byzance et la mer*(Paris, 1966)를 넘어서는 저작이 등장하지 않았다. 비 잔티움과 오스만 사이의 과도기에 관한 표준적인 문헌은 Speros Vry-onis, Jr., *The Decline of Medieval Hellenism in Asia Minor and the Process of Islamization from the Eleventh Through the Fifteenth Century*(Berkeley, 1971)이다. 비잔티움의 흑해에 관한 포괄적인 역사는 아 직 존재하지 않는다.

1500~1700년

오스만의 흑해도 그 역사를 기록할 역사가를 기다리고 있으나, 가 장 유력한 후보는 빅토르 오스탑추크^{Victor Ostapchuk}이다. 17세기 바다 에 관한 그의 긴 논문(*Oriente Moderno*, Vol. 20, No. 1 [2001])은 다가 올 주요 저작을 예고한다. 오스만의 기원에 관한 기존의 여러 모델들 에 도전하는 도발적인 두 권의 책(그리고 위에서 언급한 브리오니스^{Vryonis} 저서의 훌륭한 짝들)은 Rudi Paul Lindner, *Nomads and Ottomans in Medieval Anatolia*(Bloomington, 1983)와 Cemal Kafadar, *Between Two Worlds*(Berkeley, 1995)이다.

오스만과 해양에 관해서는 Palmira Brummett, *Ottoman Sea Power and Levantine Diplomacy in the Age of Discovery*(Albany, 1994) 를 보라. 오스만 경제에서 바다의 역할에 관한 분석은 Halil İnalcık and Donald Quataert (eds.) *An Economic and Social History of the Ottoman Empire*(Cambridge, 1994)의 첫 번째 권에서 찾을 수 있다. 오스만 노예제에 관한 통찰력 있는 분석으로는 Ehud R. Toledano, *The Ottoman Slave Trade and Its Suppression, 1840–1890*(Princeton, 1982) 와 Y. Hakan Erdem, *Slavery in the Ottoman Empire and Its Demise, 1800–1909*(New York, 1996)이 있다.

1700~1860년

호다르코프스키[Michael Khodarkovsky]와 선덜랜드[Willard Sunderland](둘 다 위 참조)는 러시아와 스텝 사이의 관계에 관한 나의 사고에 많은 영향을 주었고, 맥닐(역시 위 참조)도 그랬다. 흑해에서 일어난 해전의 역사에 관해서는 R. C. 앤더슨[R.C.Anderson]의 오래되었지만 여전히 생생한 *Naval Wars in the Levant, 1559–1853*(Liverpool, 1952)가 최고의 자료이다. 표트르 내세의 아조프 함대에 관한 주요 저작으로는 Edward J. Phillips, *The Founding of Russia's Navy*(Westport, CT, 1995)가 있다. 외교에 관해서는 M. S. 앤더슨[M.S.Anderson]의 *The Eastern Question, 1774–1923*(London, 1966)가 여전히 좋은 안내서다. 오스만과 러시아 제국 체제의 비교를 위해서는 도미닉 리벤[Dominic Lieven]의 *Empire*(New Haven, 2001)가 매력적인 읽을거리다. 예카테리나가 남쪽에서 한 모험들에 대한 최고의 입문서는 널리 읽힌 이사벨 데 마다리아가[Isabel de Madariaga]의 *Russia in the Age of Catherine the Great*(New Haven, 1981) 와 시백 몬티피오리[Sebag Montefiore]의 포툠킨 전기 *Prince of Princes*(New York, 2001)이다. 칼미크족에 관해서는 Michael Khodarkovsky,

Where Two Worlds Met(Ithaca, 1992)가 필수적인 문헌이다.

퍼트리샤 헐리히[Patricia Herlihy]의 *Odessa: A History, 1794–1914* (Cambridge, MA, 1986)은 도시/항구 역사의 모범이다. 불행히도 트라브존이나 콘스탄차 같은 다른 주요 항구들에 대해서는 같은 수준의 자료가 없다. 남부 러시아 도시들의 부상에 관한 기본적인 자료는 오래된 박사 학위 논문인 모즈 로플리 하비[Mose Lofley Harvey]의 "The Development of Russian Commerce on the Black Sea and Its Significance"(University of California, Berkeley, 1938)가 있다. 러시아어 사용자들을 위한 러시아 해군에 관한 유용한 서사적 역사서로는, 대부분의 군사사軍事史들이 겪는 직업적 편향을 안고 있지만, F. N. 그로모프[F.N.Gromov]와 그의 동료들이 편집한 세 권으로 된 *Tri veka rossiiskogo flota*(St. Petersburg, 1996)가 있다.

1860년~현재

오스만 해군사에 대한 매우 유용한 입문서는 Bernd Langensiepen and Ahmet Güleryüz, *The Ottoman Steam Navy, 1828–1923*(Annapolis, 1995)이다. 많이 연구되지 않은 주제인 카프카즈와 발칸반도에서의 무슬림 추방에 관해서는, Justin McCarthy, *Death and Exile*(Princeton, 1995)이 좋은 개관을 제공한다. 노먼 나이마크[Norman Naimark]의 *Fires of Hatred*(Cambridge, MA, 2001)는 20세기 민족 청소의 역사를 개관한다. 미국 구호청의 활동은 Bertrand Patenaude, *The Big Show in Bololand*(Stanford, 2002)에 기록되어 있다.

아르메니아인 집단 학살과 그리스–튀르키예 인구 교환에 관해서는 조악한 저작들이 많으나, 스티븐 라다스$^{Stephen\ Ladas}$의 고전 *The Exchange of Minorities*(New York, 1932)와 러네이 허숀$^{Renée\ Hirschon}$의 에세이 모음집 *Crossing the Aegean*(New York, 2003)이라는 두 책만 은 예외이다. 바다와 해안선의 지적 전유에 관한 나의 사고는 Victor A. Shnirelman, *Who Gets the Past?*(Washington, 1996)의 영향을 받았 다. 스트루마호 침몰에 관한 이야기는 Douglas Frantz and Catherine Collins, *Death on the Black Sea*(New York, 2003)에서 생생한 세부 사 항과 더불어 재조명된다.

1990년대부터 바다 주변의 국가 간 협력에 관한 많은 논의가 있 었고, 보고서와 분석의 홍수가 뒤따랐다. 그러나 추천할 수 있는 사 료는 상대적으로 거의 없다. 이 지역의 국제 정치에 관한 최고의 자료 는 Tunç Aybak (ed.) *Politics of the Black Sea*(London, 2001)와 Rena- ta Dwan and Oleksandr Pavliuk (eds.) *Building Security in the New States of Eurasia*(Armonk, NY, 2000)라는 에세이 모음집 두 권이다.

더 넓은 흑해 지역 각국에 관한 문헌은 그보다 사정이 낫지만, 이 는 국민국가가 여전히 강력한 분석 렌즈로 남아 있음을 보여준다. 우 크라이나에 관해서는 앤드루 윌슨$^{Andrew\ Wilson}$의 *Ukrainian Nationalism in the 1990s*(New Haven, 1997)가 최고의 출발점이다. 러시아에 관해서 는 읽을 것이 많지만, 흑해 주변에서 러시아의 지역별 외교 정책에 관 한 자료는 거의 없다. 카프카즈에 관해서는 스반테 코넬$^{Svante\ Cornell}$의 *Small Nations and Great Powers*(London, 2001)가 최고의 분석적 개관 이다. 튀르키예에 관한 자료는 많지만, 더 나은 대중적 서술 중 하나 로 Nicole Pope and Hugh Pope, *Turkey Unveiled*(New York, 2000)를 꼽을 수 있다. 튀르키예 외교 정책에 관해서는 Philip Robbins, *Suits and Uniforms*(London, 2003)를 보라. 불행히도 불가리아나 루마니아의 정치와 사회에 관한 최신 일반 서적들 중에서는 조건 없이 추천할 수 있는 것이 없다. 그러나 블라디미르 티스마네아누Vladimir Tismaneanu의 *Stalinism for All Seasons*(Berkeley, 2003)는 루마니아의 공산주의 시대와 그것이 현재에 미치는 반향에 관한 결정적 저작이다.

인류학은 진정으로 흥미로운 연구를 생산해낸 분야 중 하나이다. 소수지만 헌신적인 민속학자들과 문화인류학자들의 작업으로 동남부 해안을 따라 형성된 사회적 관계에 관한 문헌이 점차 늘어나고 있다. 예를 들어 Ildiko Beller-Hann and Chris Hann, *Turkish Region*(Santa Fe, 2000)과 Michael Meeker, *A Nation of Empire*(Berkeley, 2002)를 보라.

여행 안내서와 문학

흑해 전체를 다루는 여행 안내서는 없으나, 그중 일부 지역을 다루는 여러 훌륭한 책이 있다. 존 프릴리John Freely의 *The Black Sea Coast of Turkey*(Istanbul, 1996)는 보스포루스해협에서 조지아 국경까지의 여정에 탁월한 동반자다. 배낭에 넣고 다니기에는 너무 두껍지만, 브라이어와 윈필드의 저작(위 참조)은 필수적인 학술서이다. 해안의 나머지 지역에 관해서는 이스탄불에 관한 프릴리의 저서를 포함한 블루 가이드Blue Guides의 관련 부분들과 론리 플래닛Lonely Planet 시리즈가 대체로 유용하다.

흑해는 문학의 주요 소재가 되어본 적이 없다. 여기저기서 언급은 많이 됐지만, 흑해 자체에 초점을 맞춘 글은 거의 없다. 여행에 가지고 갈 만한 내 나름의 목록을 소개하면 이렇다.

로즈 맥컬레이Rose Macauley의 *The Towers of Trebizond*는 어떤 영국 부인이 사라진 제국을 찾아 나서는 피카레스크 소설이다. 마크 트웨인 Mark Twain은 *The Innocents Abroad*에 크림에서 러시아 차르를 만났던 사건을 이스탄불과 오데사에 관한 그의 익살스러운 인상들과 함께 기록했다. 러시아 작가들은 북부 해안과 카프카즈에 관해 많이 언급했지만 바다에 관해서는 그러지 않았다. 푸시킨Aleksandr Pushkin의 "The Bakhchisarai Fountain"은 크림을 여행하면서 읽어야 한다. 레르몬토프Mikhail Lermontov 의 *A Hero of Our Time*, 톨스토이Lev Tolstoi의 중편 *Hadji Murat*와 단편 "A Prisoner of the Caucasus"는 카프카즈를 방문하도록 유혹하거나, 아니면 절대 가지 않게 할 것이다. 흑해 항구의 초상으로는 이사크 바벨Isaac Babel의 *Odessa Stories*보다 나은 것이 없다. 존 스타인벡John Steinbeck은 조지아와 사랑에 빠졌고 *A Russian Journal*에서 독자들에게 그 감정을 고백했다. 쿠르반 사이드Kurban Said의 소설 *Ali and Nino*는 카프카즈로 가는 여행자 대부분의 독서 목록에 오르는데, 이는 불행한 일이다. 이 작품은 그지역에 대한 모든 전형적인 고정관념에 빠져 있기 때문이다.

현대 작가들에 관해서는 문학적 논픽션의 모범인 애셔슨Neal Ascherson 의 저작(위 참조)과 튀르키예 작가 오르한 파묵Orhan Pamuk의 소설들(특히 *The White Castle*과 *The Black Book*), 그리고 알바니아 작가 이스마일 카다레 Ismail Kadare의 소설들(특히 *The File on H*. 이 책은 흑해에 관한 것은 아니지만 동양과 서양 사이의 상호 오해와 파악하기 어려운 고대 그리스인들에 대한 탐색을 다룬다)을 읽으면 절대 실패하지 않을 것이다. 빅토르 펠레빈Victor Pelevin의 *The Life of Insects*는 크림반도를 찾은 독특한 방문객들에 관한 것이다.

찾아보기

흑해

세상의 중심이 된 바다의 역사

2026년 1월 30일 1판 1쇄

지은이 찰스 킹	**옮긴이** 고광열	
편집 이진, 이창연, 장윤호	**디자인** 박다애	
제작 박흥기	**마케팅** 김수진, 이태린, 이예지	**홍보** 조민희
인쇄 천일문화사	**제책** J&D바인텍	
펴낸이 강맑실	**펴낸곳** (주)사계절출판사	**등록** 제406-2003-034호

주소
(우)10881 경기도 파주시 회동길 252

전화
031)955-8588, 8558

전송
마케팅부 031)955-8595, 편집부 031)955-8596

홈페이지
www.sakyejul.net

전자우편
skj@sakyejul.com

블로그
blog.naver.com/skjmail

페이스북
facebook.com/sakyejul

트위터
twitter.com/sakyejul

ISBN 979-11-6981-417-1 03900